U0165511

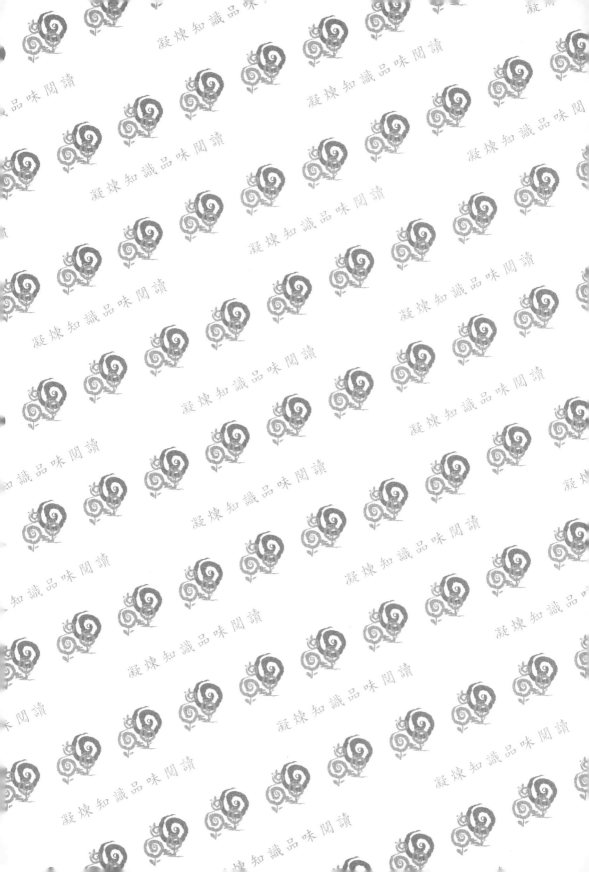

憲法概要

2021年最新版

五南圖書出版公司 印行

陳意 著

作者的話

在教學上，為了幫助學生整理歷屆考試重點，往往需要考古題的配合。可是我們發現市面上的考試用書，有兩種形式。

第一種形式，通常會把考古題放在各章節之後，甚至全書之後，這樣對學生來說，必須閱讀完課文，然後自己練習考古題。這種編排形式的缺點，就是有時候在練習考古題時，就算看到答案，也不一定知道關鍵解題理由。

第二種形式，則是以考題解答為主，沒有課文，直接針對不同的考題，在其下面進行解析。但這種編排形式的缺點，則是欠缺課文內容，也欠缺體系架構，只以個別考題為主。

本書就是思考，想要對考題書籍作更進一步的提升，希望更密切結合考題和課文內容，讓學生在學習上發揮最大的綜合效果。

因此，編者就花盡心思，想出一個全新的結合考題和內文的方法。這個方法，就是直接把考題，找出解答該題的關鍵，以「插入註腳」的方式，插入在課文的相關位置處。編者為了編輯這本書，先蒐集了數以千計的考題，然後再以解考題的精神，針對每一題的關鍵解析，去找課文內容。若發現本來的課文內容說明不足，則再補充正文的說明。並要求自己務必做到兩點：1.考題的註腳插在正確的正文處；2.正文也的確清楚解答了該題目。

之所以這樣做的用意，是希望讓讀者可以一邊閱讀課文，一邊搭配考題練習。當然，讀者也可以只練習考題，若每一題都會作，便不需要閱讀正文，但若出現不會的題目，再找註腳數字座落的內文來看。

這種方式，不只是對想掌握考試重點的學生來說，這種編排非常有趣，對老師教學來說，也可以教完每一概念或一小段，即可指示學生注意這裡考過哪類的考題。

由於這種編排方式非常耗費時間，編者前後花了兩年時間才完成。當然期間也經過許多學生及助理的協助。希望編者編寫本書的用心與誠意，能夠讓讀者感受到。這種編排方式也將出版成一整個系列，若讀者支持這種編法，我們也將盡快出版後續其他科目。

編著者 陳意

目錄

第一章　憲法的基本概念

 **本章學習重點**

1. 憲法的緣起
2. 憲法的概念與地位
3. 憲法、法律、命令的區分

一、立憲主義的思潮

　　立憲主義的發展比成文憲法的產生來得早，古代的政治文明即曾發展出憲政體制，但他們並不認為有將行使政治權力之限制明確地予以規範之必要，直到 1787 年美國憲法的產生。以下是憲政發展的簡要歷史：

(一) **希伯來人的神權政治**：就憲政的實質意義而言，最先實施憲政的民族是希伯來人所實行的「神權政治」，主張統治者與被統治者均受神權的統治，世俗的權力只是受神的委託或代理，而非賦予絕對的權力。

(二) **古希臘人的直接民主**：古希臘的城邦式民主政治，建立了立憲政府最進步的模式，但過度民主的結果，導致無法抵抗強敵的侵犯。

(三) **羅馬的共和體制**：維持七個世紀的羅馬共和，創造一個複雜制衡方法的政治制度，機構內部與機構間皆有不同的制衡機制。

(四) **英國憲政觀念**：專制君主時代，政府的權力理論上是不受任何限制的，直至 1215 年英王約翰與貴族簽訂有名的「大憲章」，規定政府向人民徵收租稅須得人民代表之同意：即「無代表不納稅」，首創被統治者以立憲制度約束統治者權力使用之先例[1]，後經由 1628 年的「權利請願書」、1688 年的「權利法典」等不斷的演變，雖然至今英國仍無一部「成文憲法」，但仍有「憲政母國」的稱號。

---

[1] (A) 立憲主義發源於何國？(A)英國(B)美國(C)法國(D)德國

(五) **成文憲法的起源**：「根本法」（fundamental law）的觀念於十六世紀後在法國萌芽、生根，其後傳至其他國家，由於洛克的自然權利說及其人民有權反抗政府壓迫的正當權力的理論（意即國家若無法保障個人的生命、身體、自由和財產的安全，人民皆有權推翻政府，重新建立其認為適當的政府）構成了「獨立宣言」[2]的藍圖，使美國脫離英國殖民統治後，用憲法一詞指稱決定政府組織的成文根本法律，並於 1787 年制定了世界第一部成文憲法，其後歐亞各國紛紛起而效尤[3]。當今世界各國大都有一部成文憲法，但並不是所有的憲法都能保障憲政的實施。有憲法但卻不能限制政府的權力來保障民權，就不是實施憲政的國家。因此法國大革命的「人權宣言」即指出：「一個社會裡權利沒受到保障，權力的區分也沒有確定，則這個社會絲毫沒有憲法政體」[4]；又「人類結合成一個政治組織，其目的在保障個人生命、身體、自由和財產的安全」[5]。立憲主義的主要要求像是中央與地方權限劃分、違憲審查制度以及基本人權的保障[6]……等等。

---

[2] (A) 國家若無法保障個人的生命、身體、自由和財產的安全，人民皆有權推翻政府，重新建立其認為適當的政府，前述旨趣為何種文書所主張？(A)美國獨立宣言(B)英國大憲章(C)英國權利請願書(D)日本國憲法

[3] (B) 請依制定時間之先後順序，排列以下憲法典？(1)美國聯邦憲法(2)法國第五共和憲法(3)日本明治憲法(4)中華民國憲法。(A)(1)(3)(2)(4)　(B)(1)(3)(4)(2)(C)(3)(1)(2)(4)　(D)(3)(1)(4)(2)

[4] (D) 下列有關憲法意義的敘述，何者正確？(A)憲法與國家並非一體兩面，可彼此分離(B)省、縣等地方自治體亦可擁有憲法(C)英國並無憲法秩序，亦無憲法典(D)法國人權宣言指出，無權力分立與人權保障的社會即無憲法

[5] (B) 「人類結合成一個政治組織，其目的在保障個人生命、身體、自由和財產的安全」，此一敘述係出自何種文書？(A)我國憲法前言(B)法國人權宣言(C)英國大憲章(D)日本國憲法

[6] (D) 下列何者不符立憲主義的要求？(A)中央、地方權限劃分(B)違憲審查制度(C)基本人權的保障(D)權力集中制

二、形式意義和實質意義的憲法

　　近代憲法之思想基礎，肇始於「社會契約說」。社會契約論一書係由盧梭所著[7]，而後民主法治之觀念始獲得根據，而有民主法治之觀念，始有近代憲法之產生。憲法一詞具有多義性，從不同面向觀察，即有其不同的意涵。一般對憲法可從兩個層次觀察：一是形式意義的憲法，一是實質意義的憲法。

(一) **形式意義的憲法**：是指憲法依照立法的形式而制頒的最高位階法規範，而成為成文憲法文書的內容，如「中華民國憲法」、德國「基本法」。憲法大體要形塑並且規制國家最高權力、對社會生活作原則性的形成與規整，以及根本性地決定國家與社會間的關係。

(二) **實質意義的憲法**：此概念較形式意義的憲法為廣，不問其形式為成文或不成文，雖未具憲法法典文書之形式，然其規定之內容，涉及國家的最高機關組織、人權以及作用，如國籍法、司法院大法官審理案件法、地方制度法、國防法、選罷法等。

三、憲法的地位

(一) 最高法與根本法

　　憲法是作為一切法律的基礎，是國內各法律主要的來源及依據，也是社會價值的基本決定者。此處涉及凱爾森（Hans Kelsen）憲法位階理論。凱爾森基於自然法的觀念，將法規範建構出一個有體系的理論，透過該理論的解釋，法規範成為一個如階梯般的上下秩序，彼此各具有特定的位階與特定的內容，而不相衝突：

1. **法規範之間的關係**：如同金字塔，最上層是憲法，中層是法律，最下層是命令。憲法原理上謂之法之位階性原則[8]。

---

[7] (C) 社會契約論係由何人所著？(A)洛克(B)孟德斯鳩(C)盧梭(D)克倫威爾

[8] (A) 命令與憲法或法律不得牴觸，在憲法原理上謂之：(A)法之位階性原則(B)法之平等性原則(C)法之公開性原則(D)法之經濟性原則

圖 1-1　法位階

2. **法規範之間的效力**：下位規範不得牴觸上位規範，下位規範牴觸上位
規範者，下位規範無效。我國憲法即有類似的規定，揭示憲法最高性
之特性[9]：「法律與憲法牴觸者無效。法律與憲法有無牴觸發生疑義
時，由司法院[10]解釋之」（憲法第 171 條）、「命令與憲法或法律牴觸者
無效」（憲法第 172 條）。

(二) 國內公法、實體法、強行法

憲法以一國為其行使範圍，故為國內法。又憲法為規範國家與人民
相互間公權關係，所以憲法亦為公法[11]。此外，憲法規範國家與人民間之
權利義務關係，並非規定相關的程序，故為實體法。憲法為國家最高規
範，所有人民均須遵守，適用上不能有所選擇，故亦為強行法。

(三) 政治性

憲法具有高度的妥協性，憲法因具有強烈政治性格，故有「政治
法」之稱。

---

[9] (D) 命令與法律牴觸者無效，法律與憲法牴觸者無效，揭示憲法何種特性？(A)適
應性(B)固定性(C)政治性(D)最高性

[10] (B) 依我國憲法本文第 171 條之規定，法律與憲法有無牴觸發生疑義時，由下列何
者解釋之？(A)立法院(B)司法院(C)考試院(D)監察院

[11] (A) 憲法屬於下列何種法？(A)國內公法(B)國內私法(C)國際公法(D)國際私法

(四) 固定性

憲法位階最高，為「永世不磨的大典」[12]，以示其為國家根本大法。成文憲法的國家都提高修憲的門檻，表示憲法之修改不易，維護法之安定，展現其固定性。

四、憲法的種類

(一) 成文憲法與不成文憲法

依憲法存在的「形式」分類，可分為「成文憲法」與「不成文憲法」。凡是法律以具體條文法典的方式所制定出來的，即稱為成文法，相反地，若是法律規範並沒有具體的條文法典，而是以慣例、法院判決所形成的，即稱為不成文法。所謂「英國無憲法」，意即英國為不成文憲法[13]，但是並非沒有憲法[14]，英國憲法即包括於大憲章（堪稱最早之人權法典[15]）、國會法、法院判例、憲政習慣、政治傳統等全部之集合體。而美國雖是不成文法國家，憲法卻為成文憲法，所指即是為憲法本文及增修條文，也是世界上第一部成文憲法[16]。而世界上第一部有系統而完整的成文憲法則是威瑪憲法[17]。然而僅從「形式」區別憲法，對實際憲政運作的認知，並無實質的意義。

我國屬於成文憲法。

---

[12] (B) 憲法常被稱為「千古不磨之大典」，此稱為憲法之何種特性？(A)最高性(B)固定性(C)歷史性(D)簡潔性

[13] (B) 以下何者為不成文憲法之國家？(A)美國(B)英國(C)德國(D)日本

[14] (B) 「英國無憲法」一語所稱之憲法係指：(A)不成文憲法(B)成文憲法(C)近代意義之憲法(D)固有意義之憲法

[15] (A) 最早之人權法典是：(A)英國之大憲章(B)法國之人權宣言(C)美國之獨立宣言(D)世界人權宣言

[16] (A) 成文憲法起源於下列那一個國家？(A)美國(B)英國(C)法國(D)瑞士

[17] (C) 世界上第一部有系統而完整的成文憲法是：(A)美利堅合眾國憲法(B)中華民國憲法(C)威瑪憲法(D)英國大憲章

(二) 剛性憲法與柔性憲法

依憲法「修改難易」分類，可分為「剛性憲法」與「柔性憲法」[18]。剛性憲法指憲法之修改不依普通之立法程序[19]，如我國憲法[20]；柔性憲法指憲法之修改程序與機關與普通法相同，如英國及義大利1848年憲法。

(三) 欽定憲法、協定憲法及民定憲法

依「制憲主體」分類，可分為「欽定憲法」、「協定憲法」、「民定憲法」。

欽定憲法是由君主以獨斷之權力所制定施行之憲法。如：二次大戰以前的日本憲法（明治維新憲法），清末所頒布之憲法大綱均屬之；協定憲法是由君主與人民共同協議商洽所制定之憲法。如：1215年大憲章、法國第二共和憲法（1830年）；民定憲法則是依國民自己的意思所制定施行之憲法，當今的憲法大都標榜「民定」的特徵，但往往憲法所宣稱的制憲主體，實際上未必是主權之所在。我國屬於民定憲法[21]。

五、「中華民國憲法」之屬性

根據上述定義，中華民國憲法應該屬於成文憲法、剛性憲法、民定憲法[22]。關於我國憲法在法令規範體系上的地位和性質上而言，應屬公

---

[18] (D) 所謂剛性憲法與柔性憲法，其區分標準為何？(A)以制憲機關之企圖心強弱為標準(B)以憲法中行政權力之強弱為標準(C)以憲法條文在規範上之彈性大小為標準(D)以憲法修改程序之難易為標準

[19] (B) 凡憲法之效力高於普通法律，制定及修改程序亦較繁難者，稱為：(A)柔性憲法(B)剛性憲法(C)欽定憲法(D)協定憲法

[20] (B) 下列四種憲法類別，我國憲法不屬於何者？(A)成文憲法(B)柔性憲法(C)民定憲法(D)五權憲法

[21] (D) 我國憲法本文第1條規定，中華民國基於三民主義，為民有、民治、民享之民主共和國。由這一個條文可知下列何者是錯誤的？(A)在國體方面，我國是一個共和國(B)在政體方面，我國是一個民主國(C)在國家名稱方面，我國是中華民國(D)我國憲法是欽定憲法

[22] (B) 我國憲法屬性為何？(1)剛性憲法(2)柔性憲法(3)成文憲法(4)不成文憲法(5)欽定

法、國內法、實體法及成文法[23]。

六、憲法與其他規範的差別

區別憲法、法律與命令主要目的在於判斷某個法規是屬於何位階之規範，進而可以判別其規範內容有無牴觸上位規範而有違憲，尤其是命令與法律之區別，涉及到基本人權的保障問題，而要區分憲法與法律之標準，可從制定之機關、修改難易及效力高低的不同，作為區別標準[24]。

(一) 名稱的不同

憲法的名稱一般皆稱之為「憲法」，亦有稱為「基本法」（德國）；法律的名稱得定名為「法」、「律」、「條例」或「通則」（中央法規標準法第 2 條）[25] [26] [27]；命令的名稱，各機關發布得依其性質，稱「規程」、「規則」、「細則」、「辦法」、「綱要」[28]、「標準」或「準則」（中央法規標準法第 3 條）。表 1-1 為法律名稱之實例：

憲法(6)民定憲法。(A)(2)(3)(6) (B)(1)(3)(6) (C)(1)(4)(6) (D)(2)(3)(5)

[23] (A) 關於我國憲法在法令規範體系上的地位和性質，下列何者完全正確？(A)公法、國內法、實體法、成文法(B)公法、國內法、訴訟法、成文法(C)私法、國內法、實體法、成文法(D)私法、國內法、訴訟法、成文法

[24] (B) 下列哪一項無法作為區分憲法與法律之標準？(A)制定之機關不同(B)規範之對象不同(C)修改難易不同(D)效力高低不同

[25] (D) 下列何者非為法律的名稱？(A)律(B)條例(C)通則(D)辦法

[26] (C) 以下何者非憲法第 170 條所稱之「法律」？(A)聘用人員聘用條例(B)戰時軍律(C)立法院議事規則(D)行政院組織法

[27] (D) 依「中央法規標準法」規定，下列何者非屬法律的一種？(A)道路交通管理處罰條例(B)行政罰法(C)地方稅法通則(D)營利事業資產重估價辦法

[28] (C) 下列何者為命令之法定名稱？(A)說帖(B)章程(C)綱要(D)函示

表 1-1　法律之名稱與實例

名稱	實例	備註
法	大學法、教師法、行政程序法、國家賠償法	
律	戰時軍律	2002 年 12 月 25 日廢止
條例	道路交通管理處罰條例、人體器官移植條例、勳章條例	
通則	地方稅法通則、監獄組織通則、農田水利會組織通則	

(二) 制定和修改機關不同

　　三者的制定、修改機關也有不同：

1. 憲法的制定由國民大會制定，憲法的修改則由立法院提案，公民複決。（增修條文第 1 條、第 12 條）「中華民國自由地區選舉人於立法院提出憲法修正案、領土變更案，經公告半年，應於三個月內投票複決，不適用憲法第四條、第一百七十四條之規定」（增修條文第 1 條），「憲法之修改，須經立法院立法委員四分之一之提議，四分之三之出席，及出席委員四分之三之決議，提出憲法修正案，並於公告半年後，經中華民國自由地區選舉人投票複決，有效同意票過選舉人總額之半數，即通過之，不適用憲法第一百七十四條之規定」（增修條文第 12 條）。

2. 法律則依憲法規定：「本憲法所稱之法律，謂經立法院通過[29]，總統公布之法律[30]。」（憲法第 170 條、中央法規標準法第 4 條）法律之制定或修改皆須經立法院之三讀程序，通過後由總統公布。

3. 命令則由各機關依其法定職權或基於法律授權訂定（中央法規標準法

---

[29] (A) 下列有關法律、命令之說明，何者為正確？(A)法律必須由立法院通過(B)法律之解釋必須由立法院為之(C)命令是否牴觸法律由立法院決定(D)法律是否牴觸憲法由立法院決定

[30] (A) 憲法上的「法律」，依我國憲法本文第 170 條規定，其制定程序係指：(A)立法院通過，總統公布之(B)地方議會機關所通過之(C)行政機關基於法律授權，所訂定公布之(D)行政機關基於自身職權，所訂定公布之

第 7 條）。

　　因此，就制定和修改之困難性而言，依序為憲法、法律、命令。但由於憲法往往授權法律訂定詳細之規範，法律又授權命令，因此，就內容詳略而言，依序為命令、法律、憲法。

(三) 規範事項不同

　　在規範事項上，三者也有不同：

1. 憲法之主要內容包含了國家之基本組織、重要政府機關之權限、人民之基本權利與基本國策等[31]。
2. 法律則規範下列事項：
   (1) 憲法或法律有明文規定，應以法律定之者。
   (2) 關於人民之權利、義務者。
   (3) 關於國家各機關之組織者[32]。
   (4) 其他重要事項應以法律定之者（中央法規標準法第 5 條）。
3. 命令規定之事項則無特定，不過，「應以法律規定事項不得以命令定之」（中央法規標準法第 6 條）。

(四) 效力強弱不同

　　依據法位階的理論，效力最強者為憲法，其次為法律[33]，最後為命令，此即為憲法第 171 條與第 172 條所規範[34]，公法學者稱上述規定為法律優位[35]。其中命令不得牴觸法律，在學理上稱之「法律優位原則」，亦

---

[31] (A) 下列何者不是憲法之主要內容？(A)國會之議事規則(B)國家之基本組織(C)重要政府機關之權限(D)人民之基本權利

[32] (A) 以下何者必須立法院立法始得施行？(A)行政院之組織(B)立法院之議事程序(C)司法院法官之人數(D)監察法施行細則

[33] (C) 下列法規，何者效力最高？(A)準則(B)細則(C)通則(D)規則

[34] (B) 依我國憲法第 171 條第 1 項及第 172 條規定，法律與憲法牴觸或命令與法律牴觸，應屬：(A)得撤銷(B)無效(C)不得適用(D)定期失效

[35] (B) 憲法第 171 條規定：「法律與憲法牴觸者無效」，第 172 條：「命令與憲法或法律牴觸者無效」，公法學者稱上述規定為：(A)憲法優越(B)法律優越(C)法律之法規創造力(D)依法行政

即命令僅須不牴觸法律即已足，若法律未規定事項，行政機關即可制定命令。不過，如果涉及人權的限制問題，即須另外適用憲法第 23 條之規定，命令須有法律授權方可限制人權，此在學理上稱之「法律保留原則」。兩者合稱為「依法行政」，前者「法律優位原則」又稱「消極的依法行政原則」，後者「法律保留原則」則稱「積極的依法行政原則」，依法行政原則則源於「法治國家原則[36]」。

$$依法行政 \begin{cases} 消極依法行政（法律優位原則）：憲法第 171 條與第 172 條 \\ 積極依法行政（法律保留原則）：憲法第 23 條；國家欲限制 \end{cases}$$

圖 1-2　依法行政原則

人民的自由及權利，依該條之規定，必須基於公益之必要，且其限制方式必須以法律為之。此種規定即稱之為法治國之法律保留原則[37]。

作者小叮嚀

　　本章是基本概念，最常考憲法、法律與命令的區分。由於法律的名稱和命令的名稱，需特別記憶。也需記憶我國憲法的類型。

---

[36] (D) 所謂「依法行政原則」係源於下列那一原則？(A)比例原則(B)法律保留原則(C)法律優位原則(D)法治國家原則

[37] (B) 國家欲限制人民的自由及權利，依憲法第 23 條之規定，必須基於公益之必要，且其限制方式必須以法律為之。此種規定即法治國之：(A)誠實信用原則(B)法律保留原則(C)特別權力關係理論(D)憲法優位原則

第二章　憲法之變遷與修改

 **本章學習重點**

1. 憲法變遷的原因
2. 修憲的程序
3. 修憲有界限理論
4. 釋字 499 號解釋

一、憲法變遷的原因

　　憲法制定是根據當時社會力與政治力的反映，但經過時代的移轉，必須要使具有固定性的憲法規範符合當時社會的需要，以維持憲法生命。

　　憲法變遷是憲法規範與憲政運作發生衝突的現象，因此傳統的憲法變遷理論可說是所有不觸及憲法本文，但卻實質上改變憲法內涵的過程，此時即發生憲法的成長，憲法變遷可以使得固定性的憲法規範能適應時代潮流而維持其生命的方式。憲法變遷的途徑會因各國的憲政文化、背景而有不同，每個國家均異其內涵，在美國憲政慣例往往在憲法變遷過程中有更吃重的地位；在我國，則甚難建立憲政慣例，導致大法官解釋立於憲法變遷重要地位，但大法官的解釋對於引起機關間權限爭議的解釋又欠缺明確的說明，修憲乃成為另一個主要變遷的方式。而修憲係屬體制內的權力行使，立法和司法審判亦屬之，但是制憲則不是[1]。

　　憲法變遷不得造成憲法原有特質的消失，因此變遷應有其界限：一是憲法變遷不能超越或否定憲法規範的價值體系；二是憲法變遷必須確立「憲法優位」的地位；三是憲法條文之文義應是憲法變遷的界限；四不能超越憲法的基本價值。由此得知，憲法變遷與成長的方式是多方面的，但

---

[1]　(A) 下列何者非體制內的權力行使？(A)制憲(B)修憲(C)立法(D)司法審判

是最不應採用者就是革命或政變了[2][3]。

二、憲法變遷的方式

為適應時代環境潮流，憲法有時經常須採行一些變通之方法，憲法變遷的方式，主要可分為三種，一是依照憲政慣例慢慢調整，二是透過大法官憲法解釋調整，三則是依照修憲程序進行修憲[4]。

(一) 憲法慣例

所謂的憲政慣例，就是憲法並沒有寫，可能是一個國會通過的法律，或者是政府機關在沒有法律下運作的習慣，這些法律或運作的習慣漸漸形成慣例，所以也就承認其憲法的地位。某一行為經反覆發生慣行，其經歷長久時間仍受遵循，而被確信具有拘束行為效力時，稱之為憲政慣例或是憲法習慣[5]。

(二) 修憲

透過正式的修憲程序來進行憲法變遷。惟不得透過修憲而將民主政體改為專制政體[6]。

2　(B) 憲法變遷與成長的方式是多方面的，下列何者為最不應採用者？(A)憲法習慣 (B)革命或政變(C)憲法解釋(D)憲法修改

3　(D) 下列何者非屬憲法維持其生命適應時代潮流之方法？(A)憲政習慣(B)憲法解釋 (C)憲法修正(D)憲法革命

4　(D) 我國憲法為剛性憲法，一般具有固定性，惟為適應時代環境潮流，經常須採行一些變通之方法，下列何者並不屬之：(A)建立憲政習慣(B)解釋憲法(C)修改憲法(D)另訂憲法

5　(D) 某一行為經反覆發生慣行，其經歷長久時間仍受遵循，而被確信具有拘束行為效力時，吾人稱之為：(A)憲法解釋(B)憲法規定(C)憲政共識(D)憲法習慣

6　(C) 下列何種事項不得透過修憲為之？(A)將內閣制改為總統制(B)將省級政府虛位化(C)將民主政體改為專制政體(D)擴張總統權限

(三) 憲法解釋

透過大法官作憲法解釋，讓抽象的憲法跟隨時代腳步演變。

三、修憲

(一) 修改原因

修憲是憲法適應環境變遷重要且正式的方式，但若非必要應力求避免，憲法之所以需要修改，依美國的經驗有下列三種情形：

1. 制憲當時認為無關重要或未能預見，於環境變遷後，成為政治上新的需要，且須經修憲方能解決者。
2. 憲法之規定不能適應新環境之需要，須以修憲解決者。
3. 已建立之憲政習慣，遭受破壞，為保留該憲政習慣，以修憲方式加以確保。

　　我國修憲的原因大致集中在前二者。

(二) 修憲權之行使

修憲權之行使型態各國有其不同之方式，大致可歸納下列幾種[7]：

1. 立法機關之修憲：大多數國家皆採此種方式。
2. 特別機關之修憲：修憲權賦予類似「憲法議會」之特別機關行使，如我國即交由「國民大會」行使。
3. 立法與特別機關混合之修憲：如美國之修憲先經由參眾兩院提出修正案後，再經由各州批准。
4. 公民投票。
5. 未賦予民意機關：此類憲法皆為欽定憲法，由國王直接以命令修改憲法，頂多事前諮詢由國王組成的委員會，如尼泊爾。

---

[7]　(B) 依世界各國之憲政通例，下列何者不能進行修憲？(A)議會(B)行政部門(C)公民（複決）(D)修憲之特別機關

(三) 修改情形

1. 前六次修憲：國大一機關修憲

憲法本文規定的修憲程序，主要由國民大會修憲，但立法院也有提案權。在 2000 年以前的第一次到第六次修憲，我國的修憲程序，主要是國民大會一機關負責修憲。

2. 第七次修憲：任務型國大修憲

在第五次修憲國民大會延長自己任期被大法官宣告該次修憲違憲後，國民大會進行第六次修憲，將國民大會「虛級化」，改為「任務型國大」。

3. 未來修憲：人民公投複決

2005 年 6 月第七次修憲後，完全廢除了「任務型國大」，往後整個修憲程序，改採為立法院四分之三出席、四分之三同意通過修憲案後，直接交由人民「公投複決」。憲法增修條文第 12 條（2005 年第七次修憲）：「憲法之修改，須經立法院[8][9]立法委員四分之一之提議，四分之三之出席，及出席委員四分之三之決議，提出憲法修正案，並於公告半年後[10]，

表 2-1　憲法本文的修憲方式

提案機關	提案數額	議決	依據
國民大會	1/5 提議	國民大會 2/3 出席，出席代表 3/4 決議	第 174 條第 1 款
立法院	1/4 提議，3/4 出席，3/4 決議	國民大會 2/3 出席，出席代表 3/4 決議	第 174 條第 2 款、國大職權行使法

---

[8] (B) 我國目前修憲提案權屬於：(A)國民大會或行政院(B)立法院(C)立法院或國民大會(D)行政院

[9] (C) 下列那一機關有權提出憲法修正案？(A)總統府(B)行政院(C)立法院(D)一定人數之國民

[10] (A) 立法院擬定憲法修正案，提請公民複決，此項憲法修正案，公告多久之？(A)六個月(B)半個月(C)三個月(D)一個月

經中華民國自由地區選舉人投票複決（三個月內投票複決）[11]，有效同意票過選舉人總額之半數，即通過之，不適用憲法第一百七十四條之規定。[12]」

(四) 憲法修改文本方式

憲法第 174 條規定修憲提案機關、提案程序以及修憲機關與修憲程序，至於憲法修改的方式並未明文規定。

1. **一般的修憲方式**：直接刪除憲法中某一條文或增加某一條文於憲法中，或是僅修改憲法某一條文之文字。
2. **特別的修憲方式**：
   (1) 憲法增補：憲法增補係指仍保持被廢棄、替代之憲法條文於法典上，而僅將新增補內容附於憲法法典最後一條條文之後，而非成立之單行法條，如美國聯邦憲法增修之例。
   (2) 憲法破棄。

(五) 憲法修改之界限

憲法之修改有無限制，即憲法之任何一條條文是否均可隨時修改，各國憲法對此問題規定不一。有未設限制者，例如我國憲法；有明白規定可以隨時修改其一部或全部者，例如瑞士憲法；有規定憲法若干條款不得變更者，如德國基本法有規定某種時期不得修改憲法者。

1. 有界限說

德國學者 Carl Schmitt（1888-1985）認為制憲權係產生於「力」（政治力），經常處於「自然狀態」不受任何限制，為一切憲法所創設的權力

---

[11] (B) 依憲法增修條文之規定，我國憲法修改，應經下列何種程序，再由中華民國自由地區選舉人複決之？(A)立法院提出憲法修正案後，起算三個月內投票複決之(B)立法院提出憲法修正案，經公告半年，於三個月內投票複決之(C)由選舉人 20 萬人連署，自行提出憲法修正案後，於三個月內投票複決之(D)立法院提出憲法修正案，經總統公告三個月後，於三個月內投票複決之

[12] (D) 關於現行修憲之程序，下列敘述何者不正確？(A)須立法院之提案(B)憲法修正案須公告半年(C)須公民投票複決(D)修憲依據為憲法第 174 條

之根源；但修憲權卻是受之於「法」，修憲是屬於憲法所創設之權力，因此不能超越原憲法的基本精神，否則憲法即形同破毀[13]。學者劉慶瑞承續上述見解，認為憲法修改應有所限制。根據釋字第 499 號解釋：「憲法條文中，諸如：第一條所樹立之民主共和國原則、第二條國民主權原則[14]、第二章保障人民權利、以及有關權力分立與制衡之原則，具有本質之重要性，亦為憲法整體基本原則[15]之所在。基於前述規定所形成之自由民主憲政秩序，乃現行憲法賴以存立之基礎，凡憲法設置之機關均有遵守之義務。[16]」因此，實務上，大法官承認所謂的修憲界限理論[17][18]。

2. 無界限說

學者間亦不乏反對修憲有界限之主張，認為只要透過憲法所規定的修憲程序，以民主原則為基礎，任何條文皆可修改。

(六) 修憲與違憲審查

修憲的程序有違失與修憲的結果實質違憲，司法機關能否進行違憲審查？前者牽涉在權力分立的原則下，司法能否介入修憲機關的議事程序

---

[13] (D)下列有關憲法修改之各項敘述中，何者為不正確？(A)各國憲法對於憲法之修改加以限制者不少(B)採有限制說者，以為憲法根本精神不得成為修改的對象(C)採有限制說者，認為如修改國體或政體,無異制定新憲法,可謂革命(D)憲法修改權不是受之於「法」，而是產生於「力」

[14] (B) 依釋字第 499 號解釋，憲法第 2 條之規定，國家之主權屬於國民全體，這是下列那一項原理的表現：(A)法律主權(B)國民主權(C)國會主權(D)公民主權

[15] (D) 下列何者不是憲法基本原則？(A)司法獨立(B)主權在民(C)權力分立(D)惡法亦法

[16] (D) 依據司法院大法官釋字第 499 號解釋，下列何者非憲法修改之界限？(A)憲法第 1 條之民主共和國原則(B)憲法第 2 章保障人民權利之原則(C)憲法第 2 條之國民主權原則(D)憲法之基本國策

[17] (B) 依司法院大法官釋字第 499 號解釋，我國憲法之修正採下列何種理論？(A)修憲無界限論(B)修憲界限論(C)時間限制論(D)全盤修憲論

[18] (C) 下列何者雖未見諸憲法明文規定，但仍屬實質之憲法原理？(A)宗教自由之保障(B)憲法施行之準備程序之制定(C)憲法修正的實質界限（修憲界限理論）(D)提審制度

的問題；後者牽涉到許多邏輯上的矛盾問題。此外，屬國家行為中之統治行為（政治行為），原則上司法亦不予審查[19][20]。以釋字第 499 號解釋為例對違憲審查作如下說明（參照釋字第 499 號解釋文）：

1. 司法是否有審查立法（或修憲）機關的結果，與議會自律事項有關，原則上，司法機關應予尊重，如審級程序與相關要件大法官認為屬於立法自由形成（釋字第 393 號解釋），因此，公務員懲戒案件之議決未設上訴救濟制度（釋字第 396 號解釋）、選舉訴訟為二審終結（釋字第 442 號解釋）、不服交通違規事件向普通法院聲明異議（釋字第 418 號解釋）等皆不牴觸憲法。

2. 立法機關在程序上如有明顯重大瑕疵，則司法機關得加以審查（釋字第 342 號解釋、釋字第 499 號解釋第一段，參照釋字第 381 號解釋）。

3. 修憲機關之修憲實質上如果超越修憲之界限（即第 1 條所樹立之民主共和國原則、第 2 條國民主權原則、第二章保障人民權利，以及有關權力分立與制衡之原則，具有本質之重要性，亦為憲法整體基本原則之所在），亦屬無效[21][22]（釋字第 499 號解釋第二段）。也就是說，舉凡具有本質之重要性者，不得任意修改[23]。

---

[19] (C) 下列那種國家行為，原則上司法不予審查：(A)行政處分(B)地方自治規章(C)統治行為（政治行為）(D)判例

[20] (A) 以下何者不得為違憲審查之事項？(A)統治行為(B)地方自治法規(C)司法機關據以審判之法令(D)立法機關制定之法律

[21] (D) 依據司法院大法官釋字第 499 號解釋，何者不具有本質之重要性，且非憲法整體基本原則之所在？(A)權力分立與制衡(B)民主共和國原則(C)國民主權原則(D)總統任期

[22] (B) 依司法院大法官釋字第 499 號解釋之意旨，憲法之修改若變更憲法中具有本質重要性規定，其效力如何？(A)仍有效力(B)失其效力(C)由人民公決之(D)由修憲機關檢討改進

[23] (D) 依司法院大法官釋字第 499 號解釋，我國修憲機關是否能無限制地對憲法規定加以修改？(A)是，因我國憲法並無明文限制(B)是，因修憲機關具民意基礎(C)否，因我國憲法明文加以限制(D)否，凡具本質重要性者不得任意修改

四、憲法解釋

(一) 憲法解釋的必要及目的

憲法如果本身文字太抽象，或為因應社會的變遷與需要以及法律與命令有牴觸憲法之虞時，必須作解釋。

(二) 解釋憲法的方法

從大法官將近 800 號解釋或學界對憲法解釋的陳述，除了一些基本的法學方法論以外，相對於民法、刑法或訴訟法而言，憲法的解釋方法在我國可謂毫無規則可言，惟在性質上憲法解釋係屬司法解釋[24]。

最傳統的憲法解釋方法包含文義的解釋、比較的解釋、目的的解釋與歷史的解釋等，一般法學方法所包含的解釋方法。應用這種方法的前提是，認為憲法就算與其他法律性質有何大不同，但其為「成文法律」的本質並無二致，因此也應遵循「法律釋義學」的基本方法。

1. 文義解釋

指「依照法文用語之文義及通常使用方式而為解釋，據以確定法律（或憲法）之意義」，亦即依條文之字句，闡明條文之意義，逐句推敲條文之涵義[25]。

2. 體系解釋

整部憲法原則上應無矛盾，故當解釋任一憲法條文，應參照這個條文在整個憲法體系中之觀點作解釋，即解釋憲法時不能將條文獨立觀察，避免單就文意解釋，造成條文間的相互矛盾。即憲法解釋須兼顧憲法條文規範之間的體系關係，不宜作單純隔離觀察，特別是要基於功能法的觀點，正確掌握憲法對於國家機關功能的分配規定。

---

[24] (B) 我國的憲法解釋係採何種性質？(A)立法解釋(B)司法解釋(C)行政解釋(D)監察解釋

[25] (A) 法律解釋的方法有數種，其中透過規範所使用的文字之解析，以正確理解並適用法律之方法是指：(A)文義解釋(B)體系解釋(C)歷史解釋(D)目的解釋

3. **歷史解釋**

　　以制憲者當時制憲的主觀意志，作為憲法解釋的標準，包括立法者之本意、目的及草擬該法案時之構想等。

4. **目的解釋**

　　以制憲者本身表現在憲法文字上，以客觀的意識作為解釋的標準。目的解釋在針對係爭具體法條之目標或目的加以考察。

5. **比較解釋**

　　比較解釋則是參考外國法律或判決，而對我國法律作出解釋。

6. **合憲解釋**

　　如果法律的兩種解釋方法中，A 解釋出來的結果可能違憲，B 解釋出來的結果可能合憲，那我們就選擇 B 的解釋，避免宣告該法律違憲。

 作者小叮嚀

　　需嚴格區分歷次修憲程序的不同，以及歷次修憲程序的細節。此外，大法官對修憲程序與實質的審查、修憲有界限說、釋字第 499 號等，為考試重點。尤其，在釋字第 499 號解釋中的修憲界限有哪些，也需記憶。

第三章　立憲史與修憲史

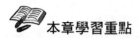 **本章學習重點**

> 1. 七次修憲的重點
> 2. 第四次修憲內容
> 3. 第六次修憲內容
> 4. 第七次修憲內容

一、立憲史

　　中華民國從清末革命開始，屢次嘗試要制定憲法。但民國初年內戰不斷，政權不安，故制憲運作都沒有真正成功。直到民國 36 年[1]才正式制定憲法並實施。

(一) 清末君主立憲

1. 憲法大綱

　　中國古代從無憲法之觀念，亦不知憲政為何物，有之自清末始[2]。光緒 34 年，日俄戰爭後，清朝開始有具體行動，仿照日本憲法，採取君主立憲方式，皇帝擁有三權藉以保障君主地位。全文共 14 條。

2. 十九信條

　　宣統 3 年，武昌起義之後，清廷召開資政會，採取虛君共和，實施責任內閣制，為我國第一部成文憲法。

---

[1] (B) 我國憲法公布於何年？(A)民國 35 年(B)民國 36 年(C)民國 37 年(D)民國 38 年

[2] (A) 我國立憲運動開始於何時？(A)前清末葉(B)民國成立時(C)北伐成功時(D)五五憲草公布時

(二) 民初立憲

1. 臨時政府組織大綱

　　1912 年（民國元年），辛亥革命成功後，由各省都督府代表集會制定，共 21 條，仿美國採總統制，臨時大總統為間接選舉產生。

2. 臨時約法

　　1912 年 3 月，袁世凱野心暴露，中山先生辭去臨時大總統，革命黨人提出臨時約法[3]，採取內閣制，對議員有言論免責權，法官獨立審判。

3. 天壇憲草

　　1913 年（民國 2 年）10 月，袁世凱繼任臨時大總統，由參眾議會成立憲法委員會起草於天壇祈年殿內議憲，10 月 31 日通過，計十一章 113 條，採責任內閣制。是第一部以「中華民國憲法」為名稱之憲法草案。

4. 袁氏約法

　　1913 年二次革命失敗，1914 年 5 月袁氏解散國會，由親袁派人士另組約法會議，制定「中華民國約法」（又稱袁氏約法），採總統制，連選得連任，袁世凱大權獨攬，並於 1916 年（民國 5 年）改為洪憲元年稱帝。

5. 曹錕憲法

　　1923 年 10 月，曹錕當選總統，10 月 10 日公布憲法，採內閣制，地方分省縣二級，省得制定省憲，具聯邦制精神。由於曹錕係以賄選方式當選總統，故這部憲法又稱賄選憲法[4]、曹錕憲法、十二年憲法、雙十憲法。是第一部以「中華民國憲法」為名稱之憲法。

6. 十四年憲草

　　1925 年 12 月，段祺瑞推翻曹錕，另組國憲起草委員會，採責任內閣，規定罷免、創制、複決權。但國民代表會議未及召開，臨時政府即瓦解。

---

[3] (A) 中華民國建立之後，第一部與憲法有關的法案是：(A)中華民國臨時約法(B)中華民國約法(C)十九信條(D)五五憲草

[4] (C) 那一部憲法被稱為「賄選憲法」？(A)五五憲草(B)袁氏約法(C)雙十憲法(D)天壇憲草

(三) 國民政府時期之憲政措施

1. 訓政時期約法（二十年）

　　蔣中正北伐成功後，採建國三時期的理論（分為軍政、訓政與憲政時期），未立即制定憲法。1931 年 5 月 5 日召開國民會議，起草訓政時期約法，6 月 1 日公布。計八章 89 條。

2. 五五憲草

　　1933 年 1 月立法院成立憲法草案委員會，專責起草憲法，孫科為委員長。根據立法院所擬之憲法原則，草擬初稿。推定吳經熊為初稿主編人，於 6 月完成「中華民國憲法草案初稿試擬稿」。後以吳私人名義公告，廣徵各方意見。1934 年 2 月通過「中華民國憲法草案初稿」再以立法院名義公告，正式徵求各方意見（計十章 160 條）。10 月立法院三讀通過十二章 178 條，轉國民政府送中國國民黨審核，1935 年 10 月中常會審核完畢，並通過五項原則，責成立法院修改，10 月 25 日立法院修正通

表 3-1　清末民初的立憲運動

	名稱	公布時間	特徵
清末	憲法大綱	1908 年	仿日本，為欽定憲法。
	憲法十九信條	1911 年	實施內閣制，清廷權力落入袁世凱。
民初	臨時政府組織大綱	1912 年	仿美國，採總統制。
	臨時約法	1912 年	採內閣制，三權分立。
	天壇憲草	1913 年	第一部以「中華民國憲法」為名稱之憲法草案。
軍閥時期	中華民國約法	1914 年	又稱袁氏約法、新約法。
	六年憲草	1917 年	
	八年憲草	1919 年	
	省憲運動	1920 年	主張聯邦制。
	國是會議憲草	1922 年	上海召開、主張聯邦制。
	十二年憲法	1923 年	又稱雙十憲法、曹錕憲法、賄選憲法。為第一部以「中華民國憲法」為名稱之憲法。
	十四年憲草	1925 年	

過八章 150 條。後於 1936 年（民國 25 年[5]）5 月 1 日立法院三度議決修正，5 月 5 日國民政府公布，世稱「五五憲草」共 148 條（後改 147條），採總統制，係現行憲法之前身，孫中山先生的思想自此首次入憲。

3. 政治協商會議

抗戰期間有國民參政會（組憲政期成會）及憲政實施協進會提出五五憲草修正意見。1946 年 1 月 10 日於重慶[6]召開政治協商會議，通過憲草修改原則十二項[7]，後再增新協議三點，為避免總統權力過大，將憲政體制轉為傾向「內閣制」的「二元型內閣制」，而對於國民大會則主張國民大會無形化，由全民行使四權。1946 年 11 月 15 日制憲國民大會於南京[8]揭幕[9]。

4. 政協憲草

1946 年 3 月國民黨召開第六屆二中全會，提出五項修改原則，以更正政協會議之決議。此五項意見為憲草審議會和政協合組成之聯席會議通過，由張君勱主筆並於 11 月 19 日通過「政協會議對五五憲草修正案草案」（稱「政協憲草」），後經立法院通過，由國民政府向國民大會提出，史稱「政協憲草」（為現行憲法制定時之藍本）。

---

[5] (D) 所謂的「五五憲草」，是在民國幾年的 5 月 5 日正式公布？(A)20 年(B)22 年(C)24 年(D)25 年

[6] (B) 民國 35 年 1 月 10 日之政治協商會議在何地召開？(A)南京市(B)重慶市(C)漢口市(D)廣州市

[7] (C) 政治協商會議通過之五五憲草修改原則共有幾項？(A)八項(B)十項(C)十二項(D)十四項

[8] (B) 我國制憲國民大會係於民國 35 年 11 月 15 日，在下列那一城市召開？(A)重慶(B)南京(C)廣州(D)貴州

[9] (B) 民國 35 年制憲時之政治協商會議對於國民大會之主張為何？(A)擴大國民大會之創制權與複決權(B)國民大會無形化，由全民行使四權(C)總統需向國民大會負責(D)以上三項皆非

5. 現行憲法之制定

1946 年 11 月 15 日於南京召開制憲國民大會[10][11]，在獲得各黨派支持下，以「政協憲草」[12]為藍本進行制憲工程，至 12 月 25 日以二十六天的時間完成三讀[13]，1947 年 1 月 1 日由國民政府公布，12 月 25 日實施[14]。

(四) 動員戡亂時期臨時條款

「動員戡亂時期臨時條款」[15]（以下稱「臨時條款」），為利「行憲戡亂，同時並舉」，該條款於 1948 年 5 月 10 日公布施行（共計 4 項）。後因政府搬遷來台，與中共形成對峙狀態，「臨時條款」繼續實施，並做了四次修正，凍結部分憲法條文之實施，直至 1991 年 5 月 1 日方由總統[16]宣告廢止。這段期間現行憲法並未被充分地尊重，甚至扭曲了憲法原有的設計。重要的有：

1. 因為蔣介石 1960 年連任問題，於 3 月 11 日公布第一次修訂「臨時條款」七項，凍結原憲法第 47 條有關總統連任一次之限制。經由國民大會為第一次修訂，其修訂為總統、副總統得連選連任[17]。

---

[10] (A) 中華民國憲法係由何機關制定？(A)制憲國民大會(B)第一屆國民大會(C)第二屆國民大會(D)第三屆國民大會

[11] (B) 我國現行憲法是在那一年由制憲國民大會制定通過？(A)民國 34 年(B)民國 35 年(C)民國 36 年(D)民國 37 年

[12] (A) 中華民國憲法的制定，自清末興起立憲之議，至民國 36 年公布施行，國民大會最後係依據何憲法草案通過現行憲法？(A)政協憲草(B)五五憲草(C)訓政時期臨時約法(D)天壇憲草

[13] (D) 我國憲法由何者公布？(A)總統(B)國民政府主席(C)國大議長(D)國民政府

[14] (C) 我國憲法施行日期為何？(A)民國 35 年 12 月 25 日(B)民國 36 年 1 月 1 日(C)民國 36 年 12 月 25 日(D)民國 25 年 5 月 5 日

[15] (C) 民國 37 年第一屆第一次國民大會，按照我國憲法第 174 條修憲程序制定：(A)增修條文(B)憲法修正案(C)動員戡亂時期臨時條款(D)權利法案

[16] (A) 我國動員戡亂時期由下列何種機關宣告終止？(A)總統(B)立法院(C)行政院(D)國民大會

[17] (C) 動員戡亂時期臨時條款於民國 49 年間，經由國民大會為第一次修訂，其修訂之主要內容為何？(A)通過國大創制複決兩權行使辦法(B)授權設置動員戡亂機

表 3-2　國民政府的立憲與現行憲法之通過

	名稱	公布時間	特徵
國民政府	訓政時期約法	1931 年	民權主義法典化、以黨治國。
	五五憲草	1936 年	總統制，總統對國民大會負責。現行憲法之前身。
	政治協商會議	1946 年	重慶召開對五五憲草修改。
	政協憲草	1946 年	國民黨議決草擬送制憲國民大會，為制憲之藍本。
	現行憲法之制定	1946 年	1946.12.25 通過、1947.1.1 公布、1947.12.25 實施。

2. （76 年[18]7 月 1 日宣布解除戒嚴）1987 年 11 月開放一般民眾赴大陸探親。1990 年 7 月第八任總統李登輝召開國是會議決定修憲。
3. （80 年 5 月 1 日[19]廢止動員勘亂時期臨時條款）

　　我國共有二位總統係因總統去世繼位產生，一位是嚴家淦總統（因蔣中正總統去世而繼位）；另一位是李登輝總統（因蔣經國總統去世而繼位）[20]。

二、憲法增修條文

　　目前我國修憲的方式，乃是以增修條文的方式[21] [22]附在憲法本文後面，而不敢更動憲法本文。這種方式非常特殊，且有其時代背景。在

構，調整中央政府行政及人事機構(C)總統、副總統得連選連任(D)訂頒中央公職人員增選補選辦法

[18] (B) 政府在何年宣布解除戒嚴？(A)民國 75 年(B)民國 76 年(C)民國 77 年(D)民國 79 年

[19] (C) 動員戡亂時期何時終止？(A)民國 75 年 7 月 1 日(B)民國 78 年 1 月 1 日(C)民國 80 年 5 月 4 日(D)民國 84 年 6 月 1 日

[20] (B) 我國共有幾位總統係因總統去世繼位產生的？(A)三(B)二(C)四(D)一

[21] (A) 我國憲法自民國 80 年起歷經數次修改，均採下列何種修改方式？(A)憲法之增修(B)直接修改憲法本文(C)重新制憲(D)制定臨時條款

[22] (C) 「中華民國憲法增修條文」是經由下列何種程序制定？(A)立法程序(B)制憲程序(C)修憲程序(D)法院審理程序

1990 年真正開始進行修憲後，我國目前為止一共進行了七次修憲[23][24]，幾乎每兩、三年就修改一次憲法，對憲法做了很大幅度的修改。不過每次修憲都是在修改、整理增修條文，而憲法本文一直沒有更動。

(一) 第一次修憲

1991 年 4 月 22 日第一屆國民大會第二次臨時會第六次大會三讀通過「憲法增修條文一至十條」，5 月 1 日公布，這次修憲最重要的是，同時廢止動員戡亂時期臨時條款，自此我國的憲政發展呈現出與以往完全不同的面貌，也開啟了我國修憲的大門。

(二) 第二次修憲

第二屆國民大會於 1992 年 3 月 22 日召開，5 月 27 日完成三讀，5 月 28 日公布增修條文第 11 條至第 18 條。這次修憲最重要的是，改變總統之選舉：總統、副總統由中華民國自由地區全體人民選舉之，自中華民國 85 年第九任總統、副總統選舉實施。任期並改為四年，連選得連任一次[25]。

(三) 第三次修憲

第二屆國大於 1994 年 5 月 2 日召集會議開始進行第三次修憲。7 月 29 日三讀通過增修條文第 1 條至第 10 條，總統於 8 月 1 日公布。這次修憲最重要的是，確定了總統選舉方式：「總統、副總統由中華自由地區全體人民直接選舉之，自中華民國八十五年第九任[26]總統、副總統選舉實施。總統、副總統候選人應聯名登記，在選票上同列一組圈選，以得票數

---

[23] (D) 自民國 80 年起至民國 94 年止，中華民國憲法共修改：(A)四次(B)五次(C)六次(D)七次

[24] (C) 我國自 80 年起共歷經幾次修憲？(A)四次(B)十次(C)七次(D)六次

[25] (D) 依憲法本文及增修條文之規定，有關中華民國總統之任期，下列敘述何者正確？(A)在民國 36 年憲法公布實施時，任期為 6 年，無連選連任之限制(B)在動員戡亂時期，無年限與任期之限制(C)自第九任總統起，改為一任任期 6 年，祇得連選連任一次(D)現今總統之任期為 4 年一任，連選得連任一次

[26] (C) 我國自第幾任總統開始由人民直選之？(A)7(B)8(C)9(D)10

最多之一組當選。在國外之中華民國自由地區人民返國行使選舉權，以法律定之。」而總統改採直接選舉[27]，使得其正當性高過行政院院長，但憲法上卻無實權，形成總統過度擴權的問題。

(四) 第四次修憲

第三屆國民大會於 1997 年 5 月 5 日集會，於 7 月 18 日完成三讀，總統於 7 月 21 日公布增修條文第 1 條至第 11 條。這次修憲最重要的是，總統直接任命行政院院長，不須立法院之同意[28]；倒閣制度[29]：立法院得經全體立法委員三分之一以上連署，對行政院院長提出不信任案。不信任案提出七十二小時後，應於四十八小時內以記名投票[30][31]表決之。如經全體立法委員二分之一以上贊成[32]，行政院院長應於十日內提出辭職，並得同時呈請總統解散立法院；不信任案如未獲通過，一年內不得對同一行政院院長再提不信任案；精省：省主席改為官派，省議會改為省諮議會。並於 1999 年將原「省縣自治法」與「直轄市自治法」廢止，另行制定「地方制度法」（目前現行有效者為地方制度法[33]）。省政府於 1998 年 12 月 20

---

[27] (C) 中華民國於那一年第一次實施總統直接選舉？(A)民國 83 年(B)民國 84 年(C)民國 85 年(D)民國 86 年

[28] (A) 下列何者是民國 86 年修憲時所新增訂者？(A)總統任命行政院院長不須立法院之同意(B)總統得決定國家安全有關大政方針(C)總統提名司法院院長無須行政院院長之副署(D)總統由全體人民直接選舉產生

[29] (D) 86 年憲法增修條文新引進的憲政制度為：(A)全國不分區民意代表(B)緊急命令(C)副署(D)倒閣

[30] (A) 立法院如何表決行政院院長之不信任案？(A)記名投票(B)不記名投票(C)交付委員會審查(D)黨團協商

[31] (A) 立法院之那一種投票依我國憲法增修條文之規定係採記名方式？(A)對於行政院院長提出不信任案之表決(B)對於大法官行使同意權之表決(C)選舉立法院院長、副院長(D)對於總統、副總統彈劾案之議決

[32] (B) 依憲法增修條文規定，對行政院院長提出不信任案，除應經全體立法委員三分之一以上連署，尚須全體委員幾分之幾的贊成，始能通過？(A)三分之一(B)二分之一(C)三分之二(D)四分之三

[33] (B) 下列何者為現行有效之法律？(A)省自治法(B)地方制度法(C)省縣自治通則(D)

日走入歷史，成為名存實亡的機構，而有「凍省」之稱[34]。也就是說，我國第一任民選省長就在 1998 年時停辦[35]。

(五) 第五次與第六次修憲

第五次修憲是因為國民大會欲進行所謂的國會改革，1999 年 9 月 15 日總統公布增修條文第 1 條至第 11 條，結果卻演變成為國大延任案，通過第三屆國民大會延長任期至 2002 年 6 月 30 日止，引起民意的反彈，並聲請大法官解釋是否違憲。大法官作成釋字第 499 號解釋，認為第五次修憲無效，於是第三屆國民大會立即進行第六次修憲，並於 2000 年 4 月 25 日公布增修條文第 1 條至第 11 條[36]，將國民大會改為「任務型國大」。經過六次修憲之後，我國總統在憲法上的地位與職權，目前與法國總統[37]相類似，因為世界上採雙首長制的著名國家，就是法國，而我國也是採取雙首長制。

(六) 第七次修憲

2004 年 8 月 23 日通過「中華民國憲法增修條文」修正案共計 7 條（以下稱第七次修憲），主要內容有：廢止國民大會（第 1 條、第 8 條）、總統之彈劾案改由憲法法庭判決（第 2 條、第 5 條）、立法委員人數改為 113 席並採用單一選區與政黨比例代表制之選舉制度，且立法委員任期改為四年（第 4 條），以及修憲程序改為由立法院提案、人民複決（第 12 條）。這次修憲最重要的是，廢除國民大會（國民大會廢除無任何權

直轄市自治法

[34] (D) 凍省是在第幾次修憲？(A)第一次(B)第二次(C)第三次(D)第四次

[35] (D) 我國第一任民選省長在何時停辦？(A)80 年(B)83 年(C)85 年(D)87 年

[36] (C) 民國 89 年第六次修憲，國民大會所通過的「憲法增修條文」共有幾條？(A)十條(B)十二條(C)十一條(D)十八條

[37] (C) 經過六次修憲之後，我國總統在憲法上的地位與職權，和目前世界上那一個國家的元首相類似？(A)美國總統(B)英國女王(C)法國總統(D)德國總統

限[38]）[39]、改為立法院提出修憲（稱「修憲公投」）、領土變更案，並由自由地區全體人民複決[40][41]。

表 3-3　第一次至第七次修憲內容表

	國民大會屆次	時間與條文	內容	備註
第一次修憲	第一屆	1991 年 5 月 1 日；增修條文 1～10 條	1.國大立委由自由地區選舉。 2.限制總統緊急應變權。 3.動員戡亂時期法律延長適用。 4.國家安全會議、人事行政局延長期限。 5.兩岸關係條例。	1.事前召開「國是會議」凝聚修憲共識。 2.廢除臨時條款。 3.資深民代於 80 年 12 月 31 日全部退職（釋字 261 號解釋）。 4.程序修憲。 5.賦予第二屆中央民代產生之法源。
第二次修憲	第二屆（含增額國大）	1992 年 5 月 28 日；增修條文 11～18 條	1.監察院改制。 2.規定國大對司法院、考試院、監察院之人事同意權。 3.增設憲法法庭。 4.省市地方自治程序。 5.總統直選原則。	1.實質修憲。 2.地方自治法治化（83 年省長民選）。 3.83 年 7 月 29 日公布省縣自治法及直轄市自治法（88 年廢止）。

---

[38] (A) 依憲法增修條文，以下何者為國民大會權限？(A)已廢除，無任何權限(B)選舉正、副總統(C)修改憲法(D)對總統提名任命之司法院正、副院長暨大法官行使同意權

[39] (D) 民國 94 年修憲以後，國民大會的性質為：(A)常設機關(B)任務型機關(C)可主動提出憲法修正案(D)憲法所有權限停止適用

[40] (C) 中華民國領土，依其固有之疆域，下列何者不屬於領土變更之程序？(A)全體立法委員四分之一之提議(B)全體立法委員四分之三之出席，及出席委員四分之三之決議(C)國民大會代表總額三分之二之出席，出席代表四分之三之複決同意(D)公民複決

[41] (C) 依憲法規定，下列何者並非立法院之職權？(A)聽取總統之國情報告(B)領土變更案之提議(C)領土變更案之複決(D)解決中央與地方權限爭議

表 3-3　第一次至第七次修憲內容表（續）

	國民大會屆次	時間與條文	內容	備註
第三次修憲	第二屆	1994 年 8 月 1 日；增修條文 1～11 條	1.國大設置議長。 2.確立總統公民直選。 3.縮小閣揆副署權。 4.國大立委支給條例。	1.將山胞正名為原住民。 2.85 年 5 月 20 日第一任（行憲以來第九任）民選總統就職。
第四次修憲	第三屆	1997 年 7 月 21 日；增修條文 1～11 條	1.立法院的閣揆同意權取消。 2.立法院擁有倒閣權，但是一年之內對於同一行政院長只能提一次。 3.總統可解散立法院。 4.立法院可彈劾總統副總統。 5.立法院對於行政院所提覆議案未於十五日內作成決議，原決議失效。 6.立法委員不逮捕特權範圍縮小，僅限任期中。 7.立法委員人數增加（161-225）。 8.司法院大法官預算獨立、任期縮短。 9.省去自治化。 10.教科文預算不受最低規定的保障。	1.事前召開「國發會議」凝聚修憲共識。 2.凍省（省長恢復官派）：88 年制定地方制度法。 3.採半總統制（雙首長制）。
第五次修憲	第三屆	1999 年 9 月 15 日；增修條文 1～11 條	1.國大人數遞減、採取比例代表制。 2.立委任期延長至四年。 3.第三屆國大與第四屆國大同時改選（民國 91 年 6 月 30 日）。 4.台灣省政府以特別	本次修憲被釋字 499 號宣告無效。

表 3-3　第一次至第七次修憲內容表（續）

	國民大會屆次	時間與條文	內容	備註
第六次修憲	第三屆	2000 年 4 月 25 日；增修條文 1～11 條	立法組成。 5.社會福利支出應予保障。 6.原住民與金門馬祖澎湖居民之保障。 7.退伍軍人福利。 1.立法院所增加職權為司法考試監察三院人事同意權、對總統副總統彈劾案不限內亂外患罪、領土變更提案權、罷免總統副總統提案權、聽取總統國情報告、補選副總統。 2.司法院大法官終身職待遇規定停止適用。 3.台灣省政府以特別立法組成。 4.社會福利支出應予保障。 5.原住民與金門馬祖澎湖居民之保障。 6.退伍軍人福利。	
第七次修憲	任務型國大	2005 年 6 月 10 日；增修條文 1～12 條	1.廢除國民大會。 2.立法院對總統副總統彈劾案，移送司法院大法官「憲法法庭」審理。 3.立法委員任期四年，席次減半為 113 席。 4.立法委員選舉改為單一選區兩票制。 5.領土變更、修憲案，改由自由地區人民複決。	

作者小叮嚀

　　深入了解七次修憲的重點，第三次修憲決定總統直選，第四次修憲決定學法國採取雙首長制並精省，第六次修憲則將國民大會改成任務型國大，第七次修憲則澈底廢除國民大會，並改變未來的修憲方式，交由全民複決。

第四章 憲法前言與總綱

 **本章學習重點**

1. 憲法前言的內容
2. 政體與國體
3. 領土爭議
4. 國民與國籍

一、前言

(一) 前言的意義

在憲法本文之前，說明憲法制定的由來、目的及根本精神。最早有憲法前言的國家就是美國憲法[1]。

(二) 中華民國憲法前言

「中華民國國民大會受全體國民[2]之託付[3]，依據 孫中山先生創立中華民國之遺教[4]，為鞏固國權，保障民權，奠定社會安寧，增進人民福

---

[1] (A) 世界各國憲法中，何國首先在憲法條文前冠以前言，以表達制憲意志？(A)美國(B)英國(C)法國(D)中國

[2] (D) 我國國民大會制憲權力之來源為：(A)天賦人權(B)立法院授與(C)總統授與(D)國民全體

[3] (C) 依我國憲法前言規定，制定憲法權力的來源是：(A)制憲國民大會的決議(B)政治協商會議的結論(C)全體國民的託付(D)當時執政黨的決議

[4] (C) 我國憲法制定之依據為何？(A)建國宣言(B)臨時約法(C)國父遺教(D)五五憲草

利[5]，制定本憲法[6]，頒行全國，永矢咸遵[7]。」

表 4-1　憲法前言之內容

憲法之制定機關	國民大會[8]
憲法之制憲權源	全體國民[9] [10]
憲法之依據原則	孫中山先生創立中華民國之遺教
憲法之制憲目的[11]	鞏固國權、保障民權、奠定社會安寧、增進人民福利[12] [13] [14]

　　由憲法前言得知，其中包含憲法的制定機關、制憲權源、依據原

[5] (C) 下列何者不是制定憲法的主要目的？(A)保障民權(B)限制國家權力(C)富國強國(D)增進人民福利

[6] (A) 我國制憲目的乃為鞏固國權、保障民權、奠定社會安寧、增進人民福利。上開制憲目的揭示於憲法的那一部分？(A)前言(B)總綱(C)人民的權利義務(D)憲法增修條文

[7] (C) 憲法之制定是希望頒行全國：(A)分期實施(B)暫時施行(C)永矢咸遵(D)隨時修改

[8] (B) 由憲法前言中，可知我國的制憲機關是：(A)立法院(B)國民大會(C)國是會議(D)司法院

[9] (A) 我國憲法制憲權之權力來源為：(A)全體國民(B)國民大會(C)中山先生創立中華民國之遺教(D)三民主義

[10] (B) 我國憲法於前言中，指明國民大會制憲之權力，乃淵源於何者？(A)立法院(B)全體國民(C)總統(D)國民大會

[11] (B) 鞏固國權、保障民權、奠定社會安寧、增進人民福利為我國憲法制定的：(A)原則(B)目的(C)精神(D)特質

[12] (A) 下列何者並非憲法前言所揭示之制憲目的？(A)避免緊急危難(B)奠定社會安寧(C)增進人民福利(D)鞏固國權

[13] (D) 依中華民國憲法序言之規定，下列何者為制定憲法之目的？(1)鞏固國權(2)保障民權(3)奠定社會安寧(4)增進人民福利。(A)(1)(2)　(B)(3)(4)　(C)(1)(2)(4)　(D)(1)(2)(3)(4)

[14] (D) 我國憲法前言表示憲法制定之目的係在於：(A)促進國家統一(B)尊重人性尊嚴(C)維護婦女權益(D)增進人民福利

則、制憲目的及憲法的根本精神[15][16]。

(三) 中華民國憲法增修條文前言

「為因應國家統一前之需要[17][18]，依照憲法第二十七條第一項第三款及第一百七十四條第一款之規定，增修[19]本憲法條文如左：」

　　1.說明了憲法增修條文之目的與機關及程序。憲法增修條文之內容若與憲法本文相牴觸，適用時以憲法增修條文為優先[20][21]。

　　2.增修條文與「特殊的國與國關係」：增修條文之制定，係因應「國家統一前之需要」[22]。

(四) 憲法前言的效力

　　憲法前言是否具有規範性的效力（法的拘束力）或是單純具有政治

---

[15] (C) 下列何者並未包括在我國憲法前言之內？(A)憲法的制定機關(B)憲法的根本精神(C)憲法修正的程序(D)憲法制定的目的

[16] (D) 我國憲法序言並未明確言及：(A)憲法的根本依據(B)憲法的制定目的(C)憲法的制定機關(D)憲法的解釋機關

[17] (B) 憲法增修條文開宗明義之前言為何？(A)國民大會受全體國民之付託(B)為因應國家統一前之需要(C)茲根據孫中山先生創立中華民國之遺教(D)為鞏固國權、保障民權、奠定社會安定、增進人民福祉

[18] (B) 我國增修憲法是為了因應何種需要？(A)經濟上之需要(B)國家統一上之需要(C)外交上之需要(D)內政上之需要

[19] (B) 由現行憲法增修條文之前言可知，我國憲法增修條文之制定，性質上是屬下列那種行為：(A)解釋憲法(B)修正憲法(C)制定憲法(D)廢除憲法

[20] (B) 憲法增修條文與憲法本文就同一事項有不同之規定時，應如何處理？(A)以憲法本文為原則(B)應優先適用增修條文(C)由國民大會決定何者優先適用(D)由司法院決定何者優先適用

[21] (B) 憲法增修條文所規定之內容，與憲法本文規定之內容相衝突，應如何處理？(A)優先適用憲法本文(B)優先適用憲法增修條文(C)優先順序視情況而定(D)再修改憲法本文內容

[22] (A) 我國增修憲法是為了因應何種需要？(A)國家統一前的需要(B)內政的需要(C)國際情勢變化的需要(D)爭取外交空間的需要

的作用，端視其在內容上有無類似「規範條款」而定。學者一般認為，憲法前言並無規範效力。但大法官解釋曾在釋字第 3 號解釋，明白援引憲法前言之國父遺教，似乎承認其具有效力[23]。

二、總綱

(一) 國體與政體

憲法總綱規定了一些重要的規定，包括國體與政體、主權、國民、領土、民族平等、國旗等。雖然這些規定看似簡單，但對了解憲法精神，這些規定卻有非常重要的地位，尤其憲法第 1 條的民主共和國原則和第 2 條的國民主權原則，以下逐一介紹。

1. 國體

國體指的是國家[24]（國家包含人民、土地、政府及主權）的形式，以「國家元首產生方式」來做區分。可分為：

(1) 君主國：以世襲君主為國家元首，如：英國、日本。

(2) 共和國：與君主國相對稱[25]；「共和」一詞意指國民選舉總統擔任國家元首，並非世襲[26]，如：我國（憲法第 1 條明定我國為一民主共和國）、美國。

2. 政體

政體指的是政治運作的方式，以「人民參與」的方式來做區分可分為下列幾種：

(1) 獨裁政體：凡權力行使不受法律限制，由一人決定，不受民意約束。

---

[23] (A) 我國憲法前言是否具有規範效力？(A)有規範效力(B)沒有規範效力(C)是政治性質之文書(D)只有法律效力

[24] (C) 下列何者不屬於國家的組成要素之一？(A)主權(B)人民(C)國旗(D)領土

[25] (B) 與君主國成相互對稱的國體是：(A)法治國(B)共和國(C)民生福利國(D)民主國

[26] (C) 憲法第 1 條明定我國為一民主共和國，其中「共和」一詞意指：(A)設立五院，分工合作(B)強調五族共和，民族融合(C)國家元首並非世襲，應經由選舉產生(D)國家權力分立，相互監督制衡

(2) 民主政體：凡權力行使須受法律拘束，而由全民最終決定者。

3. 我國

憲法第 1 條：「中華民國基於三民主義，為民有民治民享[27]之民主共和國。」其中「民有民治民享」原則是採自林肯的理念[28]。

(1) 我國憲法就國體而言屬於共和國（共和國體）[29]。

(2) 就政體而言屬於民主國（民主政體；多數決[30]、直接選舉制度、行政資訊公開制度、立法程序公開原則[31]均與民主國原則具有直接關聯）。

(3) 國家名稱方面，我國是中華民國[32]。

(二) 民主共和國原則演繹出之原則

1. 權力分立原則

我國憲法中央採平行的五權分立相互制衡，中央與地方採垂直的地方分權，以憲法保障地方制度。權力分立原則也是現代民主法治國家的基本理論，國家組織最重要的原則之一[33]。

2. 法治國家原則

法治國最深層的意義是「所有國家公權力的作用，皆須納入一定的

---

[27] (D) 下列何者非憲法第 1 條所明文揭示中華民國之國家特性？(A)民有(B)民治(C)民享(D)民富

[28] (D) 我國憲法第 1 條「民有、民治、民享」原則是採自何人的理念？(A)富蘭克林(B)莎士比亞(C)華盛頓(D)林肯

[29] (A) 依憲法第 1 條規定，我國國體是：(A)共和國(B)聯邦國(C)君主國(D)君主立憲國

[30] (A) 多數決是屬於：(A)民主國原則(B)共和國原則(C)君主國原則(D)法律原則

[31] (D) 下列何者與民主國原則無直接關聯？(A)直接選舉制度(B)行政資訊公開制度(C)立法程序公開原則(D)公開競爭之考試制度

[32] (C) 依我國憲法第 1 條之規定，我國的政體為：(A)社會國(B)法治國(C)民主國(D)單一國

[33] (C) 依現代民主法治國家的基本理論，國家組織最重要的原則為何？(A)信賴保護原則(B)法律保留原則(C)權力分立原則(D)萬能政府原則

公權力規範」，即國家權力應受憲法與法律之限制，而非可恣意為之。所以國家制定嚴法，非法治；未依一定程序強徵人民財產，不予補償，非法治（參照釋字第 400 號與第 440 號解釋）；行政機關不顧法律之要求，以其法規命令限制或剝奪人民基本權利，亦非法治。法治國原則之具體化則為依法行政原則，依法行政原則則有「法律優位原則」與「法律保留原則」。法律優位原則導出行政權之行使不得牴觸法律[34]。

3. 基本權之保障

　　自由法治國家以保障人民之自由基本權為最大職志，故警察國家以人民權利係法律所賦予之思想，已被揚棄，人民之基本權利是受憲法之直接保障，係先於法律而存在之權利。人民得以享受基本權能力及負擔基本權義務之資格，係依基本權之種類來定之，並非單純以年齡、身分等作為唯一的標準。我國憲法第 22 條即係採「憲法直接保障主義」。

　　進入二十世紀後，社會法治國除保障人民之基本權外，更重視生存權或其他社會基本權，例如對婦女勞工之保障、最低的基本工資的限制、制定保護農民生活之法律、毒品危害防制條例處死刑、無期徒刑之規定、優生保健法關於墮胎之規定、國家推行全民健康保險，並促進現代和傳統醫藥之研究發展等，均涉及憲法保障之生存權。社會法治國之思想在我國亦可稱為民生法治國思想。

4. 司法國家原理：憲法優位原則

　　自「司法違憲審查」制度確立以來，行政與立法雖仍係最初的國家主動權力，但司法權是法律秩序的最後確認者，進入司法國家。司法權在我國亦有審查違憲之權限，意即司法權係國家法律秩序具有最後確定權之國家權力。

---

[34] (B) 行政權之行使不得牴觸法律，係由下列哪一項原則所導出？(A)法律保留原則 (B)法律優位原則(C)比例原則(D)信賴保護原則

三、主權

(一) 主權的意義

最早提出主權理論者為布丹[35]與霍布斯的君主主權論[36]，主權之意義有兩個層面，一是指國家權力本身，亦即行政、立法、司法的統治權；一是指國家權力的特性。因此主權可以有以下兩個意義：

1. 對內之意義：國家對內具有唯一且最高的支配權。
2. 對外之意義：國家對外具有獨立性，除國際法之外，不受別國干涉。
　　所以，據上得知主權的意義，係指對內最高、對外獨立的權力[37]。

(二) 主權的特性

1. 永久性：主權隨國家存在而存在。
2. 最高性：即國家權力比國內任何權力皆居於優越地位：主權之對內。
3. 完整性：主權之不可分割（統一性）。
4. 獨立性：本國主權不受他國侵犯且不可以分享切割[38]。

(三) 主權的種類

1. 君主主權：以君主獨享國家絕對、永久、至高無上的權力。
2. 國家主權：以國家法人論為前提，視國家為法律上的權利主體而超越公民之上，因此，主權為國家所有，人民屬於國家之下被統治者，並無主權，需絕對效忠國家。

---

[35] (A) 下列人員中，何者最早提出主權之概念？(A)布丹(B)洛克(C)孟德斯鳩(D)盧梭

[36] (C) 布丹與霍布斯共同建立了何種主權論？(A)國民主權(B)國家主權(C)君主主權(D)國會主權

[37] (C) 一個國家所具有的對內最高、對外獨立的權力是什麼權？(A)政權(B)治權(C)主權(D)民權

[38] (B) 以下有關主權的敘述，何項不正確？(A)主權是指國家行使統治、支配活動之範圍(B)主權是可以分享切割的，目前兩岸屬分享主權狀態(C)主權是指國家權力對外獨立自主，對內優越於任何其他權力(D)主權是指國家政治運作的最終決定權力及國家意思最後的決定

3. 議會主權：議會有最高立法權，故主權屬於議會。

4. 國民主權：國民主權說源自於基本人權萌芽的十七、十八世紀，尤其是盧梭[39]的主權在民思想及天賦人權說[40]，美國與法國大革命均受此理論啟發。國民主權原則主張主權分屬於人民所享有，每個公民所享有的主權係平等存在，而國家機關之設置及其權力，也必須直接或間接源於國民之同意或授權[41]。中華民國憲法第 2 條：「中華民國之主權屬於國民全體[42]。」就主權的種類而言，屬於國民主權[43]。

四、國民

(一) 國民之意義

1. 人民：為國家統治之客體（對象），國家構成要素之一，包括國民與非國民。

2. 國民：法律所規範之對象，即受國家統治權之支配者。

3. 公民：具一定資格之國民，需負法律之義務及享法律之權利。

　　中華民國憲法第 3 條：「具有中華民國國籍者為中華民國國民。」因此可知具有國籍者為國民，受國家統治權支配。

(二) 國籍之取得

1. 固有國籍

　　依出生所由的血緣關係或所在地之國家而取得國籍。包括以下數種

---

[39] (C) 我國憲法規定，中華民國主權屬於國民全體，此種國民主權的主張，係由何人所提出？(A)孟德斯鳩(B)布丹(C)盧梭(D)洛克

[40] (C) 主張天賦人權說的學者是：(A)霍布斯(B)洛克(C)盧梭(D)孫中山

[41] (D) 國家機關之設置及其權力，必須直接或間接源於國民之同意或授權，此理論係揭示下列何者？(A)憲法的實質意義(B)憲法的形式意義(C)法治主義(D)國民主權

[42] (C) 依我國憲法規定，中華民國之主權屬於何者？(A)國民大會(B)總統(C)國民全體(D)立法院院長

[43] (C) 憲法第 2 條規定：「中華民國之主權屬於國民全體。」乃表明我國是：(A)國會主權(B)國家契約(C)國民主權(D)憲法主權

情況：

(1) 屬人主義（血統主義）：出生時父或母為中華民國國民。出生於父或母死亡後，其父或母死亡時為中華民國國民（國籍法第 2 條第 1 項第 1 款、第 2 款）。

(2) 屬地主義（出生地主義；以出生地國別來決定國籍歸屬[44]）：出生於中華民國領域內，父母均無可考，或均無國籍者[45]（國籍法第 2 條第 1 項第 3 款）。

(3) 折衷主義（屬人兼屬地主義）：美國採行。

我國之規定，乃以屬人主義為原則，屬地主義為例外[46]。

2. 取得國籍

取得國籍的意思，就是由出生（血緣及地緣）以外之其他原因取得之國籍（傳來國籍[47]）。包括下列三種，因婚姻關係、因收養而取得國籍、歸化人之未婚未成年子女[48]。

3. 國籍之喪失與回復

國籍之喪失，根據國籍法第 11 條之規定。至於國籍之回復，則以婚姻及歸化者為限。

---

[44] (B) 以出生地國別來決定國籍歸屬的方法，謂之：(A)屬人主義(B)屬地主義(C)歸化(D)認知

[45] (B) 「固有國籍」不同於「取得國籍」，所謂「固有國籍」係指：(A)為中華民國人之妻者(B)生於中華民國領域內，父母均無可考或均無國籍者(C)為中華民國人之養子者(D)生於中華民國領域內，父母曾為中華民國國民

[46] (C) 各國國籍法對於固有國籍有兩種主義，一為屬人主義，二為屬地主義，我國關於國籍規定，係採：(A)屬人主義(B)屬地主義(C)以屬人主義為主，屬地主義為輔(D)以屬地主義為主，屬人主義為輔

[47] (A) 下列之敘述，何者不屬於取得傳來國籍之原因？(A)寄養(B)婚姻(C)認知(D)歸化

[48] (C) 下列何者不是我國國籍法所規定因歸化取得中華民國國籍之原因？(A)因婚姻關係(B)因收養而取得國籍(C)因繼承遺產(D)歸化人之未婚未成年子女

五、領土

(一) 領土之意義

　　國家統治權所行使範圍之土地，即在一定範圍空間內，國家可以行使其統治權，以象徵主權的存在。

(二) 領土的範圍

1. 領海：指距離一國海岸線以外一定範圍內之水域，我國國家安全會議於 1979 年議決通過，並由總統宣布我國領海為十二浬[49]。我國並於 1998 年公布「中華民國專屬經濟海域及大陸礁層法」，該法第 2 條第 1 項規定：「中華民國之專屬經濟海域為鄰接領海外側至距離領海基線二百浬間之海域。」200 浬[50]即為我國的經濟海域，亦稱「資源領海」。
2. 領陸：指由土地而成立之國家領土。
3. 領空：指領陸與領海的上空。
4. 浮動領土：指本國籍航空器、船舶航行在公海上[51]，其管轄權歸本國所有。

(三) 領土之規定

1. 列舉式：將構成國家領土之每一個地區構成單位名稱，一一規定於憲法中，如瑞士、比利時、德國、我國五五憲草等。
2. 概括式：僅概括規定領土的範圍，如韓國、巴西及我國現行憲法[52]皆屬之。我國憲法僅規定中華民國領土，依其固有之疆域，而未明確規

---

[49] (B) 我國領海寬度為多少？(A)3 浬(B)12 浬(C)24 浬(D)200 浬

[50] (B) 我國現行經濟海域為多少海浬？(A)一百(B)二百(C)三百(D)三百五十

[51] (C) 素有「浮動領土」之稱者，為：(A)外海島嶼(B)內陸湖泊(C)本國籍航空器與船舶航行在公海上(D)大使館

[52] (C) 我國憲法對於領土之規定係採以下那一種方式？(A)授權某一機關決定(B)列舉式(C)概括式(D)憲法未加規定

定其範圍[53]。

(四) 我國之「固有疆界」

釋字第 328 號解釋：「中華民國領土，憲法第四條不採列舉方式，而為『依其固有之疆域』之概括規定，並設領土變更之程序，以為限制，有其政治上及歷史上之理由。其所稱固有疆域範圍之界定，為重大之政治問題[54]，不應由行使司法權之釋憲機關予以解釋。」

(五) 領土變更程序

1. 憲法限制主義：依憲法規定之程序始得變更[55]。依第七次修憲規定，領土變更必須由立法院提議[56]，由公民複決。
2. 法律限制主義：由立法機關依法定程序決議，如：比利時。

六、民族

各民族一律平等
(一) 意義：由血統、生活、語言、宗教、風俗、習慣等自然力所形成的人群。
(二) 民族平等：我國憲法第 5 條規定：「中華民國各民族一律平等。」其他規定，見第 119 條、第 120 條以及第 168 條、第 169 條。

---

[53] (B) 下列那一事項並未明定於我國現行憲法本文中？(A)人民除現役軍人外，不受軍事審判(B)中華民國領土之具體範圍(C)中華民國國旗(D)中華民國各民族一律平等

[54] (C) 依司法院大法官釋字第 328 號之見解，我國領土固有疆域範圍係屬何種問題，不應由行使司法權之釋憲機關予以解釋？(A)統獨問題(B)歷史爭議問題(C)重大政治問題(D)國際法問題

[55] (A) 依中華民國憲法之規定，我國領土變更的程序，究竟係採何種主義？(A)憲法限制主義(B)法律限制主義(C)條約限制主義(D)命令限制主義

[56] (C) 關於中華民國領土的變更，何者有權提案？(A)人民公民投票(B)國民大會(C)立法院(D)總統

七、國旗

(一) 意義：國家的象徵、立國精神的標誌。
(二) 我國國旗：我國憲法第 6 條：「中華民國國旗定為紅地，左上角青天
　　白日。[57]」[58]

八、總綱未規定事項

　　總綱中對國旗有特別規定，故若要改國旗則必須修憲。但對國歌[59]、
國花、國都[60]、國語、國徽等，都沒有規定[61]。

作者小叮嚀

> 　　本章需記憶國體、政體之不同，以及憲法前言內容、憲法總綱內容。幾
> 乎每一條文都會考得非常細節，必須讀熟。另外，國籍部分則較為複雜，也
> 必須理解後熟記。

---

[57] (D) 下列有關中華民國國旗之描述，何者正確？(A)白地，左上角青天白日(B)紅
　　地，右上角青天白日(C)白地，右上角青天白日(D)紅地，左上角青天白日
[58] (B) 憲法總綱中下列何者有明文規定？(A)國都(B)國旗(C)國歌(D)國語
[59] (D) 下列何者在憲法總綱中未予以規定？(A)國體(B)主權(C)國旗(D)國歌
[60] (D) 我國憲法規定國都為：(A)南京(B)北京(C)台北(D)未明文規定
[61] (A) 下列何者在憲法總綱中均有規定？(A)國體、政體(B)國都、國旗(C)領土、國
　　語(D)主權、國徽

第五章　人權基本理論

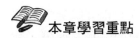
本章學習重點

1. 三代人權概念
2. 防禦權與受益權區分
3. 制度性保障理論
4. 比例原則
5. 法律保留原則

一、人性尊嚴

　　基本人權是維護個人人性尊嚴所不可或缺[1]，也就是維護人性尊嚴對抗國家權力的權利[2]。人性尊嚴所強調的是，人民並不是國家的客體，而是主體[3]。近年來生物科技蓬勃發展，有關「複製人應受禁止」的激烈爭議，主要就是因為其對人性尊嚴的侵犯[4]。

---

[1] (C) 關於人權，下列何種說法正確？(A)未成年不得作為人權主體(B)受刑人不應享有人權(C)基本人權是維護個人人性尊嚴所不可或缺者(D)國家利益優於人權

[2] (C) 下列關於確保人權之抵抗權的觀念之敘述，何者正確？(A)在良好的憲法秩序內行使(B)與國民的基本權無關(C)屬於維護人性尊嚴對抗國家權力的權利(D)不存在所謂的超實定法的抵抗權

[3] (D) 下列關於「人性尊嚴」之敘述，何者正確？(A)在我國憲法本文已有規定(B)保障的範圍始於出生終於死亡(C)屬於國民權的一種(D)強調人民並不是國家的客體，而是主體

[4] (D) 近年來生物科技蓬勃發展，有關「複製人應受禁止」的激烈爭議，主要是對下列何者的侵犯？(A)平等權(B)人身自由(C)生存權(D)人性尊嚴

二、人權簡介

(一) 權利清單

我國對於人權的保障，原則上在憲法中直接保障，此可稱為「憲法保障主義」，而非間接透過法律保障。所以關於人民自由權利之保障，我國憲法主要係採取直接保障主義[5]，間接保障為例外[6]。

而憲法對於人權保障的本質，包含了憲法價值體系下之主觀權利、民主原則具體化之前提以及憲法秩序之正義實現的依據[7][8]，並採所謂的列舉與概括並存的規定方式[9]。除了憲法列舉諸條權利之外，還有第 22 條的概括性條款。

1　列舉性權利：第 7 條至第 18 條及第 21 條。

2.　概括式權利：「凡人民之其他自由及權利，不妨害社會秩序公共利益者[10][11]，均受憲法之保障。」[12]（憲法第 22 條規定）由憲法第 22 條之

---

[5] (A) 關於人民自由權利之保障，我國憲法主要係採取何種保障方式：(A)直接保障主義(B)間接保障主義(C)列舉保障主義(D)事後保障主義

[6] (C) 我國憲法對人民之自由權利係採取何種保障方式？(A)均為直接保障(B)均為間接保障(C)以直接保障為原則，間接保障為例外(D)以間接保障為原則，直接保障為例外

[7] (B) 下列何者非為憲法所保障之人民基本權利之本質？(A)為憲法價值體系下之主觀權利(B)國家防衛外國侵害之本質(C)民主原則具體化之前提(D)憲法秩序之正義實現的依據

[8] (C) 我國憲法保障人民基本權利，試問下列何者對其之描述有誤？(A)防衛作用(B)制度性保障(C)國防軍事安全作用(D)憲法價值決定

[9] (C) 我國憲法關於人民權利之規定，係採何種方式？(A)列舉規定(B)概括規定(C)列舉與概括規定並行(D)授權法律定之

[10] (B) 依我國憲法第 22 條之規定，凡人民之其他自由及權利，在何種情形下均受憲法之保障？(A)凡未明文列舉者(B)不妨害社會秩序公共利益者(C)不妨礙他人權利者(D)為維護個人自由及權利所必需者

[11] (B) 憲法本文第 22 條規定，凡人民之其他自由及權利，在何種情形下均受憲法之保障？(A)為維護個人自由及權利所必須者(B)不妨害社會秩序及公共利益者(C)為憲法明文規定者(D)不妨礙他人者

[12] (D) 下列有關人權的敘述何者是錯誤的？(A)自由權基本上是人民對國家的防禦權

規定可知，在其性質上係對人民權利之事前保障、直接保障及概括性之保障[13]。

大法官目前從憲法第 22 條發展出來的人權[14]，種類很多，有人格權[15]（釋字第 399 號解釋）、隱私權（憲法未明文規定）（釋字第 603 號解釋）、婚姻自由（釋字第 242 號、第 362 號理由書）、性行為自由（釋字第 554 號解釋）、契約自由（釋字第 576 號、第 580 號解釋）等。

(二) 人權的分類

1. 防禦權（自由權）：第一代人權

所謂的第一代人權，乃是最早的人權，包括自由權、財產權[16]、平等權（形式平等）、參政權、救濟權等，是個人的防禦權。基本權利最初是為了對抗國家而被提倡出來，這種古典基本權理論的特色，被稱為防禦權功能[17]。其中，自由權和平等權是最重要的，前者是消極地、防禦性地要求國家不要剝奪人權的角色[18]；後者是追求社會上的形式平等（如男女應有相同的投票權）。我國憲法第二章的權利，大多都是第一代人權，至於

(B)社會權的掘起，與貧富不均、勞資對立等問題息息相關(C)各種人權應受保障的程度不盡相同(D)人民的自由及權利，以憲法明文列舉者為限

[13] (A) 依據我國憲法第 22 條規定：「凡人民之其他自由及權利，不妨害社會秩序公共利益者，均受憲法之保障。」此為對人民權利之何種性質之保障：(1)事前保障(2)事後保障(3)直接保障(4)間接保障(5)概括性(6)列舉性。(A)(1)(3)(5)(B)(2)(4)(6) (C)(1)(2)(4) (D)(2)(3)(6)

[14] (C) 憲法第 22 條保障之人權不包括下列那一項？(A)人格權與人性尊嚴(B)姓名權與命名自由(C)以其他團體之名稱申請商標註冊(D)家庭生活及人倫關係

[15] (A) 依大法官會議解釋，人格權係憲法第幾條所保障？(A)第 22 條(B)第 23 條(C)第 24 條(D)第 8 條

[16] (C) 下列的人權中，屬於「古典人權」者是那一項？(A)社會權(B)環境權(C)財產權(D)生存權

[17] (A) 基本權利最初是為了對抗國家而被提倡出來，這種古典基本權理論的特色，被稱為：(A)防禦權功能(B)分享權功能(C)客觀價值秩序功能(D)制度性保障功能

[18] (A) 人民立於消極地位，防禦國家侵害之權利為：(A)自由權(B)受益權(C)參政權(D)給付請求權

救濟權則為受益權。

2. 受益權：第二代人權

　　第二代人權，則是除了消極地要求國家不要剝奪人權外，開始要求國家積極地提供保護，也就是一般所謂的「受益權」。另一種概念叫做「社會權」，保障少數者與弱勢者追求實質平等的人權[19]，其權利性質就屬於受益權。社會權之發展係後於自由權[20]，觀察立憲主義國家保障國民自由之演進歷程，以自由權為最先、參政權次之、社會權最末[21]。資本主義社會所造成的各種問題是社會權產生的主要原因；社會權之作用，係在於防止自由權保障的空洞化[22]。由於資本主義下財富過度集中，社會權之保障，也會讓國家介入以調整國民的經濟生活（資本財產權）[23]，也就是說基於社會權而得以調整與規制財產權[24]，但是並非全盤否認私人所有權

---

[19] (B) 以下有關社會權的敘述，何項正確？(A)保障社會權必然形成依賴性福利，違反平等原則(B)社會權是保障少數者與弱者追求實質平等的人權(C)我國的社會權已在基本國策中充分保障(D)社會權是社會主義國家才具體保障的人權

[20] (B) 下列有關社會權之敘述，何者錯誤？(A)社會權之產生主要原因在資本主義社會所造成的各種問題(B)人權體系中，社會權之發展先於自由權(C)社會權之作用，在於防止自由權保障的空洞化(D)社會權之保障，主要是在要求國家積極作為，以調整國民的經濟生活

[21] (D) 觀察立憲主義國家保障國民自由之演進歷程，請排列下述三權利之先後發展順序：1.社會權 2.自由權 3.參政權。(A)1.2.3　(B)3.2.1　(C)2.1.3.　(D)2.3.1

[22] (C) 下列有關人權體系中之社會權的敘述，何者為非？(A)為解決資本主義社會所造成之弊病與矛盾(B)為要求國家積極介入調整國民經濟生活之人權概念(C)為否認私人所有權保障及自由經濟體制之人權概念(D)保障此種人權之目的在落實社會經濟生活中之實質的自由、平等

[23] (D) 關於財產權概念的演變，下列敘述何者正確？(A)十八世紀財產權之保障已有社會權之精神(B)資本屬於絕對不可侵犯的財產(C)自由放任資本主義採財產權相對保障主張(D)保障社會權的結果是國家積極介入調整資本財產權

[24] (A) 下列有關現代財產權的保障本質，何者正確？(A)基於社會權得以調整與規制財產權(B)財產權可任意加以限制(C)資本型財產乃是不可或缺的人權財產(D)財產是神聖不可侵犯的權利

保障及自由經濟體制之人權概念[25]。

　　一般學者大多把我國憲法第 15 條的生存權[26]、工作權、第 16 條的訴訟權、第 21 條的國民教育權當作受益權[27]。第 16 條的訴訟權，要求國家提供訴訟制度，也有人稱為程序權，並不歸納為社會權[28]。

　　至於第 15 條的「生存權、工作權」，有兩種性質，除了受益權性質，也具有防禦權的色彩，亦即也含有排除國家公權力不當作為的權利性質[29]。我國憲法第十三章「基本國策」的諸多規定，也是憲法中帶有「受益權」、「社會權」色彩的部分，我國的社會權已在基本國策中充分保障[30]。

3. 集體權：第三代人權

　　第一代人權是個人的防禦權，第二代人權是受益權（社會給付權），第三代人權則是一種集體性的人權，其包括「族群權」、「語言權」、「環境權」等。若以其產生的時代來區分，可分為古典人權及新興人權。「環境

---

[25] (C) 下列有關人權體系中之社會權的敘述，何者錯誤？(A)為解決資本主義社會所造成之弊病與矛盾(B)為要求國家積極介入調整國民經濟生活之人權概念(C)全盤否認私人所有權保障及自由經濟體制之人權概念(D)保障此種人權之目的在落實社會經濟生活中之實質的自由、平等

[26] (D) 憲法保障之基本人權中可分類歸屬於社會基本權的是：(A)財產權(B)請願權(C)結社權(D)生存權

[27] (A) 下列何者非我國憲法所保障之社會權？(A)財產權(B)生存權(C)工作權(D)受教育之權利

[28] (D) 下列何者非屬社會基本權之保障？(A)生存基本權(B)學習基本權(C)勞工基本權(D)和平基本權

[29] (C) 下列有關人權分類的概念，何者不正確？(A)人權分類，是為方便對人權迅速的認識，並非表示各種人權被該所分類之人權侷限(B)人權體系具有互補性及調和性(C)社會權是要求國家公權力積極作為的人權，所以並不含有排除國家公權力不當作為的權利性質(D)排除國家公權力不當作為的自由權，隨著社會發展，若干權利亦逐漸帶有請求權色彩

[30] (B) 已逾學齡而未受基本教育之國民，得請求補習教育，係屬下列何種權利之保障？(A)自由權(B)社會權(C)國務請求權(D)國家補償請求權

權」屬新興人權之一種[31]，乃係工業化以後所產生的公害污染所形成的理
念[32]。第三代人權這種用法乃是國際法上的習慣用語。不過在我國憲法本
文並無「環境權」之明文規定[33]。由人權的性質、內涵上得知，基本人權
的概念與內容為一種流動性之概念，會隨時代之演變，而可能不斷有新的
人權會產生[34]。

表 5-1　三代人權的性質、內涵

	第一代人權	第二代人權	第三代人權
性質	公民與政治權利	經濟、社會與文化權利	集體權利
	防禦權	受益權	連帶權（集體權）
背景	17、18 世紀自由主義	19、20 世紀社會主義	20 世紀末反帝國主義與環境保護
主要內容	追求個人自由免於國家之侵害：包括參政權、表現自由、集會結社自由、言論自由、人身自由、宗教自由、居住遷徙自由、秘密通訊自由以及形式平等。	社會經濟文化福利之提供：包括工作權、休閒權、醫療權、健康權、兒童權、婦女老年權、社會保險權以及實質平等。	對抗國際強權以及人類共同合作：發展權、民族自決權、環境權、人類共同遺產權、和平權以及文化、種族上的實質平等。

---

[31] (D) 人權理念以其產生的時代可分為古典人權及新興人權，何者屬新興人權？(A)言論自由(B)藝術自由(C)參政權(D)環境權

[32] (C) 工業化以後所產生的公害污染，形成何者權利的理念？(A)生存權(B)生命權(C)環境權(D)受益權

[33] (C) 下列何種權，我國憲法並無明文規定？(A)生存權(B)請願權(C)環境權(D)複決權

[34] (C) 下列有關基本人權之敘述，何者正確？(A)法人不得作為人權適用之主體(B)外國人亦可於我國行使國政層次之參政權(C)基本人權的概念、內容為流動性之概念，隨時代之演變，可能有新的人權出現(D)社會權與自由權是毫無相關，可做截然區分之人權

(三) 地位理論

德國公法學者耶林內克（G. Jellinek）提出的「地位理論」（Statustheorie），或稱「身分理論」，其乃於 1892 年出版之《公法權利之體系》一書中提出。其大概是用四種概念，分別表示出四種人民與國家的關係。

1. 被動地位（Passiver Status）或稱服從地位：人民單純地處於服從國家之地位，即義務關係。
2. 消極地位（Negativer Status）又稱自由地位：人民享有不受國家權力干涉之權。具有排除國家非法干涉之防衛權色彩。自由權多半具有排除國家非法干涉之防衛權之色彩，例如表現自由[35]。
3. 積極地位（Positiver Status）又稱國民地位：是國家給予其國民法律上某種資格，可以請求國家實現該資格，且必要時可以透過法律之救濟途徑保障之。因此產生所謂的「受益權」或是在具體個案中直接向國家請求之權利。積極向國家請求給付，又稱請求給付權。
4. 主動地位（Aktiver Status）：指人民具有主動參與國家意見形成的機會，因此產生人民的「參政權」[36]。

三、受基本權保護的主體

(一) 人權主體

人權的主體是人，而不包括國家[37]。憲法中之基本權利，究竟哪些人得以享有，依基本權利的不同，而可享受權利的主體也會不同[38]。可以區分為人類權、國民權以及公民權三種。

---

[35] (A) 就人權的分類而言，表現自由屬於何種地位的人權？(A)避免干涉的消極地位(B)積極要求的地位(C)主動參政的地位(D)課以義務的被動地位

[36] (C) 由於人民對國家之主動關係而產生何種權利？(A)自由權(B)平等權(C)參政權(D)受益權

[37] (A) 下列何者不是人權的主體？(A)國家(B)私法人(C)自然人(D)受刑人

[38] (D) 下列何者有基本權能力？(A)7 歲以上之人(B)滿 18 歲之人(C)滿 20 歲之人(D)依基本權之種類定之

1. 人類權：人類權乃一種自然權，基於人性尊嚴之要求，只要身為一個人，即可享有此種基本權利，例如：訴訟權、財產權等，本國人、外國人兼之。

2. 國民權：國民權乃具有本國國籍者方得享有之基本權利，外國人不得享有之，例如：生存權、工作權、受國民教育之權利等，僅本國人得享有，外國人不得依據憲法主張之。

3. 公民權：公民權要求之主體資格較國民權更加嚴格，除了必須具備本國國籍外，尚需具備公民資格，一般均以年齡作為積極要件，例如：選舉、罷免、創制及複決權[39]、應考試、服公職之權利等。

(二) 法人

只要基本權利「依其性質」可以適用於法人的，法人就可享有[40]，但必須取決於個別基本權利之特別內容。如果基本權利的特定內容與自然人之關係就像血肉般不可分，那麼此種基本權利就不適用於法人，亦即表現人性特質之基本權利不適用於法人，例如人性尊嚴基本權利、男女平等權、母性之保護人身自由之權利[41]等[42]。相反地，性質上適用於法人之基本權利，例如人格自由發展基本權利、出版自由、新聞自由[43]與報導自由、結社自由、職業自由、財產權之保障[44]以及法律上聽審權等，並非與

---

[39] (D) 憲法本文第 17 條的選舉、罷免、創制及複決之權利屬於：(A)人權(B)國民權(C)住民權(D)公民權

[40] (D) 關於人權，下列何種說法最為允當？(A)受刑人不應享有人權(B)無法律依據亦可限制公務員的基本人權(C)基本人權僅適用於國家與個人之間(D)基本人權於其性質容許範圍內，法人亦得享有之

[41] (C) 就性質而言，法人不能享有下列何種權利？(A)財產權(B)出版自由(C)人身自由(D)訴訟權

[42] (B) 下列有關法人的人權敘述，何者是正確的？(A)行使公權力之公法人，原則上亦得成為人權享有之主體(B)法人的人權不應優於自然人(C)法人亦得享有參政權(D)法人不得成為人權享有之主體

[43] (D) 下列何種自由權利，法人亦得享有？(A)參政權(B)人身自由(C)受教育權(D)新聞自由

[44] (C) 下列敘述何者不正確？(A)參政權只有國民得享有之，但不是每個國民皆得享

人體血肉不可分離，法人則可享有。

(三) 外國人

　　外國人受不受到憲法保護呢？原則上憲法只保護本國人，外國人只能享有某項基本權的保障[45][46]。不過台灣是一個移民國家，目前在台灣也有很多外國工作者，對外國人的人權保障，已經成為了一個熱門的議題，但對外國人而言入境自由通常未受保障[47]。外國人在中華民國可以享有的人權，一般而言係人身自由權[48]。

四、基本權利之作用（功能）

(一) 主觀作用與客觀作用

　　傳統上憲法著重於人民個人所行使的基本權利之「主觀權利」性質；直至二十世紀初，德國憲法學界發展出基本權利在法秩序之客觀作用，認為憲法所保障之基本權利規範應從整體加以觀察，將權利視為「價值體系」或「價值標準」，成為國家公權力以至於全體人類應共同追求之目標。

有(B)外國人亦得享有人身自由(C)法人不得享有財產權(D)受刑人就獄中所作書信，亦得主張所有權

[45] (A) 關於基本權之保障，下列敘述何者為非？(A)外國人在中華民國不享有任何基本權之保障(B)未成年人亦受基本權之保障(C)學生亦享有基本權之保障(D)公務員亦享有基本權之保障

[46] (C) 下列對於憲法上人民權利之敘述，何者錯誤？(A)法人在權利性質許可的範圍內，亦享有憲法上權利的保障(B)憲法之所以保障集會自由，主要在保障集體的言論表現自由(C)外國人得享有憲法上所有之權利保障(D)憲法第 8 條保障之人民身體的自由，係保障人的身體行動自由

[47] (D) 外國人通常未受保障的權利為：(A)財產權(B)隱私權(C)人身自由(D)入境自由

[48] (D) 下列何者是外國人在中華民國可以享有的人權？(A)參政權(B)經濟上的受益權(C)教育上的受益權(D)人身自由權

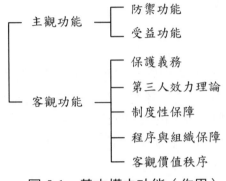

圖 5-1　基本權之功能（作用）

1. 主觀功能

　　主觀功能乃是指人民可以主張的，包括「防禦功能」和「受益功能」。之所以稱為「主觀」，乃是針對「人」。

2. 客觀功能

　　所謂的客觀功能，就是指國家應該設置某些法律制度，來保障人權。其之所以稱為「客觀」，乃是相對於「主觀」。主觀乃是對「人」，客觀乃是對「法律制度」，國家應該提供某些法律制度。

(二) 保護義務

　　由於國家要落實人民基本權，就應該立法對基本權進行保障。大法官首次用到所謂的保護義務，是在釋字第 445 號解釋，「國家為保障人民之集會自由，應提供適當集會場所，並保護集會、遊行之安全，使其得以順利進行。」因而要求國家制定相關法律提供集會權的落實。

(三) 制度性保障

　　制度性保障指的是，憲法規範下之某些具有一定範疇、任務與目的之制度，應為國家所承認，並受憲法之特別保障，立法者不能將之廢除。也就是說憲法對人權規範不僅在於保障個人權利，避免遭受國家侵犯，同

時亦可以產生一個客觀秩序與制度，也稱之為基本權利制度性保障[49]。制度性保障的功能，不僅限制立法者不可破壞某些重要的法律制度，甚至認為若要保障基本權，立法者就應該有義務建立某些制度，來保障基本權。

(四) 第三人效力理論

傳統的基本權應該是個人用來防禦對國家的侵害。至於私人對私人的侵害，照理講應該是不能主張什麼憲法權利的。但基於基本權利之客觀作用，將基本權利保障規範視為一價值決定，適用於所有法律領域，特別是私法領域。此種將基本權利帶入規範私人間法律關係之私法領域，德國學界將其稱為「基本權利之對第三人效力」[50]，以有別於「基本權利之對國家效力」。其主要認為，法院在處理私人糾紛時，應該直接援用基本權的理念，當作一種法則，來解決私人糾紛，甚至，其也衍生出私人對私人的權利[51]。

通說採取間接第三人效力說（基本權利只間接適用於私法關係）：基本權利在私法中可以被實現。例如，我們可用民法中的「公序良俗條款」，透過不確定法律概念，來判定私人契約因為侵害基本權而無效[52]。間接第三人效力學說是當今之通說。

---

[49] (A) 憲法中對人權規範不僅在於保障個人權利，避免遭受國家侵犯，同時亦可以產生國家一個客觀秩序與制度，學者稱後者為：(A)基本權利制度性保障(B)基本權利主觀保障(C)基本權利防衛權保障(D)基本權利間接效力

[50] (B) 憲法上人權之保障不僅適用於國家與個人之間，且及於私人相互間之關係，此即所謂：(A)特別權力關係(B)基本權第三人效力(C)基本權特別效力(D)基本權平等效力

[51] (B) 憲法所規定的人權條文，能否在私人法律關係中適用，是憲法學界所稱的何種理論？(A)比例原則理論(B)第三者效力理論(C)平等原則理論(D)法位階性理論

[52] (B) 下列關於基本人權「第三人效力」的敘述，何者正確？(A)係屬於古典理論探討的範圍(B)基本人權可透過不確定法律概念，間接適用於民事法律關係(C)基本人權可直接適用於所有的民事爭執，以擴張其效力(D)基本人權祇適用國家與人民之間的公法關係，而與民事爭執分道揚鑣

五、防禦權（自由權）的限制

防禦權就是自由權，也就是人民在法律許可範圍內，有權享有排除國家統治權之支配的權利[53]。我國憲法對於自由權利之保障，是採取所謂的例示兼概括主義[54]。自由權（人民自由與權利）是我國憲法中對人民權利規定條文最多的部分[55]，除了憲法列舉的一些防禦權之外，還有憲法第22條的概括規定，也算是防禦權的內涵（憲法第22條規定：凡人民之其他自由及權利，不妨害社會秩序公共利益者[56]，均受憲法[57]之保障）。但並不是寫在憲法中的防禦權，國家就絕對不能干涉，在符合一定條件下，國家仍然可以限制之。

(一) 防禦權的限制

憲法第23條規定，「必要時」得以「法律」[58]限制權利之原因有四項[59]：1.為防止妨礙他人自由。2.為避免緊急危難。3.為維持社會秩序。4.為增進公共利益。

---

[53] (B) 人民在法律許可範圍內，有權排除國家統治權之支配，此即人民享有之：(A)平等權(B)自由權(C)受益權(D)參政權

[54] (C) 我國憲法對於自由權利之保障，是採取下列何種方式？(A)憲法列舉主義(B)憲法概括主義(C)憲法例示兼概括主義(D)法律保障主義

[55] (D) 我國憲法中對人民權利規定條文最多者為何？(A)平等權(B)受益權(C)參政權(D)自由權

[56] (B) 我國憲法第22條規定，凡人民之其他自由及權利在何種情況之下，均受憲法之保障？(1)不妨害社會秩序(2)不侵害他人自由(3)不妨害公共利益(4)不危及國家安全。(A)(1)(2) (B)(1)(3) (C)(2)(3) (D)(3)(4)

[57] (B) 凡人民之其他自由及權利，不妨害社會秩序公共利益者均受何保障？(A)法律(B)憲法(C)司法(D)不溯既往

[58] (B) 憲法所保障之人民權利可否限制：(A)屬自然權利不可限制之(B)得以法律限制之(C)得以命令限制之(D)得以法令及地方法規限制之

[59] (D) 憲法第23條規定人民之自由權利，於下列那些情況下所必要者，得以法律限制之？(1)為防止妨礙他人自由(2)為應付財政經濟上重大變故(3)為避免緊急危難(4)為維持社會秩序(5)為增進公共利益。(A)(1)(2)(3)(4) (B)(2)(3)(4)(5) (C)(1)(2)(3)(5) (D)(1)(3)(4)(5)

　　防止妨礙他人自由、避免緊急危難、維持社會秩序、增進公共利益，此被稱為四大公益條款。限制基本權利之目的必須符合上述之四大公益條款，方具有正當性與合憲性。例如 2003 年 4 月市立和平醫院因嚴重急性呼吸道症候群（SARS）遭到封院及隔離，這種限制人權的措施就是公共利益原則的具體展現[60]。

(二) 形式上：法律保留原則

　　依據法治國原則，法律保留原則為確保依法行政所必須遵守者。而所謂法律保留原則，指的是國家行為必須有法律之依據，也就是說當國家欲限制人民的基本權利或與人民權利有重要關聯之事項時，必須以法律為之[61] [62]。例如教育部自行以行政命令規定各大學學生必修軍訓，就是違反法律保留原則[63]。又如對於人民違反行政法上義務之行為予以裁罰性之行政處分，涉及人民權利之限制，其處罰之構成要件及法律效果，應由法律定之[64]。

　　立法院不可能所有事項都自己規定，有時會授權行政機關制定行政命令。在授權時，則必須符合「授權明確性原則」。所謂明確授權，就是

---

[60] (B) 公元 2003 年 4 月台北市立和平醫院因嚴重急性呼吸道症候群（SARS）遭到封院及隔離，試問此種限制人權的措施係下列何種原則的具體展現？(A)民主原則(B)公共利益原則(C)信賴保護原則(D)社會福利原則

[61] (C) 限制人民自由權利，須有法律依據，係根據下列何種原則？(A)公益原則(B)比例原則(C)法律保留原則(D)法律優位原則

[62] (B) 國家欲限制人民的自由及權利，其限制方式必須以法律為之。此種規定即法治國之：(A)誠實信用原則(B)法律保留原則(C)特別權力關係理論(D)憲法優位原則

[63] (A) 教育部自行以行政命令規定各大學學生必修軍訓，違反什麼憲法原則？(A)法律保留原則(B)比例原則(C)信賴原則(D)民主原則

[64] (C) 對於人民違反行政法上義務之行為予以裁罰性之行政處分，涉及人民權利之限制，其處罰之構成要件及法律效果，應由法律定之，方符合憲法第 23 條之意旨。該項陳述是合於下列何原則：(A)誠實信用原則(B)罪刑法定原則(C)法律保留原則(D)信賴保護原則

其目的、內容、範圍都要具體明確[65]，如果無法律授權之依據[66]或者未具體明確時，即違反法律保留原則[67]。

因而，法律保留原則在限制防禦權的審查上，具體有兩個原則，一個是法律明確性原則，一個則是授權明確性原則。

1. 法律明確性原則

法律明確性原則應具備之要素有可了解性、可預見性及可審查性[68]。明確性則係屬法律保留之範疇[69]

2. 層級化保留體系

大法官在釋字第 443 號解釋理由書中所建構出來的層級化的保留體系。

釋字第 443 號解釋理由書（86/12/26）：「憲法所定人民之自由及權利範圍甚廣，凡不妨害社會秩序公共利益者，均受保障。惟並非一切自由及權利均無分軒輊受憲法毫無差別之保障：關於人民身體之自由，憲法第 8 條規定即較為詳盡，其中內容屬於憲法保留[70]之事項者，縱令立法機關，亦不得制定法律加以限制[71]（參照本院釋字第 392 號解釋理由書），而憲

---

[65] (C) 為避免行政命令的浮濫，立法者應將授權行政機關訂定行政命令之目的、範圍與內容加以明定，此原則稱為：(A)比例原則(B)法律優位原則(C)授權明確性原則(D)信賴保護原則

[66] (B) 行政命令涉及人民權利之限制，又無法律授權之依據，係違反憲法上何種基本原則？(A)法律優越原則(B)法律保留原則(C)比例原則(D)平等原則

[67] (B) 法律授權命令為限制人民權利之規定，其授權之目的、範圍及內容未具體明確時，係違反？(A)法律優位原則(B)法律保留原則(C)信賴保護原則(D)比例原則

[68] (B) 「懲處處分之構成要件，法律以抽象概念表示者，其意義須非難以理解，且為一般受規範者所得預見，並可經由司法審查加以確認」，才符合：(A)比例原則(B)法律明確性原則(C)依法行政原則(D)權利救濟原則

[69] (C) 以下何者不屬於比例原則的內容？(A)適合性原則(B)必要性原則(C)明確性原則(D)合比例原則

[70] (B) 憲法第 8 條關於人身自由保障之規定，係採何種原則？(A)法律保留(B)憲法保留(C)法律保障(D)命令保障

[71] (C) 下列何者應受絕對保障，不容許任何限制？(A)表現自由(B)思想自由(C)人身自由(D)財產權

法第 7 條、第 9 條至第 18 條、第 21 條及第 22 條之各種自由及權利,則於符合憲法第 23 條之條件下,得以法律限制之[72]。至何種事項應以法律直接規範或得委由命令予以規定,與所謂規範密度有關,應視規範對象、內容或法益本身及其所受限制之輕重而容許合理之差異:諸如剝奪人民生命或限制人民身體自由者,必須遵守罪刑法定主義,以制定法律之方式為之;涉及人民其他自由權利之限制者,亦應由法律加以規定,如以法律授權主管機關發布命令為補充規定時,其授權應符合具體明確之原則;若僅屬與執行法律之細節性、技術性次要事項,則得由主管機關發布命令為必要之規範,雖因而對人民產生不便或輕微影響,尚非憲法所不許。又關於給付行政措施,其受法律規範之密度,自較限制人民權益者寬鬆,倘涉及公共利益之重大事項者,應有法律或法律授權之命令為依據之必要,乃屬當然。」

理由書中這段,就是所謂的層級化的保留體系。可以分為四種:

(1) 憲法保留:憲法第 8 條有關限制人身自由權利之事項。亦即憲法本身明文規定的事項[73][74],具有憲法保留之地位。

(2) 絕對法律保留:諸如剝奪人民生命身體自由之可罰條件、各種時效制度等,必須以法律規定,不得委由行政命令補充,故又稱國會保留,例如罪刑法定主義就是最明顯的一例。

(3) 相對法律保留:有關其他人民自由權利限制之重要事項,得以法律或具體明確之法律授權條款,委由命令規定,此命令即為行政程序法第 150 條的法規命令[75]。

(4) 非屬法律保留事項:執行法律之技術性、細節性及對人民影響輕

---

[72] (A) 憲法上所規定之人民的基本權利與自由,得以何種方法限制之?(A)法律(B)行政命令(C)司法判決(D)行政處分

[73] (A) 何種基本權利具有憲法保留之地位?(A)人身自由(B)平等權(C)言論自由(D)居住自由

[74] (A) 司法院大法官釋字第 443 號解釋採取之「層級化保留」,試問何者屬於「憲法保留」之層次?(A)總統之任期事項(B)執行法律之技術性事項(C)限制人民財產權之事項(D)限制役男出境之事項

[75] (A) 法律若授權行政機關訂定命令予以規範人民之權利義務,此種命令稱為?(A)法規命令(B)職權命令(C)行政規則(D)自治條例

微之事項，此時行政機關所制定的命令為行政程序法第 159 條的行政規則。

(三) 實質上：比例原則

根據憲法第 23 條裡所講的必要，就是比例原則[76]。政府只有在為保護公共利益所必要的範圍內，人民的自由權利始得受國家公權力的限制，而此研究目的與手段關聯性的理論稱為「比例原則」。「不必以大砲打小鳥」及「殺雞焉用牛刀」等諺語用來說明比例原則，則最為適當貼切[77]。其內容分為以下三項：

1. 適宜性（目的妥當性）：政府施政的措施是否具有一妥當的合理目的，或其造成之損害與其達到的目的具有合理之關聯。
2. 必要性（手段最小侵害原則）：在諸多達到目的的手段之中，應採取對於人民權利侵害最小的手段[78]。
3. 衡量性（利益損害成比例）：政府施政所獲得的利益必須大於所受的損害。

大法官釋字第 471 號解釋就提到比例原則之規範：「……宣告強制工作之保安處分係對受處分人將來之危險性所為拘束其身體、自由等之處置[79]，以達教化與治療之目的，為刑罰之補充制度。本諸法治國家保障人權之原理及刑法之保護作用，其法律規定之內容，應受比例原則之規範[80]，使保

---

[76] (A) 依憲法第 23 條之規定，人民之自由權利，非基於保障公共利益所必要外，不得以法律限制之。在該條文中所稱之「必要」係指下列那個原則：(A)比例原則(B)平等原則(C)誠信原則(D)民主原則

[77] (D) 「不必以大砲打小鳥」，「殺雞焉用牛刀」，此兩句諺語用來說明下列何者最為貼切？(A)法律優位原則(B)法律保留原則(C)平等原則(D)比例原則

[78] (D) 達到相同的目的，應選擇損害最小的手段，為下列何原則之意義？(A)法律優位原則(B)法律保留原則(C)平等原則(D)比例原則

[79] (C) 依司法院大法官釋字第 471 號解釋之見解，宣告強制工作之保安處分，係涉及憲法之那一種基本權利？(A)生命權(B)工作權(C)人身自由(D)居住自由

[80] (C) 依據司法院大法官釋字第 471 號解釋，保安處分本諸法治國家保障人權之原理及刑法之保護作用，其法律規定內容，應受何種原則之規範？(A)罪刑法定主義(B)罪疑唯輕原則(C)比例原則(D)正當法律程序

安處分之宣告，與行為人所為行為之嚴重性、行為人所表現之危險性，及
對於行為人未來行為之期待性相當……（節錄）。」

(四) 三種審查基準

德國、美國法院在處理人權問題時，區分不同人權議題，採取不同
的審查基準（密度）。我國大法官受其影響，也慢慢發展並採用三種審查
基準。以下以美國為主要參考對象，介紹這三種審查基準。

1. 目的合憲性審查

首先要說明，傳統比例原則，其下的三個小原則，都是針對手段進
行審查。但是，並沒有審查這些公益目的的重要性。而實際上，目的越重
要，就可以採取限制越多的手段。所以判斷目的是否重要，也應該是需要
進行審查。

2. 嚴格審查

所謂嚴格審查，必須政府所追求的目的，屬於重大利益（compelling
interest）。而為了追求重大利益之目的，政府所設計的法律要量身訂作
（narrowly tailored），並採取最小侵害手段（least restrictive means），例
如，對於政治言論的限制，就要求採取嚴格審查基準。

3. 中度審查（較嚴格審查）

所謂中度審查，必須政府所追求的目的，是重要利益（important
interest）或實質利益（substantial interest），而為了追求此重要利益，政府
採取的手段，與其目的之間，需具有實質關聯性（substantial related）。有
時僅要求採取較小侵害手段（less restrictive means），例如對於言論自由
的時間、地點、方式的限制，就會採取中度審查。

4. 合理審查（寬鬆審查）

所謂合理審查或寬鬆審查，指政府所追求之目的是有正當利益
（legitimate interest），而政府所採取的手段，與目的之間具有合理關聯性
（rational related）。美國對於經濟事務的管制，大多只採取合理關聯性審
查。

上述三種審查基準（密度），在某些類型議題，例如言論自由，或者

職業自由，針對特殊的類型（例如職業自由的三階段理論），發展出清楚的不同的審查標準。

5. 平等原則的審查有類似結構

　　除了對防禦權的侵害，採取上述不同的審查基準，在對平等原則的操作上，大法官也套用類似的三種審查基準。

　　平等原則的審查，要先找出政府採取的差別待遇（手段），然後看政府所追求的目的，並審查其所採取的差別待遇，與所追求的目的之間，是否能夠滿足不同審查標準下的要求。例如美國就性別歧視問題上，通常採取中度審查基準。又如釋字第 748 號解釋所涉及的同性戀婚姻問題，大法官就提到：「以性傾向作為分類標準所為之差別待遇，應適用較為嚴格之審查標準，以判斷其合憲性，除其目的須為追求重要公共利益外，其手段與目的之達成間並須具有實質關聯，始符合憲法第 7 條保障平等權之意旨。」

表 5-2　三種審查基準之內涵與適用領域

	目的	手段與目的之間	防禦權（自由權）之侵害	平等之審查
嚴格審查	重大利益（compelling interest）	量身訂作（narrowly tailored）最小侵害手段（least restrictive means）	政治性言論之限制	種族之歧視
中度審查（較嚴格審查）	重要利益（important interest）或實質利益（substantial interest）	實質關聯性（substantial related）	言論的時間、地點、方式之限制	性別之歧視，例：釋字 748
合理審查（寬鬆審查）	正當利益（legitimate interest）	合理關聯性（rational related）	經濟事務	經濟事務

作者小叮嚀

　　本章乃人權基本理論，首先必須清楚區分人權的類型及特性。受益權和社會權的概念彼此重疊，但仍有些許差異。再者，對於德國基本權利作用理論，屬於較難理解的概念，必須仔細區分。平等權、防禦權、受益權，因為三種權利性質不同，所以大法官進行審查時的方法也不同。其中，防禦權的審查，包括比例原則、法律保留原則，是最重要的概念。

第六章　平等權

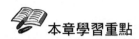

本章學習重點

1. 平等權的概念
2. 平等權的審查
3. 平等權的類型
4. 大法官解釋

一、平等權的限制

(一) 平等權

　　在保障人權的浪潮之下，民主國家的憲法均將人民的平等權入憲，其中規定最早、最為完整者為 1919 年的德國威瑪憲法，威瑪憲法除了對平等原則的宣示外，尚進一步對弱勢團體給予特別保護。其後各國憲法紛紛仿效，我國憲法第 7 條有平等的一般性規定，第 5 條有民族平等之規定，第 159 條有教育機會平等之規定[1]。在今日，平等權可謂是人民各種基本權利的前提，沒有平等權，其他的人權就顯得無意義，因此，平等權規定在我國憲法第二章「人民之權利義務」第 1 條中。平等原則不僅僅拘束司法、行政機關，也拘束社會政策之立法[2]。

---

[1]　(D) 下列何項不屬於我國憲法中有關平等原則之規定？(A)中華民國各民族一律平等(B)中華民國人民，無分男女、宗教、種族、階級、黨派在法律上一律平等(C)國民受教育之機會一律平等(D)國民在經濟上一律平等

[2]　(C) 下列關於平等原則的敘述，何者錯誤？(A)平等原則禁止公權力機關，恣意地為差別待遇(B)憲法所謂之「在法律上平等」，並非機械的絕對平等(C)平等原則只拘束司法、行政機關，而不拘束立法權(D)平等原則容許因實際情況之差異，為合理之差別

(二) 平等權的種類

我國憲法第 7 條規定:「中華民國人民,無分男女、宗教、種族、階級、黨派,在法律上一律平等。」共計五種平等權。憲法第 7 條是例示規定,因為與平等有關的判斷要件不可能僅止於此五者。故除了這五類之外,其他議題也都必須符合平等原則。不過憲法特別例示的,就必須特別保障,為特別平等;而為例示的其他議題,則為一般性的平等。

(三) 平等權的內涵

所謂的平等,並非齊頭式的「形式平等」[3]或機械式的平等[4],而強調的是「實質平等」。法律上地位之實質平等,係屬一種相對的平等[5],其也不強調「結果平等」而要求「機會平等」。由於強調實質平等,有時,我們會對弱勢者給予合理的優惠待遇[6],若從形式平等的角度來看,或許不公,但可符合實質平等的精神。

(四) 平等權的審查

在平等權的審查上,與一般的自由權不同。平等原則運作之基本規則是相同事件,相同處理,不同事件依其特性之不同,而做不同處理,即等則等之,不等則不等之。如同上述其所強調的是「實質平等」[7]。國家

---

[3] (D) 依司法院大法官會議有關平等權之解釋,下列敘述何者錯誤?(A)憲法之平等原則係指相對平等而非絕對平等(B)基於憲法之價值體系得為差別對待(C)基於事物之本質得為差別對待(D)憲法之平等原則只在保障人民在法律形式上的平等

[4] (C) 關於平等原則之內容,下列何者錯誤?(A)容許合理之差別待遇(B)禁止恣意(C)機械平等(D)實質平等

[5] (A) 我國憲法第 7 條所謂「在法律上一律平等」一語,屬於何種平等?(A)相對的平等(B)絕對的平等(C)形式的平等(D)機械的平等

[6] (A) 下列何者符合「平等原則」?(A)透過法律對弱者給予合理之優惠待遇(B)政黨推薦之候選人減半繳納保證金,但政黨撤回推薦者,應全額繳納(C)父母對於未成年子女權利之行使不一致時,由父行使之(D)妻以夫之住所為住所

[7] (C) 所謂「平等者平等待之,不平等者調整待之,真正平等也」之說法,其所強調的平等是:(A)絕等平等(B)形式平等(C)實質平等(D)機械式平等

不得對於本質相同的事件，任意地（恣意）不相同處理，或者本質不相同的事件，任意地（恣意）做相同處理[8]。

　　平等權的審查不是採用比例原則，而是要審查政府所為的差別待遇，是否有合理依據，若有合理依據，即可為差別待遇[9]。例如，大學指定科目考試對服完兵役者予以加分，導致某大學醫學系一百個名額中有五十位新生是退伍軍人，已服完兵役者作為加分的依據，是否合理[10]。如果有合理依據，就可以為差別待遇。但是如果因違法而受處罰時以他人違法未受處罰為抗辯，則不符合平等原則之運作基本規則[11]。

二、平等權類型

　　在憲法本文第二章人民之權利義務規定中，列在權利條文之首者就是平等權[12]。人民一切自由權利之前提是平等權[13]。憲法第 7 條規定：「中華民國人民，無分男女、宗教、種族、階級、黨派[14] [15]，在法律

---

[8] (A) 下列何者違反平等原則？(A)恣意(B)實質公平(C)合理的差別待遇(D)不同的事實為不同之處理

[9] (B) 下列有關平等原則的敘述，何者錯誤？(A)平等是民主政治的基礎(B)平等原則之下，不允許任何差別待遇(C)立法者亦受平等原則的拘束(D)選舉時應一人一票，且票票等值

[10] (C) 大學指定科目考試對服完兵役者予以加分，導致某大學醫學系一百個名額中有五十位新生是退伍軍人，此與下列何者有關？(A)學術自由(B)人民服兵役之義務(C)平等原則(D)財產權

[11] (C) 關於憲法第 7 條平等原則，下列敘述何者不正確？(A)保障人民在法律上地位之實質平等(B)禁止恣意的差別待遇(C)因違法而受處罰時得以他人違法未受處罰為抗辯(D)立法者得斟酌事物本質之差異，而為合理的不同規範

[12] (A) 憲法本文第 2 章人民之權利義務規定中，列在權利條文之首者為：(A)平等權(B)人身自由權(C)表現自由(D)生存權

[13] (D) 人民一切自由權利之前提是：(A)工作權(B)財產權(C)生存權(D)平等權

[14] (D) 我國憲法第 7 條所舉述的法律上平等權包括那些層面？(A)宗教、種族、階級、黨派(B)男女、宗教、意識型態、黨派(C)男女、宗教、種族、權力(D)男女、宗教、種族、階級、黨派

[15] (D) 下列何者並非憲法第 7 條所禁止的不平等原因？(A)男女（性別）(B)階級(C)

上[16]一律平等。」共計五種平等權。這五種平等權是「列舉式」規定或是
「例示性」規定？就憲法整體解釋，我們是採取例示性規定[17]，亦即僅是
將重要的平等權舉例說明，並不代表其他平等權不重要，其他未列舉的，
我們仍然應該注重平等。例如，在參選資格方面，若要求必須父母雙方都
是中華民國國籍，而排除父母一方是中華民國國籍者的參選資格，這與出
身有關，也應該要符合平等原則[18]。此外，基本國策與社會福利的推動也
需遵守平等原則。

(一) 男女平等

憲法雖然規定男女平等，但在憲法本文中，也有一些促進婦女地位
的條文。我國憲法第 134 條：「各種選舉，應規定婦女當選名額[19][20]，其
辦法以法律定之。」而立法委員選舉中，不分區立委也保護婦女二分之一
當選席次。另外，憲法增修條文第 10 條第 6 項：「國家應維護婦女之人格
尊嚴，保障婦女之人身安全，消除性別歧視，促進兩性地位之實質平

黨派(D)年齡

[16] (C) 依憲法第 7 條規定，中華民國人民，無分男女、宗教、種族、階級、黨派，在
何方面一律平等？(A)政治上(B)經濟上(C)法律上(D)教育上

[17] (D) 憲法規定：中華民國人民，無分男女、宗教、種族……在法律上一律平等。其
中所謂：「無分男女、宗教……」云云，乃係：(A)列舉規定(B)限制規定(C)明
示規定(D)例示規定

[18] (D) 下列何者可能違反平等原則？(A)70 歲以上之市民搭市公車免費，而其餘成年
市民卻應全票(B)男子須服兵役(C)外國人入境須申請許可，本國人則否(D)候
選人之父母及其本身皆在中華民國境內出生者，方能參選總統；若候選人或其
父母有一人不在中華民國出生者，即不能參選總統

[19] (B) 目前我國對婦女的平等保障，有何特別扶助的措施？(A)就業法規上特別保障
(B)選舉上有保障名額(C)國家考試上有特別保障(D)選舉上有婦女團體代表

[20] (C) 有關選舉事項，中華民國憲法本文除了對僑居國外之國民特別明文加以保障者
外，還對於下列那一種人之當選名額，特別明文加以保障？(A)僑居國外之國
民(B)身心障礙者(C)婦女(D)原住民族

等[21] [22] [23]。」

1. 釋字第 365 號（83/9/23）

民法第 1089 條，關於父母對於未成年子女權利之行使意思不一致時，由父行使之規定部分，與憲法第 7 條人民無分男女在法律上一律平等，及憲法增修條文第 9 條第 5 項消除性別歧視之意旨不符[24] [25]，應予檢討修正，並應自本解釋公布之日起，至遲於屆滿二年時，失其效力。

2. 釋字第 452 號（87/4/10）

民法第 1002 條規定，妻以夫之住所為住所，贅夫以妻之住所為住所。但約定夫以妻之住所為住所，或妻以贅夫之住所為住所者，從其約定。本條但書規定，雖賦予夫妻雙方約定住所之機會，惟如夫或贅夫之妻拒絕為約定或雙方協議不成時，即須以其一方設定之住所為住所。上開法律未能兼顧他方選擇住所及具體個案之特殊情況，與憲法上平等及比例原則尚有未符，應自本解釋公布之日起，至遲於屆滿一年時失其效力。又夫妻住所之設定與夫妻應履行同居之義務尚有不同，住所乃決定各項法律效力之中心地，非民法所定履行同居義務之唯一處所。夫妻縱未設定住所，仍應以永久共同生活為目的，而互負履行同居之義務，要屬當然。

---

[21] (B) 國家應消除性別歧視，促進兩性地位之：(A)形式平等(B)實質平等(C)起跑點平等(D)機會平等

[22] (C) 下列何者非屬憲法增修條文第 10 條第 6 項保護婦女之基本國策？(A)維護婦女人格尊嚴(B)保障婦女人身安全(C)提倡家庭計畫(D)促進兩性地位之實質平等

[23] (C) 憲法增修條文第 10 條，對於婦女地位特予規定，何者並非其規定之內容？(A)維護婦女之人格尊嚴(B)保障婦女之人身安全(C)提供其就業輔導(D)消除性別歧視

[24] (A) 民法原關於父母對於未成年子女權利之行使意思不一致時，由父行使之規定部分，司法院大法官會議解釋認為與憲法何規定意旨不符？(A)男女平等消除性別歧視(B)不妨害社會秩序公共利益之其他自由保障(C)保護未成年子女(D)兒童福利

[25] (A) 下列何者違反平等原則？(A)民法關於父母對未成年子女權利之行使意思不一致時，由父行使之規定(B)兵役法規定，中華民國男子，依法皆有服兵役之義務(C)依卸任總統禮遇條例，對卸任總統之禮遇(D)依選罷法第 65 條之婦女保障名額規定

3. 釋字第 457 號（87/6/12）

中華民國人民，無分男女，在法律上一律平等；國家應促進兩性地位之實質平等，憲法第 7 條暨憲法增修條文第 10 條第 6 項定有明文。國家機關為達成公行政任務，以私法形式所為之行為，亦應遵循上開憲法之規定。行政院國軍退除役官兵輔導委員會發布之「本會各農場有眷場員就醫、就養或死亡開缺後房舍土地處理要點」，固係基於照顧榮民及其遺眷之生活而設，第配耕國有農場土地，為對榮民之特殊優惠措施，與一般國民所取得之權利或法律上利益有間。受配耕榮民與國家之間，係成立使用借貸之法律關係。配耕榮民死亡或借貸之目的使用完畢時，主管機關原應終止契約收回耕地，俾國家資源得合理運用。主管機關若出於照顧遺眷之特別目的，繼續使其使用、耕作原分配房舍暨土地，則應考量眷屬之範圍應否及於子女，並衡酌其謀生、耕作能力，是否確有繼續輔導之必要，依男女平等原則，妥為規劃。上開房舍土地處理要點第 4 點第 3 項：「死亡場員之遺眷如改嫁他人而無子女者或僅有女兒，其女兒出嫁後均應無條件收回土地及眷舍，如有兒子准由兒子繼承其權利」，其中規定限於榮民之子，不論結婚與否，均承認其所謂繼承之權利，與前述原則（平等原則）不符[26]。主管機關應於本解釋公布之日起六個月內，基於上開解釋意旨，就相關規定檢討，妥為處理。

依上述司法院解釋，父母對未成年子女親權之行使意見不一致時以父之意思為主、妻以夫之住所為住所、榮民之子得繼承國家配耕之農場但已出嫁女兒則否，均違反憲法上的性別平等[27]。

---

[26] (D) 有關平等原則，依司法院大法官解釋，下列敘述何者為是？(A)國軍眷村改建條例過度照顧軍眷，全部皆屬違反平等原則(B)戒嚴時期人民受損權利回復條例適用對象，以「受無罪之判決確定前曾受羈押或刑之執行者」為限，不違反平等原則(C)行政院依省縣自治法授權，未規定福建省由人民選舉省長與議員，係屬違反平等原則(D)榮民生前向國家借用之農場，如僅有女兒，於其死亡且女兒出嫁後，應無條件收回土地及眷舍，有違男女平等原則

[27] (D) 依司法院解釋，下列法令規定何者違反憲法上的性別平等？(1)父母對未成年子女親權之行使意見不一致時，以父之意思為主(2)榮民之子得繼承國家配耕之農場，但已出嫁女兒則否(3)妻以夫之住所為住。(A)(1)(2) (B)(2)(3) (C)(1)(3) (D)(1)(2)(3)

(二) 婚姻制度與性傾向

1. 釋字第 647 號（97/10/9）

遺產及贈與稅法第 20 條第 1 項第 6 款規定，配偶相互贈與之財產不計入贈與總額，乃係對有法律上婚姻關係之配偶間相互贈與，免徵贈與稅之規定。至因欠缺婚姻之法定要件，而未成立法律上婚姻關係之異性伴侶未能享有相同之待遇，係因首揭規定為維護法律上婚姻關係之考量，目的正當，手段並有助於婚姻制度之維護，自難認與憲法第 7 條之平等原則有違。

2. 釋字第 748 號（106/5/24）

現行婚姻章僅規定一男一女之永久結合關係，而未使相同性別二人亦得成立相同之永久結合關係，係以性傾向為分類標準，而使同性性傾向者之婚姻自由受有相對不利之差別待遇。按憲法第 22 條保障之婚姻自由與人格自由、人性尊嚴密切相關，屬重要之基本權。且性傾向屬難以改變之個人特徵（immutable characteristics），其成因可能包括生理與心理因素、生活經驗及社會環境等……。在我國，同性性傾向者過去因未能見容於社會傳統及習俗，致長期受禁錮於暗櫃內，受有各種事實上或法律上之排斥或歧視；又同性性傾向者因人口結構因素，為社會上孤立隔絕之少數，並因受刻板印象之影響，久為政治上之弱勢，難期經由一般民主程序扭轉其法律上劣勢地位。是以性傾向作為分類標準所為之差別待遇，應適用較為嚴格之審查標準，以判斷其合憲性，除其目的須為追求重要公共利益外，其手段與目的之達成間並須具有實質關聯，始符合憲法第 7 條保障平等權之意旨。

　　……相同性別二人間不能自然生育子女之事實，與不同性別二人間客觀上不能生育或主觀上不為生育之結果相同。故以不能繁衍後代為由，未使相同性別二人得以結婚，顯非合理之差別待遇。倘以婚姻係為維護基本倫理秩序，如結婚年齡、單一配偶、近親禁婚、忠貞義務及扶養義務等為考量，其計慮固屬正當。惟若容許相同性別二人得依婚姻章實質與形式要件規定，成立法律上婚姻關係，且要求其亦應遵守婚姻關係存續中及終止後之雙方權利義務規定，並不影響現行異性婚姻制度所建構之基本倫理秩序。是以維護基本倫理秩序為由，未使相同性別二人得以結婚，顯亦非

合理之差別待遇。凡此均與憲法第 7 條保障平等權之意旨不符。

(三) 宗教平等

宗教平等,乃指不問何種宗教在法律上均受同等保障。同時,對有信仰宗教和無信仰宗教的人,在憲法上也受平等待遇。並不會因為有信仰宗教,就受到較好的對待。

(四) 種族平等

憲法規定種族平等,且在第 5 條也規定「中華民國各民族一律平等。」但為了保護少數族群與肯定多元文化,在憲法本文又有例外規定。憲法增修條文第 10 條第 11 項:「國家肯定多元文化,並積極維護發展原住民族語言及文化。」憲法增修條文第 10 條第 12 項:「國家應依民族意願[28],保障原住民族之地位及政治參與,並對其教育文化、交通水利、衛生醫療、經濟土地及社會福利事業予以保障扶助並促其發展,其辦法另以法律定之。對於澎湖、金門及馬祖地區人民亦同。」這是因為少數族群天生資源有限,在多數人的文化侵入下難以生存,故憲法中特別規定可以給予優惠性差別待遇。

(五) 階級平等

人民無論貴賤、貧富、勞資等階級之差異,在法律上一律平等。

(六) 黨派平等

憲法規定黨派平等的真義,係指各黨派均受法律同等的保護[29]。政黨與國家分離,任何政黨均不得享受任何優待或特權,亦不受任何歧視或壓

---

[28] (A) 依憲法增修條文規定,在保障原住民族之地位及政治參與時,國家應尊重其:
(A)民族意願(B)民族文化(C)憲法(D)法律

[29] (D) 依憲法所定平等權的真義,所謂黨派平等係指?(A)各政黨應享有國家同額的經費補助(B)公職應平等分配於各黨派(C)各政黨應配得中央民意代表機關中相同的席位數(D)各黨派均受法律同等的保護

迫，即所謂的政黨平等[30]。

釋字第 340 號（83/2/25）

公職人員選舉罷免法第 38 條第 2 項規定：「政黨推薦之區域、山胞候選人，其保證金減半繳納。但政黨撤回推薦者，應全額繳納」，無異使無政黨推薦之候選人，須繳納較高額之保證金，形成不合理之差別待遇，與憲法第 7 條之意旨有違[31]，應不再適用[32]。

(七) 社會福利政策

國家在推動受益權時，也就是國家對人民提供福利政策時，也必須重視平等原則。但在基本國策的條文以外，國家也會推動其他福利政策。不論是基本國策中規定的福利政策，或是憲法中沒有規定的福利政策，都需要受到平等原則的拘束。但由於國家財政資源有限，故在推動上，仍然可以有差別待遇。

1. 釋字第 485 號（88/5/28）

憲法第 7 條平等原則並非指絕對、機械之形式上平等，而係保障人民在法律上地位之實質平等[33]，立法機關基於憲法之價值體系及立法目的，自得斟酌規範事物性質之差異而為合理之區別對待。促進民生福祉乃憲法基本原則之一，此觀憲法前言、第 1 條、基本國策及憲法增修條文第 10 條之規定自明。立法者基於社會政策考量，尚非不得制定法律，將福利資源為限定性之分配。國軍老舊眷村改建條例及其施行細則分別規定，

---

[30] (B) 政黨與國家分離，任何政黨均不得享受任何優待或特權，亦不受任何歧視或壓迫。此即所謂的：(A)黨員平等(B)政黨平等(C)以黨領政(D)以黨治國

[31] (D) 政黨推薦候選人保證金減半規定，與憲法保障之何種權利有違？(A)選舉權(B)財產權(C)信仰自由權(D)平等權

[32] (A) 為促進政黨政治之發展，公職人員選舉罷免法規定有政黨推薦之候選人，其保證金減半繳納，此一規定是否合憲？(A)違憲(B)合憲(C)視政黨在國會之席次而定(D)尚未作成憲法解釋

[33] (A) 司法院大法官釋字第 485 號解釋中指出，憲法第 7 條平等原則並非指絕對、機械之形式上平等，而係保障人民在法律上地位之何種平等？(A)實質上(B)理論上(C)精神上(D)心理上

原眷戶享有承購依同條例興建之住宅及領取由政府給與輔助購宅款之優惠，就自備款部分得辦理優惠利率貸款，對有照顧必要之原眷戶提供適當之扶助，其立法意旨與憲法第 7 條平等原則尚無牴觸。惟鑑於國家資源有限，有關社會政策之立法，必須考量國家之經濟及財政狀況，依資源有效利用之原則，注意與一般國民間之平等關係，就福利資源為妥善之分配，並應斟酌受益人之財力、收入、家計負擔及須照顧之必要性妥為規定，不得僅以受益人之特定職位或身分作為區別對待之唯一依據；關於給付方式及額度之規定，亦應力求與受益人之基本生活需求相當，不得超過達成目的所需必要限度而給予明顯過度之照顧。立法機關就上開條例與本解釋意旨未盡相符之部分，應通盤檢討改進（另參考釋字第 542 號解釋與第 571 號解釋）。

2. 釋字第 649 號（97/10/31）

……立法者乃衡酌視障者以按摩業為生由來已久之實際情況，且認為視障狀態適合於從事按摩，制定保護視障者權益之規定，本應予以尊重，惟仍須該規定所追求之目的為重要公共利益，所採禁止非視障者從事按摩業之手段，須對非視障者之權利並未造成過度限制，且有助於視障者工作權之維護，而與目的間有實質關聯者，方符合平等權之保障。按憲法基本權利規定本即特別著重弱勢者之保障，憲法第 155 條後段規定：「人民之老弱殘廢，無力生活，及受非常災害者，國家應予以適當之扶助與救濟。」以及憲法增修條文第 10 條第 7 項規定：「國家對於身心障礙者之保險與就醫、無障礙環境之建構、教育訓練與就業輔導及生活維護與救助，應予保障，並扶助其自立與發展。」顯已揭櫫扶助弱勢之原則。職是，國家保障視障者工作權確實具備重要公共利益，其優惠性差別待遇之目的合乎憲法相關規定之意旨。

69 年殘障福利法制定施行之時，視障者得選擇之職業種類較少，禁止非視障者從事按摩業之規定，對有意選擇按摩為業之視障者確有助益，事實上視障就業者亦以相當高之比率選擇以按摩為業。惟按摩業依其工作性質與所需技能，原非僅視障者方能從事，隨著社會發展，按摩業就業與消費市場擴大，系爭規定對欲從事按摩業之非視障者造成過度限制。而同屬身心障礙之非視障者亦在禁止之列，並未如視障者享有職業保留之優

惠。在視障者知識能力日漸提升，得選擇之職業種類日益增加下，系爭規定易使主管機關忽略視障者所具稟賦非僅侷限於從事按摩業，以致系爭規定施行近三十年而職業選擇多元之今日，仍未能大幅改善視障者之經社地位，目的與手段間難謂具備實質關聯性，從而有違憲法第 7 條保障平等權之意旨[34]。

 作者小叮嚀

> 　　需了解平等權的概念非形式平等而為實質平等。所謂實質平等，強調合理的差別待遇。至於如何審查差別待遇是否合理，則需熟讀相關大法官解釋。

---

[34] (B) 依司法院釋字第 649 號解釋，對於身心障礙者權益保護法，非視障者不得從事按摩業規定之敘述，下列何者錯誤？(A)該規定所追求之目的為重要公共利益(B)該規定所採取之手段，對非視障者權利並未造成過度限制(C)該規定所採取之手段與欲達成之目的間，難謂具有實質關聯(D)該規定已違反平等原則

第七章　人身自由與居住遷徙自由

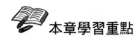 本章學習重點

1. 憲法第 8 條、第 10 條
2. 了解憲法第 8 條內容及相關大法官解釋
3. 居住遷徙自由的內涵及重要大法官解釋

一、人身自由

　　人民的身體自由，不受國家非法侵犯之權利，是一切自由的基礎[1]。是憲法規定文字之詳，為全部憲法各條之冠[2]。人身自由包含下列幾項制度：

(一) 罪刑法定主義

　　我國刑法第 1 條：「行為之處罰，以行為時法律有明文規定為限。」罪刑法定主義保障了人身自由權[3]。刑法第 1 條係典型的罪刑法定主義的條文，其中包含以下具體內容：

1. 刑法不得溯及既往[4]。
2. 刑法應以成文法為法源。
3. 刑法禁止類推解釋[5]。

---

[1] (A) 下列那一項自由是一切自由的基礎？(A)人身自由(B)信教自由(C)意見自由(D)集會結社自由

[2] (A) 憲法規定文字之詳，為全部憲法各條之冠者為下列何者？(A)第 8 條人身自由(B)第 24 條國家賠償制度(C)第 15 條生存權(D)第 22 條人民權利之保障

[3] (A) 罪刑法定主義係保障何種權利？(A)人身自由權(B)平等權(C)參政權(D)受益權

[4] (B) 不溯及既往原則為具有憲法位階之重要基本原則，下列那種法律在適用時最須嚴守此項原則：(A)民法(B)刑法(C)商法(D)訴訟法

[5] (B) 「罪刑法定主義」之原則，其涵義不包括下列何者？(A)刑法應以成文法為法

4. 刑法禁止絕對不定期刑。

(二) 法院才有權羈押、審判

　　人民之犯罪，關於審問、處罰之權屬於法院[6]，不得由其他機關為之，也不得在一般的刑事法院之外，設立特別法院用以審問處罰人民[7]。「審問」係指法院之審理與訊問[8]。我國憲法第 8 條第 1 項規定：「人民身體之自由應予保障。除現行犯之逮捕由法律另定外，非經司法或警察機關[9]依法定程序，不得逮捕[10]拘禁。非由法院依法定程序，不得審問處罰。非依法定程序之逮捕、拘禁、審問、處罰，得拒絕之。」憲法第 8 條關於人身自由保障之規定，係採憲法保留之原則[11][12]，國家僅能於不違憲的範圍內，以法律限制[13]。

源(B)刑法得適用類推解釋(C)刑法不得溯及既往(D)刑法不得有絕對不定期刑

[6] (D) 我國憲法規定有權審問及處罰罪犯的機關為下列何者？(A)警察機關(B)檢察機關(C)調查機關(D)法院

[7] (B) 在一般的刑事法院之外，不得設立特別法院用以審問處罰人民，此稱之為：(A)訴訟經濟原則(B)特殊法院禁止原則(C)正當程序原則(D)罪刑法定主義

[8] (A) 憲法第 8 條第 1 項、第 2 項所規定之「審問」，何所指？(A)法院審理之訊問(B)檢察機關之訊問(C)行政首長之訊問(D)以上皆非

[9] (C) 人身自由應予保障，非經何種機關依法定程序不得逮捕、拘禁？(A)民意機關(B)監察機關(C)司法或警察機關(D)行政機關

[10] (A) 若法律授權警察得逕行強制人民到案，不須踐行必要的司法程序的話，該法律係侵犯了人民之：(A)身體自由(B)居住自由(C)秘密通訊自由(D)平等權

[11] (B) 憲法第 8 條關於人身自由保障之規定，係採何種原則？(A)法律保留(B)憲法保留(C)法律保障(D)命令保障

[12] (D) 憲法第 8 條所稱之「法定程序」，依大法官的解釋，以下何者不是其正確意義？(A)凡限制人民身體自由之處置，不問是否屬於刑事之性質，國家機關依據之程序，須以法律規定之(B)其內容且需實質正當(C)並應符合憲法第 23 條所規定之要件(D)其內容完全由立法院以法律決定，憲法無任何限制

[13] (B) 我國憲法對於人民自由權利之保障，係以下列那一種方式為之？(A)人民於法律所定範圍內方享有憲法所列之各項自由權利(B)憲法所定之人民各項自由權利受憲法直接保障，國家僅能於不違憲的範圍內，以法律限制(C)人民自由權利不僅受法律之保障，並受法律之限制(D)憲法所定之人民各項自由權利，經

　　刑事訴訟法[14]規定現行犯（犯罪正在實施中或實施後即時被發覺者）或準現行犯（刑事訴訟法第 88 條第 3 項規定，其被追呼為犯罪人者，或者持有兇器、身體、衣服等處露有犯罪痕跡顯可疑為犯罪人者）[15]，任何人均可逮捕[16]。對羈押而言，法院是唯一有權決定羈押人民的機關[17]。所謂非依「法定」程序，主要係指依刑事訴訟法而言[18]，但是並非僅指刑事訴訟之程序而已[19]。

1. 釋字第 166 號（69/11/7）

　　違警罰法規定，由警察官署裁決之拘留、罰役[20]，係關人民身體自由所為之處罰，應迅速改由法院應法定程序為之[21]，以符合憲法第 8 條第 1

　　司法院大法官會議確認者方受憲法直接保障

[14] (D) 關於現行犯逕行逮捕之規定，於下列何法有所規定？(A)民事訴訟法(B)提審法(C)刑法(D)刑事訴訟法

[15] (D) 下列何者非屬我國憲法第 8 條所謂的「現行犯」：(A)犯罪在實施中或實施後即時發覺者(B)被追呼為犯罪人者(C)持有兇器、身體、衣服等處露有犯罪痕跡(D)行為鬼鬼祟祟

[16] (D) 不問何人對其均得逕行逮捕者，係指：(A)刑事犯(B)累犯(C)共犯(D)現行犯

[17] (B) 下列那種情形才是符合我國憲法的精神？(A)檢察官有羈押人民之權(B)法院是唯一有權決定羈押人民的機關(C)警察機關有依法處罰人民之權(D)檢察官有審問處罰人民之權

[18] (B) 我國憲法第 8 條規定「……非依法定程序之逮捕、拘禁、審問、處罰、得拒絕之。」所謂非依「法定」程序，係依何法？(A)民法(B)刑事訴訟法(C)民事訴訟法(D)戒嚴法

[19] (B) 下列關於憲法第 8 條第 1 項內「法定程序」之敘述，何者錯誤？(A)法定程序須有法律之依據(B)僅指刑事訴訟之程序(C)屬憲法保留之項(D)法定程序必須正當

[20] (A) 昔日違警罰法尚未廢止前，規定警察機關可逕行裁決對人民之拘留與罰役等，此等規定係侵犯了人民受憲法所保障的那一項基本人權？(A)侵犯人民的人身自由權(B)侵犯人民的名譽權(C)侵犯人民的居住自由(D)是為了維護社會秩序所設，無違憲之虞

[21] (B) 警察機關裁處拘留或罰役，是關於人身自由所為之處罰，下列何項敘述正確？(A)得由法律授權警察機關為之(B)應由法院依法定程序為之(C)警察得將流氓

項之本旨。

2. 釋字第 251 號（79/1/19）

違警罰法第 28 條「送交相關處所，施以矯正或令其學習生活技能」之處分，同屬限制人民之身體自由[22]，其裁決由警察官署為之，亦與憲法第 8 條第 1 項之本旨不符。

(三) 提審制度

人民因犯罪嫌疑被逮捕之後，請求司法機關於一定期間將其由逮捕機關送交法院審理之制度稱之[23]。提審制度，淵源於英國[24]1679 年之人身保護令[25][26]（Writ of Habeas Corpus）制度，並為我國憲法所採用，而規定於憲法第 8 條第 2 項及第 3 項[27]，目的在於保障人民的人身自由[28]。

憲法第 8 條第 2 項、第 3 項規定：「人民因犯罪嫌疑被逮捕拘禁時，

逕送相當處所施以矯治，無庸法院決定(D)警察亦有權令流氓進入相當處所學習生活技能

[22] (B) 將人民送交相當處所，施以矯正或令其學習生活技能，主要係限制人民何種自由？(A)工作自由(B)身體自由(C)信仰自由(D)居住自由

[23] (B) 被逮捕拘禁之人及關係人，認為逮捕拘禁過程及羈押之必要性有違法不當時，得聲請法院審理的救濟制度稱為：(A)訴願制度(B)提審制度(C)監察制度(D)監督制度

[24] (D) 我國憲法第 8 條的人身保護令或提審制度係淵源於那一國？(A)美國(B)法國(C)古羅馬帝國(D)英國

[25] (A) 我國憲法第 8 條所稱之「提審」，也就是歐美民主國家之何種制度？(A)人身保護令(B)陪審制度(C)司法審查(D)權利法案

[26] (B) 我國憲法第 8 條第 2、3、4 款所規定的人身自由保護制度為：(A)司法一元主義(B)提審制度(C)國家賠償制度(D)冤獄賠償制度

[27] (A) 中華民國憲法第 8 條所規定之人身自由之保障，其歷史淵源最早可溯源於下列何文獻？（提審法的制度最早淵源於：）(A)英國之大憲章(B)美國之獨立宣言(C)法國之人權宣言(D)德國之威瑪憲法

[28] (D) 憲法本文第 8 條所規定之提審制度，目的在於保障人民的何種自由？(A)投票自由(B)居住自由(C)信仰自由(D)人身自由

其逮捕拘禁機關應將逮捕拘禁原因，以書面[29]告知本人及其本人指定之親友[30]，並遲至二十四小時[31]內移送該管法院審問。本人或他人[32] [33]亦得聲請該管法院[34]，於二十四小時內向逮捕之機關提審。[35]」「法院對於前項聲請，不得拒絕[36]，並不得先令逮捕拘禁之機關查覆[37]。逮捕拘禁機關，對於法院之提審，不得拒絕或遲延。」

釋字第 392 號（84/12/22）

司法權之一之刑事訴訟，即刑事司法之裁判，係以實現國家刑罰權為目的之司法程序，其審判乃以追訴而開始，追訴必須實施偵查，迨判決

---

[29] (C) 人民因犯罪嫌疑被逮捕拘禁時，其逮捕拘禁機關應將逮捕拘禁原因，以什麼方式告知本人及其本人指定之親友：(A)口頭告知(B)電話告知(C)書面告知(D)以上皆可

[30] (B) 人民因犯罪嫌疑被逮捕拘禁時，其逮捕拘禁機關應將逮捕拘禁原因，以書面告知何人？(A)限於本人(B)本人及本人所指定之親友(C)獲逮捕機關核准之人士(D)本人或他人

[31] (A) 根據憲法，警察機關留置嫌疑犯，最長必須在多少時間內移送法院？(A)二十四小時內(B)四十八小時內(C)七十二小時內(D)三十六小時內

[32] (C) 人民因犯罪嫌疑被逮捕拘禁時，如欲聲請提審，何人可以提出？(A)本人指定之親友(B)配偶及直系親屬(C)本人或他人(D)律師

[33] (D) 下列有關人身自由保護規定之描述，何者有誤？(A)現行犯可就地逮捕(B)非由法院依法定程序，不得審問處罰(C)非依法定程序之逮捕、拘禁、審問、處罰，民眾得拒絕之(D)非本人不得向法院請求提審

[34] (B) 人民應向何機關聲請提審？(A)檢察署(B)該管法院(C)司法院大法官會議(D)調查局

[35] (D) 人民因犯罪嫌疑被逮捕拘禁時，本人或他人得聲請該管法院通知逮捕拘禁機關於二十四小時內將其移送法院審問。此種權利叫做：(A)訴訟權(B)訴願權(C)請願權(D)提審權

[36] (B) 依憲法第 8 條第 3 項之規定，法院對於提審之聲請：(A)得先令逮捕拘禁之機關查覆(B)不得拒絕(C)得先調查證據(D)得先作書面審理

[37] (C) 以下有關人民身體自由之規定何者為不正確？(A)人民非經司法或警察機關依法定程序，不得逮捕拘禁(B)人民經合法逮捕拘禁時，得聲請該管法院於二十四小時內提審(C)法院對於提審之聲請，應先令逮捕拘禁之機關查覆(D)逮捕拘禁之機關對於法院之提審，不得拒絕或遲延

確定，尚須執行始能實現裁判之內容。是以此等程序悉與審判、處罰具有不可分離之關係，亦即偵查、訴追、審判、刑之執行均屬刑事司法之過程，其間代表國家從事「偵查」「訴追」「執行」之檢察機關，其所行使之職權，目的既亦在達成刑事司法之任務，則在此一範圍內之國家作用，當應屬廣義司法之一。憲法第 8 條第 1 項所規定之「司法機關」，自非僅指同法第 77 條規定之司法機關而言[38]，而係包括檢察機關[39]在內之廣義司法機關[40][41]。

　　憲法第 8 條第 1 項、第 2 項所規定之「審問」，係指法院審理之訊問，其無審判權者既不得為之，則此兩項所稱之「法院」，當指有審判權之法官所構成之獨任或合議之法院之謂[42][43]。法院以外之逮捕拘禁機關，依上開憲法第 8 條第 2 項規定，應至遲於二十四小時內，將因犯罪嫌疑被逮捕拘禁之人民移送該管法院審問，是現行刑事訴訟法……賦予檢察官羈

---

[38] (A) 憲法第 8 條第 1 項所規定之「司法機關」和憲法第 77 條規定之「司法機關」所指之範圍：(A)前者較寬(B)後者較寬(C)完全相同(D)完全不同

[39] (B) 憲法第 8 條規定，除現行犯之逮捕由法律另定外，非經司法或警察機關依法定程序，不得逮捕拘禁。此處之「司法機關」依照司法院大法官會議釋字第 392 號解釋，除指憲法第 77 條規定之司法機關外，還包括下列那一機關？(A)監察院(B)檢察機關(C)立法院(D)國民大會

[40] (A) 憲法第 8 條第 1 項所規定之「司法機關」和憲法第 77 條規定之「司法機關」所指之範圍：(A)前者較寬(B)後者較寬(C)完全相同(D)完全不同

[41] (B) 依司法院大法官會議釋字第 392 號之見解，下列何者不屬於廣義的司法機關？(A)檢察機關(B)訴願審議委員會(C)軍事審判機關(D)最高法院

[42] (A) 依我國憲法規定，人民因犯罪嫌疑被逮捕拘禁時，該逮捕拘禁機關必須至遲於二十四小時內將該嫌疑犯移送該管法院審問。依大法官會議之解釋，此處所謂之「該管法院」是指：(A)普通法院（各級法院）(B)包含普通法院與檢察機關(C)包含普通法院、檢察機關與警察機關(D)包含普通法院、檢察機關、警察局與調查局

[43] (A) 司法院大法官釋字第 392 號解釋，認為憲法第 8 條第 1 項及第 2 項中所稱「法院」之意義為何？(A)有審判權之法官所構成獨任或合議法院之謂(B)具偵查權限檢察官之謂(C)兼指具偵查權限之法官與檢察官之謂(D)泛指全體檢察官與法官之謂

押被告之權……檢察官核准押所長官命令之權……賦予檢察官撤銷羈押、停止羈押、再執行羈押、繼續羈押暨其他有關羈押被告各項處分之權，與前述憲法第 8 條第 2 項規定之意旨均有不符[44]。

　　憲法第 8 條第 2 項僅規定：「人民因犯罪嫌疑被逮捕拘禁時，其逮捕拘禁機關應將逮捕拘禁原因，以書面告知本人及其本人指定之親友，並至遲於二十四小時內移送該管法院審問。本人或他人亦得聲請該管法院，於二十四小時內向逮捕之機關提審。」並非以「非法逮捕拘禁」為聲請提審之前提要件，乃提審法第 1 條規定：「人民被法院以外之任何機關非法逮捕拘禁時，其本人或他人得向逮捕拘禁地之地方法院或其所隸屬之高等法院聲請提審。」以「非法逮捕拘禁」為聲請提審之要件，與憲法前開之規定有所違背。

　　至於憲法第 8 條第 2 項所謂「至遲於二十四小時內移送」之二十四小時，係指其客觀上確得為偵查之進行而言。

　　本號解釋說明：

1. 檢察機關係隸屬於行政院法務部，與法院隸屬於司法院不同，稱之「審檢分隸」[45]。且檢察機關為憲法第 8 條第 1 項之司法機關，因此，檢察官可以逮捕拘禁人民。

2. 檢察官或警察因為不是法院的法官，所以他們逮捕拘禁人民時必須將犯罪嫌疑人於二十四小時之內移送法院，因此，檢察官以前在偵查中得羈押被告之權違憲，現在依據刑事訴訟法第 101 條及第 101 條之 1 之規定，有羈押權者係指法院法官[46]。

3. 檢察官與警察機關須共有二十四小時，實務上警察使用十六小時，檢察官使用八小時。憲法第 8 條第 2 項所定「至遲於二十四小時內移

---

[44] (C) 以下有關憲法第 8 條之陳述，何者不正確？(A)第 1 項「司法機關」包括檢察官在內(B)第 2 項所稱「法院」指有審判權之法院(C)檢察官依法有羈押處分權(D)逮捕機關應至遲於 24 小時內移送嫌犯至該管法院

[45] (D) 各級法院及檢察機關隸屬下列何單位？(A)同屬司法院(B)同屬法務部(C)前者屬法務部，後者屬司法院(D)前者屬司法院，後者屬法務部

[46] (A) 依現行刑事訴訟法規定，受理羈押的機關為：(A)法官(B)檢察官(C)警察局長(D)調查局長

送」之時限，應不包括因交通障礙，或其他不可抗力之事由所生不得已之遲滯，以及在途解送等時間在內[47][48]。

(四) 正當法律程序

　　源於英國大憲章第 39 條有關「陪審制」及「人身保護」令之規定，其後更由自然法發展出「自然正義」原則。台灣憲法並沒有明文提到正當法律程序，司法上的「正當法律程序」至少應包括幾項重點，例如：採取令狀原則（傳喚被告須有傳票）、直接審理、言詞辯論（審判應公開，但檢察官在偵查階段不公開，包含不應接受記者採訪[49]）、對審（兩造兼聽）及辯護制度（被告有選任辯護人之權利），並予以當事人最後陳述之機會，以及給予被告緘默權[50]等。但訴訟審級制度是否一定要三級三審，並非正當法律程序要求[51]。

1. 釋字第 384 號（87/7/28）

　　憲法第 8 條第 1 項規定：「人民身體之自由應予保障。除現行犯之逮捕由法律另定外，非經司法或警察機關依法定程序，不得逮捕拘禁。非由法院依法定程序，不得處罰審問。非依法定程序之逮捕、拘禁、審問、處

---

[47] (D) 憲法第 8 條第 2 項所定「至遲於二十四小時內疑送」之時限，應如何計算？(A)包括因交通障礙所生不得已之遲滯(B)包括不可抗力之事由所生之不得已之遲滯(C)包括在途解送等時間在內(D)不包括因交通障礙，或其他不可抗力之事由所生不得已之遲滯，以及在途解送等時間在內

[48] (B) 關於憲法第 8 條第 2 項所定「至遲於二十四小時內移送」之時限，下列敘述何者正確？(A)不得扣除因交通障礙所生的時間(B)不適用扣除法定在途期間之規定(C)不得扣除在途解送時間(D)不得扣除因不可抗力之事由所生的時間

[49] (D) 下列有關記者採訪自由之敘述，何者正確？(A)傳播自由是採訪自由的基礎(B)採訪權與個人隱私無關(C)記者可自由進入國會議場採訪(D)檢察官在偵查階段不應接受記者採訪

[50] (D) 有關正當法律程序之敘述，下列何者為非？(A)傳喚被告須有傳票(B)被告有選任辯護人之權利(C)審判應公開(D)被告無默密權

[51] (A) 下列何者不是正當法律程序的要求？(A)訴訟制度應皆為三級三審(B)刑事被告為最後陳述之機會(C)刑事被告的申辯權利(D)公務員懲戒程序採取對審及辯護制度

罰,得拒絕之。」其所稱「依法定程序」,係指凡限制人民身體自由之處置,不問其是否屬於刑事被告之身分,國家機關所依據之程序,須以法律規定,其內容更須實質正當[52],並符合憲法第 23 條所定相關之條件[53]。檢肅流氓條例第 6 條及第 7 條授權警察機關得逕行強制人民到案,無須踐行必要之司法程序;第 12 條關於秘密證人制度,剝奪被移送裁定人與證人對質詰問之權利,並妨害法院發見真實;第 21 條規定使受刑人之宣告及執行者,無論有無特別預防之必要,有再受感訓處分而喪失身體自由之虞,均逾越必要程度,欠缺實質正當,與首開憲法意旨不符。又同條例第 5 條關於警察機關認定為流氓並予告誡之處分,人民除向內政部警政署聲明異議外,不得提起訴願及行政訴訟,亦與憲法第 16 條規定之意旨相違。均應自本解釋公布之日起,至遲於中華民國 85 年 12 月 31 日失其效力。

2. 釋字第 737 號（105/4/29）

本於憲法第 8 條及第 16 條人身自由及訴訟權應予保障之意旨,對人身自由之剝奪尤應遵循正當法律程序原則。偵查中之羈押審查程序,應以適當方式及時使犯罪嫌疑人及其辯護人獲知檢察官據以聲請羈押之理由;除有事實足認有湮滅、偽造、變造證據或勾串共犯或證人等危害偵查目的或危害他人生命、身體之虞,得予限制或禁止者外,並使其獲知聲請羈押之有關證據,俾利其有效行使防禦權,始符憲法正當法律程序原則之要求。其獲知之方式,不以檢閱卷證並抄錄或攝影為必要。刑事訴訟法第 33 條第 1 項規定:「辯護人於審判中得檢閱卷宗及證物並得抄錄或攝影。」同法第 101 條第 3 項規定:「第一項各款所依據之事實,應告知被告及其辯護人,並記載於筆錄。」整體觀察,偵查中之犯罪嫌疑人及其辯護人僅受告知羈押事由所據之事實,與上開意旨不符。

---

[52] (A) 憲法第 8 條第 1 項規定:「人民身體之自由應予保障……非經司法或警察機關依法定程序,不得逮捕拘禁……」其中所稱「法定程序」,依釋字第 384 號解釋,其內容須:(A)實質正當(B)明確原則(C)比例原則(D)誠信原則

[53] (D) 依據司法院大法官釋字第 384 號解釋,下列何者不是限制人民身體自由之合憲要件?(A)應依法律所定的程序為之(B)其程序須實質正當(C)法律實體內容應實質正當(D)由檢察官或法官審問處罰

　　至於使犯罪嫌疑人及其辯護人獲知檢察官據以聲請羈押之理由及有
關證據之方式，究採由辯護人檢閱卷證並抄錄或攝影之方式，或採法官提
示、告知、交付閱覽相關卷證之方式，或採其他適當方式，要屬立法裁量
之範疇[54]。

(五) 刑事補償制度

　　憲法第 8 條第 4 項：「人民遭受任何機關非法逮捕拘禁時，其本人或
他人得向法院聲請追究[55]，法院不得拒絕，並應於二十四小時之內向逮捕
拘禁之機關追究，依法處理。」

　　刑事補償法第 1 條規定：「依刑事訴訟法、軍事審判法或少年事件處
理法受理之案件，具有下列情形之一者，受害人得依本法請求國家補償：
一、因行為不罰或犯罪嫌疑不足而經不起訴處分或撤回起訴、受駁回起訴
裁定或無罪之判決確定前，曾受羈押、鑑定留置或收容。二、依再審、非
常上訴或重新審理程序裁判無罪、撤銷保安處分或駁回保安處分聲請確定
前，曾受羈押、鑑定留置、收容、刑罰或拘束人身自由保安處分之執
行。……」

1. 釋字第 624 號（96/4/27）

　　憲法第 7 條規定，人民在法律上一律平等。立法機關制定冤獄賠償
法，對於人民犯罪案件，經國家實施刑事程序，符合該法第 1 條所定要件
者，賦予身體自由、生命或財產權受損害之人民，向國家請求賠償之權
利。凡自由、權利遭受同等損害者，應受平等之保障，始符憲法第 7 條規
定之意旨。

　　冤獄賠償法第 1 條規定，就國家對犯罪案件實施刑事程序致人民身

---

[54] (B) 關於司法院釋字第 737 號解釋之敘述，下列何者錯誤？(A)羈押審查程序未必
　　有武器平等原則之適用(B)犯罪嫌疑人於偵查中羈押審查程序，獲知卷證資訊
　　之方式，限於檢閱卷證(C)偵查中羈押係起訴前拘束人民人身自由最為嚴重之
　　強制處分，應予最大之程序保障(D)偵查不公開原則不應妨礙正當法律程序之
　　實現

[55] (A) 人民遭受任何機關非法逮捕拘禁時，其本人或他人得向何機關聲請追究？(A)
　　法院(B)懲戒法院(C)檢察機關(D)監察院

體自由、生命或財產權遭受損害而得請求國家賠償者，依立法者明示之適用範圍及立法計畫，僅限於司法機關依刑事訴訟法令受理案件所致上開自由、權利受損害之人民，未包括軍事機關依軍事審判法令受理案件所致該等自由、權利受同等損害之人民，係對上開自由、權利遭受同等損害，應享有冤獄賠償請求權之人民，未具正當理由而為差別待遇，若仍令依軍事審判法令受理案件遭受上開冤獄之受害人，不能依冤獄賠償法行使賠償請求權，足以延續該等人民在法律上之不平等，自與憲法第 7 條之本旨有所牴觸[56]。司法院與行政院會同訂定發布之辦理冤獄賠償事件應行注意事項（下稱注意事項）第 2 點規定，雖符合冤獄賠償法第 1 條之意旨，但依其規定內容，使依軍事審判法令受理案件遭受冤獄之人民不能依冤獄賠償法行使賠償請求權，同屬不符平等原則之要求。為符首揭憲法規定之本旨，在冤獄賠償法第 1 條修正施行前，或規範軍事審判所致冤獄賠償事項之法律制定施行前，凡自中華民國 48 年 9 月 1 日冤獄賠償法施行後，軍事機關依軍事審判法令受理之案件，合於冤獄賠償法第 1 條之規定者，均得於本解釋公布之日起二年內，依該法規定請求國家賠償。

(六) 非刑事程序之人身自由限制

1. 傳染病之強制隔離：釋字第 690 號（100/9/30）

人身自由為重要之基本人權，應受充分之保護，對人身自由之剝奪或限制尤應遵循正當法律程序之意旨，惟相關程序規範是否正當、合理，除考量憲法有無特別規定及所涉基本權之種類外，尚須視案件涉及之事物領域、侵害基本權之強度與範圍、所欲追求之公共利益、有無替代程序及各項可能程序之成本等因素，綜合判斷而為認定（本院釋字第 639 號解釋參照）。強制隔離既以保障人民生命與身體健康為目的，而與刑事處罰之本質不同，已如前述，故其所須踐行之正當法律程序，自無須與刑事處罰

---

[56] (C) 依司法院大法官解釋，下列何項規定違反憲法第 7 條所保障之平等原則？(A)中央警察大學碩士班拒色盲者入學(B)農業用地在依法作農業使用時，移轉與自行耕作之農民繼續耕作者，免徵土地增值稅(C)因軍事審判所造成之冤獄不予賠償(D)大陸地區人民經許可進入臺灣地區者，非在臺灣地區設有戶籍滿十年，不得擔任公務人員

之限制被告人身自由所須踐行之程序相類。強制隔離與其他防疫之決定，應由專業主管機關基於醫療與公共衛生之知識，通過嚴謹之組織程序，衡酌傳染病疫情之嚴重性及其他各種情況，作成客觀之決定，以確保其正確性，與必須由中立、公正第三者之法院就是否拘禁加以審問作成決定之情形有別。且疫情之防治貴在迅速採行正確之措施，方得以克竟其功。……是對傳染病相關防治措施，自以主管機關較為專業，由專業之主管機關衡酌傳染病疫情之嚴重性及其他各種情況，決定施行必要之強制隔離處置，自較由法院決定能收迅速防治之功。另就法制面而言，該管主管機關作成前述處分時，亦應依行政程序法及其他法律所規定之相關程序而為之。受令遷入指定之處所強制隔離者如不服該管主管機關之處分，仍得依行政爭訟程序訴求救濟。是系爭規定之強制隔離處置雖非由法院決定，與憲法第 8 條正當法律程序保障人民身體自由之意旨尚無違背[57]。

2. 外國人驅逐出境之暫時收容：釋字第 708 號（102/2/6）

　　……又人身自由係基本人權，為人類一切自由、權利之根本，任何人不分國籍均應受保障，此為現代法治國家共同之準則。故我國憲法第 8 條關於人身自由之保障亦應及於外國人，使與本國人同受保障。……系爭規定所稱之「收容」，雖與刑事羈押或處罰之性質不同，但仍係於一定期間拘束受收容外國人於一定處所，使其與外界隔離（入出國及移民法第 38 條第 2 項及「外國人收容管理規則」參照），亦屬剝奪人身自由之一種態樣，係嚴重干預人民身體自由之強制處分（本院釋字第 392 號解釋參照），依憲法第 8 條第 1 項規定意旨，自須踐行必要之司法程序或其他正當法律程序。惟刑事被告與非刑事被告之人身自由限制，在目的、方式與程度上畢竟有其差異，是其踐行之司法程序或其他正當法律程序，自非均須同一不可（本院釋字第 588 號解釋參照）。查外國人並無自由進入我國國境之權利，而入出國及移民署依系爭規定收容外國人之目的，在儘速將外國人遣送出國，非為逮捕拘禁犯罪嫌疑人，則在該外國人可立即於短期間內迅速遣送出國之情形下，入出國及移民署自須有合理之作業期間，以

---

[57] (D) 依司法院釋字第 690 號解釋，有關主管機關得於必要時，對曾與傳染病病人接觸或疑似被傳染者，採行必要處置之規定，與下列何者無涉？(A)人身自由 (B)健康權(C)居住遷徙自由(D)表意自由

利執行遣送事宜，例如代為洽購機票、申辦護照及旅行文件、聯繫相關機構協助或其他應辦事項，乃遣送出國過程本質上所必要。因此，從整體法秩序為價值判斷，系爭規定賦予該署合理之遣送作業期間，且於此短暫期間內得處分暫時收容該外國人，以防範其脫逃，俾能迅速將該外國人遣送出國，當屬合理、必要，亦屬國家主權之行使，並不違反憲法第 8 條第 1 項保障人身自由之意旨，是此暫時收容之處分部分，尚無須經由法院為之。惟基於上述憲法意旨，為落實即時有效之保障功能，對上述處分仍應賦予受暫時收容之外國人有立即聲請法院審查決定之救濟機會，倘受收容人於暫時收容期間內，對於暫時收容處分表示不服，或要求由法院審查決定是否予以收容，入出國及移民署應即於二十四小時內將受收容人移送法院迅速裁定是否予以收容；且於處分或裁定收容之後，亦應即以受收容之外國人可理解之語言及書面，告知其處分收容之原因、法律依據及不服處分之司法救濟途徑，並通知其指定之在臺親友或其原籍國駐華使領館或授權機關，俾受收容人善用上述救濟程序，得即時有效維護其權益，方符上開憲法保障人身自由之意旨[58]。

3. **強制大陸地區人民出境之暫予收容：釋字第 710 號**（102/7/5）

    (1) 除因危害國家安全或社會秩序而須為急速處分之情形外，對於經許可合法入境之大陸地區人民，未予申辯之機會，即得逕行強制出境部分，有違憲法正當法律程序原則，不符憲法第 10 條保障遷徙自由之意旨。

    (2) 關於暫予收容之規定，未能顯示應限於非暫予收容顯難強制出境者，始得暫予收容之意旨，亦未明定暫予收容之事由，有違法律明確性原則；於因執行遣送所需合理作業期間內之暫時收容部分，未予受暫時收容人即時之司法救濟；於逾越前開暫時收容期間之收容部分，未由法院審查決定，均有違憲法正當法律程序原則，不符憲法第 8 條保障人身自由之意旨。

---

[58] (D) 依司法院釋字第 708 號解釋，關於外國人受驅逐前之暫時收容，下列敘述何者錯誤？(A)外國人之人身自由亦受我國憲法保障(B)對於外國人之暫時收容，亦屬對於人身自由之剝奪(C)關於人身自由之保障，刑事被告與非刑事被告不必完全相同(D)對於外國人之收容無須經法院審查

(3) 又同條例關於暫予收容未設期間限制，有導致受收容人身體自由
遭受過度剝奪之虞，有違憲法第 23 條比例原則，亦不符憲法第 8
條保障人身自由之意旨。

二、居住、遷徙自由

憲法第 10 條規定：「人民有居住及遷徙的自由。」世界人權宣言第
13 條保障任何人在其本國境內有居住遷徙的自由[59]；居住遷徙的自由是人
身自由之延長[60] [61]，其包括在國內、國外自由旅行[62]、自由行動及自由選
擇居住的權利[63] [64]，甚至包括出國、回國的權利[65]，不過並不包括海外投
資自由[66]或取得中華民國護照之權利[67]。而人民之居住處所有不受國家機

---

[59] (A) 下列關於居住遷徙自由的敘述，何者正確？(A)世界人權宣言第 13 條保障任何
人在其本國境內有居住遷徙的自由(B)夫妻在刑法上有同居的義務(C)移民自由
非遷徙自由，故不受到保障(D)變更國籍乃是背祖忘宗叛離祖國的行為

[60] (A) 下列何種自由是人身自由之延長？(A)居住遷徙自由(B)集會結社自由(C)言論
講學自由(D)宗教信仰自由

[61] (D) 人民對自由權之要求，主要是以人身自由為開始。下列對於人身自由之敘述，
何者錯誤？(A)人身自由亦即人的身體不隨便受到逮捕及拘禁(B)逮捕、拘禁、
審問和處罰都須由一定機關依一定之司法程序(C)有關人身自由之限制所依據
之法定程序主要為刑事訴訟法(D)人身自由之概念範疇並不包括居住及遷徙自由

[62] (C) 人民出國旅行主要是受到何種基本權利之保障？(A)集會自由(B)財產權(C)居
住、遷徙自由(D)工作權

[63] (D) 人民得在國內外旅行和選擇居住的自由稱為：(A)居住自由(B)人身自由(C)信
仰自由(D)遷徙自由

[64] (B) 下列何者之選擇權利為憲法本文第 10 條之遷徙自由所保障？(A)演講場地(B)
居住處所(C)購物地點(D)工作場所

[65] (B) 依司法院大法官解釋，人民得自由入出國境，係憲法保障之何種基本權利？
(A)第 11 條保障之表現自由(B)第 10 條保障之遷徙自由(C)第 14 條保障之遊行
自由(D)第 8 條保障之人身自由

[66] (B) 憲法第 10 條所保障之遷徙自由不包括下列何種自由？(A)出境自由(B)海外投
資自由(C)移民自由(D)設定住居所自由

[67] (D) 憲法所保障人民之居住及遷徙之自由，不包括以下那一項內涵？(A)自由設定

關非法侵害之自由[68]。居所、住所之意義,係指依社會通識與生活習慣,適合人居住之建築物而言[69]。我國刑法第 306 條,對於「無故侵入他人住宅、建築物」,處以刑罰,即對居住自由之保護[70]。

(一) 釋字第 345 號(83/5/6)

行政院於中華民國 73 年 7 月 10 日修正發布之「限制欠稅人或欠稅營利事業負責人出境實施辦法」,係依稅捐稽徵法第 24 條第 3 項及關稅法第 25 條之 1 第 3 項之授權所訂定,其第 2 條第 1 項之規定,並未逾越上開法律授權之目的及範圍,且依同辦法第 5 條規定,有該條所定六款情形之一時,應即解除其出境限制,已兼顧納稅義務人之權益。上開辦法為確保稅收,增進公共利益所必要,與憲法尚無牴觸。據該號解釋得知,行政院根據稅捐稽徵法的授權,而訂定的「限制欠稅人或欠稅營利事業負責人出境實施辦法」,係對人民遷徙自由權所作的一種限制[71]。

(二) 釋字第 443 號(86/12/26)

限制役男出境係對人民居住遷徙自由之重大限制[72],兵役法及兵役法施行法均未設規定,亦未明確授權以命令定之。行政院發布之徵兵規則,

---

住居所之權利(B)自由旅行之權利(C)出境權利(D)取得中華民國護照之權利

[68] (B) 人民之居住處所有不受國家機關非法侵害之自由,此項自由為:(A)身體自由(B)居住自由(C)遷徙自由(D)集會自由

[69] (D) 憲法規定人民有居住之自由,而居所、住所之意義為何?(A)以民法上之住所為限(B)以民法上之居所為限(C)以民法上之居所、住所為限(D)依社會通識與生活習慣,適合人居住之建築物

[70] (A) 我國刑法第 306 條,對於「無故侵入他人住宅、建築物」,處以刑罰,係對於何種自由之保護?(A)居住自由(B)遷徙自由(C)集會自由(D)人身自由

[71] (C) 行政院根據稅捐稽徵法的授權,而訂定「限制欠稅人或欠稅營利事業負責人出境實施辦法」,此係對下列何種人民權利所作的限制:(A)人身自由權(B)居住自由權(C)遷徙自由權(D)秘密通訊自由權

[72] (C) 役男不得出境涉及何種基本權利與義務:(A)僅涉及服兵役義務(B)僅涉及居住遷徙之自由(C)服兵役義務與居住遷徙自由(D)與基本權利無關

委由內政部訂定役男出境處理辦法，欠缺法律授權之依據[73]，該辦法第 8 條規定限制事由，與前開憲法意旨不符，應自本解釋公布日起至遲於屆滿六個月時，失其效力。

(三) 釋字第 454 號（87/5/22）

憲法第 10 條規定人民有居住及遷徙之自由，旨在保障人民有自由設定住居所、遷徙、旅行，包括出境或入境之權利。對人民上述自由或權利加以限制，必須符合憲法第 23 條所定必要之程度，並以法律定之。中華民國 83 年 4 月 20 日行政院台內字第 13557 號函修正核定之「國人入境短期停留長期居留及戶籍登記作業要點」第 7 點規定（即原 82 年 6 月 18 日行政院台內字第 20077 號函修正核定之同作業要點第 6 點），關於在台灣地區無戶籍人民申請在台灣地區長期居留得不予許可、撤銷其許可、撤銷或註銷其戶籍，並限期離境之規定，係對人民居住及遷徙自由之重大限制，應有法律或法律明確授權之依據[74]。除其中第 1 項第 3 款及第 2 項之相關規定，係為執行國家安全法等特別法所必要者外，其餘各款及第 2 項戶籍登記之相關規定、第 3 項關於限期離境之規定，均與前開憲法意旨不符，應自本解釋公布之日起，至遲於屆滿一年時失其效力。

(四) 釋字第 497 號（88/12/3）

中華民國 81 年 7 月 31 日公布之臺灣地區與大陸地區人民關係條例係依據 80 年 5 月 1 日公布之憲法增修條文第 10 條（現行增修條文改列為第 11 條）「自由地區與大陸地區間人民權利義務關係及其他事務之處理，得以法律為特別之規定」所制定，為國家統一前規範臺灣地區與大陸地區間人民權利義務之特別立法。內政部依該條例第 10 條及第 17 條之授權分

---

[73] (B) 司法院解釋認為原內政部「役男出境處理辦法」違憲的理由是：(A)逾越法律授權的範圍(B)欠缺法律授權之依據(C)違反男女平等原則(D)違反正當法律程序原則

[74] (C) 依司法院大法官釋字第 454 號解釋之見解，限制保障人民出境或入境之權利，應以法律為之，若以命令為之則應遵循何種原則之要求？(A)民主原則(B)社會福利原則(C)授權明確性原則(D)司法獨立原則

別訂定「大陸地區人民進入臺灣地區許可辦法」及「大陸地區人民在臺灣地區定居或居留許可辦法」，明文規定大陸地區人民進入臺灣地區之資格要件、許可程序及停留期限，係在確保臺灣地區安全與民眾福祉，符合該條例之立法意旨，尚未逾越母法之授權範圍，為維持社會秩序或增進公共利益所必要，與上揭憲法增修條文無違，於憲法第 23 條之規定亦無牴觸。

(五) 釋字第 558 號（92/4/18）

憲法第 10 條規定人民有居住、遷徙之自由，旨在保障人民有自由設定住居所、遷徙、旅行，包括入出國境之權利。人民為構成國家要素之一，從而國家不得將國民排斥於國家疆域之外。於臺灣地區設有住所而有戶籍之國民得隨時返回本國，無待許可，惟為維護國家安全及社會秩序，人民入出境之權利，並非不得限制，但須符合憲法第 23 條之比例原則，並以法律定之。動員戡亂時期國家安全法制定於解除戒嚴之際，其第 3 條第 2 項第 2 款係為因應當時國家情勢所為之規定，適用於動員戡亂時期，雖與憲法尚無牴觸（參照本院釋字第 265 號解釋），惟中華民國 81 年修正後之國家安全法第 3 條第 1 項仍泛指人民入出境均應經主管機關之許可，未區分國民是否於臺灣地區設有住所而有戶籍，一律非經許可不得入境，並對未經許可入境者，予以刑罰制裁（參照該法第 6 條），違反憲法第 23 條規定之比例原則，侵害國民得隨時返回本國之自由[75]。國家安全法上揭規定，與首開解釋意旨不符部分，應自立法機關基於裁量權限，專就入出境所制定之法律相關規定施行時起，不予適用。

---

[75] (B) 過去戒嚴時期限制入出境的「黑名單」，涉及到的是何種基本權利的保障？(A) 信仰自由(B)遷徙自由(C)秘密通訊自由(D)人身自由

 作者小叮嚀

　　人身自由、正當程序，往往連在一起討論。所以必須熟讀相關大法官解釋，並了解具體的內容。其中，憲法第 8 條規定非常細節，必須深入閱讀，並了解每一項的意思。另外，居住遷徙自由也是廣義的人身自由，重要的大法官解釋也必須熟讀。

第八章　言論自由、集會遊行自由與 宗教自由

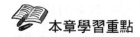 **本章學習重點**

1. 言論自由的體系
2. 雙階理論與雙軌理論
3. 猥褻言論與商業廣告
4. 宗教自由與政教分離

一、言論自由

　　我國憲法第 11 條：「人民有言論、講學、著作及出版之自由。」言論、講學、著作及出版等自由，合稱為意見自由[1]，或者依大法官的用法，合稱為表意自由[2]，或思想表達自由[3]。而舉凡人民對於政治、經濟、社會、文化等公共事務，以印刷品來表示意見的自由，則是受到出版自由[4]之保障，而對著作權的保護，同時屬於憲法對財產權的保障範圍[5]。

---

[1] (D) 言論、講學、著作及出版自由，合稱為：(A)人身自由(B)遷徙自由(C)工作權 (D)意見自由

[2] (D) 「表現自由」的用語，出現於何處？(A)憲法本文(B)憲法增修條文(C)動員戡亂時期臨時條款(D)司法院大法官解釋文

[3] (C) 思想表達之自由，不包括下列那一項？(A)言論(B)講學(C)信仰(D)出版

[4] (B) 人民對於政治、經濟、社會、文化等公共事務，得以印刷品來表示意見的自由，這是由哪一種基本人權所保障？(A)言論自由(B)出版自由(C)結社自由(D)著作自由

[5] (C) 著作權除了受憲法上著作自由之保障外，亦受下列何種自由權利的保障？(A)生存權(B)教育權(C)財產權(D)工作權

　　言論自由乃在保障意見之自由流通，使人民有取得充分資訊及自我
實現之機會[6]。規定公務員不得洩漏在職務上所知之秘密，這樣的規定就
是對言論自由的一種限制[7]。言論自由固然是民主政治的基石，但不負責
任且可能危害他人或公共安全的言論，則需限制。就像在未有火警而擁擠
的戲院無端高喊「失火」一樣，它可能引發混亂踐踏危及人身安全，因此
不能容忍，也不能鼓勵，更不能振振有詞自認有權愛喊就喊的言論自
由[8]。

(一) 原則上不做事前審查，只事後追懲

　　事實上保護表意自由在於使各種言論進入言論的自由市場，因此不
應一開始即為限制，事前禁止的正當性應受到強烈的質疑，應以事後追懲
的方式[9]給予被評價的機會方符合公平原則。

釋字第 744 號（106/1/6）

　　系爭條例第 24 條第 2 項規定：「化粧品之廠商登載或宣播廣告時，
應於事前將所有文字、畫面或言詞，申請中央或直轄市衛生主管機關核
准，並向傳播機構繳驗核准之證明文件。」同條例第 30 條第 1 項規定：
「違反第二十四條……第二項規定者，處新臺幣五萬元以下罰鍰；情節重
大或再次違反者，並得由原發證照機關廢止其有關營業或設廠之許可證
照。」（下併稱系爭規定）係就化粧品廣告採取事前審查制，已涉及對化

---

[6] (B) 下列有關言論自由之敘述，何者為正確？(A)政治、學術、宗教及商業言論
　　等，不分性質有相同之保護範疇及限制之準則(B)言論自由乃在保障意見之自
　　由流通，使人民有取得充分資訊及自我實現之機會(C)以廣告物刊登足以暗示
　　促使人為性交易之訊息，屬於商業言論，不應受限制(D)法律規定人民團體之
　　組織與活動不得主張分裂國土，符合憲法保障言論自由之意旨

[7] (B) 公務員服務法第 4 條規定公務員不得洩漏在職務上所知之秘密。此一規定限制
　　了那一項基本權利？(A)學術自由(B)言論自由(C)參政權(D)服公職的權利

[8] (B) 未有火警而在擁擠的戲院高喊「失火」是否屬於人民言論自由的範圍？(A)屬
　　於(B)不屬於(C)可以屬於(D)視情況屬於

[9] (C) 下列何種制度最符合憲法上對出版自由之保障？(A)事前審查制(B)預防制(C)
　　事後追懲制(D)許可制

粧品廠商言論自由及人民取得充分資訊機會之限制。按化粧品廣告之事前審查乃對言論自由之重大干預，原則上應為違憲。系爭規定之立法資料須足以支持對化粧品廣告之事前審查，係為防免人民生命、身體、健康遭受直接、立即及難以回復危害之特別重要之公共利益目的，其與目的之達成間具直接及絕對必要關聯，且賦予人民獲立即司法救濟之機會，始符合憲法比例原則及保障言論自由之意旨[10]。

(二) 雙軌理論

所謂雙軌理論，乃指就言論的內容，應該給予最大的保護、最小的限制，在審查限制言論自由之法律是否合憲時，若該法律係直接就言論內容加以規制，則應適用嚴格的審查基準，來推定法律違憲[11]。但是若就言論的時間、地點、方式的限制，就可以進行較多的限制。釋字第 445 號解釋亦透露此意旨。

(三) 雙階理論

言論依其內容而有不同種類，目前通說以為商業、色情、誹謗等性質之言論，所受到的保護程度較低。例如，大法官解釋第 414 號即認為商業言論價值較低；釋字第 407 號則認為猥褻資訊受到出版限制；釋字第 509 號則認為，誹謗言論仍應受到刑事制裁，但降低行為人的舉證責任。此外，若不是這種低價值言論，而是高價值言論，則保護程度較高。

(四) 猥褻資訊：釋字第 617 號（95/10/26）

刑法第 235 條第 1 項規定所謂散布、播送、販賣、公然陳列猥褻之

---

[10] (A) 依司法院大法官解釋，下列有關商業性言論之管制，何者違憲？(A)化妝品廣告之刊播，應事前申請許可(B)對以電腦網路散布、刊登足以引誘兒童為性交易之訊息者，得科處刑罰(C)強制於菸品容器標示尼古丁含量(D)藥物廣告之刊播，應事前申請核准

[11] (C) 審查限制言論自由之法律是否合憲時，若該法律係直接就言論內容加以規制，則應適用下列何種基準，推定法律違憲？(A)合理性基準(B)中度的審查基準(C)嚴格的審查基準(D)一般的合理性基準

資訊或物品，或以他法供人觀覽、聽聞之行為，係指對含有暴力、性虐待或人獸性交等而無藝術性、醫學性或教育性價值之猥褻資訊或物品為傳布，或對其他客觀上足以刺激或滿足性慾，而令一般人感覺不堪呈現於眾或不能忍受而排拒之猥褻資訊或物品，未採取適當之安全隔絕措施而傳布，使一般人得以見聞之行為；同條第 2 項規定所謂意圖散布、播送、販賣而製造、持有猥褻資訊、物品之行為，亦僅指意圖傳布含有暴力、性虐待或人獸性交等而無藝術性、醫學性或教育性價值之猥褻資訊或物品而製造、持有之行為，或對其他客觀上足以刺激或滿足性慾，而令一般人感覺不堪呈現於眾或不能忍受而排拒之猥褻資訊或物品，意圖不採取適當安全隔絕措施之傳布，使一般人得以見聞而製造或持有該等猥褻資訊、物品之情形，至對於製造、持有等原屬散布、播送及販賣等之預備行為，擬制為與散布、播送及販賣等傳布性資訊或物品之構成要件行為具有相同之不法程度，乃屬立法之形成自由；同條第 3 項規定針對猥褻之文字、圖畫、聲音或影像之附著物及物品，不問屬於犯人與否，一概沒收，亦僅限於違反前二項規定之猥褻資訊附著物及物品。依本解釋意旨，上開規定對性言論之表現與性資訊之流通，並未為過度之封鎖與歧視，對人民言論及出版自由之限制尚屬合理，與憲法第 23 條之比例原則要無不符，並未違背憲法第 11 條保障人民言論及出版自由之本旨。

刑法第 235 條規定所稱猥褻之資訊、物品，其中「猥褻」雖屬評價性之不確定法律概念，然所謂猥褻，指客觀上足以刺激或滿足性慾，其內容可與性器官、性行為及性文化之描繪與論述聯結，且須以引起普通一般人羞恥或厭惡感而侵害性的道德感情，有礙於社會風化者為限[12]（本院釋字第 407 號解釋參照），其意義並非一般人難以理解，且為受規範者所得預見，並可經由司法審查加以確認，與法律明確性原則尚無違背。

---

[12] (D) 猥褻的出版品並不在憲法言論自由保障之列，根據司法院大法官釋字第 407 號解釋，所謂猥褻非指以下何者？(A)在客觀上足以刺激或滿足性慾，並引起普通一般人羞恥或厭惡感而侵害性的道德感情(B)有礙於社會風化(C)猥褻出版品與藝術性、醫學性、教育性等出版品之區別，應就出版品整體之特性及其目的而為觀察(D)猥褻出版品與藝術性、醫學性、教育性等出版品之區別，應依特定讀者之觀念定之

(五) 誹謗：釋字第 509 號（89/7/7）

　　言論自由為人民之基本權利，憲法第 11 條有明文保障，國家應給予最大限度之維護，俾其實現自我、溝通意見、追求真理及監督各種政治或社會活動之功能[13]得以發揮。惟為兼顧對個人名譽[14]、隱私[15] [16]及公共利益之保護，法律尚非不得對言論自由依其傳播方式為合理之限制。刑法第 310 條第 1 項及第 2 項誹謗罪[17]（刑法「妨害名譽與信用罪」章[18]）即係保護個人法益而設，為防止妨礙他人之自由權利所必要，符合憲法第 23 條規定之意旨。至刑法同條第 3 項前段以對誹謗之事，能證明其為真實者不罰，係針對言論內容與事實相符者之保障，並藉以限定刑罰權之範圍，非謂指摘或傳述誹謗事項之行為人，必須自行證明其言論內容確屬真實，始能免於刑責。惟行為人雖不能證明言論內容為真實，但依其所提證據資料，認為行為人有相當理由確信其為真實者[19]，即不能以誹謗罪之刑責相繩，亦不得以此項規定而免除檢察官或自訴人於訴訟程序中，依法應負行為人故意毀損他人名譽之舉證責任，或法院發現其為真實之義務。就此而言，刑法第 310 條第 3 項與憲法保障言論自由之旨趣並無牴觸。

---

[13] (B) 依司法院大法官釋字第 509 號解釋，以下何者並非言論自由之功能？(A)實現自我(B)監督個人隱私(C)追求真理(D)溝通意見

[14] (B) 依司法院大法官釋字第 509 號解釋，認定刑法誹謗罪屬於對言論自由之合理限制，係考量到與何種個人利益的調節？(A)隱私(B)名譽(C)信用(D)財產

[15] (C) 依大法官釋字第 509 號之解釋，言論自由為人民之基本權利，惟為兼顧下列何者之保護，法律得對言論自由依其傳播方式為合理之限制？(A)個人道德(B)個人財產(C)個人隱私(D)個人職業

[16] (C) 下列何者不屬於言論自由保障之範圍？(A)積極表意之自由(B)消極不表意之自由(C)個人隱私免於被公開之自由(D)客觀事實之陳述

[17] (D) 下列何者非言論自由保障的對象？(A)語言(B)圖畫(C)符號(D)誹謗

[18] (A) 刑法上「妨害名譽與信用罪」章的規定，是國家基於公益的考量，對何種基本權利的限制？(A)言論自由(B)秘密通訊自由(C)隱私權(D)人身自由

[19] (D) 下列關於言論自由的敘述，何者正確？(A)言論的內容需有正面的價值，方屬於言論自由的保護範圍(B)以圖畫表達個人的思想判斷，不屬於言論自由的保護範圍(C)商業廣告屬於財產權，而非言論自由的保護範圍(D)新聞媒體所為之評論或報導，雖不必證明其為真實但應盡善意查證義務

　　據上可知，刑法誹謗罪之規定，係為保護他人權利，對人民言論自由之的限制[20]。例如：某立法委員於記者會爆科，指摘交通部部長涉嫌收受廠商賄賂，如其所提證據資料，無法令認交通部部長有相當理由確信收受廠商賄賂，或其指摘根本並非事實，則該立委應負刑事及民事責任[21]。

(六) 商業廣告

1. 釋字第 414 號（85/11/8）

　　藥物廣告係為獲得財產而從事之經濟活動，涉及財產權之保障，並具商業上意見表達之性質，惟因與國民健康有重大關係，基於公共利益之維護，應受較嚴格之規範[22]。藥事法第 66 條第 1 項規定：藥商刊播藥物廣告[23]時，應於刊播前將所有文字、圖畫或言詞，申請省（市）衛生主管機關核准[24]，旨在確保藥物廣告之真實，維護國民健康，為增進公共利益所必要，與憲法第 11 條及第 15 條尚屬相符[25]。又藥事法施行細則第 47 條第 2 款規定：藥物廣告之內容，利用容器包裝換獎或使用獎勵方法，有助長濫用藥物之虞者，主管機關應予刪除或不予核准，係依藥事法第 105

---

[20] (A) 刑法規定，「意圖散布於眾，而指摘或傳述足以毀損他人名譽之事者，為誹謗罪」，此係為保護他人權利，對人民之何種基本權的限制？(A)言論自由(B)講學自由權(C)一般行為自由權(D)人身自由權

[21] (C) 某立法委員於記者會爆科，指摘交通部部長涉嫌收受廠商賄賂，如其指摘並非事實，是否應負責任？(A)不負刑事責任，亦無民事責任(B)雖不負刑事責任，但仍有民事賠償責任(C)須負刑事及民事責任(D)僅有刑事責任，沒有民事責任

[22] (D) 依司法院大法官釋字第 414 號解釋，下列何項言論之保障價值較低？(A)政治言論(B)學術言論(C)宗教言論(D)商業言論

[23] (D) 下列何種廣告應於刊播前申請主管機關核准？(A)食品廣告(B)汽車廣告(C)電影廣告(D)藥物廣告

[24] (D) 下列關於意見傳播自由的敘述，何者正確？(A)媒體不具有公共性(B)媒體不得拒絕所有的意見廣告(C)媒體可無限制的接受長期刊登意見廣告(D)對於醫藥廣告各國皆採事前許可方式

[25] (D) 下列何者有違憲法第 11 條所定人民有言論、講學、著作及出版自由之精神？(A)平等接近使用傳播媒體(B)大學教育的研究、教學及學習自由(C)大學得自主決定設立軍訓或護理課程(D)對藥商刊播藥物廣告，不得要求事前送審

條之授權，就同法第 66 條相關事宜為具體之規定，符合立法意旨，並未逾越母法之授權範圍，與憲法亦無牴觸。

據該號解釋得知，藥物廣告係依據憲法言論自由之保障，其涉及財產權（及言論自由）之保障[26]，並因與國民健康有重大關係，且基於公共利益之維護，所以應該受到較嚴格的規範[27]。

2. 釋字第 577 號（93/5/7）

憲法第 11 條保障人民有積極表意之自由，及消極不表意之自由，其保障之內容包括主觀意見之表達及客觀事實之陳述。商品標示為提供商品客觀資訊之方式，應受言論自由之保障，惟為重大公益目的所必要，仍得立法採取合理而適當之限制。國家為增進國民健康，應普遍推行衛生保健事業，重視醫療保健等社會福利工作。菸害防制法第 8 條第 1 項規定：「菸品所含之尼古丁及焦油含量，應以中文標示於菸品容器上。」另同法第 21 條對違反者處以罰鍰，對菸品業者就特定商品資訊不為表述之自由有所限制，係為提供消費者必要商品資訊與維護國民健康等重大公共利益，並未逾越必要之程度，與憲法第 11 條保障人民言論自由及第 23 條比例原則之規定均無違背。又於菸品容器上應為上述之一定標示，縱屬對菸品業者財產權有所限制，但該項標示因攸關國民健康，乃菸品財產權所具有之社會義務，且所受限制尚屬輕微，未逾越社會義務所應忍受之範圍，與憲法保障人民財產權之規定，並無違背。另上開規定之菸品標示義務及責任，其時間適用之範圍，以該法公布施行後之菸品標示事件為限，並無法律溯及適用情形，難謂因法律溯及適用，而侵害人民之財產權。至菸害防制法第 8 條第 1 項規定，與同法第 21 條合併觀察，足知其規範對象、

---

[26] (A) 依司法院大法官釋字第 414 號解釋，藥物廣告刊播前必須經過主管機關許可，涉及對下列那些基本權利之干預？(A)財產權與言論自由(B)財產權與學術自由(C)財產權與思想自由(D)財產權與新聞自由

[27] (C) 「藥物廣告」是否受憲法上「言論自由」的保障？依司法院大法官解釋是：(A)不受言論自由的保障，因其乃藥商純獲經濟利益的表現(B)不受言論自由的保障，因其並非民主政治有關的公共意見的形成(C)受言論自由保障，因為也是一種價值判斷，但因與國民健康有關，所以應受更嚴格的規範(D)受言論自由保障，且與其他言論自由的保障等量齊觀

規範行為及法律效果,難謂其規範內容不明確而違反法治國家法律明確性原則。另各類食品、菸品、酒類等商品對於人體健康之影響層面有異,難有比較基礎,立法者對於不同事物之處理,有先後優先順序之選擇權限,相關法律或有不同規定,與平等原則尚無違背。

3. 釋字第 623 號(96/1/26)

促使人為性交易之訊息,固為商業言論之一種,惟係促使非法交易活動,因此立法者基於維護公益之必要,自可對之為合理之限制。中華民國 88 年 6 月 2 日修正公布之兒童及少年性交易防制條例第 29 條規定:「以廣告物、出版品、廣播、電視、電子訊號、電腦網路或其他媒體,散布、播送或刊登足以引誘、媒介、暗示或其他促使人為性交易之訊息者,處五年以下有期徒刑,得併科新臺幣一百萬元以下罰金」,乃以科處刑罰之方式,限制人民傳布任何以兒童少年性交易或促使其為性交易為內容之訊息,或向兒童少年或不特定年齡之多數人,傳布足以促使一般人為性交易之訊息。是行為人所傳布之訊息如非以兒童少年性交易或促使其為性交易為內容,且已採取必要之隔絕措施,使其訊息之接收人僅限於十八歲以上之人者,即不屬該條規定規範之範圍。上開規定乃為達成防制、消弭以兒童少年為性交易對象事件之國家重大公益目的,所採取之合理與必要手段,與憲法第 23 條規定之比例原則,尚無牴觸。惟電子訊號、電腦網路與廣告物、出版品、廣播、電視等其他媒體之資訊取得方式尚有不同,如衡酌科技之發展可嚴格區分其閱聽對象,應由主管機關建立分級管理制度,以符比例原則之要求,併此指明。

(七) 不表意自由:釋字第 656 號(98/4/3)

憲法第 11 條保障人民之言論自由,依本院釋字第 577 號解釋意旨,除保障積極之表意自由外,尚保障消極之不表意自由。系爭規定既包含以判決命加害人登報道歉,即涉及憲法第 11 條言論自由所保障之不表意自由。國家對不表意自由,雖非不得依法限制之,惟因不表意之理由多端,其涉及道德、倫理、正義、良心、信仰等內心之信念與價值者,攸關人民內在精神活動及自主決定權,乃個人主體性維護及人格自由完整發展所不可或缺,亦與維護人性尊嚴關係密切(本院釋字第 603 號解釋參照)。……

　　……鑑於名譽權遭侵害之個案情狀不一，金錢賠償未必能填補或回復，因而授權法院決定適當處分，目的洵屬正當。而法院在原告聲明之範圍內，權衡侵害名譽情節之輕重、當事人身分及加害人之經濟狀況等情形，認為諸如在合理範圍內由加害人負擔費用刊載澄清事實之聲明、登載被害人判決勝訴之啟事或將判決書全部或一部登報等手段，仍不足以回復被害人之名譽者，法院以判決命加害人公開道歉，作為回復名譽之適當處分，尚未逾越必要之程度。惟如要求加害人公開道歉，涉及加害人自我羞辱等損及人性尊嚴之情事者，即屬逾越回復名譽之必要程度，而過度限制人民之不表意自由。依據上開解釋意旨，系爭規定即與憲法維護人性尊嚴與尊重人格自由發展之意旨無違。

二、新聞自由

　　新聞自由或者媒體自由也是屬於憲法第 11 條所保障言論自由[28]之範圍；而使用大眾傳播媒體自由，雖然憲法條文未明定加以保障，但依司法院大法官解釋，仍應以表現自由加以保障[29]，惟應在兼顧傳播媒體編輯自由原則下，予以尊重，並應以法律定之。

(一) 釋字第 364 號（83/9/23）

　　以廣播及電視方式表達意見，屬於憲法第 11 條所保障言論自由之範圍[30]。為保障此項自由，國家應對電波頻率之使用為公平合理之分配[31]，

---

[28] (A) 媒體自由之性質屬於下列何者？(A)言論自由(B)秘密通訊自由(C)工作權(D)財產權

[29] (D) 雖然憲法條文未明定加以保障，但依司法院大法官解釋，仍應以表現自由加以保障者，係指下列何者？(A)講學自由(B)環境利用自由(C)知的自由(D)使用大眾傳播媒體自由

[30] (C) 根據司法院大法官釋字第 364 號解釋，以廣播及電視方式表達意見，是屬於何種基本權利的保障範圍？(A)秘密通訊自由(B)著作自由(C)言論自由(D)出版自由

[31] (D) 國家對電波頻率之使用為公平合理之分配，係為保障：(A)工作自由(B)信仰自由(C)產業自由(D)言論自由

對於人民平等「接近使用傳播媒體」之權利[32]，亦應在兼顧傳播媒體編輯自由原則下，予以尊重，並均應以法律定之。

據此解釋，似乎有強調私人對同樣是私人的媒體，有一個「私人對私人」的權利依據大法官之解釋，若承認人權之第三人效力，似以言論自由最適合直接適用於私人之間[33]。

(二) 釋字第 689 號（100/7/29）

社會秩序維護法第 89 條第 2 款規定，旨在保護個人之行動自由、免於身心傷害之身體權，及於公共場域中得合理期待不受侵擾之自由與個人資料自主權，而處罰無正當理由，且經勸阻後仍繼續跟追之行為，與法律明確性原則尚無牴觸。新聞採訪者於有事實足認特定事件屬大眾所關切並具一定公益性之事務，而具有新聞價值，如須以跟追方式進行採訪，其跟追倘依社會通念認非不能容忍者，即具正當理由，而不在首開規定處罰之列。於此範圍內，首開規定縱有限制新聞採訪行為，其限制並未過當而符合比例原則，與憲法第 11 條保障新聞採訪自由及第 15 條保障人民工作權之意旨尚無牴觸。又系爭規定以警察機關為裁罰機關，亦難謂與正當法律程序原則有違[34]。

三、集會自由

「集會」，係指於公共場所或公眾得出入之場所舉行會議、演說，或其他聚眾之活動。而「遊行」，即指於市街、道路、巷弄或其他公共場所或公眾得出入之場所之集體行進。

---

[32] (A) 依司法院大法官解釋，「接近使用媒體權」係由何項基本權所導出？(A)言論自由(B)人格發展自由(C)財產權(D)平等權

[33] (B) 若承認人權之第三人效力，則下列何者最適合直接適用於私人之間？(A)生存權(B)言論自由(C)請願權(D)勞動基本權

[34] (B) 關於為新聞採訪之目的所實施之跟追行為，依司法院大法官解釋，下列敘述何者錯誤？(A)受憲法第 22 條之一般行為自由保障(B)受憲法第 8 條之人身自由保障(C)受憲法第 15 條之工作權保障 (D)受憲法第 11 條之新聞採訪自由保障

(一) 對於集會遊行而言，一般有兩種制度

1. 報備制

集會前不需經過申請，只需向主管機關報備，即可進行集會。除非集會中發生違法情事，才進行事後追懲。

2. 許可制（預防制）

人民的集會遊行事前須獲主管機關之許可。我國集會遊行法之規定：室外集會遊行需於六日前，先向主管機關申請許可[35]。主管機關：指集會遊行所在地之警察分局[36] [37]。

我國對於集會的限制，室外集會採預防制，應事先申請。室內集會採追懲制，無須事先申請。此外，政府應提供公共場所、道路的使用權，而且警察應維護遊行的交通、秩序，以保障遊行能夠順利進行。對於政府許可遊行與否的判斷基準而言，並不能以遊行的主張、訴求及其目的之正當性來作為判斷之標準[38]。再者，集會自由保障範圍，只保障有特定目的之人群聚集，對於無特定目的之人群聚集尚不包括在內[39]。

---

[35] (A) 依我國集會遊行法對於人民之集會遊行採取何制？(A)許可制(B)報備制(C)追懲制(D)監督制

[36] (C) 我國室外之集會遊行，應向何機關申請：(A)內政部(B)縣市政府(C)警察分局(D)警察派出所

[37] (D) 集會遊行之主管機關為下列何者？(A)當地之縣市政府(B)當地之鄉鎮公所(C)當地之檢察機關(D)當地之警察機關

[38] (C) 下列保障國民集會遊行權利的敘述，何項錯誤？(A)政府應提供公共場所、道路的使用權(B)警察應維護遊行的交通、秩序，保障遊行順利進行(C)政府許可遊行與否的判斷基準，為遊行主張與訴求及其目的之正當性(D)反體制、反政府的遊行亦應予以保障

[39] (C) 下列有關集會自由保障範圍之敘述，何者正確？(A)只保障室外之集會，不包括室內之集會(B)只保障政治目的之集會，不包括其他目的之集會(C)只保障有特定目的之人群聚集，不包括無特定目的之人群聚集(D)亦包括非和平之集會

(二) 釋字第 445 號（87/1/23）：程序的限制

　　憲法第 14 條規定人民有集會之自由[40]，此與憲法第 11 條規定之言論、講學、著作及出版之自由，同屬表現自由之範疇[41][42]，為實施民主政治最重要的基本人權。國家為保障人民之集會自由，應提供適當集會場所，並保護集會、遊行之安全，使其得以順利進行[43]。以法律限制集會、遊行之權利，必須符合明確性原則與憲法第 23 條之規定。集會遊行法第 8 條第 1 項規定室外集會、遊行除同條項但書所定各款情形外，應向主管機關申請許可。同法第 11 條則規定申請室外集會、遊行除有同條所列情形之一者外，應予許可。其中有關時間、地點及方式等未涉及集會、遊行之目的或內容之事項，為維持社會秩序及增進公共利益所必要，屬立法自由形成之範圍，於表現自由之訴求不致有所侵害，與憲法保障集會自由之意旨尚無牴觸。

(三) 釋字第 445 號（87/1/23）：實質內容之限制

　　以法律限制集會、遊行之權利，必須符合明確性原則與憲法第 23 條之規定。集會遊行法第 11 條第 1 款規定違反同法第 4 條規定者，為不予許可之要件，乃對「主張共產主義或分裂國土」之言論，使主管機關於許可集會、遊行以前，得就人民政治上之言論而為審查[44]，與憲法保障

---

[40] (A) 依司法院大法官釋字第 445 號解釋，下列那一權利和言論自由同屬表現自由之範疇，是實現民主政治最重要之基本人權？(A)集會自由(B)學問自由(C)思想自由(D)秘密通訊自由

[41] (C) 依據大法官解釋，人民之集會自由與出版自由，同屬何種自由之範疇？(A)言論自由(B)講學自由(C)表現自由(D)宗教自由

[42] (A) 我國憲法本文第 11 條所保障之言論、講學、著作及出版之自由，在學理上係屬於下列何種自由之範疇？(A)表現自由(B)信仰自由(C)結社自由(D)人身自由

[43] (A) 國家應如何因應人民的集會自由基本權？(A)提供適當集會場所，並保護集會遊行之安全(B)提供經費補助供申請，使其得以順利進行(C)禁止主張分裂國土之言論(D)絕不能劃定禁制區

[44] (D) 下列有關集會、結社自由之保障之敘述何者為誤？(A)與言論出版自由同屬表現自由之範疇(B)為實施民主政治最重要的基本人權(C)其保障包括不參加集

表現自由[45]之意旨有違；同條第 2 款規定：「有事實足認為有危害國家安全、社會秩序或公共利益之虞者」，第3款規定：「有危害生命、身體、自由或對財物造成重大損壞之虞者」，有欠具體明確，對於在舉行集會、遊行以前，尚無明顯而立即危險[46]之事實狀態，僅憑將來有發生之可能，即由主管機關以此作為集會、遊行准否之依據部分，與憲法保障集會自由之意旨不符[47]，均應自本解釋公布之日起失其效力。惟集會遊行法第 9 條第1 項但書規定：「因天然災變或其他不可預見之重大事故而有正當理由者，得於二日前提出申請。」對此偶發性集會、遊行，不及於二日前申請者不予許可，與憲法保障人民集會自由之意旨有違[48][49]，亟待檢討改進。

　　針對有害的言論，美國最高法院向來主張，除非發現有明顯而立即的危險，否則就不該禁止。釋字第 445 號亦採類似見解[50]。

---

[45] 會、不加入社團的自由(D)依司法院大法官之解釋，主管機關得於許可集會、遊行前，就集會目的加以審查

[45] (C) 集會遊行法第 11 條第 1 款規定違反同法第 4 條規定者，為不予許可之要件，乃對「主張共產主義或分裂國土」之言論，使主管機關於許可集會、遊行前，得就人民政治上之言論而為審查，依大法官解釋，係與何種憲法保障之意旨有違？(A)信仰自由(B)人身自由(C)表現自由(D)結社自由

[46] (B) 依司法院大法官釋字第 445 號解釋，主管機關針對集會遊行之准否，應採何種原則？(A)具體危害發生原則(B)明顯立即危險原則(C)抽象審查原則(D)目的明確性原則

[47] (A) 關於人民集會遊行，下列何項正確？(A)不得以可能危害社會秩序之理由，禁止室外集會遊行(B)不得主張共產主義或分裂國土(C)室外集會遊行，均應申請許可(D)集會遊行之主管機關為警政署

[48] (A) 司法院解釋認為集會遊行法的下列規定何者違憲？(A)偶發性集會遊行應於二日前提出申請的規定(B)有關禁制區的規定(C)有關限制集會遊行負責人資格的規定(D)以上皆是

[49] (A) 有關集會遊行之自由，依司法院大法官釋字第 445 號解釋，何者錯誤？(A)對偶發性集會遊行未能於二日前提出聲請，不予許可之規定，並不違憲(B)對集會遊行不遵從解散及制止命令之首謀者，科以刑責之規定，不違憲(C)集會遊行法有關主張分裂國土之集會遊行不予許可的規定，違憲(D)有關集會遊行禁制區的規定，並不違憲

[50] (A) 美國最高法院判例對於言論自由之保障：如果一種言論在當時社會情況，不至

(四) 釋字第 445 號（87/1/23）：時間地點方式的限制

　　集會遊行法第 6 條規定集會遊行之禁制區，係為保護國家重要機關與軍事設施之安全、維持對外交通之暢通（例如總統府、法院、國際機場）[51]；同法第 10 條規定限制集會、遊行之負責人、其代理人或糾察員之資格；第 11 條第 4 款規定同一時間、處所、路線已有他人申請並經許可者，為不許可集會、遊行之要件；第 5 款規定未經依法設立或經撤銷許可或命令解散之團體，以該團體名義申請者得不許可集會、遊行；第 6 款規定申請不合第 9 條有關責令申請人提出申請書填具之各事項者為不許可之要件，係為確保集會、遊行活動之和平進行，避免影響民眾之生活安寧，均屬防止妨礙他人自由、維持社會秩序或增進公共利益所必要，與憲法第 23 條規定並無牴觸。惟集會遊行法第 9 條第 1 項但書規定：「因天然災變或其他不可預見之重大事故而有正當理由者，得於二日前提出申請。」對此偶發性集會、遊行，不及於二日前申請者不予許可，與憲法保障人民集會自由之意旨有違，亟待檢討改進。集會遊行法第 29 條對於不遵從解散及制止命令之首謀者科以刑責，為立法自由形成範圍，與憲法第 23 條之規定尚無牴觸。

(五) 釋字第 718 號（103/3/21）：緊急性與偶發性集會遊行

　　……為保障該項自由，國家除應提供適當集會場所，採取有效保護集會之安全措施外，並應在法律規定與制度設計上使參與集會、遊行者在毫無恐懼的情況下行使集會自由（本院釋字第 445 號解釋參照）。以法律限制人民之集會自由，須遵守憲法第 23 條之比例原則，方符合憲法保障集會自由之本旨。

　　……惟就事起倉卒非即刻舉行無法達到目的之緊急性集會、遊行，實難期待俟取得許可後舉行；另就群眾因特殊原因未經召集自發聚集，事實上無所謂發起人或負責人之偶發性集會、遊行，自無法事先申請許可或

　　於產生何種危險，則國家應予容忍，不得加以處罰：(A)明白（顯）而立刻危險(B)不利而立刻危險(C)危及公共安全之危險(D)惡毒而明白危險

[51] (D) 集會遊行原則上不得於下列何地舉行？(A)總統府(B)法院(C)國際機場(D)總統府、法院、國際機場

報備。雖同法第 9 條第 1 項但書規定：「但因不可預見之重大緊急事故，且非即刻舉行，無法達到目的者，不受六日前申請之限制。」同法第 12 條第 2 項又規定：「依第九條第一項但書之規定提出申請者，主管機關應於收受申請書之時起二十四小時內，以書面通知負責人。」針對緊急性集會、遊行，固已放寬申請許可期間，但仍須事先申請並等待主管機關至長二十四小時之決定許可與否期間；另就偶發性集會、遊行，亦仍須事先申請許可，均係以法律課予人民事實上難以遵守之義務，致人民不克申請而舉行集會、遊行時，立即附隨得由主管機關強制制止、命令解散之法律效果（集會遊行法第 25 條第 1 款規定參照），與本院釋字第 445 號解釋：「憲法第十四條規定保障人民之集會自由，並未排除偶發性集會、遊行」，「許可制於偶發性集會、遊行殊無適用之餘地」之意旨有違[52]。

四、結社自由

特定多數人，為達共同目的或宗旨，而繼續長久的結合組成組織者[53]，係集會結社之意義。例如人民可以組織政黨[54]，或共同組成公司[55]等，係憲法保障了人民結社自由的權利，當然也包括不結社的自由[56]。

---

[52] (B) 依司法院釋字第 718 號解釋，關於憲法第 14 條集會自由之敘述，下列何者正確？(A)集會自由在於保障以集體行動之方式表達意見，為形成或改變公共意見，得以暴力方式訴求(B)集會自由本於主權在民，為實施民主政治以促進思辨，以集體方式和平表達意見為目的(C)國家為避免介入不同團體集體意見表達的衝突，不應提供集會場所以免擴大集會之影響(D)為保障言論自由，所有室外集會皆應事先報備主管機關後始得舉行

[53] (B) 特定之多數人，得因有共同宗旨而自由結合成團體者，稱為：(A)集會自由(B)結社自由(C)意見自由(D)宗教自由

[54] (B) 人民可以組織政黨，是憲法保障的何種權利？(A)平等權(B)結社自由(C)人身自由(D)言論自由

[55] (A) 下述情形，何者係結社自由權之行使？(A)共同組成公司(B)舉辦室內音樂會(C)多人在公眾場所靜坐(D)在市街、道路集體行進

[56] (D) 下列關於結社自由的敘述，何者正確？(A)黑道組織的結社亦屬於憲法保障的自由(B)嚴重違反社會道德的結社，僅能用揭發的方式加以處罰(C)以暴力破壞憲法基本秩序的結社係專指在野黨(D)結社自由包括不結社的自由

此外，人民團體應向中央主管機關（內政部[57]）提出申請許可，政黨之成立只需向主管機關備案，也就是說採報備制[58]。目前我國政黨成立，是依據人民團體法[59] [60]的規定，依照人民團體法第 4 條規定，政黨是屬於「政治團體」。又人民團體法第 47 條規定，政黨以全國行政區域為其組織區域，不得成立區域性政黨[61]，但得設分支機構。

(一) 釋字第 373 號（84/2/24）

工會法第 4 條規定：「各級政府行政及教育事業、軍火工業之員工，不得組織工會」，其中禁止教育事業技工、工友組織工會部分，因該技工、工友所從事者僅係教育事業之服務性工作[62]，依其工作之性質，禁止其組織工會，使其難以獲致合理之權益，實已逾越憲法第 23 條之必要限度[63]，侵害從事此項職業之人民在憲法上保障之結社權[64]，應自本解釋公

---

[57] (C) 人民要組織政黨，依法應向中央主管機關申請備案。此所稱「中央主管機關」是指：(A)司法院(B)監察院(C)內政部(D)法務部

[58] (C) 中華民國之政黨係採何種制度？(A)許可制(B)立案制(C)報備制(D)法律未加規定

[59] (B) 我國現行政治結社，須依據何種法律辦理：(A)政黨法(B)人民團體法(C)國家安全法(D)集會遊行法

[60] (D) 人民團體法係保障下列何種基本人權？(A)言論自由(B)信仰宗教自由(C)集會自由(D)結社自由

[61] (A) 下列有關政治團體之敘述，何者是不正確的？(A)人民得成立區域性政黨(B)政黨不得在大學、法院或軍隊設置黨團組織(C)內政部設政黨審議委員會審議政黨處分事件(D)對於政黨之處分以警告、限期整理及解散為限

[62] (B) 學校員工不得組織工會規定，侵害憲法保障之何種權利？(A)集會權(B)結社權(C)講學自由權(D)工作權

[63] (B) 憲法第 14 條保障人民集會、結社自由，下列何者敘述錯誤？(A)結社自由保障人民為特定目的，以共同意思組成團體並參與活動(B)禁止教育事業技工、工友組織工會，未逾越憲法第 23 條的必要限度(C)團體名稱的選定，屬於結社自由保障範圍(D)集會遊行法第 29 條對於首謀者科以刑責，屬於立法自由形成範圍

[64] (B) 若法律規定各級政府及教育事業之員工不得組織工會，依司法院大法官釋字第 373 號解釋係限制人民之何種權利？(A)工作權(B)結社權(C)言論自由(D)勞動

布之日起，至遲於屆滿一年時，失其效力。惟基於教育事業技工、工友之工作性質，就其勞動權利之行使有無加以限制之必要，應由立法機關於上述期間內檢討修正，併此指明。

(二) 釋字第 479 號（88/4/1）

憲法第 14 條規定人民有結社自由，旨在保障人民為特定目的，以共同之意思組成團體並參與其活動之自由[65]。就中關於團體名稱之選定，攸關其存立之目的、性質、成員之認同及與其他團體之識別，自屬結社自由保障之範圍。對團體名稱選用之限制，亦須符合憲法第 23 條所定之要件[66]，以法律或法律明確授權之命令始得為之。人民團體法第 5 條規定人民團體以行政區域為組織區域；而第 12 條僅列人民團體名稱、組織區域為章程應分別記載之事項，對於人民團體名稱究應如何訂定則未有規定。行政機關依其職權執行法律，雖得訂定命令對法律為必要之補充，惟其僅能就執行母法之細節性、技術性事項加以規定，不得逾越母法之限度，迭經本院解釋釋示在案。內政部訂定之「社會團體許可立案作業規定」第 4 點關於人民團體應冠以所屬行政區域名稱之規定，逾越母法意旨，侵害人民依憲法應享之結社自由，應即失其效力[67]。

自由
[65] (B) 依司法院大法官之解釋，憲法保障人民得為特定目的，以共同之意思組成團體並參與其活動之自由。此種自由稱為：(A)團結自由(B)結社自由(C)社團自由(D)企業自由
[66] (B) 根據司法院大法官釋字第 479 號解釋，關於人民的結社自由，下列敘述何者正確？(A)行政機關可以訂定職權命令限制人民團體名稱之選定(B)團體名稱選用之限制須符合憲法要求(C)人民團體應冠以所屬行政區域名稱(D)團體名稱須經目的事業主管機關許可
[67] (C) 依司法院大法官釋字第 479 號解釋，關於「中國比較法學會」欲更名為「台灣法學會」之爭議，下列敘述何者不正確？(A)人民團體名稱之決定權屬於結社權之保障範圍(B)人民團體名稱之更改權屬於結社權之保障範圍(C)內政部以職權命令限制人民團體名稱應冠以行政區域名稱之規定，屬於必要合理之限制並不違憲(D)法律對人民團體名稱選用之限制，仍應符合憲法第 23 條所定要件

(三) 釋字第 644 號（97/6/20）

人民團體法第 2 條規定：「人民團體之組織與活動，不得主張共產主義，或主張分裂國土。」同法第 53 條前段關於「申請設立之人民團體有違反第二條……之規定者，不予許可」之規定部分，乃使主管機關於許可設立人民團體以前，得就人民「主張共產主義，或主張分裂國土」之政治上言論之內容而為審查，並作為不予許可設立人民團體之理由，顯已逾越必要之程度，與憲法保障人民結社自由與言論自由之意旨不符，於此範圍內，應自本解釋公布之日起失其效力。

五、信仰自由

十五、十六世紀以後，人類的思想自由開始解放，首先爭取的是信仰的自由[68]。而信仰自由則屬於思想自由的一種。思想自由，原則上不應受到任何限制。在人權中不應有任何界限的是思想自由權，也是憲法絕對保障之權利，政府不得以任何理由予以限制[69]。

信仰自由之意義：人民有「信仰」及「不信仰」任何宗教的權利。釋字第 460 號解釋：「憲法第 13 條規定：『人民有信仰宗教之自由。』係指人民有信仰與不信仰任何宗教之自由、參與或不參與宗教活動之自由[70]，以及不被強迫告知個人信仰[71]；國家亦不得對特定之宗教加以獎助或禁止[72]，或基於人民之特定信仰為理由予以優待或不利益。」

---

[68] (A) 十五、六世紀以後，人類的思想自由開始解放後，首先爭取的是何種自由？(A)信仰的自由(B)言論的自由(C)出版的自由(D)表達的自由

[69] (C) 人權中不應有任何界限的是：(A)言論自由權(B)平等權(C)思想自由權(D)生存權

[70] (C) 「宗教自由」之內涵不包含下列何事項？(A)宗教儀式自由(B)傳教自由(C)宗教醫療行為之自由(D)不參加任何宗教之自由

[71] (D) 關於宗教信仰自由之敘述，下列何者正確？(A)宗教信仰自由的保障，只限於一般人，總統不得享有(B)公務員除職務上參加以外，可不被強迫參加宗教儀式(C)宗教信仰自由應受絕對保障，不得以任何理由限制之(D)宗教信仰自由包括不被強迫告知個人信仰

[72] (C) 下列何者非屬憲法規定「人民有信仰宗教之自由」之保障範圍？(A)信仰與不

(一) 政教分離原則

信仰自由中，很重要的一個設計就是政教分離原則。其意旨：1.國家不得設立國教[73]。2.國家不得由國庫資助任何一種或全部宗教[74]。3.國家不得因人民之信仰或不信仰而予優待或歧視，各宗教一律平等[75]。4.學校不得強迫任何方式之宗教教育[76]（但教師介紹各宗教的教義不在此限[77]）。若國家立法以特定宗教人物之生日為國定假日，則違反政教分離原則[78]。

(二) 信仰自由之保障

根據大法官解釋，憲法第 13 條的宗教自由，可分為三種：1.內在信仰自由（絕對保障）。2.宗教行為之自由（相對保障）[79]。3.宗教結社之自

信仰任何宗教之自由(B)參與或不參與宗教活動之自由(C)特定宗教獲得國家獎勵(D)國家不得對人民特定信仰畀以不利益

[73] (D) 下列那一項違反憲法上宗教信仰自由之精神？(A)人民得自由舉行各種宗教儀式(B)人民得自由傳播各種宗教教義(C)政治與宗教應該分離(D)政府得依人民要求設立國教

[74] (C) 下列何者非屬憲法規定「人民有信仰宗教之自由」之保障範圍？(A)信仰與不信仰任何宗教之自由(B)參與或不參與宗教活動之自由(C)特定宗教獲得國家獎勵(D)國家不得對人民特定信仰畀以不利益

[75] (D) 下列何者不屬於憲法第 13 條規定：「人民有信仰宗教之自由」之內涵？(A)人民有不信仰宗教之自由(B)人民有不參與宗教活動之自由(C)國家不得獎助特定宗教(D)國家得對人民之特定信仰予以利益

[76] (A) 私立中學以某一宗教之課程列為必修課程，與下列何種憲法保障之權利有違？(A)宗教自由(B)教育權(C)言論自由(D)講學自由

[77] (C) 下列何者符合我國憲法所規定的「信仰宗教之自由」？(A)設立國教(B)國庫資助宗教團體(C)教師介紹各宗教的教義(D)國家儀式採用特定宗教儀式

[78] (B) 下列何種行為違反宗教自由？(A)宗教人士替特定政黨候選人助選(B)國家立法以特定宗教人物之生日為國定假日(C)非宗教界人士販賣宗教文物(D)傳授科學無法證明的宗教觀

[79] (A) 有關憲法保障宗教信仰之自由，下列敘述，何者為正確？(A)包括宗教行為之自由(B)國家得對特定之宗教加以獎勵(C)不包括不信仰任何宗教之自由(D)不包括宗教結社之自由

由（相對保障）[80]。

內在的信仰自由，受絕對的保障[81]，但是外在的宗教行為與宗教結社，因為可能涉及他人之自由與權利，甚至可能影響公共秩序、善良風俗、社會道德與社會責任，因此，僅能受相對之保障。

所謂的相對保障，乃指其在必要之最小限度內，仍應受國家相關法律之約束，非可以宗教信仰為由而否定國家及法律之存在。所以，據此人民不得因主張信仰宗教之自由之基本權利，而拒服兵役，但可申請服替代役[82]。

(三) 釋字第 490 號（88/10/1）

人民有依法律服兵役之義務，為憲法第 20 條所明定。惟人民如何履行兵役義務，憲法本身並無明文規定，有關人民服兵役之重要事項，應由立法者斟酌國家安全、社會發展之需要，以法律定之。憲法第 13 條規定：「人民有信仰宗教之自由。」係指人民有信仰與不信仰任何宗教之自由，以及參與或不參與宗教活動之自由；國家不得對特定之宗教加以獎勵或禁制，或對人民特定信仰畀予優待或不利益[83]。立法者鑑於男女生理上之差異及因此種差異所生之社會生活功能角色之不同，於兵役法第 1 條規定：中華民國男子依法皆有服兵役之義務，係為實踐國家目的及憲法上人民之基本義務而為之規定，原屬立法政策之考量，非為助長、促進或限制宗教而設，且無助長、促進或限制宗教之效果。復次，服兵役之義務，並

---

[80] (D) 何者不屬於信仰自由保障的內容？(A)保障無神論者不信仰任何宗教的自由(B)保障宗教團體成立的自由(C)保障禮拜活動、傳教活動的自由(D)保障宗教團體經營醫院、養老院的自由

[81] (A) 下列何種自由之保障，係屬絕對保障不受任何國家公權力之限制？(A)內在信仰自由(B)言論自由(C)秘密通訊自由(D)集會結社的自由

[82] (B) 人民得因主張下列何種基本權利，而申請服替代役？(A)言論自由(B)信仰宗教之自由(C)講學自由(D)結社自由

[83] (C) 依司法院大法官釋字第 490 號解釋，我國憲法本文第 13 條規定：「人民有信仰宗教之自由。」意指：(A)人民得基於宗教信仰，拒服兵役(B)國家得訂定國教(C)國家不得對特定宗教信仰給予利益或不利益(D)國家得規定無任何宗教信仰之人民，不得享有特定租稅優惠

無違反人性尊嚴亦未動搖憲法價值體系之基礎，且為大多數國家之法律所明定，更為保護人民，防衛國家之安全所必需，與憲法第 7 條平等原則及第 13 條宗教信仰自由之保障，並無牴觸[84]。又兵役法施行法第 59 條第 2 項規定：同條第 1 項判處徒刑人員，經依法赦免、減刑、緩刑、假釋後，其禁役者，如實際執行徒刑時間不滿四年時，免除禁役。故免除禁役者，倘仍在適役年齡，其服兵役之義務，並不因此而免除，兵役法施行法第 59 條第 2 項因而規定，由各該管轄司法機關通知其所屬縣（市）政府處理。若另有違反兵役法之規定而符合處罰之要件者，仍應依妨害兵役治罪條例之規定處斷，並不構成一行為重複處罰問題，亦與憲法第 13 條宗教信仰自由之保障及第 23 條比例原則之規定，不相牴觸[85]。

(四) 釋字第 573 號（93/2/27）

人民之宗教信仰自由及財產權，均受憲法之保障，憲法第 13 條與第 15 條定有明文。宗教團體管理、處分其財產，國家固非不得以法律加以規範，惟應符合憲法第 23 條規定之比例原則及法律明確性原則。監督寺廟條例第 8 條就同條例第 3 條各款所列以外之寺廟處分或變更其不動產及法物，規定須經所屬教會之決議，並呈請該管官署許可，未顧及宗教組織之自主性、內部管理機制之差異性，以及為宗教傳布目的所為財產經營之需要，對該等寺廟之宗教組織自主權及財產處分權加以限制，妨礙宗教活動自由已逾越必要之程度[86]；且其規定應呈請該管官署許可部分，就申請

---

[84] (B) 依司法院大法官釋字第 490 號解釋，下列敘述何者不正確？(A)國家不得對特定的宗教予以限制(B)人民得因信仰宗教而拒絕服兵役(C)人民有參與或不參與宗教活動的自由(D)國家不得對人民特定的宗教信仰給予優待

[85] (B) 下列關於「宗教信仰自由」的敘述，何者正確？(A)因宗教理由拒絕接受國民教育，國家應尊重之(B)因宗教理由拒絕服兵役，國家立法處罰，並未違憲(C)因宗教能安定人心，國家應設立國教(D)因宗教理由而使用詐術者，國家應諒解之

[86] (C) 憲法第 13 條僅規定人民有信仰宗教之自由，則宗教團體的財產在憲法上的地位為何？(A)因與積極的信仰或消極的不信仰自由無關，因此不受憲法的保障(B)只受憲法上財產權的保障(C)因屬於宗教組織自主權的範圍，因此受宗教自由之保障(D)國家不得以法律規範宗教團體管理、處分其財產

之程序及許可之要件，均付諸闕如，已違反法律明確性原則，遑論採取官署事前許可之管制手段是否確有其必要性，與上開憲法規定及保障人民自由權利之意旨，均有所牴觸；又依同條例第 1 條及第 2 條第 1 項規定，第 8 條規範之對象，僅適用於部分宗教，亦與憲法上國家對宗教應謹守中立之原則及宗教平等原則相悖。該條例第 8 條及第 2 條第 1 項規定應自本解釋公布日起，至遲於屆滿二年時，失其效力。

 作者小叮嚀

言論自由的體系中，尤其雙階理論與雙軌理論，需區分清楚。再搭配重要大法官解釋，來了解這兩個理論。而宗教自由方面，也需區分政教分離與宗教自由的不同，宗教自由又分為內在信仰自由與外在宗教行為，其保護程度有所不同。需熟悉重要大法官解釋與背景。

第九章　講學自由與國民教育權

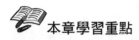
本章學習重點

> 1. 學術自由的內涵
> 2. 制度性保障
> 3. 釋字第 380、382、450、462、563、626 號解釋

一、講學自由

　　人民有講學自由。除了一般人都有講學自由外，通常我們比較重視大學裡面的講學自由。發展學術自由的大學是講學的場所，大學的相關事項，屬於自治範圍亦不容許國家任意侵害。至於與大學無關的講學自由，大法官則較不保障。例如，釋字第 634 號乃股市名嘴的講學自由，則大法官不保障之。

釋字第 634 號（96/11/16）

　　中華民國 77 年 1 月 29 日修正公布之證券交易法第 18 條第 1 項原規定應經主管機關核准之證券投資顧問事業，其業務範圍依該規定之立法目的及憲法保障言論自由之意旨，並不包括僅提供一般性之證券投資資訊，而非以直接或間接從事個別有價證券價值分析或推介建議為目的之證券投資講習。89 年 10 月 9 日修正發布之證券投資顧問事業管理規則（已停止適用）第 5 條第 1 項第 4 款規定，於此範圍內，與憲法保障人民職業自由及言論自由之意旨尚無牴觸。

二、學術自由有關大法官解釋

　　我國憲法雖未明文規定學術自由，但是大法官從所謂的「講學自由」，認為是「學術自由」的制度性保障，也就是從講學自由之基本權的

內涵中導出學術自由（大學自治）[1][2]。而學術自由制度性保障的內涵，則包括「研究自由」、「教學自由」、「學習自由」[3]等。

(一) 釋字第 380 號（84/5/26）

憲法第 11 條關於講學自由之規定，係對學術自由之制度性保障[4]；就大學教育而言，應包含研究自由、教學自由及學習自由等事項[5]。大學法第 1 條第 2 項規定：「大學應受學術自由之保障，並在法律規定範圍內，享有自治權」，其自治權之範圍，應包含直接涉及研究與教學之學術重要事項。大學課程如何訂定，大學法未定有明文，然因直接與教學、學習自由相關，亦屬學術之重要事項，為大學自治之範圍。憲法第 162 條固規定：「全國公私立之教育文化機關，依法律受國家監督。」則國家對於大學自治之監督，應於法律規定範圍內為之，並須符合憲法第 23 條規定之法律保留原則。大學之必修課程，除法律有明文規定外，其訂定亦應符合上開大學自治之原則[6]，大學法施行細則第 22 條第 3 項規定：「各大學共同必修科目，由教育部邀集各大學相關人員共同研訂之。」惟大學法並未授權教育部邀集各大學共同研訂共同必修科目，大學法施行細則所定內容

---

[1] (C) 我國憲法雖未明文規定學術自由，但可從以下那一項基本權的內涵中導出？(A)言論自由(B)著作自由(C)講學自由(D)結社自由

[2] (D) 大學自治（學術自由）與下列何種基本權有關？(A)言論自由(B)集會自由(C)結社自由(D)講學自由

[3] (D) 憲法第 11 條所保障之講學自由，不包括：(A)研究自由(B)教學自由(C)學習自由(D)工作自由

[4] (D) 依司法院大法官釋字第 380 號解釋，憲法第 11 條關於講學自由之規定，係對學術自由之：(A)結構性保障(B)關鍵性保障(C)組織性保障(D)制度性保障

[5] (C) 憲法保障學術自由旨在使學術研究不受國家權力或其他學術以外勢力之任意干涉，一般認為學術自由其保障之範圍應當不包括下列何者？(A)學術的研究(B)研究成果的發表(C)學雜費用之減免(D)學生之研究與學習

[6] (D) 依司法院解釋，下列何者應該是大學自治的範圍？(1)某大學將體育課改為選修(2)某大學規定軍訓課為共同必修(3)某大學規定大一學生共同必修日文為第二外語(4)某大學規定所有學生必修勞動服務課。(A)(1) (B)(1)(2)(3) (C)(1)(3)(4) (D)(1)(2)(3)(4)

即不得增加大學法所未規定之限制[7]。又同條第 1 項後段「各大學共同必修科目不及格者不得畢業」之規定，涉及對畢業條件之限制，致使各大學共同必修科目之訂定實質上發生限制畢業之效果，而依大學法第 23 條、第 25 條及學位授予法第 2 條、第 3 條規定，畢業之條件係屬大學自治權範疇。是大學法施行細則第 22 條第 1 項後段逾越大學法規定，同條第 3 項未經大學法授權[8]，均與上開憲法意旨不符，應自本解釋公布之日起，至遲於屆滿一年時，失其效力。

(二) 釋字第 450 號（87/3/27）

　　大學自治屬於憲法第 11 條講學自由之保障範圍[9]，舉凡教學、學習自由有關之重要事項，均屬大學自治之項目，又國家對大學之監督除應以法律明定外，其訂定亦應符合大學自治之原則，業經本院釋字第 380 號解釋釋示在案。大學於上開教學研究相關之範圍內，就其內部組織亦應享有相當程度之自主組織權[10]。各大學如依其自主之決策認有提供學生修習軍訓或護理課程之必要者，自得設置與課程相關之單位[11]，並依法聘任適當之教學人員。惟大學法第 11 條第 1 項第 6 款及同法施行細則第 9 條第 3 項明定大學應設置軍訓室並配置人員，負責軍訓及護理課程之規劃與教學[12]，

---

[7] (A) 大學法施行細則規定各大學共同必修科由教育部邀集各大學相關人員共同研討之，此一規定有無違憲，司法院大法官如何解釋？(A)違憲(B)應為憲法所許(C)係屬立法裁量範圍(D)由行政院本其職權予以解釋

[8] (A) 教育部自行以行政命令規定各大學學生必修軍訓，違反什麼憲法原則？(A)法律保留原則(B)比例原則(C)信賴原則(D)民主原則

[9] (D) 大學自治屬於我國憲法上何種權利之保障範圍？(A)地方自治(B)言論自由(C)結社自由(D)講學自由

[10] (A) 依據司法院大法官釋字第 450 號解釋，下列何者未被指名列入大學自治之範圍？(A)學生入學程序(B)教學自由(C)學習自由(D)大學內部組織

[11] (C) 根據司法院大法官解釋，有關大學自治，下列敘述何者正確？(A)不受憲法保障(B)國家對大學之監督不須有法律依據(C)大學是否設置軍訓課程，由各校自行決定(D)大學得強制學生參加特定宗教之儀式

[12] (D) 依司法院大法官釋字第 450 號解釋，大學軍訓教官及軍訓課程，被認定違憲之主要理由為何？(A)教官於大學校園負有監控師生之不法任務(B)軍訓課程之教

此一強制性規定，有違憲法保障大學自治之意旨[13]，應自本解釋公布之日起，至遲於屆滿一年時失其效力。

(三) 釋字第 563 號（92/7/25）（自訂學則自由）

　　憲法第 11 條之講學自由賦予大學教學、研究與學習之自由，並於直接關涉教學、研究之學術事項，享有自治權。國家對於大學之監督，依憲法第 162 條規定，應以法律為之，惟仍應符合大學自治之原則[14]。是立法機關不得任意以法律強制大學設置特定之單位，致侵害大學之內部組織自主權；行政機關亦不得以命令干預大學教學之內容及課程之訂定，而妨礙教學、研究之自由，立法及行政措施之規範密度，於大學自治範圍內，均應受適度之限制（參照本院釋字第 380 號及第 450 號解釋）。

　　碩士學位之頒授依中華民國 83 年 4 月 27 日修正公布之學位授予法第 6 條第 1 項規定，應於研究生「完成碩士學位應修課程，提出論文，經碩士學位考試委員會考試通過」後，始得為之，此乃國家本於對大學之監督所為學位授予之基本規定。大學自治既受憲法制度性保障，則大學為確保學位之授予具備一定之水準，自得於合理及必要之範圍內，訂定有關取得學位之資格條件。國立政治大學於 85 年 6 月 14 日訂定之國立政治大學研究生學位考試要點規定，各系所得自訂碩士班研究生於提出論文前先行通過資格考核（第 2 點第 1 項），該校民族學系並訂定該系碩士候選人資格考試要點，辦理碩士候選人學科考試，此項資格考試之訂定，未逾越大學自治之範疇，不生憲法第 23 條之適用問題。

　　大學學生退學之有關事項，83 年 1 月 5 日修正公布之大學法未設明文。為維持學術品質，健全學生人格發展，大學有考核學生學業與品行之

學，性質上不應由教官擔任(C)教官在大學中，其現役軍人身分並未消滅(D)軍訓課程及教學人員，並非由大學自行決定設置
[13] (B) 大學法明定大學應設軍訓室並配置人員，依大法官解釋係違背何種憲法保障之意旨？(A)公開競爭之考試制度(B)大學自治(C)私法自治(D)誠實信用
[14] (B) 依司法院大法官釋字第 563 號之解釋，國家對於大學之監督，依憲法第 162 條之規定，應以法律定之，惟仍應符合何種原則？(A)教授治校原則(B)大學自治原則(C)學生優先原則(D)學術獨立原則

權責，其依規定程序訂定有關章則，使成績未符一定標準或品行有重大偏差之學生予以退學處分，亦屬大學自治之範疇[15]；立法機關對有關全國性之大學教育事項，固得制定法律予以適度之規範，惟大學於合理範圍內仍享有自主權[16]。國立政治大學暨同校民族學系前開要點規定，民族學系碩士候選人兩次未通過學科考試者以退學論處，係就該校之自治事項所為之規定，與前開憲法意旨並無違背。大學對學生所為退學之處分行為，關係學生權益甚鉅，有關章則之訂定及執行自應遵守正當程序，其內容並應合理妥適，乃屬當然。

(四) 釋字第 626 號（96/6/8）（招生自由）

憲法第 7 條規定，人民在法律上一律平等；第 159 條復規定：「國民受教育之機會，一律平等。」旨在確保人民享有接受各階段教育之公平機會。中央警察大學 91 學年度研究所碩士班入學考試招生簡章第 7 點第 2 款及第 8 點第 2 款，以有無色盲決定能否取得入學資格之規定，係為培養理論與實務兼備之警察專門人才，並求教育資源之有效運用，藉以提升警政之素質，促進法治國家之發展，其欲達成之目的洵屬重要公共利益；因警察工作之範圍廣泛、內容繁雜，職務常須輪調，隨時可能發生判斷顏色之需要，色盲者因此確有不適合擔任警察之正當理由，是上開招生簡章之

---

[15] (C) 依司法院大法官釋字第 563 號解釋，下列有關大學自治之敘述，何者錯誤？(A)立法機關不得任意以法律強制大學設置特定之單位(B)行政機關亦不得以命令干預教學之內容及課程之訂定(C)對成績未符一定標準之學生予以退學處分，不屬大學自治之範疇(D)立法機關得制定法律，對全國性之大學教育事項予以適度規範

[16] (B) 依司法院大法官有關大學自治的各號解釋意旨，下列敘述何者為是？(A)大學自治權係由大學法賦予，故於缺乏大學法明文授權的情況下，各大學不得訂立個別退學規定(B)基於大學自治原則，大學為確保學位授與具一定水準，自得於合理範圍內，訂定有關取得學位之資格條件(C)大學於教學研究相關範圍內，有其內部組織自主權，大學法要求應設置性質為行政組織之軍訓室，並無違背大學教學研究之自主性，因軍訓室雖亦負責軍訓課程，但僅為其附屬功能，自屬合法合憲(D)雖未經大學法授權，大學法施行細則中有關訂立大學共同必修科目之規範，仍符合大學自治原則

規定與其目的間尚非無實質關聯,與憲法第 7 條及第 159 條規定並無牴觸。

三、學生受教育權

大法官在別號解釋中,曾經提及學生受教育權,但未明確指出其憲法依據,也未說明如何與前述制度性保障下的學習自由是否重疊。

釋字第 382 號(84/6/23)

各級學校依有關學籍規則或懲處規定,對學生所為退學或類此之處分行為,足以改變其學生身分並損及其受教育之機會,自屬對人民憲法上受教育之權利有重大影響,此種處分行為應為訴願法及行政訴訟法上之行政處分。受處分之學生於用盡校內申訴途徑,未獲救濟者,自得依法提起訴願及行政訴訟。行政法院 41 年判字第 6 號判例,與上開意旨不符部分,應不予援用,以符憲法保障人民受教育之權利及訴訟權之意旨。

四、國民教育權

憲法第 21 條規定:「人民有受國民教育之權利與義務。[17]」另見憲法第 160 條、第 163 條。本條只規定人民有受國民教育的權利。至於一般的受教育權,應該從憲法第 22 條得出。

五、教師升等問題

釋字第 462 號(87/7/31)

各大學校、院、系(所)教師評審委員會關於教師升等評審之權限,係屬法律在特定範圍內授予公權力之行使,其對教師升等通過與否之決定,與教育部學術審議委員會對教師升等資格所為之最後審定,於教師之資格等身分上之權益有重大影響,均應為訴願法及行政訴訟法上之行政處分。受評審之教師於依教師法或訴願法用盡行政救濟途徑後,仍有不服

---

[17] (C) 受國民教育是人民的:(A)權利(B)義務(C)權利與義務(D)自由

者，自得依法提起行政訴訟[18]，以符憲法保障人民訴訟權之意旨。行政法院 51 年判字第 398 號判例，與上開解釋不符部分，應不再適用。

大學教師升等資格之審查，關係大學教師素質與大學教學、研究水準，並涉及人民工作權與職業資格之取得[19]，除應有法律規定之依據外，主管機關所訂定之實施程序，尚須保證能對升等申請人專業學術能力及成就作成客觀可信、公平正確之評量，始符合憲法第 23 條之比例原則。且教師升等資格評審程序既為維持學術研究與教學之品質所設，其決定之作成應基於客觀專業知識與學術成就之考量，此亦為憲法保障學術自由真諦之所在。故各大學校、院、系（所）教師評審委員會，本於專業評量之原則，應選任各該專業領域具有充分專業能力之學者專家先行審查，將其結果報請教師評審委員會評議。教師評審委員會除能提出具有專業學術依據之具體理由，動搖該專業審查之可信度與正確性，否則即應尊重其判斷。受理此類事件之行政救濟機關及行政法院自得據以審查其是否遵守相關之程序，或其判斷、評量有無違法或顯然不當之情事。現行有關各大學、獨立學院及專科學校教師資格及升等評審程序之規定，應本此解釋意旨通盤檢討修正。

作者小叮嚀

　　學術自由在憲法中並無明文規定，乃是大法官從講學自由中推論出來，涵蓋教學自由、研究自由、學習自由。但後來大法官在釋字第 382 號提到受教育之權利，而憲法第 21 條又有國民教育權。這些概念往往容易令人混淆。請務必熟讀相關大法官解釋。

---

[18] (C) 某私立大學副教授不服該校教師評審委員會對其升等教授之評審，依司法院大法官釋字第 462 號解釋，可循下列何種方式請求救濟？(A)請願(B)民事訴訟(C)行政訴訟(D)不能救濟

[19] (A) 大學教師升等資格之審查，涉及何種基本權利？(A)工作權與學術自由(B)著作自由與言論自由(C)出版自由與財產權(D)生存權與表現自由

第十章　生存權、工作權、財產權

　本章學習重點

> 1. 生存權的性質
> 2. 工作權的性質
> 3. 財產權與特別犧牲
> 4. 營業自由

一、生存權

　　憲法第 15 條規定:「人民之生存權、工作權及財產權,應予保障。[1]」生存權具有兩種性質,一種是防禦權的性質,可要求國家不要剝奪人民的生存權(或生命)[2];另一種則是受益權的性質,也就是一種社會權[3],人民得依據生存權而請求國家提供維繫最低生活所需費用[4],保障人民的經濟生活[5],而全民健康保險法、國民年金制與生存權的關係最為密切[6][7]。

---

[1] (C) 依憲法第 15 條規定,下列何者為國家應予保障之人民權利?(1)生命權(2)生存權(3)工作權(4)財產權。(A)(2)(3) (B)(1)(2)(3) (C)(2)(3)(4) (D)(1)(2)(4)

[2] (B) 下列何者未涉及憲法保障之生存權?(A)制定保護農民生活之法律(B)授權訂定徵收空氣污染防制費之規定(C)毒品危害防制條例處死刑、無期徒刑之規定(D)優生保健法關於墮胎之規定

[3] (C) 下列何者屬於社會權?(A)結社自由(B)參政權(C)生存權(D)遷徙自由

[4] (B) 人民得依據下列何種權利請求國家提供維繫最低生活所需費用?(A)財產權(B)生存權(C)工作權(D)自由權

[5] (A) 下列那一項基本權利是為保障人民的經濟生活?(A)生存權(B)結社自由(C)出版自由(D)講學自由

[6] (D) 「全民健康保險法」與下列何者的關係最為密切?(A)人身自由(B)財產權(C)環境權(D)生存權

[7] (B) 國民年金制與下列何者關係最密切?(A)財產權(B)生存權(C)人身自由(D)訴願權

推動生存權時，強調實質平等，依適用主體經濟地位之強弱之不同，而分別予以不同程度之保障[8]。因為生存權被認為屬於一種社會權，故與學習權、工作權及勞工三權等同屬社會權[9]。

憲法基本國策另外對人民生存權有許多規定，例如憲法第 152 條[10]、第 155 條和第 157 條，或增修條文推行全民健康保險等[11]，才真正保障生存權的具體規定。

目前我國大法官就憲法第 15 條生存權的討論，多注重於防禦權的面向，且多探討死刑存廢的問題。

(一) 死刑合憲：釋字第 476 號（88/1/29）

人民身體之自由與生存權應予保障，固為憲法第 8 條、第 15 條所明定；惟國家刑罰權之實現，對於特定事項而以特別刑法規定特別之罪刑所為之規範，倘與憲法第 23 條所要求之目的正當性、手段必要性、限制妥當性符合，即無乖於比例原則[12]，要不得僅以其關乎人民生命、身體之自由，遂執兩不相侔之普通刑法規定事項，而謂其係有違於前開憲法之

---

[8] (B) 下列有關生存權保障之內容與類型之敘述何者為非？(A)生存權保障之內容，可區分為預防貧弱者出現型及對弱者實質保障型(B)生存權保障，不依適用主體經濟地位之強弱，予以一律平等保障(C)生存權為社會權之核心部分(D)沒有民主、法治之國家，不可能有效保障生存權

[9] (A) 關於生存權的保障內容，下列敘述何者錯誤？(A)與學習權、工作權及勞工三權無關(B)是特殊弱者的生活保護(C)係一般國民的生活保障(D)乃社會生活安全保障

[10] (A) 憲法第 152 條規定：「人民具有工作能力者，國家應予以適當之工作機會。」此依規定可說是對憲法所保障的那一項基本權的具體規定？(A)生存權(B)財產權(C)參政權(D)工作權

[11] (A) 憲法增修條文第 10 條規定，國家應推行全民健康保險，並促進現代和傳統醫藥之研究發展。此項規定係為實踐下列何項基本權利？(A)生存權(B)工作權(C)信仰宗教之自由(D)集會結社之自由

[12] (B) 依司法院大法官釋字第 476 號解釋，「與所要求之目的正當性、手段必要性、限制妥當性符合者」，即不違反何種原則？(A)法律保留原則(B)比例原則(C)授權明確性原則(D)平等原則

意旨。

　　中華民國 81 年 7 月 27 日修正公布之「肅清煙毒條例」、87 年 5 月
20 日修正公布之「毒品危害防制條例」，其立法目的，乃特別為肅清煙
毒、防制毒品危害，藉以維護國民身心健康，進而維持社會秩序，俾免國
家安全之陷於危殆。因是拔其貽害之本，首予杜絕流入之途，即著重煙毒
來源之截堵，以求禍害之根絕；而製造、運輸、販賣行為乃煙毒禍害之
源，其源不斷，則流毒所及，非僅多數人之生命、身體受其侵害，并社
會、國家之法益亦不能免，為害之鉅，當非個人一己之生命、身體法益所
可比擬。對於此等行為之以特別立法嚴屬規範，當已符合比例原則；抑且
製造、運輸、販賣煙毒之行為，除有上述高度不法之內涵外，更具有暴利
之特質，利之所在，不免群趨僥倖，若僅藉由長期自由刑措置，而欲達成
肅清、防制之目的，非但成效難期，要亦有悖於公平與正義。肅清煙毒條
例第 5 條第 1 項：「販賣、運輸、製造毒品、鴉片或麻煙者，處死刑或無
期徒刑。」毒品危害防制條例第 4 條第 1 項：「製造、運輸、販賣第一級
毒品者，處死刑或無期徒刑；處無期徒刑者，得併科新臺幣一千萬元以下
罰金。」其中關於死刑、無期徒刑之法定刑規定，係本於特別法嚴禁毒害
之目的而為之處罰，乃維護國家安全、社會秩序及增進公共利益所必要，
無違憲法第 23 條之規定，與憲法第 15 條亦無牴觸。

(二) 社會保險給付請求權：釋字第 766 號（107/7/13）

　　憲法第 155 條前段規定：「國家為謀社會福利，應實施社會保險制
度。」基於前開憲法委託，立法者對於社會保險制度有較大之自由形成空
間（本院釋字第 568 號解釋參照），是社會保險給付之請領要件及金額，
應由立法者盱衡國家財政資源之有限性、人口增減及結構變遷可能對社會
保險帶來之衝擊等因素而為規範。惟人民依社會保險相關法律享有之社會
保險給付請求權，具有財產上價值，應受憲法第 15 條財產權之保障；如
其內容涉及人民最低限度生存需求，則應兼受憲法第 15 條生存權之保
障。對此等兼受生存權保障之社會保險給付請求權之限制，即應受較為嚴
格之審查[13]。

---

[13] (D) 依司法院大法官解釋，下列有關生存權保障之敘述，何者錯誤？(A)個人不能

(三) 藥害救濟：釋字第 767 號（107/7/27）

　　藥害救濟法第 13 條第 9 款規定：「有下列各款情事之一者，不得申請藥害救濟：……九、常見且可預期之藥物不良反應。」未違反法律明確性原則及比例原則，與憲法保障人民生存權、健康權及憲法增修條文第 10 條第 8 項國家應重視醫療保健社會福利工作之意旨，尚無牴觸[14]。

二、工作權

　　一般認為，工作權有兩項內涵，第 1 項是人民有自由選擇工作種類[15]，此乃偏向防禦權的性質。第 2 項則是向國家要求提供工作的權利，乃受益權的性質，不過真正的具體規定，則是憲法基本國策章中的第 152 條、第 153 條。工作權所保障之內容有：禁止雇主任意解僱、國家作用介入勞動契約並對其進行調整、國家促進人民就業機會（但非保障就業）[16]、選擇職業之自由、營業的自由[17]及依法律明定勞動基準等[18]。即使憲法保障人

只援引憲法第 15 條規定，直接向國家請求給付金錢或生活必需品(B)對於受藥害者，於合理範圍內給予適當補償，符合憲法保障人民生存權之意旨(C)社會保險給付請求權，如其內容涉及人民最低限度生存需求，應受憲法生存權之保障(D)全民健康保險法要求人民應負擔保費，故對於無力繳納保費者，得不提供醫療給付

[14] (D) 依司法院大法官解釋，下列何者與藥害救濟制度之設置無關？(A)生存權之保障(B)健康權之保障(C)社會福利救濟措施之實現(D)財產權之保障

[15] (B) 人民得自由選擇職業，以維持生計，屬於人民之何種權利？(A)生存權(B)工作權(C)財產權(D)服公職權

[16] (A) 保障工作權，並不包括要求國家從事下列何種積極作為？(A)給予工作(B)解決失業(C)制定保障尊嚴生活的勞動基準(D)架構失業救濟等生活保障制度

[17] (D) 下列有關憲法保障之基本人權的敘述，何者正確？(A)憲法保障之居住遷徙的自由，不包括國外旅行的自由(B)信仰宗教的自由不包括不信仰宗教的自由(C)外國人在我國境內，不得主張集會遊行的自由(D)憲法上工作權之保障包括選擇職業之自由及營業的自由

[18] (B) 下列何者不是工作權保障之內容？(A)禁止雇主任意解僱(B)國家作用不介入對勞動契約進行調整(C)國家促進人民就業機會(D)依法律明定勞動基準

民的工作權，但是販毒等違法之職業仍可以被禁止[19]。

(一) 德國理論

按照德國理論，可將對工作權的限制，區分為下列三類：

1. 第一階段：針對執行職業方面

指在某種職業內之成員，應該以何種方式、內容來執業，例如法令規定修車廠不得在週日營業，或限制化工廠排放熱氣，計程車必須有安全帶之裝置，計程車車身必須黃色，營業時間之限制[20]等。

2. 第二階段：針對選擇職業自由主觀要件而言

在此所稱主觀要件，係指個人欲選擇從事某一職業之前，本身應具備之某些特別之專業能力或資格，顯屬對工作權的限制[21]。依據工作自由之原則，人民雖有選擇各種職業的自由，然國家對於特種事業，倘因其關係公共安全與秩序，或因其關係人民之衛生或健康，限定須具有特殊資格者，始准加入該行業，例如要求考取醫師執照才能擔任醫師[22]、或有年齡之限制、或須曾接受過何種教育或訓練。或者，法律規定曾犯特定之罪者，不准辦理營業小客車駕駛人職業登記，均是對於人民選擇職業應具備主觀條件之限制。

3. 第三階段：針對選擇職業自由客觀要件而言

與第二階段不同者，在於客觀要件之規定與從事職業之個人無關，

---

[19] (D) 即使憲法保障人民的工作權，下列何項職業仍可以被禁止？(A)徵信業(B)解夢業(C)洗車業(D)販毒業

[20] (B) 下列規定中，何者對工作權的限制屬最輕微者？(A)在 A 地區一律不准開餐廳(B)在 A 地區餐廳的營業時間只能到晚上 12 點(C)在 A 地區只能開設一家餐廳(D)在 A 地區開設餐廳者須有餐廳經營師證照

[21] (C) 法律規定從事特定職業者，必須具備一定之專業能力、教育學歷等積極資格；此係屬對下列何種人民權利的限制：(A)一般行為自由權(B)人身自由權(C)工作權(D)財產權

[22] (C) 下列何者是對於選擇職業自由所為之限制？(A)百貨業只能營業到晚上 10 點(B)不得作香煙廣告(C)取得醫師執照者才可執業當醫師(D)不得在某一地區擺地攤

而是受外界客觀因素之影響。例如限制某一地區藥房家數、計程車數量、某條路段客運經營之家數、限制一定之頻道等。

根據一般說法，如果能用第一類的限制，就不要用第二類、第三類的限制，如果能用第二類的限制，就不要用第三類的限制。

(二) 釋字第 404 號（85/5/24）

憲法第 15 條規定人民之工作權應予保障，故人民得自由選擇工作及職業，以維持生計。惟人民之工作與公共福祉有密切關係，為增進公共利益之必要，對於人民從事工作之方法及應具備之資格或其他要件，得以法律為適當之限制，此觀憲法第 23 條規定自明。醫師法為強化專業分工、保障病人權益及增進國民健康，使不同醫術領域之醫師提供專精之醫療服務，將醫師區分為醫師、中醫師及牙醫師。醫療法第 41 條規定醫療機構之負責醫師應督導所屬醫事人員依各該醫事專門職業法規規定執行業務，均屬增進公共利益所必要。中醫師之醫療行為應依中國傳統之醫術為之，若中醫師以「限醫師指示使用」之西藥製劑或西藥成藥處方，為人治病，顯非以中國傳統醫術為醫療方法，有違醫師專業分類之原則及病人對中醫師之信賴。行政院衛生署 71 年 3 月 18 日衛署醫字第 370167 號函釋：「中醫師如使用『限醫師指示使用』之西藥製劑，核為醫師業務上之不正當行為，應依醫師法第 25 條規定論處。西藥成藥依藥物藥商管理法之規定，其不待醫師指示，即可供治療疾病。故使用西藥成藥為人治病，核非中醫師之業務範圍。」要在闡釋中醫師之業務範圍，符合醫師法及醫療法之立法意旨，與憲法保障工作權[23]之規定，尚無牴觸。

(三) 釋字第 510 號（89/7/20）

憲法第 15 條規定人民之工作權應予保障，人民從事工作並有選擇職業之自由。惟其工作與公共利益密切相關者，於符合憲法第 23 條比例原則之限度內，對於從事工作之方式及必備之資格或其他要件，得以法律或視工作權限制之性質，以有法律明確授權之命令加以規範。中華民國 73

---

[23] (A) 法律規定中醫師不得使用西醫成藥為人治病，主要係限制中醫師何種基本權利？(A)工作權(B)財產權(C)平等權(D)生存權

年 11 月 19 日修正公布之民用航空法第 25 條規定，民用航空局對於航空
人員之技能、體格或性行，應為定期檢查，且得為臨時檢查，經檢查不合
標準時，應限制、暫停或終止其執業，並授權民用航空局訂定檢查標準
（84 年 1 月 27 日修正公布之同法第 25 條及 87 年 1 月 21 日修正公布之
第 26 條規定意旨亦同）。民用航空局據此授權於 82 年 8 月 26 日修正發布
之「航空人員體格檢查標準」，其第 48 條第 1 項規定，航空人員之體格，
不合該標準者，應予不及格，如經特別鑑定後，認其行使職務藉由工作經
驗，不致影響飛航安全時，准予缺點免計；第 52 條規定：「為保障民航安
全，對於准予體格缺點免計者，應予時間及作業之限制。前項缺點免計之
限制，該航空人員不得執行有該缺點所不能執行之任務」，及第 53 條規
定：「對缺點免計受檢者，至少每三年需重新評估一次。航空體檢醫師或
主管，認為情況有變化時，得隨時要求加以鑑定」，均係為維護公眾利
益，基於航空人員之工作特性，就職業選擇自由個人應具備條件所為之限
制，非涉裁罰性之處分，與首開解釋意旨相符，於憲法保障人民工作權之
規定亦無牴觸[24]。

(四) 釋字第 584 號（93/9/17）

　　中華民國 88 年 4 月 21 日修正公布之道路交通管理處罰條例第 37 條
第 1 項規定：「曾犯故意殺人、搶劫、搶奪、強盜、恐嚇取財、擄人勒贖
或刑法第二百二十一條至第二百二十九條妨害性自主之罪，經判決罪刑確
定者，不准辦理營業小客車駕駛人執業登記。」乃基於營業小客車營運及
其駕駛人工作之特性，就駕駛人個人應具備之主觀條件，對人民職業選擇
自由所為之限制[25]，旨在保障乘客之安全，確保社會之治安，及增進營業

---

[24] (D) 司法院大法官釋字第 510 號解釋，有關工作權保障，下列敘述何者不正確？
(A)工作權係保障人民從事工作並有選擇職業之自由(B)對於從事工作之方式及
必備之資格或其他要件，仍得以法律或法律授權之命令加以限制(C)為保障民
航安全，對於准予體格缺點免計之航空人員，應予時間及作業之限制(D)依民
用航空法規定，對於航空人員之技能、體格或性行，得為臨時檢查之權限，違
反比例原則

[25] (D) 法律規定曾犯特定之罪者，不准辦理營業小客車駕駛人職業登記。此一規定係

小客車之職業信賴,與首開憲法意旨相符,於憲法第 23 條之規定,尚無牴觸。又營業小客車營運之管理,因各國國情與治安狀況而有不同。相關機關審酌曾犯上述之罪者,其累再犯比率偏高,及其對乘客安全可能之威脅,衡量乘客生命、身體安全等重要公益之維護,與人民選擇職業應具備主觀條件之限制,而就其選擇職業之自由為合理之不同規定,與憲法第 7 條之平等原則,亦屬無違。惟以限制營業小客車駕駛人選擇職業之自由,作為保障乘客安全、預防犯罪之方法,乃基於現階段營業小客車管理制度所採取之不得已措施,但究屬人民職業選擇自由之限制,自應隨營業小客車管理,犯罪預防制度之發展或其他制度之健全,就其他較小限制替代措施之建立,隨時檢討改進;且若已有方法證明曾犯此等犯罪之人對乘客安全不具特別危險時,即應適時解除其駕駛營業小客車執業之限制,俾於維護公共福祉之範圍內,更能貫徹憲法人民工作權之保障及平等原則之意旨,併此指明。

(五) 釋字第 637 號(97/2/22)

公務員服務法第 14 條之 1 規定:「公務員於其離職後三年內,不得擔任與其離職前五年內之職務直接相關之營利事業董事、監察人、經理、執行業務之股東或顧問。」旨在維護公務員公正廉明之重要公益,而對離職公務員選擇職業自由予以限制,其目的洵屬正當;其所採取之限制手段與目的達成間具實質關聯性,乃為保護重要公益所必要,並未牴觸憲法第 23 條之規定,與憲法保障人民工作權之意旨尚無違背[26]。

屬於:(A)對於人民從事工作之方法所為之限制(B)對於人民從事工作之類型所為之限制(C)對於人民選擇職業應具備客觀條件之限制(D)對於人民選擇職業應具備主觀條件之限制

[26] (C) 國家對於公務員於離職後三年內,不得擔任與其離職前五年內之職務直接相關之營利事業董事、監察人、經理、執行業務之股東或顧問等之限制規定,依司法院大法官解釋,下列敘述何者錯誤?(A)此種對離職公務員選擇職業自由之限制,目的尚屬正當(B)所採取之限制手段與目的達成間具實質關聯性(C)已違背憲法保障人民工作權之意旨,牴觸憲法第 23 條之規定(D)乃維護公務員公正廉明之重要公益

(六) 釋字第 649 號（97/10/31）

中華民國 90 年 11 月 21 日修正公布之身心障礙者保護法第 37 條第 1 項前段規定：「非本法所稱視覺障礙者，不得從事按摩業。」（96 年 7 月 11 日該法名稱修正為身心障礙者權益保障法，上開規定之「非本法所稱視覺障礙者」，經修正為「非視覺功能障礙者」，並移列為第 46 條第 1 項前段，規定意旨相同）與憲法第 7 條平等權、第 15 條工作權及第 23 條比例原則之規定不符，應自本解釋公布之日起至遲於屆滿三年時失其效力。

(七) 釋字第 711 號（102/7/31）

藥師法第 11 條規定：「藥師經登記領照執業者，其執業處所應以一處為限。」未就藥師於不違反該條立法目的之情形下，或於有重大公益或緊急情況之需要時，設必要合理之例外規定，已對藥師執行職業自由形成不必要之限制，有違憲法第 23 條比例原則，與憲法第 15 條保障工作權之意旨相牴觸，應自本解釋公布之日起，至遲於屆滿一年時失其效力[27]。

三、財產權

(一) 絕對保障

財產權為憲法保障之基本權利，與人類其他一些與生俱來的權利如人身、信仰、言論等同為人權，享有絕對之支配性。

(二) 相對保障

二十世紀憲法不再將財產權視為所有者享有絕對之支配性，而認為

---

[27] (C) 依司法院大法官解釋，有關工作權之敘述，下列何者錯誤？(A)限制中醫師使用西藥成藥為人治病，與憲法工作權之保障尚無牴觸(B)以外國學歷應牙醫師考試者，須在主管機關認可之醫療機構完成臨床實作訓練之規定，與憲法工作權保障之意旨無違(C)藥師執業處所應以一處為限，與憲法保障工作權之意旨尚無牴觸(D)中醫特考有零分或專科平均或特定科目成績未達規定者不予及格，與憲法保障工作權之意旨無違

其具有社會義務性,可予以限制[28]。

(三) 財產權之所應負擔之社會義務

道路交通管理條例,禁止人民在騎樓設置攤位,阻礙通行,是否算是侵害人民財產權?釋字第 564 號解釋中提到:「……基於增進公共利益之必要,對人民依法取得之土地所有權,國家並非不得以法律為合理之限制,此項限制究至何種程度始逾人民財產權所應忍受之範圍,應就行為之目的與限制手段及其所造成之結果予以衡量,如手段對於目的而言尚屬適當,且限制對土地之利用至為輕微,則屬人民享受財產權同時所應負擔之社會義務,國家以法律所為之合理限制即與憲法保障人民財產權之本旨不相牴觸。」最後認為限制人民在騎樓擺攤,屬於財產權所應負擔的社會義務。

(四) 公用徵收給予合理補償

若國家為了公用或其他公益目的之必要,而需要將土地徵收[29],則必須給予人民合理之補償,保障人民的財產權[30],所以補償制度與人民財產權的關係最密切[31]。

釋字第 516 號(89/10/26)

國家因公用或其他公益目的之必要,雖得依法徵收人民之財產,但

---

[28] (B) 關於財產權之敘述,以下何者正確?(A)國家依法限制人民財產權時,應予人民一定的賠償(B)財產權具有社會義務性,故國家得限制之(C)財產權之保障僅限於物的所有權存續狀態(D)財產權非屬制度性保障之權利

[29] (B) 土地徵收係剝奪人民之何種權利,故應予以補償?(A)人格權(B)財產權(C)人身自由(D)居住遷徙自由

[30] (A) 政府為興建高速公路,徵收人民土地並發給補償金,其憲法依據是:(A)憲法對人民財產權的保障(B)憲法對人民工作權的保障(C)人民有法律納稅的義務(D)憲法對人民生存權的保障

[31] (C) 補償制度與下列何者的關係最密切?(A)人身自由(B)言論自由(C)財產權(D)生存權

應給予合理之補償[32]。此項補償乃因財產之徵收，對被徵收財產之所有人而言，係為公共利益所受之特別犧牲[33]，國家自應予以補償，以填補其財產權被剝奪或其權能受限制之損失。故補償不僅需相當，更應儘速發給，方符憲法第 15 條規定，人民財產權應予保障之意旨。準此，土地法第 233 條明定，徵收土地補償之地價及其他補償費，應於「公告期滿後十五日內」發給。此項法定期間，雖或因對徵收補償有異議，由該管地政機關提交評定或評議而得展延，然補償費額經評定或評議後，主管地政機關仍應即行通知需用土地人，並限期繳交轉發土地所有權人，其期限亦不得超過土地法上述規定之十五日（本院院字第 2704 號、釋字第 110 號解釋參照）。倘若應增加補償之數額過於龐大，應動支預備金，或有其他特殊情事，致未能於十五日內發給者，仍應於評定或評議結果確定之日起於相當之期限內儘速發給之，否則徵收土地核准案，即應失其效力。

(五) 特別犧牲時補償

人民對於其財產有自由使用、收益、處分之權。政府雖然可以基於公益而立法限制人民財產權的行使[34]，雖未完全剝奪，但限制過大，已經構成「特別犧牲」時，也就是只限制某些人的財產權，而不限制其他人的財產權，造成實質上的徵收時，此時即必須予以補償。

---

[32] (B) 依司法院大法官解釋，因公用或其他公益目的之必要，國家機關得依法徵收人民之財產，但應給予相當之：(A)賠償(B)補償(C)說明(D)期限考慮

[33] (A) 土地徵收對被徵收土地之所有權人而言，係為公共利益所受之何種犧牲？(A)特別犧牲(B)平等犧牲(C)一般犧牲(D)合理犧牲

[34] (A) 有關財產權之敘述，下列何者正確？(A)國家可立法限制人民財產權之行使(B)財產權僅見權利性，完全不具社會責任(C)個人行使財產權之利益絕對優先於公共團體之利益(D)著作權不屬財產權保障之範圍

1. 釋字第 400 號（85/4/12）

憲法第 15 條關於人民財產權應予保障之規定，旨在確保個人依財產之存續狀態行使其自由使用、收益及處分之權能[35][36]，並免於遭受公權力或第三人之侵害，俾能實現個人自由、發展人格及維護尊嚴。如因公用或其他公益目的之必要，國家機關雖得依法徵收人民之財產，但應給予相當之補償，方符憲法保障財產權之意旨。既成道路符合一定要件而成立公用地役關係者，其所有權人對土地既已無從自由使用收益，形成因公益而特別犧牲其財產上之利益，國家自應依法律之規定辦理徵收給予補償，各級政府如因經費困難，不能對上述道路全面徵收補償，有關機關亦應訂定期限籌措財源逐年辦理或以他法補償[37]。若在某一道路範圍內之私有土地均辦理徵收，僅因既成道路有公用地役關係而以命令規定繼續使用，毋庸同時徵收補償，顯與平等原則相違。至於因地理環境或人文狀況改變，既成道路喪失其原有功能者，則應隨時檢討並予廢止。行政院中華民國 67 年 7 月 14 日台 67 內字第 6301 號函及同院 69 年 2 月 23 日台 69 內字第 2072 號函與前述意旨不符部分，應不再援用。

2. 釋字第 440 號（86/11/14）

人民之財產權應予保障，憲法第 15 條設有明文。國家機關依法行使公權力致人民之財產遭受損失，若逾其社會責任所應忍受之範圍，形成個人之特別犧牲者，國家應予合理補償。主管機關對於既成道路或都市計畫道路用地，在依法徵收或價購以前埋設地下設施物妨礙土地權利人對其權利之行使，致生損失，形成其個人特別之犧牲，自應享有受相當補償之權利。台北市政府於中華民國 64 年 8 月 22 日發布之台北市市區道路管理規

---

[35] (C) 憲法上財產權保障，係保障財產權人：(A)財產本體之存續(B)財產之平等權(C)對財產行使其自由使用、收益及處分之權能(D)財產之固有價值之存續

[36] (D) 人民在法令的範圍內，有自由使用收益處分特定標的之權，此為何種權利？(A)訴訟權(B)生存權(C)工作權(D)財產權

[37] (D) 下列何者不是司法院大法官對憲法保障財產權之解釋？(A)確保個人依財產之存續狀態行使其自由使用、收益及處分之權能(B)免於遭受公權力或第三人之侵害(C)實現個人自由發展人格及維護尊嚴(D)因公益而特別犧牲其財產上之利益，國家可以不予補償

則第 15 條規定：「既成道路或都市計畫道路用地，在不妨礙其原有使用及安全之原則下，主管機關埋設地下設施物時，得不徵購其用地，但損壞地上物應予補償。」其中對使用該地下部分，既不徵購又未設補償規定，與上開意旨不符者，應不再援用。至既成道路或都市計畫道路用地之徵收或購買，應依本院釋字第 400 號解釋及都市計畫法第 48 條之規定辦理，併此指明。

3. **釋字第 747 號**（106/3/17）

……需用土地人因興辦土地徵收條例第 3 條規定之事業，穿越私有土地之上空或地下，致逾越所有權人社會責任所應忍受範圍，形成個人之特別犧牲，而不依徵收規定向主管機關申請徵收地上權者，土地所有權人得請求需用土地人向主管機關申請徵收地上權。

四、營業自由

我國憲法沒有明文保護營業自由，大法官認為營業自由可以從財產權或工作權[38] [39]而得。

(一) 釋字第 514 號（89/10/13）

人民營業之自由為憲法上工作權及財產權所保障。有關營業許可之條件，營業應遵守之義務及違反義務應受之制裁，依憲法第 23 條規定，均應以法律定之，其內容更須符合該條規定之要件。若其限制，於性質上得由法律授權以命令補充規定時，授權之目的、內容及範圍應具體明確，始得據以發布命令[40]，迭經本院解釋在案。教育部中華民國 81 年 3 月 11

---

[38] (C) 人民營業之自由為憲法上何種權利所保障？(A)隱私權(B)人格權(C)工作權(D)遷徙自由

[39] (B) 人民營業之自由為憲法上何種權利所保障？(A)人身權、人格權(B)工作權、財產權(C)結社權、集會權(D)表現自由權、人格權

[40] (B) 人民設立工廠而有違反行政法上義務之行為，予以停工之處分，可否依據法律授權行政機關命令為之？(A)情節重大者，須以法律定之，不得委之命令(B)授權目的、內容及範圍具體明確者，可為依據(C)須經法院審判，行政機關不得自行為之(D)涉及人民權利義務事項，應以法律定之，不得授權命令為之

日台（81）參字第 12500 號令修正發布之遊藝場業輔導管理規則，係主管機關為維護社會安寧、善良風俗及兒童暨少年之身心健康，於法制未臻完備之際，基於職權所發布之命令，固有其實際需要，惟該規則第 13 條第 12 款關於電動玩具業不得容許未滿十八歲之兒童及少年進入其營業場所之規定，第 17 條第 3 項關於違反第 13 條第 12 款規定者，撤銷其許可之規定，涉及人民工作權及財產權之限制，自應符合首開憲法意旨。相關之事項已制定法律加以規範者，主管機關尤不得沿用其未獲法律授權所發布之命令。前述管理規則之上開規定，有違憲法第 23 條之法律保留原則，應不予援用。

(二) 釋字第 564 號（92/8/8）

人民之財產權應予保障，憲法第 15 條設有明文。惟基於增進公共利益之必要，對人民依法取得之土地所有權，國家並非不得以法律為合理之限制。道路交通管理處罰條例第 82 條第 1 項第 10 款規定，在公告禁止設攤之處擺設攤位者，主管機關除責令行為人即時停止並消除障礙外，處行為人或其雇主新台幣 1,200 元以上 2,400 元以下罰鍰，就私有土地言，雖係限制土地所有人財產權之行使，然其目的係為維持人車通行之順暢，且此限制對土地之利用尚屬輕微，未逾越比例原則，與憲法保障財產權之意旨並無牴觸。

行政機關之公告行為如對人民財產權之行使有所限制，法律就該公告行為之要件及標準，須具體明確規定，前揭道路交通管理處罰條例第 82 條第 1 項第 10 款授予行政機關公告禁止設攤之權限，自應以維持交通秩序之必要為限。該條例第 3 條第 1 款所稱騎樓既屬道路，其所有人於建築之初即負有供公眾通行之義務，原則上未經許可即不得擺設攤位，是主管機關依上揭條文為禁止設攤之公告或為道路擺設攤位之許可（參照同條例第 83 條第 2 款），均係對人民財產權行使之限制，其公告行為之作成，宜審酌准否設攤地區之交通流量、道路寬度或禁止之時段等因素而為之，前開條例第 82 條第 1 項第 10 款規定尚欠具體明確，相關機關應盡速檢討修正，或以其他法律為更具體之規範。

(三) 釋字第 646 號（97/9/5）

　　電子遊戲場業管理條例（以下簡稱本條例）第 22 條規定：「違反第十五條規定者，處行為人一年以下有期徒刑、拘役或科或併科新臺幣五十萬元以上二百五十萬元以下罰金。」對未辦理營利事業登記而經營電子遊戲場業者，科處刑罰，旨在杜絕業者規避辦理營利事業登記所需之營業分級、營業機具、營業場所等項目之查驗，以事前防止諸如賭博等威脅社會安寧、公共安全與危害國民，特別是兒童及少年身心健全發展之情事，目的洵屬正當，所採取之手段對目的之達成亦屬必要，符合憲法第 23 條比例原則之意旨，與憲法第 8 條、第 15 條規定尚無牴觸。

(四) 釋字第 719 號（103/4/18）

　　原住民族工作權保障法第 12 條第 1 項、第 3 項及政府採購法第 98 條，關於政府採購得標廠商於國內員工總人數逾一百人者，應於履約期間僱用原住民，人數不得低於總人數百分之一，進用原住民人數未達標準者，應向原住民族綜合發展基金之就業基金繳納代金部分，尚無違背憲法第 7 條平等原則及第 23 條比例原則，與憲法第 15 條保障之財產權及其與工作權內涵之營業自由之意旨並無不符[41]。

五、契約自由

(一) 釋字第 576 號（93/4/23）

　　契約自由為個人自主發展與實現自我之重要機制，並為私法自治之基礎，除依契約之具體內容受憲法各相關基本權利規定保障外，亦屬憲法

---

[41] (B) 依司法院釋字第 719 號解釋意旨，政府採購得標廠商員工總人數逾 100 人者應進用一定比例原住民，未進用者令繳代金之規定未違憲。下列敘述，何者正確？(A)相關規定涉及雇主財產權及營業自由之限制，另有保障原住民工作權之給付請求權性質(B)得標廠商僱用員工之自由，因保障原住民權益之重要公益而應受合理之限制(C)未獲政府採購得標廠商僱用之原住民，得請求國家提供至另一廠商工作之機會(D)得標廠商應繳納之代金金額，其額度應達到使其未來有意願僱用原住民之程度

第 22 條所保障其他自由權利之一種。惟國家基於維護公益之必要，尚非不得以法律對之為合理之限制。

(二) 釋字第 716 號（102/12/27）

　　契約自由為個人自主發展與實現自我之重要機制，為憲法第 15 條財產權及第 22 條所保障之權利，使契約當事人得自由決定其締約方式、內容及對象，以確保與他人交易商品或交換其他生活資源之自由（本院釋字第 576 號、第 580 號解釋意旨參照）。國家對人民上開自由權利之限制，均應符合憲法第 23 條之比例原則[42]。

 作者小叮嚀

　　生存權和工作權都有兩面性質，一方面是防禦權的性質，要求國家不要過度剝奪，另方面則是受益權或社會權的性質，要求國家提供最基本的保障。工作權和財產權的大法官解釋比較重要。尤其幾個關鍵的工作權和財產權解釋，務必熟讀。

---

[42] (C) 依司法院大法官解釋，關於契約自由之保障，下列敘述何者錯誤？(A)涉及財產處分之契約兼受憲法第 15 條財產權及第 22 條之保障(B)契約自由為個人自主發展與實現自我之重要機制(C)國家對契約自由之限制均須予以合理之補償(D)國家基於維護公益之必要，得以法律對契約自由為合理之限制

第十一章 秘密通訊自由與其他自由

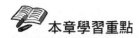 **本章學習重點**

> 1. 秘密通訊自由
> 2. 人格權、婚姻自由、性行為自由
> 3. 隱私權與釋字第 603 號解釋

一、秘密通訊自由

憲法第 12 條：「人民有秘密通訊之自由。」[1]

(一) 意義

人民透過書信、電話、電報、電子郵件[2]等通訊方式，不得無故加以拆閱、竊聽、扣押及隱匿，不限於通訊方面之保障，而其目的在保障隱私權[3]。在刑法上，對於無故開拆（或藉助科技設備竊取私人之信件內容）或隱匿他人之封緘信函者加以處罰之規定，主要也就在保障人民憲法上之秘密通訊自由[4][5]。郵務人員不得開拆他人可寄達之郵件，倘若偷偷拆閱

---

[1] (B) 以下何者為憲法明文保障之基本人權？(A)販售象牙製品的自由(B)人民的秘密通訊自由(C)收養者與配偶共同收養年齡差距不滿二十歲之人為子的權利(D)入境觀光之外國人的投票權

[2] (D) 以電子郵件與友人聯絡，是屬於憲法所保障之何種自由？(A)言論自由(B)出版自由(C)著作自由(D)秘密通訊自由

[3] (B) 人民有秘密通訊之自由，旨在保障何種基本人權？(A)工作權(B)隱私權(C)服務權(D)生命權

[4] (C) 刑法上對於無故開拆或隱匿他人之封緘信函者加以處罰之規定，主要係保障人民於憲法上之何種自由？(A)居住自由(B)遷徙自由(C)秘密通訊自由(D)著作自由

[5] (A) 藉助科技設備，以竊取私人之信件內容，將構成何種人民權利之限制？(A)秘

所送郵件,則會構成瀆職罪[6][7]。中華民國 88 年 7 月 1 日制定公布之通訊保障及監察法[8]保障範圍除了通訊方面之保障之外,也包括了言論與談話[9]。

(二) 限制

　　基於國家安全或偵查犯罪之目的,由國家安全單位[10]或檢察官[11]對人民所為之監聽(竊聽行為),即構成對人民秘密通訊自由之憲法上基本權之限制。但是若未向主管機關申請或未依法定程序予以監聽者,將侵犯憲法所保障之秘密通訊自由[12]。此外,監所限制嫌疑犯對外通信[13],並不構

　　密通訊自由權(B)人身自由權(C)遷徙自由權(D)居住自由權

[6] (C) 郵務人員偷偷拆閱所送郵件,構成何種罪行?(A)妨害秘密罪(B)妨害自由罪(C)瀆職罪(D)侵權行為

[7] (D) 依現行法律的規定,下列關於秘密通訊自由的敘述,何者錯誤?(A)破產管理人得檢查破產人之郵件(B)檢察官得檢閱羈押被告之書信(C)監獄管理人得檢閱受刑人之書信(D)郵務人員得開拆他人可寄達之郵件

[8] (A) 通訊保障及監察法授權法官與檢察官於符合法定要件時,得核發通訊監察書以監察人民之通訊,此等規定係對於人民以下那一項基本權利之限制?(A)秘密通訊之自由(B)生存權(C)集會自由(D)言論自由

[9] (D) 下列有關秘密通訊自由之敘述,何者錯誤?(A)郵政法規定郵務人員不得開拆他人信件(B)電信法規定電信事業及專用電信處理之通信,他人不得盜接、盜錄(C)刑法規定無故開拆他人之封緘信函者,予以處罰(D)通訊保障及監察法之保障範圍不及於言論與談話

[10] (A) 基於國家安全之目的,由國家安全單位對人民所為之監聽(竊聽行為),係構成對人民那一項憲法上基本權之限制?(A)秘密通訊自由(B)人身自由(C)言論自由(D)居住自由

[11] (C) 國家為了偵查犯罪而竊聽人民之電話,係屬何種基本權利受到限制?(A)人身自由(B)財產自由(C)秘密通訊自由(D)居住自由

[12] (D) 政府機關對於人民所打的電話或手機,未向主管機關申請或未依法定程序予以監聽者,此將侵犯憲法所保障之何種權利?(A)言論自由(B)人格權(C)財產權(D)秘密通訊自由

[13] (A) 下列何種行為並不構成侵犯人民秘密通訊之自由權?(A)監所限制嫌疑犯對外通信(B)郵務人員拆閱他人信件(C)某甲隱匿某乙之信件(D)官員不法竊聽民眾

成侵犯人民秘密通訊之自由權。

1. 釋字第 631 號（96/7/20）

　　憲法第 12 條規定：「人民有秘密通訊之自由。」旨在確保人民就通訊之有無、對象、時間、方式及內容等事項，有不受國家及他人任意侵擾之權利。國家採取限制手段時，除應有法律依據外，限制之要件應具體、明確，不得逾越必要之範圍，所踐行之程序並應合理、正當，方符憲法保護人民秘密通訊自由之意旨。中華民國 88 年 7 月 14 日制定公布之通訊保障及監察法第 5 條第 2 項規定：「前項通訊監察書，偵查中由檢察官依司法警察機關聲請或依職權核發」，未要求通訊監察書原則上應由客觀、獨立行使職權之法官核發，而使職司犯罪偵查之檢察官與司法警察機關，同時負責通訊監察書之聲請與核發，難謂為合理、正當之程序規範，而與憲法第 12 條保障人民秘密通訊自由[14]之意旨不符，應自本解釋公布之日起，至遲於 96 年 7 月 11 日修正公布之通訊保障及監察法第 5 條施行之日失其效力。

2. 釋字第 756 號（106/12/1）

　　監獄行刑法第 66 條規定：「發受書信，由監獄長官檢閱之。如認為有妨害監獄紀律之虞，受刑人發信者，得述明理由，令其刪除後再行發出；受刑人受信者，得述明理由，逕予刪除再行收受。」其中檢查書信部分，旨在確認有無夾帶違禁品，於所採取之檢查手段與目的之達成間，具有合理關聯之範圍內，與憲法第 12 條保障秘密通訊自由之意旨尚無違背。其中閱讀書信部分，未區分書信種類，亦未斟酌個案情形，一概許監獄長官閱讀書信之內容，顯已對受刑人及其收發書信之相對人之秘密通訊自由，造成過度之限制，於此範圍內，與憲法第 12 條保障秘密通訊自由之意旨不符。至其中刪除書信內容部分，應以維護監獄紀律所必要者為限，並應保留書信全文影本，俟受刑人出獄時發還之，以符比例原則之要求，於此範圍內，與憲法保障秘密通訊及表現自由之意旨尚屬無違。

電話

[14] (D) 警察機關在無法院令狀之下，任意竊聽民宅電話，違反了憲法上那一項人權保障？(A)第 8 條人身自由條款(B)第 10 條居住及遷徙之自由(C)第 11 條言論之自由(D)第 12 條秘密通訊之自由

二、其他自由及權利

　　憲法第 22 條規定：「凡人民之其他自由及權利，不妨害社會秩序公共利益者，均受憲法之保障。」此乃所謂的自由權概括條款。目前大法官所作解釋中，從第 22 條推出下列幾種自由權，包括人格權、婚姻自由[15]、性行為自由等。

(一) 人格權

1. 釋字第 399 號（85/3/22）

　　姓名權為人格權之一種[16]，人之姓名為其人格之表現，故如何命名為人民之自由，應為憲法第 22 條所保障[17]。姓名條例第 6 條第 1 項第 6 款規定命名文字字義粗俗不雅或有特殊原因經主管機關認定者，得申請改名。是有無申請改名之特殊原因，由主管機關於受理個別案件時，就具體事實認定之。姓名文字與讀音會意有不可分之關係，讀音會意不雅，自屬上開法條所稱得申請改名之特殊原因之一。內政部中華民國 65 年 4 月 19 日台內戶字第 682266 號函釋「姓名不雅，不能以讀音會意擴大解釋」，與上開意旨不符，有違憲法保障人格權[18]之本旨，應不予援用。

2. 釋字第 587 號（93/12/30）

　　子女獲知其血統來源，確定其真實父子身分關係，攸關子女之人格權[19]，應受憲法保障。民法第 1063 條規定：「妻之受胎，係在婚姻關係存

---

[15] (A) 依司法院大法官之解釋，下列何者與婚姻自由之憲法上保障依據相同？(A)人格權(B)平等權(C)宗教自由(D)藝術自由

[16] (B) 有關姓名權之保障，下列陳述何者錯誤？(A)姓名為人格之表現(B)姓名權係親權之一種(C)姓名文字字義粗俗不雅，得申請改名(D)姓名讀音會意不雅，得申請改名

[17] (B) 姓名權為人格權的一種，如何命名為人民之自由。依據司法院大法官會議釋字第 399 號解釋，姓名權屬於憲法何種基本權利的保障範圍？(A)第 7 條之平等權(B)第 22 條之自由權利(C)第 8 條之人身自由(D)第 11 條之言論自由

[18] (D) 人民有權更改粗俗不雅之姓名，為憲法保障之何種權利？(A)工作權(B)財產權(C)言論自由權(D)人格權

[19] (B) 根據司法院大法官釋字第 587 號解釋之見解，子女獲知其血統來源之權利，係

續中者，推定其所生子女為婚生子女。前項推定，如夫妻之一方能證明妻非自夫受胎者，得提起否認之訴。但應於知悉子女出生之日起，一年內為之。」係為兼顧身分安定及子女利益而設，惟其得提起否認之訴者僅限於夫妻之一方，子女本身則無獨立提起否認之訴之資格，且未顧及子女得獨立提起該否認之訴時應有之合理期間及起算日，是上開規定使子女之訴訟權受到不當限制，而不足以維護其人格權益，在此範圍內與憲法保障人格權及訴訟權之意旨不符。最高法院 23 年上字第 3473 號及同院 75 年台上字第 2071 號判例與此意旨不符之部分，應不再援用。有關機關並應適時就得提起否認生父之訴之主體、起訴除斥期間之長短及其起算日等相關規定檢討改進，以符前開憲法意旨。確定終局裁判所適用之法規或判例，經本院依人民聲請解釋認為與憲法意旨不符時，其受不利確定終局裁判者，得以該解釋為基礎，依法定程序請求救濟，業經本院釋字第 177 號、第 185 號解釋闡釋在案。本件聲請人如不能以再審之訴救濟者，應許其於本解釋公布之日起一年內，以法律推定之生父為被告，提起否認生父之訴。其訴訟程序，準用民事訴訟法關於親子關係事件程序中否認子女之訴部分之相關規定，至由法定代理人代為起訴者，應為子女之利益為之。法律不許親生父對受推定為他人之婚生子女提起否認之訴，係為避免因訴訟而破壞他人婚姻之安定、家庭之和諧及影響子女受教養之權益，與憲法尚無牴觸。至於將來立法是否有限度放寬此類訴訟，則屬立法形成之自由。

(二) 婚姻自由

1. 釋字第 242 號（78/6/23）

中華民國 74 年 6 月 3 日修正公布前之民法親屬編，其第 985 條規定：「有配偶者，不得重婚」；第 992 條規定：「結婚違反第九百八十五條之規定者，利害關係人得向法院請求撤銷之。但在前婚姻關係消滅後，不得請求撤銷」，乃維持一夫一妻婚姻制度之社會秩序所必要，與憲法並無牴觸。惟國家遭遇重大變故，在夫妻隔離，相聚無期之情況下所發生之重婚事件，與一般重婚事件究有不同，對於此種有長期實際共同生活事實之

屬下列何種憲法基本權利之保障內涵？(A)生存權(B)人格權(C)人身自由(D)言論自由

後婚姻關係，仍得適用上開第 992 條之規定予以撤銷，嚴重影響其家庭生活及人倫關係，反足妨害社會秩序，就此而言，自與憲法第 22 條保障人民自由及權利之規定有所牴觸。

2. **釋字第 748 號**（106/5/4）

民法第四編親屬第二章婚姻規定，未使相同性別二人，得為經營共同生活之目的，成立具有親密性及排他性之永久結合關係，於此範圍內，與憲法第 22 條保障人民婚姻自由及第 7 條保障人民平等權之意旨有違。有關機關應於本解釋公布之日起二年內，依本解釋意旨完成相關法律之修正或制定。至於以何種形式達成婚姻自由之平等保護，屬立法形成之範圍。逾期未完成相關法律之修正或制定者，相同性別二人為成立上開永久結合關係，得依上開婚姻章規定，持二人以上證人簽名之書面，向戶政機關辦理結婚登記[20]。

以性傾向作為分類標準所為之差別待遇，應適用較為嚴格之審查標準，以判斷其合憲性，除其目的須為追求重要公共利益外，其手段與目的之達成間並須具有實質關聯，始符合憲法第 7 條保障平等權之意旨[21]。

(三) 性行為自由

1. **釋字第 554 號**（91/12/27）

婚姻與家庭為社會形成與發展之基礎，受憲法制度性保障（參照本院釋字第 362 號、第 552 號解釋）。婚姻制度植基於人格自由，具有維護人倫秩序、男女平等、養育子女等社會性功能，國家為確保婚姻制度之存續與圓滿，自得制定相關規範，約束夫妻雙方互負忠誠義務。性行為自由

---

[20] (D) 依司法院大法官解釋意旨，戶政事務所拒絕為相同性別之二人辦理結婚登記，涉及下列何種基本權利？(A)婚姻自由及人身自由(B)人格權及婚姻自由(C)財產權及婚姻自由(D)婚姻自由及平等權

[21] (B) 依司法院釋字第 748 號解釋，下列有關同性婚姻之敘述，何者錯誤？(A)民法未使相同性別二人得成立永久結合關係，違憲(B)立法院必須修改民法使相同性別之兩人可以結婚(C)立法院如未於解釋所定期限內完成修法，相同性別二人得依民法規定，持二人以上證人簽名之書面，向戶政機關辦理結婚登記(D)以性傾向為分類所為之差別待遇，應接受較為嚴格之審查

與個人之人格有不可分離之關係，固得自主決定是否及與何人發生性行為，惟依憲法第 22 條規定，於不妨害社會秩序公共利益之前提下，始受保障。是性行為之自由，自應受婚姻與家庭制度之制約。婚姻關係存續中，配偶之一方與第三人間之性行為應為如何之限制，以及違反此項限制，應否以罪刑相加，各國國情不同，應由立法機關衡酌定之。刑法第 239 條對於通姦者、相姦者處一年以下有期徒刑之規定，固對人民之性行為自由有所限制，惟此為維護婚姻、家庭制度及社會生活秩序所必要。

為免此項限制過嚴，同法第 245 條第 1 項規定通姦罪為告訴乃論，以及同條第 2 項經配偶縱容或宥恕者，不得告訴，對於通姦罪附加訴追條件，此乃立法者就婚姻、家庭制度之維護與性行為自由間所為價值判斷，並未逾越立法形成自由之空間，與憲法第 23 條比例原則之規定尚無違背。

2. 釋字第 791 號（109/5/29）

刑法第 239 條規定：「有配偶而與人通姦者，處一年以下有期徒刑。其相姦者亦同。」對憲法第 22 條所保障性自主權之限制，與憲法第 23 條比例原則不符，應自本解釋公布之日起失其效力；於此範圍內，本院釋字第 554 號解釋應予變更。

刑事訴訟法第 239 條但書規定：「但刑法第二百三十九條之罪，對於配偶撤回告訴者，其效力不及於相姦人。」與憲法第 7 條保障平等權之意旨有違，且因刑法第 239 條規定業經本解釋宣告違憲失效而失所依附，故亦應自本解釋公布之日起失其效力。

3. 限制性自主權，採取中度審查標準

……禁止有配偶者與第三人間發生性行為，係對個人得自主決定是否及與何人發生性行為之性行為自由，亦即性自主權，所為之限制。按性自主權與個人之人格有不可分離之關係，為個人自主決定權之一環，與人性尊嚴密切相關，屬憲法第 22 條所保障之基本權（系爭解釋參照）。

通姦罪會限制人民的性自主權，而應該採取中度審查（較嚴格審查）。

4. 追求之目的正當，但非公益目的

這次大法官不再強調婚姻是一種極為重要的制度性保障。而只說，

通姦罪想追求的目的，是在約束配偶雙方履行互負之婚姻忠誠義務，以維護婚姻制度及個別婚姻之存續，其目的應屬正當。

通姦行為雖然會損及婚姻關係中原應信守之忠誠義務，並有害對方之感情與對婚姻之期待，但尚不致明顯損及公益。意思是說，通姦罪想保護的利益不是公益利益，而是配偶的感情與期待，似乎不是重要利益。

5. 手段與目的間失衡

由於通姦罪的追訴，會限制人民的性自主權與隱私權，人民受到的影響很大；但追求的目的不是公益目的，因而「限制所致之損害顯然大於其目的所欲維護之利益」，而有失均衡。

(四) 收養自由：釋字第 712 號（102/10/4）

收養為我國家庭制度之一環，係以創設親子關係為目的之身分行為，藉此形成收養人與被收養人間教養、撫育、扶持、認同、家業傳承之人倫關係，對於收養人及被收養人之身心發展與人格之形塑具有重要功能。是人民收養子女之自由，攸關收養人及被收養人之人格自由發展，應受憲法第 22 條所保障。

臺灣地區與大陸地區人民關係條例第 65 條第 1 款規定：「臺灣地區人民收養大陸地區人民為養子女，……有下列情形之一者，法院亦應不予認可：一、已有子女或養子女者。」其中有關臺灣地區人民收養其配偶之大陸地區子女，法院亦應不予認可部分，與憲法第 22 條保障收養自由之意旨及第 23 條比例原則不符，應自本解釋公布之日起失其效力。

(五) 隱私權

維護人性尊嚴與尊重人格自由發展，乃自由民主憲政秩序之核心價值。隱私權在憲法當中並未明文列舉[22]，基於人性尊嚴與個人主體性之維護及人格發展之完整，隱私權乃為相當重要之基本權利之一，而受到憲法第 22 條所保障。一般而言，隱私保障的範圍並非一成不變，會因人之身分、工作等因素而異，而有不同之要求，民選公職人員和演藝人員的隱私

---

[22] (D) 下列何者為憲法未明文規定之基本權利？(A)參政權(B)生存權(C)工作權(D)隱私權

權通常較小[23]。而醫生未經病患同意，將其病例流出，則會侵害病人的隱私權[24]。

釋字第 603 號（94/9/28）

維護人性尊嚴與尊重人格自由發展，乃自由民主憲政秩序之核心價值。隱私權雖非憲法明文列舉之權利[25]，惟基於人性尊嚴與個人主體性之維護及人格發展之完整，並為保障個人生活私密領域免於他人侵擾及個人資料之自主控制，隱私權乃為不可或缺之基本權利，而受憲法第 22 條所保障[26]（本院釋字第 585 號解釋參照）。其中就個人自主控制個人資料之資訊隱私權而言，乃保障人民決定是否揭露其個人資料，及在何種範圍內、於何時、以何種方式、向何人揭露之決定權，並保障人民對其個人資料之使用有知悉與控制權及資料記載錯誤之更正權。惟憲法對資訊隱私權之保障並非絕對，國家得於符合憲法第 23 條規定意旨之範圍內，以法律明確規定對之予以適當之限制。指紋乃重要之個人資訊，個人對其指紋資訊之自主控制，受資訊隱私權之保障[27]。而國民身分證發給與否，則直接影響人民基本權利之行使。戶籍法第 8 條第 2 項規定：依前項請領國民身分證，應捺指紋並錄存。但未滿十四歲請領者，不予捺指紋，俟年滿十四歲時，應補捺指紋並錄存。第 3 項規定：請領國民身分證，不依前項規定捺指紋者，不予發給。對於未依規定捺指紋者，拒絕發給國民身分證，形

---

[23] (D) 一般而言，下列何者要求個人隱私保障的範圍最小？(A)新聞記者(B)一般民眾(C)演藝人員(D)民選公職人員

[24] (B) 醫師未經病患同意，而洩漏病患病歷資科，可能侵犯何種權利？(A)工作權(B)隱私權(C)人身自由(D)行動自由

[25] (C) 依司法院大法官釋字第 603 號解釋，下列有關隱私權之敘述，何者為錯誤？(A)基於個人主體性之維護，隱私權乃為不可或缺之基本權利(B)個人自主控制個人資料之情形屬所謂資訊隱私權(C)隱私權屬憲法上明文列舉權利(D)憲法對資訊隱私權之保障，並非絕對

[26] (C) 下列有關憲法上隱私權之敘述，何者錯誤？(A)隱私權包括「獨處的權利」(B)隱私權包含個人的資訊自主決定權(C)我國憲法並無明文規定隱私權，因此隱私權不受我國憲法保障(D)個人生物特徵亦屬隱私權保障之範圍

[27] (D) 國民請領新身分證，戶籍法原先規定申請者應先按指紋等措施，此項措施侵犯人民何種權利？(A)財產權(B)人身自由權(C)身體權(D)隱私權

同強制按捺並錄存指紋，以作為核發國民身分證之要件，其目的為何，戶籍法未設明文規定，於憲法保障人民資訊隱私權之意旨已有未合。縱用以達到國民身分證之防偽、防止冒領、冒用、辨識路倒病人、迷途失智者、無名屍體等目的而言，亦屬損益失衡、手段過當，不符比例原則之要求。戶籍法第 8 條第 2 項、第 3 項強制人民按捺指紋並予錄存否則不予發給國民身分證之規定，與憲法第 22 條、第 23 條規定之意旨不符，應自本解釋公布之日起不再適用。至依據戶籍法其他相關規定換發國民身分證之作業，仍得繼續進行，自不待言。國家基於特定重大公益之目的而有大規模蒐集、錄存人民指紋、並有建立資料庫儲存之必要者，則應以法律明定其蒐集之目的，其蒐集應與重大公益目的之達成，具有密切之必要性與關聯性，並應明文禁止法定目的外之使用。主管機關尤應配合當代科技發展，運用足以確保資訊正確及安全之方式為之，並對所蒐集之指紋檔案採取組織上與程序上必要之防護措施，以符憲法保障人民資訊隱私權之本旨。

(六) 一般行動自由

1. 釋字第 535 號（90/12/14）

　　警察勤務條例規定警察機關執行勤務之編組及分工，並對執行勤務得採取之方式加以列舉，已非單純之組織法，實兼有行為法之性質。依該條例第 11 條第 3 款，臨檢自屬警察執行勤務方式之一種。臨檢實施之手段：檢查、路檢、取締或盤查等不問其名稱為何，均屬對人或物之查驗、干預，影響人民行動自由、財產權及隱私權等甚鉅，應恪遵法治國家警察執勤之原則。實施臨檢之要件、程序及對違法臨檢行為之救濟，均應有法律之明確規範，方符憲法保障人民自由權利之意旨。

　　上開條例有關臨檢之規定，並無授權警察人員得不顧時間、地點及對象任意臨檢、取締或隨機檢查、盤查之立法本意。除法律另有規定外，警察人員執行場所之臨檢勤務，應限於已發生危害或依客觀、合理判斷易生危害之處所、交通工具或公共場所為之，其中處所為私人居住之空間者，並應受住宅相同之保障；對人實施之臨檢則須以有相當理由足認其行為已構成或即將發生危害者為限[28]，且均應遵守比例原則，不得逾越必要

---

28 (B) 依司法院大法官釋字第 535 號解釋，有關警察執行臨檢之敘述，何者為是？

程度[29]。臨檢進行前應對在場者告以實施之事由，並出示證件表明其為執行人員之身分[30]。臨檢應於現場實施，非經受臨檢人同意或無從確定其身分或現場為之對該受臨檢人將有不利影響或妨礙交通、安寧者，不得要求其同行至警察局、所進行盤查。其因發現違法事實，應依法定程序處理者外，身分一經查明，即應任其離去，不得稽延。前述條例第 11 條第 3 款之規定，於符合上開解釋意旨範圍內，予以適用，始無悖於維護人權之憲法意旨。現行警察執行職務法規有欠完備，有關機關應於本解釋公布之日起二年內依解釋意旨，且參酌社會實際狀況，賦予警察人員執行勤務時應付突發事故之權限，俾對人民自由與警察自身安全之維護兼籌並顧，通盤檢討訂定，併此指明。

2. 釋字第 699 號（101/5/18）

人民有隨時任意前往他方或停留一定處所之行動自由，於不妨害社會秩序公共利益之前提下，受憲法第 22 條所保障（本院釋字第 535 號、第 689 號解釋參照）[31]。此一行動自由應涵蓋駕駛汽車或使用其他交通工具之自由。又人民之工作權應予保障，亦為憲法第 15 條所明定。惟上揭自由權利於合乎憲法第 23 條要件下，以法律或法律明確授權之命令加以適當之限制，尚非憲法所不許。

道路交通管理處罰條例第 35 條第 4 項前段規定，汽車駕駛人拒絕接受同條第 1 項第 1 款酒精濃度測試之檢定者，吊銷其駕駛執照。同條例第

(A)盤查非屬臨檢，無須有法律之明確規範為依據(B)雖受檢人行為尚未構成危害，然若有相當理由足認受檢人行為即將發生危害，警察應可對其實施臨檢(C)臨檢進行前，警察僅須出示執法人員身分證件無須告知在場者實施事由(D)除非受檢人同意，否則警察絕不可以其他理由要求受檢人同行至警察局進行盤查

[29] (B) 警察對人民實施臨檢，不得逾越必要程度，係指何種原則？(A)正當法律程序(B)比例原則(C)法律保留原則(D)阻卻違法原則

[30] (D) 依司法院大法官釋字第 535 號之見解，下列何者屬警察實施臨檢前必須有的作為？(A)對在場者出示搜索票(B)對在場者出示押票(C)對在場者出示法院裁定書(D)對在場者出示執行人員身分證件

[31] (C) 依司法院大法官解釋，國家吊銷人民之駕駛執照，係侵害其何種基本權？(A)憲法第 8 條所保障之人身自由(B)憲法第 10 條所保障之遷徙自由(C)憲法第 22 條所保障之一般行為自由(D)憲法第 22 條保障之人格權

67 條第 2 項前段復規定，汽車駕駛人曾依第 35 條第 4 項前段規定吊銷駕駛執照者，三年內不得考領駕駛執照。又中華民國 94 年 12 月 14 日修正公布之同條例第 68 條另規定，汽車駕駛人因第 35 條第 4 項前段規定而受吊銷駕駛執照處分者，吊銷其持有各級車類之駕駛執照。上開規定與憲法第 23 條比例原則尚無牴觸，而與憲法保障人民行動自由及工作權之意旨無違。

 作者小叮嚀

　　隱私權的來源，並非憲法第 12 條的秘密通訊自由，大法官於釋字第 603 號解釋中，認為是屬於憲法第 22 條的其他自由推論出來的。憲法第 22 條有哪些其他自由，包括人格權、姓名權、婚姻自由、性行為自由、收養自由、隱私權、一般行動自由等。

第十二章　程序與訴訟權

本章學習重點

1. 訴願、請願、訴訟的差異
2. 訴訟權的內涵
3. 特別權力關係
4. 軍事審判

　　憲法第 16 條規定：「人民有請願、訴願及訴訟之權。」行政上之受益權[1]係指請願、訴願之權[2]。而司法受益權則是指訴訟權[3]。這類的權利，也有學者稱為程序權[4]。

一、正當法律程序

　　在英美法中所謂的正當法律程序，最重要有三個內涵（參見湯德宗大法官，釋字第 731 號解釋部分協同意見書）：
1. 被指控的人應有「獲悉指控的權利」（right to be informed of charges），是即「受告知權」。
2. 「就指控進行答辯的權利」（right to be heard in answer to those charges），是即「聽證權」或「陳述意見之權」。

---

[1] (B) 憲法第 16 條規定：人民有請願權與訴願權，這是屬於何種受益權？(A)司法(B)行政(C)經濟(D)政治

[2] (D) 下列何者為憲法賦予人民之受益權？(A)秘密通訊(B)講學、著作(C)應考試、服公職(D)請願、訴願

[3] (A) 下列何者非屬於「司法上受益權」的內容？(A)請願權(B)民事訴訟權(C)刑事訴訟權(D)行政訴訟權

[4] (A) 下列那種權利，是憲法對人民「程序權」之保障？(A)訴願權(B)工作權(C)遷徙自由(D)秘密通訊之自由

3. 「於公正法庭前受審的權利」（right to heard by an unbiased tribunal），
   是即「公正受審權」。

(一) 受告知權：釋字第 663 號（98/7/10）

稅捐稽徵法第 19 條第 3 項規定，為稽徵稅捐所發之各種文書，「對
公同共有人中之一人為送達者，其效力及於全體。」此一規定，關於稅捐
稽徵機關對公同共有人所為核定稅捐之處分，以對公同共有人中之一人為
送達，即對全體公同共有人發生送達效力之部分，不符憲法正當法律程序
之要求，致侵害未受送達之公同共有人之訴願、訴訟權，與憲法第 16 條
之意旨有違，應自本解釋公布日起，至遲於屆滿二年時，失其效力[5]。

(二) 陳述意見之權：釋字第 709 號（102/4/26）

中華民國 87 年 11 月 11 日制定公布之都市更新條例第 10 條第 1 項
（於 97 年 1 月 16 日僅為標點符號之修正）有關主管機關核准都市更新事
業概要之程序規定，未設置適當組織以審議都市更新事業概要，且未確保
利害關係人知悉相關資訊及適時陳述意見之機會，與憲法要求之正當行政
程序不符。同條第 2 項（於 97 年 1 月 16 日修正，同意比率部分相同）有
關申請核准都市更新事業概要時應具備之同意比率之規定，不符憲法要求
之正當行政程序。92 年 1 月 29 日修正公布之都市更新條例第 19 條第 3
項前段（該條於 99 年 5 月 12 日修正公布將原第 3 項分列為第 3 項、第 4
項）規定，並未要求主管機關應將該計畫相關資訊，對更新單元內申請人
以外之其他土地及合法建築物所有權人分別為送達，且未規定由主管機關
以公開方式舉辦聽證，使利害關係人得到場以言詞為意見之陳述及論辯
後，斟酌全部聽證紀錄，說明採納及不採納之理由作成核定，連同已核定
之都市更新事業計畫，分別送達更新單元內各土地及合法建築物所有權
人、他項權利人、囑託限制登記機關及預告登記請求權人，亦不符憲法要

---

[5] (C) 依司法院大法官解釋，原稅捐稽徵法第 19 條第 3 項規定，稅捐稽徵機關核定
之稅捐處分，對公同共有人之其中一人為送達者，即對全體公同共有人發生送
達效力，違反下列何項原則？(A)租稅法定主義(B)租稅平等原則(C)正當程序
原則(D)程序公開原則

求之正當行政程序。上開規定均有違憲法保障人民財產權與居住自由之意旨。相關機關應依本解釋意旨就上開違憲部分，於本解釋公布之日起一年內檢討修正，逾期未完成者，該部分規定失其效力。

二、請願權

請願權的法制化，首見於英國的權利法案[6]。請願權係指人民對國家政策、公共利害或其個人權益[7]之維護，不必侷限於個人的權利受損，其雖有涉及個人，惟僅屬反射利益事項，但仍得予以請求[8]。在民主制度之下，請願權可定位為參政權的輔助[9]，但並非屬參政權[10]。請願得向職權所屬之民意機關（立法院）或主管行政機關請願（請願法第 2 條）。另外，行政程序法中，有所謂的陳情，其實內涵和請願類似。例如，甲向立法院陳請儘速通過審議中之菸害防制法，係行使其憲法上保障之請願權[11]。

不過，請願也有下述限制：
(一) 請願事項不得牴觸憲法或干預審判。
(二) 對應提起訴願或訴訟之事項，不得請願，也就是請願的事項並不包

---

[6] (D) 請願權的法制化，首見於：(A)德國的威瑪憲法(B)美國的獨立宣言(C)法國的人權宣言(D)英國的權利法案

[7] (B) 關於請願權的敘述，下列何者錯誤？(A)依法應提起訴願、訴訟處理之事項，不得提起請願(B)提起請願，應基於公共利益，而非私人利益(C)受請願者，負有受理並迅速處理之義務(D)受請願者，對請願內容並無使其實現之義務

[8] (B) 憲法第 16 條規定可稱之為權利救濟請求權，亦即為司法上受益權與行政上受益權。以下何項權利救濟管道，雖有涉及個人而僅屬反射利益事項，但仍得予以請求？(A)訴願(B)請願(C)訴訟(D)學生或教師在校之申訴

[9] (C) 在民主制度下，請願權可定位為何種權利的輔助？(A)自由權(B)受益權(C)參政權(D)社會權

[10] (B) 以下何者不屬於參政權？(A)選舉權(B)請願權(C)應考試權(D)服公職權

[11] (A) 甲向立法院陳請儘速通過審議中之菸害防制法，係行使其憲法上保障之：(A)請願權(B)訴願權(C)訴訟權(D)生存權

括違法或不當的行政處分[12]，也不得向法院請願[13]。

三、訴願權

(一) 針對行政處分

　　人民對中央或地方機關之「行政處分」，認為違法或不當，致損害其權利或利益者，得向行政機關[14]提起訴願[15]。所謂行政處分，謂中央或地方機關基於職權，就特定之具體事件所為發生公法上效果之單方行政行為[16]（訴願法第 3 條）。人民欲提起訴願，自機關之行政處分書到達之次日或公告期滿之次日起，應於三十日內提起之[17]。過去訴願有兩級，行政訴訟只有一級，修法後，我國現行訴願制度不採訴願、再訴願制度，而採訴願後、直接行政救濟[18]。

---

[12] (D) 我國憲法第 16 條規定，人民有請願之權，但是請願事項並不包括：(A)有關國家政策(B)有關公共利害(C)有關自身權益之維護(D)違法或不當行政處分

[13] (B) 下列何者不是請願的對象？(A)總統府(B)地方法院（法院或司法機關）(C)行政院(D)立法院

[14] (A) 人民應向下列何種機關提起訴願？(A)行政機關(B)立法機關(C)司法機關(D)監察機關

[15] (B) 人民因中央或地方機關之違法或不當處分，致損害其權利或利益時，得在一定期間內向有管轄權官署採何種方法以資救濟？(A)請願(B)訴願(C)調解(D)行政訴訟

[16] (B) 行政機關行使公權力，就特定具體之公法事件所為對外發生法律效果之單方行政行為為：(A)行政命令(B)行政處分(C)行政函釋(D)行政規章

[17] (B) 人民欲提起訴願，自機關之行政處分書或決定書到達之次日起，應於幾日內提起之？(A)二十日(B)三十日(C)四十日(D)五十日

[18] (C) 下列有關我國憲法保障訴願權，以及現行訴願制度之敘述，何者錯誤？(A)我國憲法有明文保障訴願之規定(B)訴願之提起必先於司法救濟程序(C)我國現行訴願制度仍採訴願、再訴願二級制度(D)我國現行制度仍以訴願前置主義為原則

(二) 訴願管轄

訴願之提起，係向行政機關提起，而非向司法機關提起[19]。訴願法第4 條：「訴願之管轄如左：一、不服鄉（鎮、市）公所之行政處分者，向縣（市）政府提起訴願。二、不服縣（市）政府所屬各級機關之行政處分者，向縣（市）政府提起訴願。三、不服縣（市）政府之行政處分者，向中央主管部、會、行、處、局、署[20]提起訴願。四、不服直轄市政府所屬各級機關之行政處分者，向直轄市政府提起訴願。五、不服直轄市政府之行政處分者，向中央主管部、會、行、處、局、署提起訴願。六、不服中央各部、會、行、處、局、署所屬機關之行政處分者，向各部[21]、會、行、處、局、署提起訴願。七、不服中央各部、會、行、處、局、署之行政處分者，向主管院提起訴願[22]。八、不服中央各院之行政處分者，向原院提起訴願。」

四、訴訟權

(一) 訴訟權概念

司法上之受益權係指訴訟之權[23]，是一種「接受裁判的權利」[24]，也就是人民於權利受損害時，向法院提出要求為一定裁判之權利，稱之為訴

---

[19] (C) 下列何者不屬於司法權範圍？(A)公務員之懲戒(B)刑事訴訟之審判(C)訴願案件之審理(D)民事訴訟審判

[20] (C) 人民不服縣（市）政府之行政處分者，應向何機關提起訴願？(A)縣（市）政府(B)縣（市）議會(C)中央主管部會署(D)省政府

[21] (D) 對於國際貿易局的行政處分，如當事人認為不當，應向那一機關提起訴願？(A)國際貿易局(B)財政部(C)中央銀行(D)經濟部

[22] (A) 不服教育部之行政處分者，向何機關提起訴願？(A)行政院(B)行政法院(C)總統府(D)教育部

[23] (B) 行政訴訟權是屬於人民何種權利？(A)行政上的受益權(B)司法上的受益權(C)自由權的一種(D)訴願權的一種

[24] (C) 人類社會中，「接受裁判的權利」一般歸類為：(A)社會權(B)自由權(C)受益權(D)參政權

訟權[25]。若法律規定對某行政機關之處分不得救濟，及剝奪了人民的訴訟權[26]，「有權利就有救濟」之法理可說源自於此[27]。例如，釋字第 384 號所稱，檢肅流氓條例第 5 條關於警察機關認定為流氓並予告誡之處分，人民除向內政部警政署聲明異議之外，不得提起訴願及行政訴訟，係違反憲法所保障人民之訴訟權利[28]。

(二) 訴訟權內涵

憲法第 16 條保障人民訴訟權，係指人民於其權利遭受侵害時，有請求法院救濟之權利（釋字第 418 號解釋參照）。基於有權利即有救濟之憲法原則，人民權利遭受侵害時，必須給予向法院提起訴訟，請求依正當法律程序公平審判[29]，以獲及時有效救濟之機會，此乃訴訟權保障之核心內容（釋字第 396 號、第 574 號及第 653 號解釋參照）。人民初次受有罪判決，其人身、財產等權利亦可能因而遭受不利益。為有效保障人民訴訟權，避免錯誤或冤抑，依前開本院解釋意旨，至少應予一次上訴救濟之機會，亦屬訴訟權保障之核心內容。

有關訴訟救濟應循之審級（是否一定要三級三審）[30]、程序及相關要件，則應由立法機關衡量訴訟案件之種類、性質、訴訟政策目的、訴訟制

---

[25] (C) 人民於權利受損害時，向法院提出要求為一定裁判之權利，稱謂：(A)請願權(B)訴願權(C)訴訟權(D)司法權

[26] (C) 法律如有規定行政機關某項處分不得異議，係違反憲法保障何種權利？(A)自由權(B)平等權(C)訴訟權(D)工作權

[27] (A) 「有權利就有救濟」之法理可源自於憲法上之何種權利？(A)訴訟權(B)複決權(C)生存權(D)財產權

[28] (A) 警察機關認定為流氓並予告誡之處分，人民除得聲明異議外，不得提起訴願及行政訴訟之法律規定，違反憲法所保障之何種權利？(A)訴訟權(B)平等權(C)結社權(D)人身自由權

[29] (D) 下列何者為訴訟權之核心領域，立法者立法時，無自由形成之空間？(A)訴訟程序(B)訴訟審級(C)訴訟管轄(D)公平審判

[30] (C) 下列何者非屬於憲法所保障之訴訟權的當然內涵？(A)人民依法定程序提起訴訟之保障(B)人民受公平審判之保障(C)三級三審之審級利益的保障(D)參與訴訟之人民享有法定的程序保障

度之功能及司法資源之有效運用等因素，以決定是否予以限制，及如欲限制，應如何以法律為合理之規定（釋字第 396 號、第 442 號、第 512 號、第 574 號、第 639 號及第 665 號解釋參照）。

釋字第 761 號（107/2/9）

……訴訟權之落實，則有賴立法機關制定法律，進一步形塑具體訴訟制度。立法機關具體化訴訟制度固然有一定之自由形成空間，惟仍不得違背前揭訴訟權保障之核心內容。關於訴訟制度之形塑，須關照之面向不一，法官迴避制度是其中一項。其目的有二：其一是為確保人民得受公平之審判，並維繫人民對司法公正性之信賴，而要求法官避免因個人利害關係，與其職務之執行產生利益衝突（本院釋字第 601 號解釋參照）；其二是要求法官避免因先後參與同一案件上下級審判及先行行政程序之決定，可能產生預斷而失去訴訟救濟之意義。綜上，可認法官迴避制度實乃確保法官公正審判，維繫訴訟救濟本旨所不可或缺，而屬憲法第 16 條訴訟權保障之核心內容。

(三) 訴訟類型

人民權益遭受損害，基於司法上之受益權有向法院提起訴訟，請求為一定裁判之權。其包括民事訴訟、刑事訴訟、行政訴訟[31]、選舉訴訟。

1. 民事訴訟

人民請求國家保護其私權，至普通法院民事庭訴訟[32]。行政機關代表國庫出售公有財產，此時行政機關是站在私人角度與人民交易，當事人對之有所爭執，可提出民事訴訟[33]。

---

[31] (C) 行政訴訟是屬於：(A)行政上受益權(B)經濟上受益權(C)司法上受益權(D)政治上受益權

[32] (B) 當人民之私權受到侵害時，得向司法機關請求救濟，此種權利稱為：(A)刑事訴訟權(B)民事訴訟權(C)訴願權(D)請願權

[33] (A) 行政機關代表國庫出售公有財產，當事人對之有所爭執，應循何種程序請求救濟？(A)民事訴訟(B)刑事訴訟(C)訴願(D)國家賠償

2. 刑事訴訟

人民請求國家處罰犯罪者，至普通法院刑事庭訴訟。

釋字第 569 號（92/12/12）

……刑事訴訟法第 321 條規定，對於配偶不得提起自訴，係為防止配偶間因自訴而對簿公堂，致影響夫妻和睦及家庭和諧，乃為維護人倫關係所為之合理限制，尚未逾越立法機關自由形成之範圍；且人民依刑事訴訟法相關規定，並非不得對其配偶提出告訴，其憲法所保障之訴訟權並未受到侵害，與憲法第 16 條及第 23 條之意旨尚無牴觸[34]。

刑事訴訟法第 321 條規定固限制人民對其配偶之自訴權，惟對於與其配偶共犯告訴乃論罪之人，並非不得依法提起自訴。本院院字第 364 號及院字第 1844 號解釋相關部分，使人民對於與其配偶共犯告訴乃論罪之人亦不得提起自訴，並非為維持家庭和諧及人倫關係所必要，有違憲法保障人民訴訟權之意旨，應予變更；最高法院 29 年上字第 2333 號判例前段及 29 年非字第 15 號判例，對人民之自訴權增加法律所無之限制，應不再援用。

3. 行政訴訟

人民因行政機關之違法行政處分（行政訴訟之客體即指違法行政處分[35]），致損害其權利時，經行政機關提起訴願，不服其決定時，得向行政法院[36]請求救濟。我國行政訴訟審級為二級二審[37] [38]。

---

[34] (B) 依司法院大法官解釋，關於憲法第 22 條非明文權利之限制，下列何者合憲？(A)禁止子女獨立提出否認生父之訴(B)禁止對配偶提起自訴(C)禁止已有子女之臺灣地區人民收養其配偶之大陸地區子女(D)禁止人民以讀音不雅為由更改姓名

[35] (B) 行政訴訟之客體為：(A)公務員侵權行為(B)違法之行政處分(C)違法之私政契約(D)違法之行政規章

[36] (A) 人民因違法之行政處分而受有損害，擬主張國家賠償時，下列何機關具有管轄權？(A)行政法院(B)普通法院(C)憲法法庭(D)立法院

[37] (B) 我國行政訴訟審級為何？(A)一級一審(B)二級二審(C)三級三審(D)四級四審

[38] (D) 下列敘述何者正確？(A)司法院本身具有法院之性質，掌理審判事宜(B)司法院置院長、副院長各一人，均須具有法官身分(C)公務員懲戒委員會委員不具有

(四) 特權權力關係與訴訟權

　　特別權力關係理論，源於十九世紀德國公法理論，認為國家有一些特殊的國民：軍人、公務員、公立學校學生，及監獄受刑人等，和國家係處於一種特殊的權力服從義務關係，因此對這些具有特殊國民地位者之人權，給予較廣泛的限制，在特別權力關係中的權力運作，並不須接受司法審查[39]。具體方面，國家對這些人施以行政處分時，受到的程序限制較少，而這些人也較不能對國家的行政處分提出救濟。不過近年來大法官已經漸漸打破特別權力關係，並不認為特別權力關係理論應繼續維持[40]。此外，在否定特別權力關係理論相關之司法院大法官解釋中，迄至目前為止對公務員方面之解釋可說是最多而且最詳細[41]，特別是理論中「剝奪訴訟權」的部分，讓公務員、學生等，都可以在「身分或其他重大影響時」，提出訴訟救濟，採所謂的「重要性理論」。

1. 公務員

(1) 公法上財產請求權

　　A. 釋字第 187 號（73/5/18）：公務員依法辦理退休請領退休金，乃行政法律基於憲法規定所賦予之權利。公務員向原服務機關請求核發服務年資或未領退休金之證明，未獲發給者，在程序上非不得依法提起訴願或行政訴訟（另參見釋字第 201 號解釋）。

法官身分(D)行政法院採二級二審制

[39] (C) 下列有關公法上特別權力關係之敘述，何者錯誤？(A)權力主體，可不循一般法秩序，強制所屬個人服從特定規範(B)權力主體，可以不依據法律，限制所屬個人的基本人權(C)在特別權力關係中的權力運作，仍須接受司法審查(D)在此體系中可以排除法治主義原則，容易形成行政權優越的官僚獨裁體制

[40] (A) 以下有關司法院大法官解釋之敘述，何者為非？(A)特別權力關係理論應繼續維持(B)教師升等申請未獲通過，得提起訴訟(C)唯一死刑之規定，並未違憲(D)債權亦屬財產權保障之範圍

[41] (C) 在否定特別權力關係理論相關之司法院大法官解釋中，迄至目前對下列何者之解釋最多且最詳細？(A)學生與國家間之關係(B)軍人與國家間之關係(C)公務員與國家間之關係(D)受刑人與國家間之關係

B. 釋字第 266 號（79/10/5）：公務員基於已確定之考績結果依據法令而為財產上之請求為拒絕之處分，亦得提起訴願及行政訴訟。

C. 釋字第 312 號（82/1/29）：公務員請領福利互助金[42]或其他公法上財產請求權遭受侵害，亦得提起訴願及行政訴訟。

(2) 懲戒與懲處

A. 釋字第 243 號（78/7/19）：「依公務人員考績法對公務員所為之免職處分，直接影響其憲法所保障之服公職權利，如該公務員已循復審、再復審或類似之程序救濟，即視同業經訴願及再訴願程序，如仍不服，得行使行政訴訟之權。」但是公務員遭記大過處分則不得提起行政訴訟[43]。

B. 釋字第 298 號（81/6/12）：在「足以改變公務員身分」之外，就「對於公務員有重大影響之懲戒處分」亦許受處分人向該管司法機關聲明不服。

C. 釋字第 491 號（88/10/15）：中央或地方機關依公務人員考績法[44]或相關法規之規定對公務人員所為免職之懲處處分，為限制人民服公職之權利，實質上屬於懲戒處分，其構成要件應由法律定之，方符憲法第 23 條之意旨。公務人員考績法第 12 條第 1 項第 2 款規定各機關辦理公務人員之專案考績，一次記二大過者免職。同條第 2 項復規定一次記二大過之標準由銓敘部定之，與上開解釋意旨不符。又懲處處分之構成要

---

[42] (B) 公務人員退休，依據法令規定請領福利互助金，如有爭執，下列敘述，何者正確？(A)並非公法上財產請求權之行使，如有爭執，不得訴願請求救濟(B)乃為公法上財產請求權之行使，如有爭執，得訴願請求救濟(C)為私法上之請求權，不生訴願問題(D)為行政法上特別權力關係，不得提起訴願

[43] (C) 下列何者不得提起行政訴訟？(A)學生遭受退學處分(B)公務員遭受免職處分(C)公務員遭記大過處分(D)公務員之考績衍生的財產上請求權

[44] (B) 司法院大法官釋字第 298 號及第 491 號解釋，公務員之懲處得視其性質於合理範圍內以法律規定由其長官為之，下列何者係此處所指之法律？(A)公務人員保障法(B)公務人員考績法(C)公務人員任用法(D)公務員服務法

件，法律以抽象概念表示者，其意義須非難以理解，且為一般受規範者所得預見，並可經由司法審查加以確認，方符法律明確性原則。對於公務人員之免職處分既係限制憲法保障人民服公職之權利，自應踐行正當法律程序，諸如作成處分應經機關內部組成立場公正之委員會決議，處分前並應給予受處分人陳述及申辯之機會，處分書應附記理由，並表明救濟方法、期間及受理機關等，設立相關制度予以保障。復依公務人員考績法第 18 條規定，服務機關對於專案考績應予免職之人員，在處分確定前得先行停職。受免職處分之公務人員既得依法提起行政爭訟，則免職處分自應於確定後方得執行[45]。

(3) 公務員之任用審查

公務人員受單純之調職處分故不得提起爭訟，若調職而生降低官等或級俸之效果，自得循爭訟程序謀求救濟（參照司法院釋字第 483 號解釋）。

A. 釋字第 323 號（82/6/18）：各機關擬任之公務人員，經人事主管機關任用審查，認為「不合格」或「較擬任之官等為低」時，前者足以改變公務員身分，後者相當於重大影響之處分，均影響服公職之權利，各該人員依法申請復審後，對復審仍有不服，仍得提起行政訴訟。

B. 釋字第 338 號（83/2/25）：主管機關對公務人員任用資格之審定，倘有不服，從第 323 號之降低官等，放寬為「對審定之級俸如有爭執」，亦得提起訴願及行政訴訟[46]。

---

[45] (D) 關於公務員之懲戒與憲法人權保障，司法院大法官會議解釋認為：(A)公務員之懲戒，與人權無關(B)公務員懲戒標準，得由行政機關訂定(C)懲戒處分與懲處處分在構成要件與效力上並無不同(D)免職處分之訴訟確定前，得先令停職，但於訴訟確定後方得執行

[46] (D) 公務員於下列何者情形下，可以提起訴願？(A)不服審定之級俸(B)不服降低原擬任之官等(C)不服依考績之結果為財產上之請求(D)因受免職處分或對審定之級俸有所爭執，或不服降低原擬任之官等均得依法提起訴願行政訴訟。

2. 學生被退學：釋字第 382 號（84/6/23）[47]

各級學校依有關學籍規則或懲處規定，對學生所為退學[48]或類此之處分行為，足以改變其學生身分並損及其受教育之機會，自屬對人民憲法上受教育之權利[49]有重大影響，此種處分行為應為訴願法及行政訴訟法上之行政處分。受處分之學生於用盡校內申訴途徑，未獲救濟者，自得依法提起訴願[50]及行政訴訟[51]。行政法院 41 年判字第 6 號判例，與上開意旨不符部分，應不予援用，以符憲法保障人民受教育之權利及訴訟權[52]之意旨。

3. 軍人被核定退伍與兵役體位判定

(1) 釋字第 430 號（86/6/6）：現役軍官依有關規定聲請續服現役未受允准，並核定其退伍，如對之有所爭執，既係影響軍人身分之存續，損及憲法所保障服公職之權利[53]，自得循訴願及行政訴訟程序尋求救濟。

(2) 釋字第 459 號（87/6/26）：兵役體位之判定，係徵兵機關就役男應

---

[47] (A) 被退學之學生可以行使訴訟權，其根據為何？(A)司法院大法官解釋(B)行政訴訟法(C)大學法(D)民事訴訟法

[48] (B) 學生於受到學校何種處分時，可以提起訴願？(A)記大過一次(B)退學(C)留校察看(D)以上皆非

[49] (D) 學生因成績不佳，受學校退學處分，係對憲法上保障何種權利有重大影響？(A)講學自由(B)工作權(C)應考試權(D)受教育權

[50] (A) 學生被學校退學，可否准予訴願？(A)得(B)不得(C)法無解釋(D)由學校與法院決定之

[51] (D) 下列何項敘述錯誤？(A)以廣播電視方式表達意見，屬於憲法保障言論自由之範圍(B)父母對於未成年子女權利之行使意見不一致時，由父行使之規定，與憲法消除性別歧視之意旨不符(C)夫妻協議約定住所不成，應以一方設定之住所為住所之規定，不符平等原則及比例原則(D)受退學處分之學生僅能在各級學校校內進行申訴，以表示不服

[52] (D) 因批評學校致受退學處分之學生，用盡校內申訴途徑，未獲救濟者，得依法提起訴願及行政訴訟，係憲法上保障之何種權利？(A)言論自由權(B)講學自由權(C)結社自由權(D)訴訟權

[53] (B) 現役軍人聲請續服現役未准，並核定其退伍，涉及憲法所保障之何種權利？(A)工作權(B)服公職之權利(C)財產權(D)生存權

否服兵役及應服何種兵役所為之決定而對外直接發生法律效果之
單方行政行為，此種決定行為，對役男在憲法上之權益有重大影
響，應為訴願法及行政訴訟法上之行政處分。受判定之役男，如
認其判定有違法或不當情事，自得依法提起訴願及行政訴訟[54][55]。
司法院院字第 1850 號解釋，與上開意旨不符，應不再援用，以符
憲法保障人民訴訟權之意旨。至於兵役法施行法第 69 條係規定免
役、禁役、緩徵、緩召應先經主管機關之核定及複核，並未限制
人民爭訟之權利，與憲法並無牴觸；其對複核結果不服者，仍得
依法提起訴願及行政訴訟。

(五) 專門職業人員之懲戒

1. 會計師：釋字第 295 號（81/3/27）

　　財政部會計師懲戒覆審委員會對會計師所為懲戒處分之覆審決議，
實質上相當於最終之訴願決定，不得再對之提起訴願、再訴願。被懲戒人
如因該項決議違法，認為損害其權利者，應許其逕行提起行政訴訟，以符
憲法保障人民訴訟權之意旨。

2. 律師：釋字第 378 號（84/4/14）

　　依律師法第 41 條及第 43 條所設之律師懲戒委員會及律師懲戒覆審
委員會，性質上相當於設在高等法院及最高法院之初審與終審職業懲戒法
庭，與會計師懲戒委員會等其他專門職業人員懲戒組織係隸屬於行政機關
者不同[56]。律師懲戒覆審委員會之決議即屬法院之終審裁判，並非行政處
分或訴願決定，自不得再行提起行政爭訟，本院釋字第 295 號解釋應予補
充。

---

[54] (C) 兵役體位之判定，如認為有違法不當情事，得提起何種救濟？(A)民事訴訟(B)
刑事訴訟(C)訴願及行政訴訟(D)國家賠償
[55] (C) 司法院大法官釋字第 459 號解釋，認為對兵役體位之判定如有不服者，應循何
種救濟程序？(A)民事救濟程序(B)刑事救濟程序(C)行政救濟程序(D)軍事審判
程序
[56] (A) 下列何者不具司法機關性質？(A)會計師懲戒委員會(B)懲戒法院(C)行政法院
(D)律師懲戒委員會

五、軍事審判

　　憲法第 9 條：「人民除現役軍人[57]外，不受軍事審判。」也就是保障非現役軍人不受軍事審判之意[58]。此項規定的精神即為司法一元主義[59][60]。

釋字第 436 號（86/10/3）

　　憲法第 8 條第 1 項規定，人民身體之自由應予保障，非由法院依法定程序不得審問處罰；憲法第 16 條並規定人民有訴訟之權。現役軍人亦為人民，自應同受上開規定之保障。又憲法第 9 條規定：「人民除現役軍人外，不受軍事審判」，乃因現役軍人負有保衛國家之特別義務，基於國家安全與軍事需要，對其犯罪行為得設軍事審判之特別訴訟程序，非謂軍事審判機關對於軍人之犯罪有專屬之審判權。至軍事審判之建制，憲法未設明文規定，雖得以法律定之，惟軍事審判機關所行使者，亦屬國家刑罰權之一種[61]，其發動與運作，必須符合正當法律程序之最低要求[62]，包括獨立、公正之審判機關與程序，並不得違背憲法第 77 條、第 80 條等有關

---

[57] (D) 人民除下列何者之外不受軍事審判？(A)重刑犯(B)假釋出獄之人(C)累犯(D)現役軍人

[58] (D) 憲法本文第 9 條規定，「人民除現役軍人外，不受軍事審判」，下列解釋何者方符合該條的規範意旨？(A)軍事審判機關對於軍人之犯罪有專屬之審判權(B)現役軍人不受普通法院審判(C)現役軍人受軍事審判後，不得向普通法院上訴(D)保障非現役軍人不受軍事審判

[59] (B) 依憲法規定，人民除現役軍人外，不受軍事審判。此項規定的精神即為：(A)罪刑法定主義(B)司法一元主義(C)軍政分治原則(D)軍政軍令一元化原則

[60] (D) 下列關於身體自由的敘述，何者正確？(A)宗教信仰屬於身體自由(B)身體自由是法律層次的保障(C)逮捕、拘禁、審問與處罰皆依照一定的民事訴訟程序進行(D)人民犯罪不受軍法審判與司法一元主義有關

[61] (C) 軍事審判機關所行使審判權，係屬於：(A)國家行政權(B)國家緊急權(C)國家刑罰權(D)國家監察權

[62] (B) 依司法院大法官釋字第 436 號解釋，憲法本文第 9 條規定：「人民除現役軍人外，不受軍事審判」，意指：(A)軍事審判機關對於軍人有專屬審判權(B)軍事審判程序仍須符合正當法律程序之要求(C)軍事審判權非為國家刑罰權之一種(D)現役軍人非為人民

司法權建制之憲政原理；規定軍事審判程序之法律涉及軍人權利之限制者，亦應遵守憲法第 23 條之比例原則[63]。本於憲法保障人身自由、人民訴訟權利及第 77 條之意旨，在平時經終審軍事審判機關宣告有期徒刑以上[64]之案件，應許被告直接向普通法院[65]以判決違背法令為理由請求救濟[66]。軍事審判法第 11 條，第 133 條第 1 項、第 3 項，第 158 條及其他不許被告逕向普通法院以判決違背法令為理由請求救濟部分，均與上開憲法意旨不符，應自本解釋公布之日起，至遲於屆滿二年時失其效力。有關機關應於上開期限內，就涉及之關係法律，本此原則作必要之修正，並對訴訟救濟相關之審級制度為配合調整，且為貫徹審判獨立原則[67]，關於軍事審判之審檢分立、參與審判軍官之選任標準及軍法官之身分保障等事項，亦應一併檢討改進，併此指明[68]。

---

[63] (A) 下列何者不是司法院大法官在釋字第 436 號解釋，對軍事審判制度的解釋？(A)軍事審判程序，可不受憲法第 23 條比例原則拘束(B)軍事審判之發動程序，必須合乎正當法律程序之最低要求(C)宣告軍事審判法之若干規定違憲(D)軍事審判程序之設，非即表示軍事審判機關對軍人之犯罪有專屬之審判權

[64] (C) 現役軍人在平時經終審軍事審判機關宣告何種徒刑之案件，應許被告直接向普通法院請求救濟？(A)拘役(B)罰金(C)有期徒刑以上之刑罰(D)拘留

[65] (B) 司法院大法官會議釋字第 436 號認為，在平時經終審軍事審判機關宣告有期徒刑以上之案件，應許被告直接向下列何機關請求救濟？(A)國防部(B)普通法院(C)行政法院(D)監察院

[66] (C) 關於我國憲法第 9 條之軍事審判制度，下列敘述何者不正確？(A)容許設立軍事審判制度(B)限制軍事審判的主要對象為現役軍人(C)軍事審判機關對現役軍人有終審權(D)軍事審判對象之現役軍人，其範圍由法律定之

[67] (C) 對於人民除現役軍人外，不受軍事審判之憲法規定，司法院大法官之解釋，下列何項正確？(A)普通法院不得審理軍人犯罪案件(B)軍事審判機關對軍人犯罪有專屬審判權(C)軍事審判為特別訴訟程序，仍應遵守審判獨立原則(D)軍事審判權為統帥權之延伸

[68] (D) 關於軍事審判之建制，下列何者違反憲法意旨？(A)涉及軍人權利之限制者，應遵守比例原則(B)軍事審判權，具有司法權之性質(C)軍事審判之運作，應符合正當法律程序之要求(D)國防部為最高軍事審判機關

作者小叮嚀

　　首先必須了解請願、訴願、訴訟之不同。進而，了解我國訴訟制度的分類，包括民事訴訟、刑事訴訟、行政訴訟。進而，訴訟權的爭議，主要圍繞在是否可以提出訴訟救濟，而涉及特別權力關係理論與放鬆。最後，關於軍事審判與訴訟權的關係，也需熟讀釋字第 436 號。

第十三章　參政權與服公職權

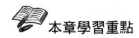 **本章學習重點**

1. 選舉的相關規定
2. 罷免的相關規定
3. 公民投票法的相關規定

　　人民參與國家統治權，即屬於參政權之行使[1]，參政權係基於人民立於主動地位而產生，必須具備一定資格者方得享有，並非一般人民均得享有[2]，尤其是以國籍為要素，故屬於國民權，因此外國人主張參政權時所受到之限制最大[3][4]。除了擁有國籍，又需年滿二十歲，故屬於公民權[5]。而法人則不可能享有參政權[6]。廣義的參政權包括服公職（依法令從事於

---

[1] (D) 人民參與國家統治權，屬於下列何種權利之行使？(A)平等權(B)言論自由(C)受益權(D)參政權

[2] (C) 下列何者，並非一般人民均得享有之權利？(A)自由權(B)平等權(C)參政權(D)受益權

[3] (B) 下列何種基本權利，外國人主張時所受到之限制最大？(A)平等權(B)參政權(C)自由權(D)財產權

[4] (A) 在我國憲法秩序下，受僱至台灣短期工作的外籍勞工，在台停留期間不應享有以下那一項人權？(A)參政權(B)人身自由(C)言論自由(D)信仰自由

[5] (D) 公民權之種類有：(A)訴願權、訴訟權(B)人格權、生存權(C)工作權、財產權(D)選舉權、罷免權、創制權、複決權

[6] (A) 法人不可能享有之人權是：(A)參政權(B)財產權(C)表現自由權(D)賠償請求權

公務之人員）之權[7][8]，以及選舉[9]、罷免[10]、創制、複決之權[11]，狹義的參政權則專指後者。憲法第 17 條規定：「人民有選舉、罷免、創制及複決之權。」而在憲法第十二章（第 129 條至第 136 條），則有更詳細的規定。另外，我國定有公職人員選舉罷免法，對選舉相關事項作更細節的規定。但總統[12]不適用公職人員選舉罷免法。

一、選舉

(一) 選舉方式

在參政權中發生最早、運用最多，亦為民主政治下人民最重要的一種政治權利是選舉權[13]，依據憲法第 129 條規定：「本憲法所規定之各種選舉，除本憲法別有規定外，以普通、平等、直接及無記名投票之方法[14][15][16]

---

[7] (A) 憲法第 18 條（人民有應考試、服公職之權）所稱之公職，其範圍如何？(A)含依法令從事於公務之人員(B)不含各級民意代表(C)不包括省議員、立法委員(D)不包括省長

[8] (C) 憲法規定，人民有應考試、服公職之權。此種權利在理論上屬於：(A)自由權(B)受益權(C)參政權(D)平等權

[9] (C) 下列何者為參政權？(A)請願權(B)訴訟權(C)選舉權(D)訴願權

[10] (C) 人民之罷免權在性質上係屬於下列何種權利之內容？(A)社會權(B)受益權(C)參政權(D)言論權

[11] (D) 下列那一種權利不屬於參政權的範圍？(A)選舉權(B)罷免權(C)被選舉權(D)訴願權

[12] (A) 下列何者之選舉罷免不適用公職人員選舉罷免法？(A)總統、副總統(B)省（市）長(C)縣（市）長(D)村、里長

[13] (A) 在參政權中發生最早、運用最多，亦為民主政治下人民最重要的一種政治權利是：(A)選舉權(B)罷免權(C)創制權(D)複決權

[14] (A) 同屬選舉制度之重要原則，但憲法第 129 條未明文規定者為何？(A)自由選舉原則(B)普通選舉原則(C)平等選舉原則(D)直接選舉原則

[15] (D) 下列何者非屬選舉之基本原則？(A)普通選舉原則(B)直接選舉原則(C)秘密選舉原則(D)比例選舉原則

[16] (A) 我國憲法所規定之各種選舉，均以何種方法行之？(A)以普通、平等、直接及無記名投票之方法行之(B)以普通、平等、直接及記名投票之方法行之(C)以政

行之。」其不僅適用於選舉權，亦適用於被選舉權[17]。公職人員選舉罷免法第 3 條第 1 項則規定：「公職人員選舉，以普通、平等、直接及無記名[18]單記[19]投票之方法行之。」依此，選舉權行使之基本原則有：

1. **普通選舉**：指具一定資格（例如本國人民，不問男女，達一定年齡者[20]）之人民均有選舉權[21]，無教育、階級、宗教等限制[22]，是為普通原則或一般原則；與其相對者為限制選舉。

2. **平等選舉**：指「一人一票，每票等值」，為平等原則[23][24]；與其相對者為不平等選舉。

3. **直接選舉**：指由選舉人親自選出當選人，為直接原則；與其相對者為間接選舉，間接選舉非屬憲法所規定選舉權行使之原則[25]。

黨比例分配之方法行之(D)以書面記名之方法行之

[17] (B) 下列關於選舉四大原則的敘述何者正確？(A)為普通、平等、直接與記名投票(B)不僅適用於選舉權，亦適用於被選舉權(C)普通選舉可基於政治、經濟、社會、性別形成特定族群的投票權(D)平等選舉係指非一人一票的複數投票制度

[18] (A) 以下何者不屬於選舉制度的四大原則？(A)記名選舉(B)直接選舉(C)平等選舉(D)普通選舉

[19] (D) 公職人員選舉，除依政黨比例方式選出者外，不採行下列何種方法？(A)普通(B)平等(C)直接(D)無記名連記

[20] (B) 下列何者與選舉普通原則相符？(A)法律規定，納稅較多者，得有較多之選舉權(B)凡達到一定年齡，皆有選舉權(C)須接受教育，始得有選舉權(D)女性不得有選舉權

[21] (A) 凡具有積極資格而無消極資格之公民，均有投票權，稱為：(A)普通選舉(B)平等選舉(C)直接選舉(D)秘密選舉

[22] (D) 凡合格公民皆有選舉權，而無財產、教育、性別、階級等限制規定，謂之：(A)平等選舉(B)直接選舉(C)限制選舉(D)普通選舉

[23] (B) 如果法律規定，具有某些特殊身分的個人，例如受高等教育者，可投二張票以上時，則係違反那一項選舉原則？(A)普通選舉原則(B)平等選舉原則(C)直接選舉原則(D)單一選舉原則

[24] (C) 一人一票，每票等值，謂之：(A)直接選舉(B)普通選舉(C)平等選舉(D)自由選舉

[25] (C) 下列何者非屬憲法所規定選舉權行使之原則？(A)直接原則(B)普通無記名投票(C)間接投票(D)平等原則

4. **秘密選舉**：即是指採無記名投票方式，以確保選舉自由之實現，為秘密原則；與其相對者為公開選舉。

另依據憲法第 132 條規定：選舉應嚴禁威脅利誘[26]，其目的即在保障選舉人得以其個人意志為自由選舉，是為自由原則。不法脅迫他人投票者，如買票賄選、武力恐嚇等、若不投票給某候選人即不給假或予以解僱等，均觸犯刑法妨害投票罪。

(二) 選舉、被選舉資格

依據憲法第 130 條規定：「中華民國國民年滿二十歲[27]者，有依法選舉之權，除本憲法及法律別有規定者外，年滿二十三歲[28]者，有依法被選舉之權。」另外，憲法除規定總統候選人之年齡為四十歲[29]，國民應具備之選舉權要件中，在年齡之限制外，並無學歷之限制[30]。不過，刑法第 36 條有褫奪為公職候選人資格（褫奪公權）之規定[31]，公職人員選舉罷免法對選舉人與被選舉人也增加以下的限制。

1. 對選舉人之限制

有選舉權人在各該選舉區繼續居住四個月以上者[32]，為公職人員選舉各該選舉區之選舉人。前項之居住期間，在其行政區域劃分選舉區者，仍

---

[26] (B) 憲法第 132 條對選舉有何禁止規定？(A)禁止聚眾暴動(B)嚴禁威脅利誘(C)禁止選票攜出場外(D)嚴禁散布謠言傳播不實之事

[27] (B) 我國國民年滿幾歲有選舉權？(A)18(B)20(C)25(D)30

[28] (C) 中華民國國民除憲法及法律有特別規定外，年滿多少歲有依法被選舉之權？(A)十八歲(B)二十歲(C)二十三歲(D)二十五歲

[29] (D) 國民年滿幾歲，得被選為總統或副總統？(A)二十歲(B)二十三歲(C)三十歲(D)四十歲

[30] (D) 中華民國國民所應具備之選舉權之要件中，下列何者不在其內？(A)年滿二十歲(B)未受褫奪公權，但戒嚴時期依懲治叛亂條例判決確定者，不在此限(C)未受禁治產宣告(D)完成國民義務教育

[31] (A) 人民被法院宣告褫奪公權時，下列何種基本人權即不得享有？(A)選舉權(B)思想自由權(C)訴訟權(D)受教育權

[32] (B) 有選舉權人必須在各該選舉區繼續居住多久以上才能成為選舉人？(A)三個月(B)四個月(C)五個月(D)六個月

以行政區域為範圍計算之。但於選舉公告發布後,遷入各該選舉區者,無選舉投票權。

2. **對被選舉人之限制**
(1) 年齡限制(公職人員選舉罷免法第 24 條):選舉人年滿二十三歲,得於其行使選舉權之選舉區登記為公職人員候選人。直轄市長候選人需年滿三十歲,縣(市)長候選人須年滿三十歲[33];鄉(鎮、市)長、原住民區長候選人須年滿二十六歲[34]。
(2) 身分限制(公職人員選舉罷免法第 27 條):下列人員不得登記為候選人:A.現役軍人。B.服替代役之現役役男。C.軍事學校學生。D.各級選舉委員會之委員、監察人員、職員、鄉(鎮、市、區)公所辦理選舉事務人員及投票所、開票所工作人員。E.依其他法律規定不得登記為候選人者。

原本在學學生也不能參與競選,但是常常有人當選後再入學就讀,形成不公平的現象。故現在已廢除學生不得競選的限制[35]。

此外,公職人員選舉罷免法第 24 條第 3 項規定:「僑居國外之中華民國國民年滿二十三歲,在國內未曾設有戶籍或已將戶籍遷出國外連續八年[36]以上者,得由依法設立之政黨登記為全國不分區及僑居國外國民立法委員選舉之僑居國外國民候選人。」此等僑居國外國民選出之中央公職人員,於當選就職後因故出缺時,依法得予遞補[37](參照同法第 73 條)。

---

[33] (D) 中華民國國民年滿幾歲得競選縣長?(A)二十歲(B)二十三歲(C)二十六歲(D)三十歲

[34] (A) 關於候選人之資格,何者為誤?(A)鄉(鎮市)長候選人須年滿二十五歲(B)縣(市)長候選人須年滿三十歲(C)直轄市長候選人須年滿三十歲(D)總統候選人須年滿四十歲

[35] (D) 下列人員何者可以申請登記為公職候選人?(A)現役軍人或警察(B)現在學校肄業學生(C)辦理選舉事務人員(D)現職公職人員再行進修者

[36] (A) 僑居國外之中華民國國民年滿二十三歲,未曾設有戶籍或已將戶籍遷出國外連續多少年以上,始得依法登記為僑選中央公職人員?(A)八年(B)十年(C)十二年(D)十五年

[37] (D) 下列何項中央公職人員於就職後因故出缺時,依法得予遞補?(A)區域選出者(B)山胞選出者(C)婦女保障名額選出者(D)僑居國外國民選出者

3. 釋字第 290 號（81/1/24）

「中華民國 78 年 2 月 3 日修正公布之動員戡亂時期公職人員選罷免法（80 年 8 月 2 日法律名稱修正為公職人員選舉罷免法）第 32 條第 1 項有關各級民意代表候選人學、經歷之限制，與憲法尚無牴觸。惟此項學、經歷之限制[38]，應隨國民之教育普及加以檢討，如認為仍有維持之必要，亦宜重視其實質意義，並斟酌就學有實際困難者，而為適當之規定，此當由立法機關為合理之裁量。……」選罷法經過修正後，將選立委需要學經歷限制之部分刪除，登記為村、里長候選人者，公職人員選舉罷免法在學歷上也未作規定[39]，直轄市市長候選人亦無學歷的特別限制[40]。

4. 釋字第 340 號（83/2/25）

公職人員選舉罷免法第 38 條第 2 項規定：「政黨推薦之區域、山胞候選人，其保證金減半繳納。但政黨撤回推薦者，應全額繳納」，無異使無政黨推薦之候選人，須繳納較高額之保證金，形成不合理之差別待遇，與憲法第 7 條[41]之意旨有違，應不再適用。

(三) 公開競選

憲法第 131 條規定：「本憲法所規定各種選舉之候選人，一律公開競選[42]。」關於選舉的規定，我國定有公職人員選舉罷免法，該法所稱之公職人員像是國民大會代表、立法院立法委員、村、里長等均包括在內，不

---

[38] (B) 依憲法及司法院大法官釋字第 290 號解釋，下列何者未被列為候選人的資格限制？(A)年齡(B)財產(C)學歷(D)經歷

[39] (D) 登記為村、里長候選人者，應具備如何之學歷？(A)專科以上學校畢業或高等考試以上考試及格(B)高級中等以上學校畢業或普通考試以上考試及格(C)國民中學以上學校畢業(D)公職人員選舉罷免法未作規定

[40] (D) 下列何種學歷之公民方得登記為直轄市市長候選人？(A)大學畢業(B)碩士以上(C)高中畢業(D)已無特別限制

[41] (B) 若在公職人員選舉罷免法中規定，無政黨推薦之候選人須繳納較高額之保證金時，則此項規定主要侵害了候選人下列何種基本權利？(A)自由權(B)平等權(C)結社權(D)工作權

[42] (C) 下列何項敘述為非？(A)選舉應嚴禁威脅利誘(B)選舉訴訟由法院審判之(C)憲法規定各種選舉之候選人，得不公開競選(D)參政權包括被選舉權

過村、里民代表會代表則不在其範圍之中[43]。為辦理選舉並規劃各種選舉活動，我國設選務機關，由中央、省（市）、縣（市）各設選舉委員會辦理之。

(四) 競選經費限制

政治獻金法對選舉活動競選捐助之限制：個人對於同一參選人一年之捐贈，不得超過新台幣 10 萬元[44]；其為營利事業捐贈者不得超過新台幣 100 萬元。個人對同一政黨一年之捐贈，不得超過新台幣 30 萬元；其為營利事業捐贈者，不得超過新台幣 300 萬元。

(五) 當選

公職人員選舉罷免法第 67 條第 1 項規定：「公職人員選舉，除另有規定外，按各選舉區應選出之名額，以候選人得票比較多數者為當選；票數相同時，以抽籤[45]決定之。」

在選舉權上對婦女的保障，如憲法第 134 條規定：「各種選舉[46]，應規定婦女[47]當選名額，其辦法以法律[48]定之。」

---

[43] (C) 下列何者不屬公職人員選舉罷免法之公職人員的範圍？(A)國民大會代表(B)立法院立法委員(C)村、里民代表會代表(D)村、里長

[44] (B) 個人對於候選人競選經費之捐贈，不得超過新台幣：(A)二萬元(B)十萬元(C)三十萬元(D)一百萬元

[45] (C) 公職人員選舉，除另有規定外，按各選舉區應選出之名額，以候選人得票比較多數者為當選；票數相同時，以何方式決定之？(A)訴訟(B)重新選舉(C)抽籤(D)驗票

[46] (C) 憲法規定「應規定婦女當選名額」的選舉是那些？(A)僅國民大會代表選舉(B)僅立法委員選舉(C)各種選舉(D)僅地方選舉

[47] (A) 以下那些人員在各種選舉中應以法律規定當選名額？(A)婦女(B)軍人(C)農民(D)公務員

[48] (C) 下列有關憲法對於選舉之規定，何者不正確？(A)憲法所定之各種選舉，除憲法另有規定外，原則上應以普通、平等、直接、無記名投票之方式行之(B)憲法所定之各種選舉之候選人，一律公開競選(C)各種選舉應規定婦女當選名額，其辦法由中央選舉委員會定之(D)選舉應嚴禁威脅利誘

(六) 選舉訴訟

憲法第 132 條:「選舉應嚴禁威脅利誘。選舉訴訟,由法院[49]審判之。」

1. 選舉訴訟法院與程序

指因選舉事件發生爭議,由法院裁定之,依「公職人員選舉罷免法」規定為之。包括當選人之資格、得票數是否確實、計算票數是否有誤、當選是否有效等。選舉、罷免訴訟,向普通法院提起[50],普通法院設選舉法庭,採合議制審理,管轄法院第一審為行為地之地方法院。不服地方法院之判決,得上訴高等法院,二審終結[51][52],也就是說選舉罷免訴訟採用的訴訟程序為二級二審制[53],並且不得提起再審之訴[54],且各審受理之法院應於六個月內[55]審結(公職人員選舉罷免法第 126 條、第 127 條)。

釋字第 442 號(86/12/12)

憲法第 16 條規定人民有訴訟之權,旨在確保人民得依法定程序提起訴訟及受公平之審判。至於訴訟救濟應循之審級制度及相關程序,立法機

---

[49] (B) 下列有關選舉事項,何者不正確?(A)嚴禁威脅利誘(B)選舉訴訟由選舉委員會決定之(C)候選人一律公開競選(D)被選舉人得由原選舉區依法罷免之

[50] (C) 選舉罷免訴訟向何法院提起?(A)選舉委員會(B)憲法法庭(C)普通法院(D)行政法院

[51] (B) 公職人員選舉罷免法所規定之選舉、罷免訴訟,以幾審終結?(A)一審(B)二審(C)三審(D)選舉訴訟二審終結,罷免訴訟三審終結

[52] (B) 關於一般公職人員選舉訴訟,下列何項錯誤?(A)選舉無效訴訟之被告為選舉委員會(B)選舉訴訟之終審法院為高等行政法院(C)對於選舉訴訟結果,不得提再審之訴(D)選舉訴訟法庭均採合議制

[53] (B) 選舉罷免訴訟採用的訴訟程序為:(A)一審終結(B)二級二審(C)三級三審(D)無規定

[54] (D) 下列何項不是公職人員選舉罷免法有關選舉訴訟之規定?(A)選舉法庭採合議制(B)應優先審理選舉訴訟(C)採二審終結(D)得提起再審之訴

[55] (B) 受理選舉罷免訴訟的法院應於多少時間內審結案件?(A)三個月內(B)六個月內(C)一年內(D)無規定

關自得衡量訴訟性質以法律為合理之規定。中華民國 83 年 7 月 23 日修正公布之公職人員選舉罷免法第 109 條規定,選舉訴訟採二審終結不得提起再審之訴,係立法機關自由形成之範圍,符合選舉訴訟事件之特性,於憲法保障之人民訴訟權尚無侵害,且為增進公共利益所必要,與憲法第 23 條亦無牴觸[56]。

2. 訴訟區分

(1) 選舉或罷免無效之訴

因選務機關違法而提起之訴訟。選舉委員會辦理選舉、罷免違法,足以影響選舉或罷免結果,檢察官、候選人、被罷免人或罷免案提議人[57],得自當選人名單或罷免投票結果公告之日起十五日內,以各該選舉委員會為被告,向管轄法院提起選舉或罷免無效之訴(公職人員選舉罷免法第118 條)。

(2) 當選無效之訴

因當選人違法而提起之訴訟,包括脅迫行為、賄選、期約賄選、當選票數不實,足以影響結果等[58]時,選舉委員會、檢察官或同一選舉區之候選人得以當選人為被告,自公告當選人名單之日起三十日內,向該管轄法院提起當選無效之訴(參見公職人員選舉罷免法第 120 條)。

---

[56] (D) 選舉係公法事件,其有關之訴訟,憲法規定由法院審判之,究何所指?(A)應由普通法院以民事審判程序為之(B)應由行政法院以行政訴訟方式進行(C)應由普通法院以行政訴訟程序為之(D)由立法機關自由形成,雖規定由普通法院以特別程序進行,且以二審終結,尚不違憲

[57] (B) 依據公職人員選舉罷免法之規定,下列何者得提起當選無效之訴,但不得提起選舉無效之訴?(A)檢察官(B)選舉委員會(C)候選人(D)選民

[58] (B) 甲參與縣(市)長選舉,開票結果以三票之差未能當選,該選區當選人因涉嫌行賄選舉人,獲判有罪確定,甲依法得向法院提起:(A)選舉無效訴訟(B)當選無效訴訟(C)資格不符當選無效訴訟(D)重行舉辦選舉訴訟

二、罷免

(一) 意義

　　罷免是指人民以自己之意思，以投票或其他方式，罷免其所選出之代表或政府人員之權。

(二) 性質

　　罷免權的性質就是參政權[59]。憲法第 133 條規定：「被選舉人得由原選舉區[60]依法罷免之。」公職人員選舉罷免法第 75 條第 1 項規定：「公職人員之罷免……。但就職未滿一年[61]者，不得罷免。」

　　公職人員之罷免事宜，係由各級選舉委員會辦理之[62]。罷免程序分為罷免提議、連署、投票三個主要階段。第 76 條第 1 項、第 2 項規定：「罷免案以被罷免人原選舉區選舉人為提議人，由提議人之領銜人一人，填具罷免提議書一份，檢附罷免理由書正、副本各一份，提議人正本、影本名冊各一份，向選舉委員會提出。前項提議人人數應為原選舉區選舉人總數百分之一以上[63]，其計算數值尾數如為小數者，該小數即以整數一計算。」第 77 條第 1 項規定：「現役軍人[64]、服替代役之現役役男或公務人員，不得為罷免案提議人。」第 81 條第 1 項規定：「罷免案之連署人，以被罷免人原選舉區選舉人為連署人，其人數應為原選舉區選舉人總數百分

---

[59] (D) 罷免權的性質是：(A)受益權(B)自由權(C)平等權(D)參政權

[60] (D) 我國憲法保障人民有罷免權，被選舉人得依法令罷免之，罷免應由何人為之？
　　(A)全國人民(B)全省人民(C)全縣人民(D)原選舉區人民

[61] (C) 依「公職人員選舉罷免法」之規定，對於公職人員，得由原選舉區選舉人向選舉委員會提出罷免案，但前提是該公職人員須已就職滿：(A)半年(B)九個月(C)一年(D)兩年

[62] (A) 公職人員罷免事宜由下列何者辦理？(A)各級選舉委員會(B)各級罷免委員會(C)各級民意機關(D)各級法院

[63] (A) 罷免案依法應以原選舉區選舉人為提議人，其人數應為原選舉區選舉人總數：(A)百分之一以上(B)百分之二以上(C)百分之三以上(D)百分之五以上

[64] (A) 下列那種人員不得為罷免案之提議人？(A)現役軍人(B)學生(C)政務官(D)刑案被告

之十以上[65]」；第 87 條規定：「罷免案之投票，應於罷免案宣告成立後二十日起至六十日內為之，該期間內有其他各類選舉時，應同時舉行投票[66]。但被罷免人同時為候選人時，應於罷免案宣告成立後六十日內單獨舉行罷免投票。」第 90 條規定：「罷免案投票結果，有效同意票數多於不同意票數，且同意票數達原選舉區選舉人總數四分之一以上，即為通過。」

　　第 92 條規定：「罷免案通過者，被罷免人自解除職務之日起，四年內[67]不得為同一公職人員候選人；其於罷免案進行程序中辭職者，亦同。罷免案否決者，在該被罷免人之任期內，不得對其再為罷免案之提議。」

釋字第 331 號（82/12/30）

　　依中華民國憲法增修條文第 4 條規定，僑居國外國民及全國不分區之中央民意代表，係按該次選舉政黨得票總數比例方式產生，而非由選舉區之選民逕以投票方式選出，自無從由選舉區之選民以投票方式予以罷免[68]，公職人員選舉罷免法第 69 條第 2 項規定：「全國不分區、僑居國外國民選舉之當選人，不適用罷免之規定[69]」，與憲法並無牴觸。惟此種民意代表如喪失其所由選出之政黨黨員資格時，自應喪失其中央民意代表之

---

[65] (A) 罷免案之連署，其人數應為原選舉區選舉人總數百分之：(A)十以上(B)十二以上(C)十三以上(D)十五以上

[66] (D) 有關我國罷免的規定，下列敘述何者不正確？(A)罷免程序分為罷免提議、連署、投票三個主要階段(B)全國不分區、僑居國外國民選舉之當選人，不適用罷免的規定(C)現役軍人、警察、公務人員不得為罷免案提議人(D)罷免案之投票，應於罷免案宣告成立後三十日內為之，為了節省社會成本，得與各類選舉之投票同時舉行

[67] (C) 公職人員罷免案通過者，被罷免人自解除職務之日起，多少年內不得為同一公職人員候選人？(A)二年(B)三年(C)四年(D)六年

[68] (C) 司法院大法官解釋，全國不分區立法委員可否被罷免？(A)可以，只要是民意代表就可以被罷免(B)可以，由所屬政黨之黨員罷免之(C)不可以，因非由選舉區之選民直接投票選出，因此無從被罷免(D)不可以，因全國不分區立法委員為榮譽職，不能被罷免

[69] (B) 下列何種人員不適用罷免之規定？(A)總統(B)全國不分區選舉人之當選人(C)依選舉區選舉之立法委員(D)自由地區原住民選出之國大代表

資格，方符憲法增設此一制度之本旨，其所遺缺額之遞補，應以法律定之。

三、創制、複決

創制，是指為防立法怠惰[70]，公民得以法定人數之提議，提出法案，經投票制定法律[71]。複決是指公民對於立法機關或制憲機關所議決之法律案或修憲案，以投票決定其應否成為法律或憲法之權利[72]，也就是人民對議會所決議之法律所行使之最後決定[73]。舉凡議會所通過之法案，若須再經公民複決投票通過始生效者，則稱為批准複決[74]。

(一) 憲法規定

創制、複決兩權之行使，以法律[75] [76]定之（憲法第 136 條）。根據憲法本文，必須先有創制複決法，才能夠行使創制複決權。但由於我們一直沒有創制複決法。我國於 2003 年 12 月 31 日終於公布公民投票法，使人民的創制、複決權[77]有法律依據。

---

[70] (C) 為防立法怠惰，人民應有：(A)罷免權(B)複決權(C)創制權(D)制憲權

[71] (A) 公民得以法定人數的簽署，提出法案而議決為法律的權利，稱為：(A)創制權(B)複決權(C)選舉權(D)罷免權

[72] (B) 公民對於立法機關或制憲機關所議決之法律案或修憲案，以投票決定其應否成為法律或憲法之權利，稱為：(A)創制權(B)複決權(C)選舉權(D)罷免權

[73] (D) 人民對議會所決議之法律所行使之最後決定權是：(A)選舉權(B)創制權(C)罷免權(D)複決權

[74] (B) 凡議會所通過之法案，須再經公民複決投票通過始生效者，稱為：(A)任意複決(B)批准複決(C)強制複決(D)諮詢複決

[75] (A) 創制、複決兩權如何行使？(A)以法律定之(B)以法規定之(C)以行政命令定之(D)以委任立法定之

[76] (B) 人民創制權與複決權之行使，應：(A)依憲法直接行使(B)依法律規定行使(C)依自治條例行使(D)逕由公民直接投票行使

[77] (C) 公民投票制度之建立，與下列何種基本人權之關係最為密切？(A)工作權(B)平等權(C)參政權(D)自由權

(二) 公民投票法

全國性公民投票的內容，分為：法律案之複決、立法原則之創制[78]，及重大政策之創制或複決。

1. **公民提案、連署**：全國性公民投票由公民發動者，其提案人數，應達提案時最近一次總統大選選舉人總數的萬分之一以上；連署人數，應達提案時最近一次總統大選選舉人總數的 1.5%以上。

2. **立法院對重大政策之公投**：立法院對於「國家重大政策之創制或複決」之事項，認為有進行公民投票之必要者，得附具主文與理由書，經立法院院會通過後，交由中央選舉委員會辦理公民投票。立法院之提案經否決者，自該否決之日起二年內，不得就該公投事項重新提出。

四、應考試服公職權

憲法第 18 條規定：「人民有應考試服公職之權。」主張應考試之權者，必須具有法定資格者始得主張之[79]。

(一) 釋字第 715 號（102/12/20）：受刑之宣告者不得報告軍職？

中華民國 99 年國軍志願役專業預備軍官預備士官班考選簡章壹、二、（二）規定：「曾受刑之宣告……者，不得報考。……」與憲法第 23 條法律保留原則無違。惟其對應考試資格所為之限制，逾越必要程度，牴觸憲法第 23 條比例原則，與憲法第 18 條保障人民服公職之權利意旨不符。相關機關就嗣後同類考試應依本解釋意旨妥為訂定招生簡章。

……然過失犯因疏忽而觸法，本無如同故意犯罪之惡性可言，苟係偶然一次，且其過失情節輕微者，難認其必然欠缺應具備之服役品德、能力而影響國軍戰力。系爭規定剝奪其透過系爭考選以擔任軍職之機會，非

---

[78] (A) 凡由公民提議制定某種法律或修正法律之原則，促令立法機關制定法案或修改，謂之：(A)原則創制(B)直接創制(C)草案創制(D)立法創制

[79] (B) 下列各項權利當中，何者並非任何人均有權主張，而須具有法定資格者始得主張之？(A)自由權(B)應考試權(C)受益權(D)工作權

屬達成目的之最小侵害手段，逾越必要程度，牴觸憲法第 23 條比例原則，與憲法第 18 條保障人民服公職之權利意旨不符。相關機關就嗣後同類考試應依本解釋意旨妥為訂定招生簡章。

(二) 釋字第 768 號（107/10/5）：雙重國籍者不得擔任公務員？

醫事人員人事條例第 1 條及公務人員任用法第 28 條第 1 項第 2 款本文及第 2 項規定：「（第 1 項）有下列情事之一者，不得任用為公務人員：……二、具中華民國國籍兼具外國國籍。……（第 2 項）公務人員於任用後，有前項第一款至第八款規定情事之一者，應予免職……。」適用於具中華民國國籍兼具外國國籍之醫師，使其不得擔任以公務人員身分任用之公立醫療機構醫師，已任用者應予免職之部分，與憲法第 23 條之比例原則無違，並未牴觸憲法第 18 條保障人民服公職權之意旨。

1. 服公職權為工作權之特殊類型

聲請人為公立醫療機構以公務人員身分任用之醫師，依系爭規定一適用系爭規定二之結果，致其喪失公務人員身分，故本件本質上屬服公職權之問題。其雖主張憲法第 15 條所保障之工作權受侵害，惟公職為特殊類型之工作，以下爰僅論服公職權。

2. 公務員有忠誠義務，可限制有雙重國籍者不得擔任

……依公務人員任用法任用之公務人員，屬憲法第 18 條公職之範圍，其代表國家履行公共任務，與國家恆處於特別緊密的忠誠、信任關係，因此國家就兼具外國國籍者是否適於擔任公務人員，應有較大裁量空間。

……系爭規定二限制兼具外國國籍者擔任公務人員，已任用者應予免職，有維護國家與公務人員間之忠誠與信任關係之考量，目的洵屬正當。其限制兼具外國國籍者擔任公務人員之手段亦非顯然恣意，難謂其與該目的之達成間，無合理關聯。系爭規定二依系爭規定一適用於兼具外國國籍之醫師，使其不得擔任以公務人員身分任用之公立醫療機構醫師，已任用者應予免職之部分，與憲法第 23 條之比例原則無違，並未牴觸憲法第 18 條保障人民服公職權之意旨。

3. 研究人員允許雙重國籍是否違反平等權？

國籍法第 20 條第 1 項及醫事人員人事條例，未就具中華民國國籍兼具外國國籍者，設例外規定，以排除其不得擔任以公務人員身分任用之公立醫療機構醫師之限制，與憲法第 7 條保障平等權之意旨，尚無違背。

……查系爭差別待遇所涉及的基本權為人民之服公職權，鑑於公務員與國家間恆處於緊密的信任關係，已如前述，國家就兼具外國國籍者是否適任公務人員，以及適任何種類公務人員，應享有較大裁量空間。況以職業別為基礎所為之分類，並未涉及可疑分類，應採寬鬆審查。……按系爭規定三但書所設之例外，各有其特殊理由，例如為延攬我國不易覓得之專長或特殊技能之人才，以領導教育及學術研究機構以提升國內教學及研究之水準；或為延攬優秀人才以提升公營事業營運績效……。上開立法目的皆屬立法機關得追求之合法公益，所採手段亦有助於上開目的之達成。況前揭教育人員及公營事業人員皆非公務人員任用法之公務人員，與以公務人員身分任用之醫師，自難比擬。……

4. 基本國策之落實有較大政策形成空間

憲法第 157 條規定：「國家為增進民族健康，應普遍推行衛生保健事業及公醫制度。」憲法增修條文第 10 條第 5 項另規定：「國家應推行全民健康保險，並促進現代和傳統醫藥之研究發展。」均為基本國策之規定，立法者如何制定符合此等憲法意旨之相關法律，應有較大的政策形成空間[80]。

---

[80] (D) 司法院釋字第 768 號解釋認為具雙重國籍之國民不得任公立醫療機構中公職醫師之規定未違憲，關於其理由，下列敘述何者錯誤？(A)公職是特殊類型的工作，應考試服公職權應為工作權之特別類型(B)公務人員與國家間有緊密之忠誠信任關係，立法者對於其資格具有較大之形成自由(C)法律未禁止具雙重國籍者擔任教育人員，卻禁止其擔任公立醫療機構醫師，該差別待遇亦屬於立法形成自由(D)憲法基本國策規定國家應推行公醫制度，此為憲法委託，立法者負有制定法律之義務，但享有較大之形成自由

作者小叮嚀

　　本章除了憲法條文外，必須熟讀公職人員選舉罷免法重要規定，以及公民投票法相關重要規定。此外，選舉訴訟也是重點，需加以釐清。

第十四章　國民義務與國家賠償

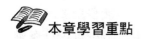
本章學習重點

1. 國民義務
2. 稅捐法定主義
3. 依法服兵役義務
4. 國家賠償

一、人民義務

(一) 人民義務的種類

　　在憲法規定的人民義務中，有三種，分別是依法納稅、依法服兵役和受國民義務教育的義務[1] [2] [3]。而「納稅」及「服兵役」義務之具體內容、程序等問題應由法律[4]來規定。但國民並非只有這三種義務，應該還有其他守法的義務，但這三種義務是人民必須「積極作為」的義務，故特別規定於憲法中。至於人民消極地、不違法的守法義務，則不待特別規定。人民是否除了稅之外，還需要參加健保、繳交健保費？大法官於釋字第 524 號解釋中認為人民這三種義務也只是例示規定，不代表人民沒有其他的法律義務。由於「國家應推行全民健保」是規定在憲法增修條文第 10 條第 5 項中，故或許可認為人民參加健保、繳納健保費也是一種憲法

---

[1] (C) 下列何者不是「人民之基本義務」的項目？(A)依法納稅(B)依法服兵役(C)依法愛國(D)受國民教育

[2] (D) 下列何者純粹為人民之權利？(A)納稅(B)受國民教育(C)服兵役(D)訴願

[3] (D) 下列何者非憲法所規定人民之義務？(A)納稅(B)受國民教育(C)服兵役(D)勞動

[4] (D) 憲法本文第 19 條及第 20 條分別定有人民之「納稅」及「服兵役」之義務。試問依該二條文規定，「納稅」及「服兵役」義務之具體內容、程序等問題應由：(A)法院依個案審判決定(B)總統決定(C)憲法其他條文規定(D)法律規定

中規定的義務[5]，雖然其並非憲法本文直接規定之人民義務。

(二) 納稅之義務

憲法第 19 條：「人民有依法律納稅之義務。」此項義務主要涉及到對人民財產權之限制[6]。納稅的義務是為了充實國家財政，以實現社會權的保障[7]。

1. 稅捐法定主義

所謂稅捐法定主義，亦即需依法律之規定，方得對人民課稅[8][9]。政府課稅必須依據法律，亦即必須得到民意代表的同意，此一原則係來自英國大憲章[10]。

釋字第 692 號（100/11/4）

中華民國 90 年 1 月 3 日及 92 年 6 月 25 日修正公布之所得稅法第 17 條第 1 項第 1 款第 2 目均規定，納稅義務人之子女滿二十歲以上，而因在校就學受納稅義務人扶養者，納稅義務人依該法規定計算個人綜合所得淨額時，得減除此項扶養親屬免稅額。惟迄今仍繼續援用之財政部 84 年 11 月 15 日台財稅第 841657896 號函釋：「現階段臺灣地區人民年滿二十歲，

---

[5] (D) 下列何者非憲法本文直接規定之人民義務？(A)納稅(B)服兵役(C)受國民教育(D)繳納健保費

[6] (C) 依憲法第 19 條之規定，人民有依法律納稅之義務，此項義務主要涉及到對人民何種權利之限制：(A)平等權(B)參政權(C)財產權(D)訴訟權

[7] (A) 關於現代人權保障體系下的國民義務，下列敘述何者正確？(A)納稅的義務是為實現社會權的保障(B)教育的義務是限制人民的學習權，進行模式化的教育(C)服兵役的義務是限制人民的人身自由，為領袖犧牲(D)國家權力可以任意限制人民的財產權

[8] (B) 對人民科以罰金、罰鍰，或要求人民納稅，皆需依據法律，主要係因為此類國家行為限制了人民何種權利？(A)工作權(B)財產權(C)參政權(D)生存權

[9] (A) 納稅須依法律為之，此稱之為：(A)租稅法律主義(B)租稅社會主義(C)租稅公平主義(D)租稅自由主義

[10] (C) 政府課稅必須依據法律，亦即必須得到民意代表的同意，此一原則來自什麼法典？(A)美國獨立宣言(B)法國人權宣言(C)英國大憲章(D)中國五五憲章

就讀學歷未經教育部認可之大陸地區學校，納稅義務人於辦理綜合所得稅結算申報時，不得列報扶養親屬免稅額。」限縮上開所得稅法之適用，增加法律所無之租稅義務，違反憲法第 19 條租稅法律主義，應自本解釋公布之日起不再援用[11]。

2. 租稅法律主義之範圍

(1)釋字第 217 號（76/7/17）：憲法第 19 條規定人民有依法律納稅之義務，係指人民依法律所定之納稅主體、稅目、稅率、納稅方法及納稅期間等項而負納稅義務[12]。至於課稅原因事實之有無及有關證據之證明力[13]如何，乃屬事實認定問題，不屬租稅法律主義範圍。

(2)釋字第 579 號（93/6/25）：憲法第 19 條規定，人民有依法律納稅之義務。所謂依法律納稅，係指租稅主體、租稅客體、稅基、稅率等租稅構成要件，均應依法律明定之[14] [15]。各該法律之內容且應符合量能課稅及

---

[11] (A) 所得稅法規定，納稅義務人之子女年滿 20 歲以上，因在學校就學，受納稅義務人扶養者，於計算個人綜合所得淨額時，得減除此項扶養親屬免稅額。財政部函釋則認為：臺灣地區人民年滿 20 歲，就讀學歷未經教育部認可之大陸地區學校者，不得依上述規定列報扶養親屬免稅額。此一函釋違反下列何項原則？(A)租稅法定主義(B)實質課稅原則(C)比例原則(D)明確性原則

[12] (D) 人民有依據法律所定之納稅主體、稅目稅率、納稅方式及納稅期間等項，而負納稅之義務。學者稱此為(A)租稅公平主義(B)租稅社會主義(C)財產權負義務性主義(D)租稅法律主義

[13] (D) 依司法院大法官釋字第 217 號解釋，下列何項不須以法律定之，亦符合憲法租稅法律主義之規定？(A)納稅主體(B)納稅方法(C)納稅期間(D)納稅證據之證明力

[14] (B) 憲法第 19 條規定，人民有依法律納稅之義務。以下說明何者錯誤？(A)人民有依法律納稅之義務，係指國家課人民以繳納稅捐之義務時，應以法律明定(B)人民有依法律納稅之義務，係指國家給予人民減免稅捐之優惠時，無需以法律明定(C)人民有依法律納稅之義務，係指國家應就租稅主體、租稅客體、稅基，稅率等租稅構成要件，應以法律明定之(D)人民有依法律納稅之義務，係指國家課人民以繳納稅捐之義務時，應以法律明定，且該法律規定之內容應符合租稅公平原則

[15] (A) 依憲法本文第 19 條之規定，下列敘述何者正確？(A)有關納稅主體、稅目、稅

公平原則[16]。遺產及贈與稅法第 1 條第 1 項規定，凡經常居住中華民國境內之中華民國國民死亡時遺有財產者，應就其全部遺產，依法課徵遺產稅；又所得稅法第 13 條及中華民國 86 年 12 月 30 日修正前同法第 14 條第 1 項第四類規定，利息應併入個人綜合所得總額，課徵個人綜合所得稅。財政部 86 年 4 月 23 日台財稅第 861893588 號函釋示，關於被繼承人死亡日後所孳生之利息，係屬繼承人之所得，應扣繳個人綜合所得稅等語，符合前開遺產及贈與稅法與所得稅法之立法意旨，與憲法所定租稅法律主義並無牴觸，尚未逾越對人民正當合理之稅課範圍，不生侵害人民受憲法第 15 條保障之財產權問題。

3. 所得稅列舉扣除額：釋字第 745 號（106/2/8）

所得稅法第 14 條第 1 項第三類第 1 款及第 2 款、同法第 17 條第 1 項第 2 款第 3 目之 2 關於薪資所得之計算，僅許薪資所得者就個人薪資收入，減除定額之薪資所得特別扣除額，而不許薪資所得者於該年度之必要費用超過法定扣除額時，得以列舉或其他方式減除必要費用，於此範圍內，與憲法第 7 條平等權保障之意旨不符，相關機關應自本解釋公布之日起二年內，依本解釋之意旨，檢討修正所得稅法相關規定[17]。

財政部中華民國 74 年 4 月 23 日台財稅第 14917 號函釋關於大專院校兼任教師授課鐘點費亦屬薪資所得部分，與憲法第 19 條租稅法律主義及第 23 條規定尚無牴觸。

率及納稅方法等事項應由法律規定之(B)稅捐稽徵機關直接依據憲法即可對個人課徵租稅，無須法律之規定(C)有關課稅事實認定問題，亦屬於租稅法律主義之範圍(D)人民納稅之義務應以租稅性之法律定之

[16] (C) 憲法第 19 條規定，人民有依法律納稅之義務。所謂「依法律納稅」，下列敘述何者錯誤？(A)係指租稅主體、租稅客體應依法律明定之(B)係指稅基、稅率應依法律明定之(C)係指規定租稅構成要件之法律內容均應符合累進課稅原則(D)係指規定租稅構成要件之法律內容應符合公平原則

[17] (C) 依司法院大法官解釋，原所得稅法規定，不許薪資所得者於該年度之必要費用超過法定扣除額時，以列舉或其他方式扣除之，違反下列何項憲法原則？(A)比例原則(B)明確性原則(C)平等原則(D)合目的性原則

4. **滯納金：釋字第 746 號（106/2/24）**

　　稅捐稽徵法第 20 條規定：「依稅法規定逾期繳納稅捐應加徵滯納金者，每逾二日按滯納數額加徵百分之一滯納金；逾三十日仍未繳納者……。」及遺產及贈與稅法第 51 條第 1 項規定：「納稅義務人，對於核定之遺產稅或贈與稅應納稅額，逾第 30 條規定期限繳納者，每逾二日加徵應納稅額百分之一滯納金；逾期三十日仍未繳納者……。」係督促人民於法定期限內履行繳納稅捐義務之手段，尚難認違反憲法第 23 條之比例原則而侵害人民受憲法第 15 條保障之財產權。

　　財政部中華民國 80 年 4 月 8 日台財稅第 790445422 號函及 81 年 10 月 9 日台財稅第 811680291 號函，就復查決定補徵之應納稅額逾繳納期限始繳納半數者應加徵滯納金部分所為釋示，符合稅捐稽徵法第 20 條、第 39 條第 1 項、第 2 項第 1 款及遺產及贈與稅法第 51 條第 1 項規定之立法意旨，與憲法第 19 條之租稅法律主義尚無牴觸。

　　遺產及贈與稅法第 51 條第 2 項規定：「前項應納稅款及滯納金，應自滯納期限屆滿之次日起，至納稅義務人繳納之日止，依郵政儲金匯業局一年期定期存款利率，按日加計利息，一併徵收。」就應納稅款部分加徵利息，與憲法財產權之保障尚無牴觸；惟就滯納金部分加徵利息，欠缺合理性，不符憲法比例原則，與憲法保障人民財產權之意旨有違，應自本解釋公布之日起失其效力[18]。

(三) 服兵役之義務

　　憲法第 20 條：「人民有依法律服兵役之義務。」人民服兵役之義務，係為了保護人民，防衛國家安全所必需[19]。女生不當兵或許會遭人質疑違反男女平等，不過根據本條所謂「依法」服兵役，至少兵役法第 1 條

---

[18] (C) 依司法院大法官解釋，有關人民之納稅義務，下列法律規定何者違憲？(A)逾期繳納稅捐加徵滯納金(B)滯納金不得列為費用或損失自所得額扣減(C)就滯納金部分加徵利息(D)就應納稅款部分加徵利息

[19] (D) 憲法本文規定人民有服兵役之義務，下列何者正確？(A)與憲法第 7 條平等原則有所牴觸(B)與憲法第 13 條宗教自由原則有所牴觸(C)違反人性尊嚴(D)為保護人民，防衛國家安全所必需

即規定，女生沒有服兵役的法律義務，所以規定男子有服兵役之義務並不違反平等原則[20]。憲法第 20 條規定：「人民有依法律服兵役之義務」其中限縮解釋[21]「人民」，即不以文義解釋成包括男女兩性，因實際上女子並無服兵役義務（前述兵役法第 1 條），而立法原意亦未將女性包括在內，故應限縮「人民」係僅指男性而不及於女性。

釋字第 490 號（88/10/1）

立法者鑑於男女生理上之差異及因此種差異所生之社會生活功能角色之不同，於兵役法第 1 條規定：中華民國男子依法皆有服兵役之義務，係為實踐國家目的及憲法上人民之基本義務而為之規定，原屬立法政策之考量，非為助長、促進或限制宗教而設，且無助長、促進或限制宗教之效果。

(四) 受國民教育的義務

憲法第 21 條：「人民有受國民教育之權利與義務。[22] [23]」本條規定人民有受國民教育的義務。至於憲法規定的國民教育年限，根據憲法第 160 條第 1 項：「六歲至十二歲[24]之學齡兒童，一律受基本教育，免納學費。」

---

[20] (D) 下列何者不違反平等原則？(A)父母對未成年子女權利之行使，意思不一致時，由父行使之規定(B)由妻之財產所產生之孳息，其所有權歸屬於夫之規定(C)妻須以夫之住所為住所之規定(D)男子有服兵役之義務之規定

[21] (B) 我國憲法第 20 條規定：「人民有依法律服兵役之義務」。其中「人民」一詞宣採何種解釋方法？(A)擴張解釋(B)限制（限縮）解釋(C)反對解釋(D)類推解釋

[22] (C) 下列何者屬人民之義務？(A)公平審判(B)男女平等(C)受國民教育(D)信仰宗教

[23] (B) 下列何種權利為我國憲法所明定兼具「權利與義務」雙重性質？(A)工作權(B)國民教育權(C)財產權(D)參政權

[24] (D) 憲法規定受國民基本教育之年齡為何？(A)未加規定(B)六歲至十八歲(C)六歲至十五歲(D)六歲至十二歲

二、國家賠償

　　當國家侵害人民權利時，國家必須負責，已經成為今日法治國家之基本觀念，不論國家為何種行為，只要侵害人民權利，人民可以請求救濟，要求國家停止侵害、回復原狀或損害賠償。也就是說，任何國家權力作用不法所造成的損害，國家均應承擔賠償責任[25][26]，我國憲法第 24 條即是國家賠償法的憲法依據[27]，也就是憲法規範（憲法委託）[28]立法者需制定國家賠償法。

(一) 公務員之責任

　　公務員所需負的責任有：

1. **行政責任**：公務員懲戒法第 2 條：「公務員有下列各款情事之一，有懲戒之必要者，應受懲戒：一、違法執行職務、怠於執行職務或其他失職行為。二、非執行職務之違法行為，致嚴重損害政府之信譽。」據上所述，公務員因執行職務而為之違法失職行為，在行政上所應負之責任為懲戒責任[29]。懲戒包括：撤職、休職、降級、減俸、記過、

---

[25] (D) 關於國家賠償責任之理論，下列敘述何者正確？(A)專制體制下即存在國家賠償責任(B)國營交通企業因事故造成國民權益損害之賠償，係涉及國家機關的「管理行政行為」(C)國立公園的遊樂設施發生事故，造成國民損害時的賠償責任，係涉及國家的「經濟營利活動行為」(D)任何國家權力作用所造成的損害，國家均應承擔賠償責任

[26] (A) 下列有關國家賠償請求權的敘述，何者正確？(A)不法的公權力行使所造成的個人損害，國家須負賠償責任(B)國家只須要求公務員個人承擔起不法行為的賠償責任(C)權利請求者只限定是自然人(D)採用國家無責任原則

[27] (C) 現行國家賠償法，其法源係依據中華民國憲法第幾條之規定而制定之？(A)第 22 條(B)第 23 條(C)第 24 條(D)憲法增修條文

[28] (D) 依憲法第 24 條之規定，立法者應制定國家賠償法律，以保障國民之權利，此一要求立法機關制定法律之規範方式，一般稱為：(A)法律保留(B)憲法保留(C)法律委託(D)憲法委託

[29] (D) 公務員因執行職務而為之違法失職行為，在行政上所應負之責任為：(A)政治責任(B)賠償責任(C)補償責任(D)懲戒責任

申誡，政務官之懲戒僅限於撤職與申誡，懲戒由懲戒法院（隸屬司法院）為之。適用於地方民選首長之懲戒處分則為撤職和申誡[30]。

2. **刑事責任**
3. **民事責任**：由上得知公務員違法侵害人民自由權利時，須負擔懲戒、刑事及民事之責任，而不需負擔之其他責任，如政治責任[31]。

(二) 國家之賠償責任

我國憲法第 24 條規定，公務員違法侵害人民之自由或權利，除依法律受懲戒外，應負刑事及民事責任，人民就其所受損害得依法律向國家請求賠償（係指國家賠償）[32]。條文所稱「法律」係指國家賠償法[33]，所得要求國家賠償之權利稱之為國家賠償請求權[34]，而此國家賠償制度始於德國[35]。又法條所稱之「自由或權利」受損者，包括生命、身體、財產等，但並不包含榮譽權在內[36]。國家賠償法於 69 年 7 月 2 日公布，70 年 7 月 1 日實施[37]，共計 17 條，主要內容有：

---

[30] (A) 下列何項公務人員懲戒處分適用於地方民選首長？(A)撤職(B)休職(C)減俸(D)記過

[31] (C) 下列何項責任係公務員違法侵害人民自由權時，不須負擔之責任？(A)民事責任(B)刑事責任(C)政治責任(D)懲戒責任

[32] (C) 我國憲法第 24 條規定，公務員違法侵害人民之自由或權利，人民得依法律向國家作何種請求？(A)去除侵害(B)回復原狀(C)國家賠償(D)國家補償

[33] (D) 凡公務員違法侵害人民之自由或權利者，被害人就其所受之損害，得依法律向國家請求賠償，其所依法律為何者？(A)民法(B)刑法(C)請願法(D)國家賠償法

[34] (C) 因公務員執行職務行使公權力之故意或過失，致權利遭受損害，而得要求國家賠償的權利，稱為：(A)國家補償請求權(B)損失填補請求權(C)國家賠償請求權(D)損失補償請求權

[35] (D) 國家賠償法制度始於何國？(A)美國(B)英國(C)法國(D)德國

[36] (D) 下列那一項人民的權益受損害時，不在國家賠償的責任範圍內？(A)生命(B)身體(C)財產(D)榮譽

[37] (B) 我國國家賠償法於何時正式施行？(A)民國 68 年(B)民國 70 年(C)民國 72 年(D)民國 75 年

1. 公務員定義

國家賠償法第 2 條第 1 項：「本法所稱公務員者，謂依法令從事於公務之人員。[38]」其公務員之範圍，乃採最廣義公務員概念[39]，在刑法公務員定義修法之前與刑法規定之範圍相同，但在民國 94 年刑法公務員概念修正後，則刑法之公務員概念較國家賠償法為窄[40]。受委託行使公權力之團體或個人，其執行職務之人於行使公權力時，視同委託機關之公務員[41]。也包括執行審判或追訴職務之公務員等，但不包括公營事業人員從事企業活動所從事之行為[42]，如：民營公車[43]。

2. 賠償事由[44]

(1) 公務員行為或不行為責任（採過失責任）

公務員於執行職務，行使公權力時，因故意或過失[45]不法侵害人民之

---

[38] (D) 國家賠償法第 2 條第 1 項所稱的公務員，其包含？(A)簡任、薦任及委任官(B)事務官與政務官(C)受有俸給之文武職及其他公營事業機關服務之人員(D)依法令從事公務之人員

[39] (B) 國家賠償法第 2 條第 1 項：「本法所稱公務員者，謂依法令從事於公務之人員。」有關公務員之範圍，乃採：(A)廣義公務員(B)最廣義公務員(C)狹義公務員(D)最狹義公務員

[40] (B) 國家賠償法規定的公務員概念與下列何種法律中公務員之概念相同？(A)公務員服務法(B)刑法(C)公務員懲戒法(D)公務人員任用法（刑法公務員之概念在民國 94 年修法之後，國家賠償法規定的公務員概念較刑法為寬，該題答案僅供參考）

[41] (A) 受委託行使公權力之團體，其執行職務之人於行使公權力時，其地位如何？(A)視同委託機關之公務員(B)視同委託機關(C)行政主體(D)人民

[42] (A) 下列何者非屬國家賠償法所規定適用之人員：(A)公營事業人員從事企業活動之行為(B)依法令從事公務之人員執行職務(C)受委託行使公權力執行職務之行為(D)審判或追訴職務公務員之執行職務

[43] (D) 下列何人不負國家賠償責任？(A)法官(B)台北市政府(C)汐止鎮所設公物之管理或設置機關(D)民營公車

[44] (D) 下列何者不是國家賠償責任之構成要件？(A)須有公有公共設施(B)須設置或管理有欠缺(C)須人民生命、身體或財產受損害(D)須未投保其他商業保險

[45] (C) 我國國家賠償法對於公務員責任係採：(A)無過失責任，只要有損害，即應賠

自由或權利者。其必須有國家行使公權力，例如海軍進行深水區「懲罰式加強訓練」致新兵溺水，國家才需賠償[46]。公務員怠於執行職務，致人民之自由或權利遭受損害者亦同，例如，餐廳違法使用防火避難設施，主管機關未令其改善，致發生火災時，多人無法逃生而罹難[47]。但若是因不可抗力所致，此時國家並「不」負損害賠償責任[48]。

(2) 公共設施責任（採無過失責任[49]）

公共設施因設置或管理有欠缺，致人民生命、身體、人身自由或財產[50]受損害，國家應負損害賠償責任。公共設施委託民間團體或個人管理時，因管理欠缺致人民生命、身體、人身自由或財產受損害者，國家應負損害賠償責任。

所謂的公共設施，例如擴建中仍供使用之橋樑[51]、市政府管理之路

償(B)採故意責任，只有故意行為，國家始負賠償責任(C)採故意或過失行為，國家負賠償責任(D)採故意或重大過失行為，國家始負賠償責任

[46] (D) 下列何者產生之損害涉及國家賠償法之賠償責任？(A)在公園被甫獲減刑出獄之更生人打傷(B)偷渡客被人蛇集團推入海中溺斃(C)遊客於國家公園內之餐廳用餐後發生食物中毒(D)海軍進行深水區「懲罰式加強訓練」致新兵溺水

[47] (A) 下列何者符合公務員不作為之國家賠償責任？(A)餐廳違法使用防火避難設施，主管機關未令其改善，致發生火災時，多人無法逃生而罹難(B)警察維護治安不力，致發生凶案，有人受害(C)都市計畫不當，致經常發生交通壅塞，損害民眾行的權利(D)稅務人員查察不力，致有逃漏稅事件發生

[48] (A) 公務員於執行職務行使公權力，不法侵害人民自由或權利者，何種情形國家「不」負損害賠償責任？(A)因不可抗力而致時(B)公務員違反善良管理人注意義務時(C)公務員違反與自己同一注意義務時(D)公務員故意時

[49] (B) 我國國家賠償法對公共設施設置管理欠缺採：(A)過失賠償主義(B)無過失賠償主義(C)故意賠償主義(D)重大過失賠償主義

[50] (D) 公共設施因設置或管理之欠缺，致人民何種權利受損害時，國家應負損害賠償責任？(A)生命(B)身體(C)財產(D)生命、身體、人身自由或財產

[51] (A) 下列那一項為國家賠償法所謂的「公共設施」？(A)擴建中仍供使用之橋樑(B)未驗收啟用之新建體育場(C)租用民有大廈一樓營業中之郵局(D)未正式通車之新闢道路

段留有坑洞未能及時修補又未設警告標誌[52]，即屬之。此等設施必須「直接供公共或公務目的使用」，若屬私人或私法人所有，非供公共或公務目的使用，則非公共設施，例如公營事業為公司組織，該財產屬於私法人組織之公司所有，並未提供公共或公務目的使用，而非公共設施[53]。

3. 賠償主體及賠償義務機關

以國家為賠償主體，該公務員或該公共設施或管理所屬機關為賠償義務機關。該機關裁撤或改組時，以其上級機關為賠償義務機關。

4. 賠償方法

以金錢[54]為原則，恢復原狀為例外[55]。

5. 賠償程序

先以書面[56]向賠償義務機關請求[57]協議之[58]。協議不成立始得向普通

---

[52] (B) 以下何種情形可產生國家賠償責任？(A)警察未能從實施戶口普查中查獲通緝犯(B)市政府管理之路段留有坑洞未能及時修補又未設警告標誌(C)休假中之警員駕駛私家轎車撞傷路人(D)法官判決民事訴訟案件中之原告敗訴，經上訴後平反

[53] (C) 下列何種設施之瑕疵不是國家應負賠償責任之公共設施？(A)由政府機關管領之私有公共設施(B)允許公眾參觀之軍事基地(C)私法人組織之公營事業的設施(D)政府機關之辦公房舍

[54] (A) 國家負損害賠償責任者，原則上應以下列何者賠償之？(A)金錢(B)金礦(C)土地(D)房屋

[55] (C) 我國國家賠償法所規定的賠償方法為：(A)只有金錢賠償(B)只有回復原狀(C)以金錢賠償為原則，回復原狀為例外(D)以回復原狀為原則，金錢賠償為例外

[56] (A) 依國家賠償法請求損害賠償時，要不要以書面提出請求？(A)要先以書面提出請求(B)不必書面請求，口頭即可(C)視嚴重程度而定(D)求償十萬元以上，須以書面提出請求

[57] (C) 依國家賠償法請求損害賠償時，應先向下列何者請求賠償？(A)調解委員會(B)警察機關(C)賠償義務機關(D)司法機關

[58] (D) 關於我國國家賠償之請求程序，下列敘述何者錯誤？(A)應以書面方式向賠償義務機關提起請求(B)賠償義務機關有與請求權人協議之義務(C)達成協議之協議書，具有執行名義的效力(D)可不經協議程序，逕行提起損害賠償之訴

法院[59]提出損害賠償之訴[60]。該協議書得為執行名義。此外,需注意者,原告於行政訴訟當中,若已依法附帶請求損害賠償者,就同一原因事實,不得向民事法院併行提起國家賠償訴訟[61]。再者,人民受無罪之判決確定後,就已受之冤獄擬向國家提起賠償之請求時,其管轄法院為刑事法庭[62]。

6. 國家之求償權

對公務員或其他應負責任之人有求償權,需公務員或其他應負責任之人有故意或重大過失[63]時,賠償義務機關對之才有求償權(採重大過失責任),意即倘若公務員執行職務,所不法侵害到人民自由或權利,係屬無過失之情形,此時國家對公務員並無求償之權利[64]。

7. 以民法為補充法

關於國家損害賠償之相關事項,除了依國家賠償法之規定外,應適用民法[65];且適用民事訴訟法[66]。

---

[59] (A) 國家賠償訴訟,由何法院管轄?(A)普通法院(B)行政法院(C)高等法院(D)由當事人選擇

[60] (C) 我國國家賠償法,申請賠償之程序應如何進行?(A)向賠償義務機關請求,請求不成,即向其上級機關提起訴願(B)向賠償義務機關請求,經協議程序,協議不成,即向行政法院提起訴訟(C)向賠償義務機關請求,協議不成,則向民事法庭提起訴訟(D)不必經由協議過程,可直接提起損害賠償之訴

[61] (A) 原告於行政訴訟中,已依法附帶請求損害賠償者,就同一原因事實,是否仍得向民事法院提起國家賠償訴訟?(A)不得併行提起(B)得併行提起(C)由原告自行決定之(D)視何者對原告較為有利,由民事法院決定之

[62] (C) 人民受無罪之判決確定後,就已受之冤獄擬向國家提起賠償之請求時,其管轄法院為:(A)行政法院(B)民事法庭(C)刑事法庭(D)憲法法庭

[63] (B) 公務員具備何種條件,賠償義務機關對之有求償權?(A)輕過失(B)重大過失(C)無過失(D)無求償權

[64] (A) 公務員執行職務,不法侵害人民自由或權利,於下列何種情形國家對其無求償權?(A)無過失(B)重大過失(C)故意作為(D)故意不作為

[65] (B) 關於國家損害賠償之相關事項,除了依國家賠償法之規定外,應適用何種法律規定?(A)刑法(B)民法(C)強制執行法(D)公務員懲戒法

[66] (B) 國家賠償法規定損害賠償之訴,除依本法規定外,適用下列何法之規定?(A)刑事訴訟法(B)民事訴訟法(C)行政訴訟法(D)軍事審判法

8. 提起國家損害賠償之訴的時機

賠償義務機關拒絕賠償、經提起賠償請求之日起逾三十日[67]，賠償義務機關不開始協議，或自開始協議之日起逾六十日協議不成立[68]。

9. 時效期間

賠償請求權，自請求權人知有損害時起，因二年間[69]不行使而消滅；自損害發生時起，逾五年[70]者亦同。

10. 互惠原則

外國人為被害人時，以依條約或其本國法令或慣例，中華民國人民得在該國與該國人享受同等權利者為限[71]。

11. 聲請假處分

依國家賠償法請求損害賠償時，法院得依聲請為假處分[72]，命賠償義務機關暫先支付醫療費或喪葬費。

12. 特別法

國家賠償法的特別法有：刑事補償法（向刑事庭聲請）、行政訴訟法、土地法、警械使用條例、鐵路法、民用航空法、核子損害賠償法等。

---

[67] (C) 請求國家賠償，依法規定逾期多久未獲賠償義務機關同意開始協議時，得提起賠償訴訟？(A)10 日(B)20 日(C)30 日(D)40 日

[68] (D) 我國人民向法院提起國家損害賠償之訴的時機是：(A)賠償義務機關拒絕賠償(B)經提起賠償請求之日起逾三十日，賠償義務機關不開始協議(C)開始協議之日起逾六十日協議不成立(D)以上三種時機之一即可提起

[69] (B) 國家賠償請求權之時效，自請求權人知有損害時起，因多久時間不行使而消滅？(A)一年(B)二年(C)三年(D)四年

[70] (C) 國家賠償請求權，自損害發生時起，逾多久而消滅？(A)二年(B)三年(C)五年(D)十年

[71] (C) 依現行法規定，外國人可否請求國家賠償？(A)可以，毫無限制(B)可以，但僅限於權利受損係因公務員不法侵害之情形(C)可以，但僅適用於中華民國人民在該國與該國人民享受等同權利者為限(D)不可以

[72] (C) 人民依國家賠償法請求損害賠償時，法院得依聲請為何種處分？(A)假扣押(B)假執行(C)假處分(D)支付命令

惟民法屬國家賠償法之補充法而非國家賠償法之特別法[73]。

13. 預算之編列

由各級政府編列預算支應[74]。

作者小叮嚀

　　國民義務方面，納稅義務有非常多的大法官解釋。不過只需了解稅捐法定主義的意思。另外，國家賠償法也是考試的重點，而且會考得非常細節，需閱讀國家賠償法條文。

---

[73] (D) 下列何法不屬國家賠償法之特別法？(A)冤獄賠償法(B)警械使用條例(C)土地法(D)民法

[74] (D) 國家賠償所須經費之來源為：(A)由負責之公務人員自行負擔之(B)由中央統籌支應之(C)由中央設國家賠償基金會支應之(D)由各級政府編列預算支應之

第十五章　政府體制總論

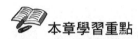 本章學習重點

1. 了解內閣制、總統制、雙首長制的內容
2. 了解我國憲法本文的設計
3. 歷次修憲後目前政府體制的定位
4. 國民大會的現狀

一、權力分立

(一) 意義

　　我們一般會將政府分為三個權力部門，分別是行政、立法、司法，也就是一般常說的三權分立。權力分立的目的，在於讓政府權力不要過度集中在一個部門手裡，避免發生獨裁專制的情形，以保障人民的權利。政府組織部分最重要的憲法原則就是權力分立[1]。

　　近代權力分立的理論源自英國的洛克[2]，在 1690 年發表其名著《政府論兩篇》[3]，主張為保障人民的自由、生命以及財產等自然權利，政府應該有立法權（legislative power）、執行權（executive power）以及外交權。孟德斯鳩於 1729 年至 1731 年旅居英國，返回法國後，於 1748 年寫出他對英國憲政的觀感：《論法的精神》一書，提出三權分立理論[4]，這本書對

---

[1] (A) 有關政府組織部分最重要的憲法原則是：(A)權力分立(B)廉潔效率(C)萬能政府(D)全民參與

[2] (A) 主張「分權理論」，認為國家權力應區分為立法權及執行權之思想家為以下何者？(A)洛克(B)孟德斯鳩(C)盧梭(D)霍布斯

[3] (A) 「政府二論」為下列何者之代表著作？(A)洛克(B)盧梭(C)霍布斯(D)孟德斯鳩

[4] (B) 美國獨立時制憲，將下列何者對於國家權力限制和制衡的理論納入憲法？(A)

歐洲與美洲正值大變革之際，展現其莫大的影響力：在美國獨立制憲時，將孟德斯鳩對於國家權力限制和制衡的三權分立[5]理論納入憲法，美國憲法依此創建了新的政府體系。

　　至今，一般立憲國家皆採取三權分立[6]，分別是行政、立法、司法。我國憲法雖採五權分立，但在本質上仍是三權：即行政權包括總統、行政院與考試院[7]，立法權包括立法院與監察院，司法權則為司法院，故可稱之為「三權五院」。採用成文憲法之現代法治國家，基於權力分立之憲政原理，應建立違憲審查制度[8]，由司法部門來確保行政、立法部門遵守憲法。

(二) 中央政府體制

　　將政府權力分成好幾塊後，就會設計彼此制衡的方式。也就是互相抗衡、對立的方式。尤其，通常立法權和行政權比較容易發生權力之間的衝突。因此，各國對於解決行政、立法權力之間衝突的方式，就是我們所謂的中央政府體制。一般叫典型的分類方式，是將中央政府體制分為「內閣制」、「總統制」、「雙首長制」。

二、三種政府體制

(一) 內閣制

　　內閣制又叫作議會內閣制，採取內閣制的著名國家包括英國、日本[9]、德國和北歐國家等。內閣制國家的特徵，在於通常這個國家乃是君

　　洛克(B)孟德斯鳩(C)林肯(D)馬丁路德

[5]　(C) 何人倡導三權分立？(A)盧梭(B)洛克(C)孟德斯鳩(D)馬克斯

[6]　(B) 立憲國家通常採行：(A)二權分立(B)三權分立(C)四權分立(D)五權分立

[7]　(B) 從三權分立之觀點，考試院屬於何種權力之範圍？(A)立法權(B)行政權(C)考試權(D)司法權

[8]　(C) 採用成文憲法之現代法治國家，基於權力分立之憲政原理，應建立何種制度？(A)國家賠償制度(B)公用徵收制度(C)違憲審查制度(D)政治協商制度

[9]　(B) 國家元首無任何實權，且不負責任，如英、日兩國者，乃是：(A)總統制(B)內閣制(C)委員制(D)混合制

主國家，有一個國王作為國家元首，其只會進行國會大選，選出國會議員，然後由國會裡面的多數黨，或少數幾個黨合起來過半，組成內閣。內閣成員都必須具有國會議員資格[10]，行政首長得以兼任國會議員[11]，而內閣首相就是總理。國王名義上是國家元首，負責發布法律，不過需要內閣副署[12]，國家元首係屬虛位元首[13]，並無任何實權，且不負責任。

　　內閣制國家係行政權與立法權互相結合[14]，由於內閣需經國會同意任命，所以內閣向議會負責[15]，議會可向內閣質詢[16]。內閣多半由國會裡面過半數的政黨或聯合幾個小黨過半數共同組成，所以其必須獲得國會過半數政黨的「支持」或「信任」。但是一旦內閣當選後，久而久之，其政策可能會與國會多數漸漸偏離，而互相衝突。此時，解決衝突的方式，乃是：1.國會對內閣提出不信任案投票[17]，當不信任案投票通過時，內閣必須總辭。2.內閣此時可以向國家元首要求解散國會，重新改選[18]，由新改

---

[10] (A) 下列有關「議會內閣制」之敘述，何者錯誤？(A)內閣成員均不得同時為國會議員(B)內閣之首相及主要閣員多由民選國會議員選任(C)內閣與國會有不信任與解散之相互制衡關係(D)內閣為以首相或總理為中心之組織體

[11] (D) 有關「內閣制」制度之特徵，下列敘述何者不正確？(A)虛位元首(B)立法機關對行政機關可提不信任案(C)元首公布法律、發布命令須經副署(D)行政首長不得兼任國會議員

[12] (B) 副署及不信任制度，為何種中央政府體制之特色？(A)總統制(B)內閣制(C)委員制(D)獨裁制

[13] (D) 下列那一個國家的總統是虛位制？(A)法國(B)美國(C)韓國(D)德國

[14] (B) 若行政權與立法權互相結合，則此種制度可稱之為：(A)總統制(B)內閣制(C)委員制(D)雙首長制

[15] (B) 在內閣制國家，內閣向何機關負責？(A)國家元首(B)議會(C)法院(D)多數黨

[16] (B) 立法委員得質詢行政院部會首長之制是何種政制之制度？(A)總統制(B)內閣制(C)委員制(D)半總統制

[17] (C) 我國憲法增修條文所採之「不信任投票」制，係取法於西方何種政制？ (A)總統制(B)委員制(C)內閣制(D)雙首長制

[18] (A) 以下何者是英國式內閣制的特徵？(1)內閣總理得解散國會(2)國會得質詢內閣總理(3)國會議員不得兼任部長(4)內閣總理得否決法律。(A)(1)(2) (B)(1)(2)(3) (C)(2)(3)(4) (D)(1)(2)(3)(4)

選的國會來決定，是否支持現任內閣。

(二) 總統制

　　採取總統制（presidential system）的著名國家為美國[19]。總統為國家元首，乃是由人民直選，掌控行政權，所以總統制之特徵就是行政首長兼國家元首[20]，總統不得向國會提出法案[21]，但得否決法律[22]。而人民也直選國會議員，掌控立法權。行政權和立法權都是由人民直選，各有各的民意基礎，而任期也都固定（一般為四年），不像內閣制可以不信任對方或解散對方。總統組成的政府，其各部會首長不得由國會議員兼任。

　　由於總統和國會是人民分開選的，所以有可能會發生總統和國會多數政黨屬於不同政黨的情形，簡稱為「分裂政府」，亦即出現總統所領導的行政機關與國會所代表的立法機關之僵局，而致影響政務之推動和政府之穩定[23]。

　　當發生分裂政府的時候，總統和國會多數意見不合，解決兩者間衝突的方式在於，國會以二分之一通過的法律，總統認為執行有困難，可以提出覆議（否決）[24]，要求國會重新表決。此時，重新表決門檻提高到三分之二，亦即，總統所屬政黨雖然在國會無法過半，但只要在國會裡面同

---

[19] (D) 下列國家何者採總統制？(A)德國(B)日本(C)英國(D)美國
[20] (D) 下列何者為總統制之特徵？(A)倒閣權(B)解散議會權(C)質詢權(D)行政首長兼國家元首
[21] (A) 以下何者是美國總統制的特徵？(1)總統得否決法律(2)國會得對涉嫌違法的總統進行不信任投票(3)總統不得向國會提出法案(4)國會議員得質詢總統。(A)(1)(3) (B)(1)(4) (C)(2)(4) (D)(2)(3)
[22] (A) 以下何者是總統制的特徵？(1)總統得否決法律(2)總統得解散國會(3)總統同時為行政首長及國家元首(4)總統應到國會接受質詢。(A)(1)(3) (B)(1)(4) (C)(2)(4) (D)(2)(3)
[23] (A) 下列那一種體制常會出現總統所領導的行政機關與國會所代表的立法機關之僵局，而致影響政務之推動和政府之穩定？(A)總統制(B)內閣制(C)委員制(D)五權憲法制
[24] (C) 下列何者是總統制常用的制度？(A)副署(B)質詢(C)覆議(D)行政院向立法院負責

黨人到達三分之一，就可以阻止法案過關。

(三) 雙首長制

1. 概說

　　雙首長制在學理上稱為「混合制」或稱為「半總統制」，「雙首長制」這種說法只是一般的慣稱。世界上採雙首長制的著名國家，就是法國[25]，而我國也是採取雙首長制。

　　雙首長制之所以稱為「雙首長」，乃是因為有兩個行政首長，一個是人民直選的總統，一個是總統任命的總理。在雙首長制國家，總統是人民直選的，國會議員也是人民直選，而內閣則是總統提名、國會同意任命。

　　雙首長制的行政、立法權對抗的方式比較複雜。其之所以被稱為「混合制」，乃混合了內閣制和總統制的制度，其有內閣制的不信任案、解散國會制度，也有總統制的覆議制度。在覆議制度上，其與總統制不同，在於國會重新投票的門檻，仍然是二分之一，並不需要提高，因而，通常內閣覆議的結果，並不會動搖原本國會的法案。但在此制下，國會也可對內閣提出不信任案，而總統有解散國會重新改選的權力。

2. 換軌

　　由於總統和國會是分開選舉，可能會發生總統所屬政黨，與國會多數黨為不同黨的情形。當總統與國會多數黨屬同一政黨時，總統任命的總理，也是同一黨的人，此時總統掌有行政實權，總理只是總統的幕僚長。但當總統與國會多數黨屬不同政黨時，按照法國的憲政慣例，總統會提名國會多數黨人擔任總理，也就是提名與自己立場相左的人擔任總理。此時總統會將行政權力讓渡給總理，而總統僅保有少數行政權（主要為外交和國防）。之所以稱為雙首長，就是此時有兩個具有實權的行政首長。我們稱此時乃由總統制轉換到雙首長制，為「換軌」。

---

[25] (C) 我國現行中央政府體制比較接近於那一國家？(A)美國(B)英國(C)法國(D)瑞士

三、我國憲法演變

(一) 孫中山的五權憲法

在孫中山的架構中，人民享有政權（選舉、罷免、創制、複決）[26]，政府享有治權（行政、立法、司法、考試、監察），制衡乃發生在人民對政府的控制。人民雖然享有政權，但由於人民太多，要所有人民一起聚集起來直接行使政權，有所困難，因此我們交由國民大會來代替人民行使政權，由其來替人民監督政府。所以，國民大會之設立最主要是源自於國父之政府權能區分理論[27]。而之所以分為五權，並不是為了制衡，而是為了「分工合作」。另外，孫中山先生主張革命民權說[28]，也因此並不會贊同天賦人權的觀念[29]。

(二) 憲法本文：修正式內閣制

一般學者將憲法本文的政府體制，認為屬「修正式內閣制」，因為其含有較多內閣制的色彩，但又有所修正。其間，總統提名行政院長，必須得到立法院同意（憲法第 55 條）；而總統頒布各大小法律、命令，都必須得到行政院長或相關各部會首長的副署（憲法第 37 條）；行政院對立法院負責，需接受立法院質詢（第 57 條）[30]；行政院和立法院的對抗上，雖然採取的是覆議制度[31]（總統制之特點），且覆議門檻為三分之二，可是

---

[26] (D) 人民之政權應有：(A)選舉權(B)選舉權及罷免權(C)選舉權、罷免權及創制權(D)選舉權、罷免權、創制權和複決權

[27] (B) 國民大會之設立最主要是源自國父之何種理論？(A)均權制度(B)權能區分(C)五權憲法(D)知難行易

[28] (A) 主張革命民權說的學者是：(A)孫中山(B)盧梭(C)孟德斯鳩(D)霍布斯

[29] (C) 下列那一項不是孫中山先生的言論？(A)主張權能區分(B)提倡全民政治(C)贊同天賦人權(D)反對三權分立

[30] (B) 我國憲法第 57 條規定立法委員對行政院院長及行政院各部會首長有質詢之權，此制是淵源於何種制度而來？(A)總統制(B)內閣制(C)委員制(D)民主集中制

[31] (B) 從憲法中有關行政院與立法院之關係來看，我國最接近總統制的制度，是那一種制度？(A)行政院院長及各部會首長接受立法院質詢之制度(B)行政院對立法

其規定若覆議失敗，行政院長必須接受，倘若不接受，必須辭職（憲法第57 條）。諸種規定，都像是內閣制中，立法權控制行政權，且國家元首沒有實權的機制。

　　但之所以被稱為修正，就是因為還是有些規定與內閣制不符。例如總統擁有軍事權、立法委員不得兼任政府官員、行政院可以提出覆議等，是對內閣制的修正。

四、九七修憲後中央政府體制

　　經過歷次修憲後，目前的中央政府體制，主要是在 1996 年國發會經由兩大黨協商後取得共識，學習法國的雙首長制，並在 1997 年第四次修憲時[32]，放到增修條文中。也就是說，我國憲政體制內納入內閣制之解散國會及倒閣制度，即立法院擁有倒閣權利[33]，始於 1997 年修憲後。

五、國民大會

(一) 定位

　　在中華民國憲法中，國民大會的定位一直都有爭議。由於國民大會在孫中山的想法中，乃是政權機關[34]。在歷次修憲中，由於國民大會[35]掌控修憲職權，每次修憲都會調整自己的職權，基本上大方向是將國民大會「實權化」，轉型為實際上的「國會」，配合立法院，朝「國會兩院制」邁

院之各項決議案提出覆議之制度(C)行政院向立法院提出施政報告之制度(D)行政院院長呈請總統解散立法院之制度

[32] (D) 我國憲政體制內納入內閣制之解散國會及倒閣制度，始於何時？(A)民國 80 年修憲後(B)民國 81 年修憲後(C)民國 83 年修憲後(D)民國 86 年修憲後

[33] (C) 我國現行之政府體制，下列何者屬於內閣制之特色？(A)總統直接民選(B)行政院長不具立法委員身分(C)立法院擁有倒閣權(D)行政院長之產生不必經立法院同意

[34] (A) 依我國情形言，憲法所規定的政權機關是：(A)國民大會(B)行政院(C)立法院(D)國民黨

[35] (D) 憲法增修條文由那一機關制定？(A)立法院(B)司法院(C)行政院(D)國民大會

進。國民大會開會地點，據憲法之規定，係在中央政府所在地[36]。

(二) 演變

　　2000 年國民大會進行第五次修憲，當時希望以後不要再舉辦國民大會的選舉，而想與立法院選舉同時舉行，依附於立法院選舉，按照立法院選舉結果各政黨得票比例，來分配國民大會的席次。由於當時立法院任期還有兩年才到，故國民大會修憲延長自己的任期，延到兩年後才跟立法院一起改選。但這卻引「國大自肥」的批評，故大法官於釋字第 499 號宣告該次修憲違憲。故在第六次[37]修憲時，國民大會將自己改為「任務型國大」，也就是將其「虛位化」，平常不會固定選舉國大，只有在立法院提出「變更國土、修憲、彈劾總統」等提案時，才選出任務型國大。2005 年第七次[38]修憲，憲法增修條文將國大廢除[39]，並將公民複決納入憲法，國民大會澈底進入歷史。

作者小叮嚀

　　同學需了解三種政府體制的差異，並了解憲法本文乃是修正式內閣制，並認識哪些條文具有內閣制的精神。但為何又被稱為修正式。而目前的政府體制，乃是學習法國的雙首長制。另外國民大會的性質，屬於孫中山所謂的政權機關，但第七次修憲時已經走入歷史。

---

[36] (B) 依據憲法第 31 條之規定，國民大會開會地點為何？(A)由國民大會決定(B)中央政府所在地(C)由立法院決定(D)由總統決定

[37] (C) 國民大會於第幾次修憲改為任務型國大？(A)第五次(B)第七次(C)第六次(D)第四次

[38] (B) 國民大會於第幾次修憲遭廢除？(A)第五次(B)第七次(C)第六次(D)第四次

[39] (D) 依憲法增修條文之規定，有關國民大會之敘述，下列何者正確？(A)國民大會代表於選舉結果確認後二十日內自行集會(B)國民大會集會以二個月為限(C)國民大會代表之選舉方式以法律定之(D)國民大會已廢除

第十六章　總　統

本章學習重點

1. 總統的選舉
2. 總統的罷免、彈劾
3. 總統的儀式性權力
4. 總統的實權

一、我國憲法上總統的地位

　　在我國憲法本文中，總統為國家元首，對外代表中華民國。但其乃具「內閣制」總統之特色，其所發布之法律、命令，都需要得到行政院長或相關部會首長的副署。但到第三次修憲時，我們將總統改為公民直選，總統的角色越來越重，到 1997 年第四次修憲時，我們更改為「雙首長制」，也就是「半總統制」。總統若以三權來區分，在憲政分權理論下屬於行政權[1]。

二、總統的職權

　　憲法中賦予總統的職權很多，有代表國家權、外交權、軍事權、公布法令權、緊急命令權、任免官員權、授與榮典權、赦免權、院際調解權、國家安全大政方針決定權、解散立法院權等。但許多只是國家元首儀式性的權力。

　　憲法中，真正專屬於總統的職權，乃是一些人事任命權或提名權，以及主持國家安全會議權。由於總統可主持國家安全會議，故一般認為，

---

[1] (A) 我國憲法所規定的總統職權，在憲政分權理論下屬於何種權？(A)行政權(B)立法權(C)司法權(D)監察權

總統和行政院長的區分在於，總統可透過國家安全會議，指導國防、外交、兩岸事務。不過憲法規定，行政院才是國家最高行政機關[2]。

(一) 代表國家權

總統[3]為國家元首，對外代表國家（憲法第 35 條）。

(二) 外交權

總統依本憲法之規定，行使締結條約及宣戰、媾和之權[4]（憲法第 38 條）。不過，就條約之締結、宣戰[5]、媾和，總統有「行使」之權，惟須先經行政院會議議決，並經立法院審議通過[6]，最後由總統明令公布[7]。

(三) 軍事權

1. 統帥權

總統[8]統率全國陸海空軍（憲法第 36 條）。

軍令權與軍政權：我國國防部組織法於 2000 年 1 月公布，2002 年實

---

[2] (C) 下列何項敘述錯誤？(A)總統為國家元首，對外代表中華民國(B)總統為三軍統帥(C)總統為最高行政機關(D)總統不對立法院負責

[3] (A) 依憲法規定，下列何者為國家元首？(A)總統(B)行政院院長(C)立法院院長(D)司法院院長

[4] (A) 下列何者得依憲法之規定行使締結條約及宣戰、媾和之權？(A)總統(B)行政院院長(C)外交部部長(D)國防部部長

[5] (A) 根據憲法第 38 條，總統行使對外宣戰之權，其程序為何？(A)宣戰案須先經行政院會議通過，立法院議決(B)總統直接對外宣戰(C)總統徵詢行政院院長同意後，對外宣戰(D)國家安全會議同意後，總統直接對外宣戰

[6] (D) 我國與其他國家締結條約是否應經立法院的審議通過？(A)不需要，此乃總統之專屬權(B)不需要，只需經國家安全會議通過即可(C)不需要，只需經行政院會議通過即可(D)應經立法院審議通過

[7] (C) 總統行使締結條約之權，下列敘述何者不正確？(A)須先經行政院會議議決(B)須經立法院議決(C)須經國民大會議決(D)須總統明令公布

[8] (A) 依憲法規定，誰統率全國陸海空軍？(A)總統(B)參謀總長(C)參軍長(D)國防部長

施後，朝向「軍政軍令一元化」。也就是說，將原本屬於「參謀總長」的軍令權，納入「國防部長」的軍政權下面指揮[9]。以前總統可以直接控制軍令權，現在卻要通過行政院國防部的控制，且要受到立法院的監督。

2. 戒嚴權

總統依法宣布戒嚴[10]，需先經「行政院會議之議決」（憲法第 58 條）[11]，然後須經立法院[12]之通過或追認。立法院[13]認為必要時，得決議移請總統解嚴（憲法第 39 條）。

(四) 公布法令權

1. 公布

總統依法公布法律發布命令[14]。惟法案之提出則非屬總統的職權之一[15]。立法院法律案通過後，移送總統及行政院，總統應於收到後十日內公布之[16]，但總統得依照憲法第 57 條之規定辦理。

---

[9] (B) 我國之軍令權屬於何人？(A)行政院院長(B)國防部長(C)參謀總長(D)總統（答案由 D 更改為 B）

[10] (C) 下列何者不屬於行政院院長之職權？(A)主持行政院會議(B)副署總統公布之法律及發布之命令(C)發布緊急命令(D)提請總統任命行政院副院長、各部會首長及不管部會之政務委員

[11] (D) 總統依法宣布戒嚴，戒嚴案須經何者議決，提交何者通過或追認，始得宣布之？(A)國家安全會議議決；立法院通過或追認(B)國民大會議決；內閣會議通過或追認(C)行政院會議議決；國民大會通過或追認(D)行政院會議議決；立法院通過或追認

[12] (C) 依據我國憲法第 39 條之規定，總統依法宣布戒嚴，須經何機關之通過或追認？(A)國民大會(B)行政院(C)立法院(D)監察院

[13] (C) 依憲法第 39 條規定，那個機關對總統依法宣布之戒嚴，得以決議移請總統解嚴？(A)國民大會(B)行政院(C)立法院(D)監察院

[14] (A) 下列總統發布之命令，何者須經行政院長之副署？(1)公布法律(2)發布命令(3)提名審計長經立法院同意任命。(A)(1)(2) (B)(1)(3) (C)(2)(3) (D)(1)(2)(3)

[15] (D) 下列那一項不是總統的職權？(A)任命行政院長(B)依法締結條約(C)依法宣布戒嚴(D)依法提出法案

[16] (C) 依憲法規定，總統於收到立法院通過之法律案後，應於幾日內公布？(A)三日

2. 副署

總統依法公布法律發布命令，須經行政院長[17]或有關部會首長之副署[18]（憲法第 37 條）。總統發布行政院長與依憲法經立法院同意任命人員之任免命令及解散立法院之命令，無須行政院長之副署（憲法增修條文第 2 條第 2 項）。反之，總統所發布之任免命令，如果涉及不需要經立法院同意而任命之人員，則應經行政院院長之副署，例如總統府秘書長，因為其不需要經立法院同意而任命，所以應經行政院院長之副署[19]。

3. 核可覆議權

行政院對於立法院決議之法律案、預算案、條約案，如認為有窒礙難行時，得經總統之核可[20]，於該決議案送達行政院十日內，移請立法院覆議[21]。立法院對於行政院移請覆議案，應於送達十五日內作成決議。如為休會期間，立法院應於七日內自行集會，並於開議十五日內作成決議。覆議案逾期未議決者，原決議失效。覆議時，如經全體立法委員二分之一以上決議維持原案，行政院院長應即接受該決議（憲法增修條文第 3 條第 2 項第 2 款）。

(五) 解散立法院權

1. 解散時機：總統於立法院通過對行政院院長之不信任案[22]後十

(B)五日(C)十日(D)三十日

[17] (A) 總統公布法律、發布命令，應由何者副署？(A)行政院院長(B)立法院院長(C)司法院院長(D)監察院院長

[18] (D) 總統公布法律，須經下列何者之副署？(A)立法院院長(B)國民大會議長(C)司法院院長(D)行政院院長及有關部會首長

[19] (B) 依憲法本文及增修條文之規定，下列何者之任免，應經行政院院長之副署？(A)考試院長(B)總統府秘書長(C)司法院大法官(D)監察院審計部審計長

[20] (D) 覆議核可權歸何人所有？(A)行政院院長(B)立法院(C)司法院院長(D)總統

[21] (D) 有關總統之職權，下列何者無須經由立法院審議或追認？(A)締結條約權(B)宣戰媾和權(C)宣布戒嚴權(D)覆議核可權

[22] (B) 依憲法增修條文規定，總統在下列那一種情況下，可以解散立法院？(A)為避免國家或人民遭遇緊急危難或應付財政經濟上重大變故(B)於立法院通過對行政院院長之不信任案後十日內，經諮詢立法院院長後(C)立法院政黨協商破

日內[23]。

2. **解散程序**：須先經由行政院長呈請總統[24]解散立法院（總統僅有被動解散權）（憲法增修條文第 3 條第 2 項第 3 款）。總統經諮詢立法院院長[25]後，得宣告解散立法院。立法院經總統解散後，在新選出之立法委員就職前，視同休會狀態[26]（憲法增修條文第 4 條第 4 項）。

3. **解散效果**：立法院應於六十日內[27]舉行立法委員選舉，並於選舉結果確認後十日內[28]自行集會，其任期重新起算[29]。

4. **解散權之限制**：戒嚴或緊急命令生效期間不得解散立法院[30]（憲法增修條文第 2 條第 5 項）。

裂，致嚴重妨礙重大法案之通過(D)國家進入戒嚴時期

[23] (A) 總統於立法院通過對行政院長之不信任案後，在幾日內經諮詢立法院院長後，得宣告解散立法院？(A)10 日內(B)15 日內(C)1 個月內(D)3 個月內

[24] (A) 依憲法增修條文規定，下列何人在立法院倒閣之後，擁有解散立法院之權？(A)總統(B)行政院院長(C)立法院院長(D)司法院院長

[25] (C) 依憲法增修條文之規定，總統向下列何者諮詢後得宣告解散立法院？(A)副總統(B)行政院院長(C)立法院院長(D)司法院院長

[26] (A) 依中華民國憲法增修條文之規定，立法院經總統解散後，在新選出之立法委員就職前，視同何種狀態？(A)休會(B)停會(C)閉會(D)解體

[27] (D) 總統解散立法院後，應於幾日內舉行立法委員選舉？(A)15 日(B)30 日(C)45 日(D)60 日

[28] (C) 立法院被解散重新改選後，必須於選舉結果確認後幾日內自行集會？(A)二十日內(B)三十日內(C)十日內(D)三個月內

[29] (A) 依憲法增修條文規定，經總統解散立法院後，重新改選之立法委員其任期如何計算？(A)重新計算(B)補足上屆立法委員賸餘任期(C)如立法委員賸餘任期不足一年者，其任期重新計算(D)立法委員賸餘任期超過二分之一以上者，補足其原任期屆滿為止

[30] (C) 依憲法增修條文規定，總統於下列何種情況下，不得解散立法院？(A)國家慶典期間(B)立法委員任期未滿一年(C)於戒嚴或緊急命令生效期間(D)立法院院長不同意時

(六) 緊急命令權

1. 憲法本文規定

　　根據憲法本文第 43 條之規定：「國家遇有天然災害、癘疫，或國家財政經濟上有重大變故，須為急速處分時，總統於立法院休會期間，得經行政院會議[31]之決議，依緊急命令法，發布緊急命令，為必要之處置。但須於發布命令後一個月內提交立法院追認。如立法院不同意時，該緊急命令立即失效[32]。」

2. 增修條文規定

　　憲法增修條文第 2 條第 3 項（原增修條文第 2 條第 4 項）規定總統緊急命令權，不受憲法本文第 43 條之限制。包括以下幾點：

　　(1) 要件放寬且不限於立法院休會期間[33] [34]。

　　(2) 不需制定緊急命令法[35]。

　　(3) 立法院追認時間限縮為十日[36] [37]。

---

[31] (C) 總統發布緊急命令，須經何會議決議？(A)國家安全會議(B)立法院院會(C)行政院院會(D)國統會

[32] (A) 依中華民國憲法增修條文之規定，總統發布緊急命令後十日內，提交立法院追認，如立法院不同意時則結果為何？(A)該緊急命令立即失效(B)總統提起覆議(C)行政院院長提起覆議(D)總統辭職

[33] (D) 總統發布緊急命令，其發布之時間：(A)限於立法院休會期間(B)限於國民大會休會期間(C)限於立法院開會期間(D)並無時限之規定

[34] (C) 以下關於總統職權之敘述，何項有誤？(A)總統依憲法之規定，代表中華民國行使締結條約之權(B)總統依法宣布解嚴，但須經立法院通過或追認(C)總統僅能於立法院休會期間，經行政院會議之決議發布緊急命令(D)總統享有三軍統帥權

[35] (C) 總統依據憲法及增修條文規定，均有發布緊急命令之權，兩者不同點為何？(A)是否須經行政院會議之決議(B)是否須經提交立法院確認(C)是否須依據緊急命令法(D)以上皆是

[36] (C) 總統發布緊急命令，應經何程序？(A)應經立法院會議之決議(B)須於發布命令後十日內提交行政院追認(C)須於發布命令後十日內提交立法院追認(D)須送請國民大會追認

[37] (A) 總統發布緊急命令後須提交立法院追認的時限，憲法增修條文第 2 條比憲法本

(4) 發布事由：為避免國家或人民遭遇緊急危難或應付財政經濟上重大變故[38][39]。

(5) 緊急命令之同意與立法院解散改選：總統於立法院解散後發布緊急命令，立法院應於三日內[40]自行集會，並於開議七日內追認之[41]。但於新任立法委員選舉投票日後發布者，應由新任立法委員於就職後追認之。如立法院不同意時，該緊急命令立即失效。

3. 釋字第 543 號（91/5/3）

若於緊急命令中另外授權執行機關以命令補充時，此種補充規定應依行政命令之審查程序送交立法院審查[42]，以符憲政秩序。又補充規定應隨緊急命令有效期限屆滿而失其效力，乃屬當然。

(七) 任免官員權

1. 任免權

總統依法任免文武官員（憲法第 41 條）。

文第 43 條所規定的時限來得：(A)短(B)長(C)不變(D)不一定

[38] (D) 下列何者並非總統發布緊急命令之原因？(A)避免國家遭遇緊急危難(B)避免人民遭遇緊急危難(C)應付財政經濟上重大變故(D)維持社會秩序

[39] (A) 依現行憲法增修條文第 2 條規定，總統得發布緊急命令之情形，不包括下列何者？(A)國際上發生戰爭(B)避免國家遭遇緊急危難(C)避免人民遭遇緊急危難(D)應付財政經濟上重大變故

[40] (A) 依憲法增修條文之規定，總統於立法院解散後發布緊急命令者，立法院應於幾日內自行集會？(A)三日(B)十日(C)十五日(D)三十日

[41] (D) 依憲法增修條文規定，總統若於立法院解散後，新任立委選舉投票日前發布緊急命令，則該命令應如何追認？(A)應於新任立法委員就職後追認之(B)立法院既已解散，視同休會，故無需立法院追認生效(C)立法院既已解散，視同休會，該緊急命令無效(D)立法院應於三日內自行集會，並於開議七日內追認之

[42] (B) 依司法院大法官釋字第 543 號解釋，總統發布之緊急命令，若於緊急命令中另外授權執行機關以命令補充時，此種補充規定性質之命令，應如何送交立法院審查？(A)比照緊急命令，於發布命令後十日內提交立法院追認(B)依行政命令之審查程序送交立法院審查(C)比照法律案，送交立法院進行三讀程序(D)無須送交立法院審查

行政院院長由總統任命之[43]（憲法增修條文第 3 條第 1 項）。總統得直接任命行政院長，不須事先經立法院之同意[44]。

2. 提名權

根據憲法規定，下列人員由總統提名，經立法院[45]同意：

(1) 司法院院長、副院長、大法官：司法院設大法官十五人，並以其中一人為院長、一人為副院長，由總統提名，經立法院同意任命之，自中華民國 92 年起實施，不適用憲法第 79 條之規定（憲法增修條文第 5 條第 1 項）。

(2) 考試院院長、副院長、考試委員：考試院設院長、副院長各一人，考試委員若干人，由總統提名，經立法院[46]同意任命之，不適用憲法第 84 條之規定（憲法增修條文第 6 條第 2 項）。

(3) 監察院院長、副院長、監察委員：監察院設監察委員二十九人，並以其中一人為院長、一人為副院長，任期六年，由總統提名，經立法院同意任命之。憲法第 91 條至第 93 條之規定停止適用（憲法增修條文第 7 條第 2 項）。

(4) 審計長：監察院設審計長，由總統提名，經立法院同意任命之[47]（憲法第 104 條）。因其須經立法院同意任命，所以無須行政院院長之副署[48]。

---

[43] (A) 下列有關總統之敘述，何者錯誤？(A)總統任命行政院院長須經立法院同意(B)總統與副總統候選人應聯名登記競選(C)其選舉採相對多數當選制(D)總統解散立法院無須行政院院長副署

[44] (C) 總統對下列何者之任命，憲法增修條文規定不須事先經立法院之同意？(A)司法院院長(B)監察院院長(C)行政院院長(D)考試院院長

[45] (B) 考試院長、副院長、考試委員，係由總統提名，經下列那一機關同意任命之？(A)國民大會(B)立法院(C)考試院(D)監察院

[46] (B) 依憲法增修條文規定，考試委員由總統提名，經何一機關同意後任命之？(A)國民大會(B)立法院(C)行政院(D)司法院

[47] (D) 下列人員何者係由總統提名經立法院同意任命之？(A)行政院副院長(B)行政院院長(C)國防部長(D)審計長

[48] (D) 下列人事命令，何者不需行政院院長副署？(A)國防部部長之任命(B)參謀總長之任命(C)外交部部長之任命(D)審計長之任命

(八) 授與榮典

總統依法授與榮典[49]（憲法第 42 條）。

(九) 赦免權

總統依法行使大赦、特赦、減刑及復權[50]之權（憲法第 40 條）。總統可令行政院轉主管部會為大赦、特赦、減刑、復權之研議（赦免法第 6 條第 1 項）。

1. 大赦

將某特定時期及特定種類之犯罪加以赦免，使其罪刑之宣告根本無效[51]，或不再有受追溯之虞[52]。大赦案須經行政院會議及立法院之決議[53]。行政院院長、各部會首長，須將應行提出於立法院之法律案、預算案、戒嚴案、大赦案、宣戰案、媾和案、條約案及其他重要事項，或涉及各部會共同關係之事項，提出於行政院會議，再經立法院議決之（憲法第 58 條第 2 項、第 63 條）。

2. 特赦

受罪刑之宣告人經特赦，免其刑之執行[54]（除有特殊情事方可比照大

---

[49] (D) 總統授與外國國家元首勳章時，是在行使總統之那一項職權？(A)媾和權(B)國家安全大政方針決定權(C)統帥權(D)授與榮典權

[50] (A) 總統依法行使赦免權的範圍包括：(1)大赦權(2)減刑權(3)特赦權(4)復權權(5)行政訴訟權。(A)(1)(2)(3)(4) (B)(1)(2)(3)(4)(5) (C)(2)(3)(4)(5) (D)(1)(2)(4)

[51] (A) 有關總統赦免權之敘述，下列何者正確？(A)已受罪刑之宣告經大赦者，其宣告為無效(B)特赦案須經立法院議決(C)減刑皆為全國性(D)復權者，溯及既往恢復被褫奪之公權

[52] (B) 總統欲使受刑人之「罪刑根本歸於消滅」，應運用何種權？(A)特赦(B)大赦(C)復權(D)減刑

[53] (D) 總統行使之赦免權中，下列何者須經行政院會議之議決及送立法院通過？(A)局部性減刑(B)特赦(C)復權(D)大赦

[54] (B) 經總統特赦者，所生之效力為何？(A)使其罪刑之宣告無效(B)免其刑之執行(C)視同宣告緩刑(D)以上皆非

赦使其罪刑宣告無效）。無須經行政院會議議決[55]，也不須立法院議決[56]。

3. 減刑及復權

減刑，乃減輕所宣告之刑；復權，乃恢復其選舉權等公權[57]。

附帶一提，至於假釋方面而言，監獄得報請法務部依法行使假釋之權利，因此假釋之權利並非總統依法得行使之權利[58]。

(十) 院際調解權

總統[59]對於院與院之間之爭執，除本憲法有規定者外，得召集各院長會商[60]解決之（憲法第 44 條）。

總統的「院際調解權」，只具有「形式」之意義。行政院與立法院之爭執依憲法第 57 條可解決，倘各院有憲法上權限之爭議問題，得聲請司法院大法官會議解釋[61]。

(十一) 國家安全大政方針決定權

總統為決定國家安全有關大政方針，得設國家安全會議[62]及所屬國家

---

[55] (D) 下列何者無須經行政院會議議決？(A)條約案(B)預算案(C)戒嚴案(D)特赦案

[56] (B) 下列那一事項之通過，無須經立法院之議決？(A)戒嚴案(B)特赦案(C)條約案(D)媾和案

[57] (C) 總統依法行使復權，乃恢復其：(A)服兵役權(B)教育權(C)選舉權等公權(D)豁免權

[58] (D) 下列何者並非總統之職權？(A)依法任免文武官員(B)對外代表中華民國(C)依法授與榮典(D)依法行使假釋之權

[59] (D) 依我國憲法第 44 條之規定，院與院間之爭執，何人得召集有關各院院長會商解決之？(A)立法院院長(B)國民大會議長(C)大法官會議主席(D)總統

[60] (C) 總統對於院際間之衝突，得召集各院院長以何種方式解決之？(A)決議(B)議決(C)會商(D)會議

[61] (C) 有關憲法規定總統得召集相關各院院長會商解決爭執之機制，下列敘述何者錯誤？(A)須院與院發生爭執(B)須為憲法未規定處理方式之事件(C)各院有關憲法上權限之爭議，不得聲請司法院大法官會議解釋(D)行政院對立法院決議之法律案等，認為窒礙難行時，得經總統核可，移請立法院覆議

[62] (B) 總統為決定國家安全有關大政方針，得設立何種組織？(A)國土保護局(B)國家

安全局[63]，其組織以法律[64]定之（憲法增修條文第 2 條第 4 項[65]）。國家安全會議由總統主持並擔任主席[66]。國家安全會議之地位為總統決定國家安全有關大政方針之諮詢機關[67]。總統設國家安全會議及所屬國家安全局，其目的在於決定國家安全有關大政方針[68]。而一般認為所謂的國家安全，包括兩岸、國防、外交。

國家安全會議出席人員[69]：1.正副總統、總統府秘書長。2.行政院正副院長、內政部、外交部、國防部、財政部、經濟部之部長、陸委會主委、參謀總長。3.國家安全會議秘書長、國家安全局局長。4.總統得指定有關人員列席。國家安全會議依法受立法院[70]之監督，國家安全局亦是。國家安全會議秘書長不受任期之保障[71]。

安全會議(C)國防軍事會議(D)國家統一委員會

[63] (B) 依憲法增修條文規定，國家安全局隸屬於那個機關？(A)行政院(B)國家安全會議(C)立法院國防委員會(D)國家安全局在現行憲法（含增修條文）中，實無明文規定

[64] (A) 國家安全會議之組織，應以何種方式定之？(A)法律(B)法規(C)總統根據憲法授權，發布特別命令(D)憲法增修條文

[65] (D) 政府目前設置國家安全會議及所屬安全局，其最高法源是：(A)國家安全法(B)總統府組織法(C)憲法本文(D)憲法增修條文

[66] (C) 我國國家安全會議主席，由下列何者擔任？(A)國防部長(B)行政院長(C)總統(D)情報局長

[67] (A) 國家安全會議之地位為總統決定國家安全有關大政方針之：(A)諮詢機關(B)執行機關(C)幕僚機關(D)決策機關

[68] (C) 總統設國家安全會議及所屬國家安全局，目的在：(A)決定如何因應天然災害、瘟疫或國家財政經濟上重大變故(B)決定動員戡亂大政方針(C)決定國家安全有關大政方針(D)決定院與院間之爭議事項

[69] (B) 下列何者為國家安全會議之法定出席人員？(1)行政院院長(2)參謀總長(3)立法院院長(4)內政部部長。(A)(1)(2)(3) (B)(1)(2)(4) (C)(1)(3)(4) (D)(2)(3)(4)

[70] (A) 國家安全會議及所屬國家安全局應受何機關監督？(A)立法院(B)監察院(C)行政院(D)總統

[71] (C) 下列何種人員不受任期之保障？(A)考試委員(B)司法院大法官(C)國家安全會議秘書長(D)監察委員

三、總統之資格與產生方式

(一) 資格

中華民國國民[72]年滿四十歲[73]者,得被選為總統、副總統（憲法第 45 條）。在中華民國自由地區繼續居住六個月以上且曾設籍十五年以上[74]之選舉人,年滿四十歲,得申請登記為總統、副總統候選人[75]。在學歷條件之限制上,總統、副總統候選人並無特別之限制[76]。此外,下列人員不得申請登記為總統、副總統候選人:1.現役軍人。2.辦理選舉事務人員[77]。3.具有外國國籍者。回復中華民國國籍、因歸化取得中華民國國籍、大陸地區人民或香港、澳門居民經許可進入台灣地區者,不得登記為總統、副總統候選人[78]。現籍學生則可為候選人[79]。

總統、副總統選舉與他種公職人員選舉同日舉行投票時,同時為二

---

[72] (C) 依據憲法第 45 條,欲參選中華民國總統及副總統者,須具備下列那些資格:(1)中華民國國民(2)年滿四十歲(3)大專以上程度(4)擁有二年以上行政經驗。(A)(1)(2)(3) (B)(1)(3)(4) (C)(1)(2) (D)(1)(3)

[73] (D) 參選總統,必須年滿幾歲?(A)二十歲(B)二十三歲(C)三十歲(D)四十歲

[74] (A) 在中華民國自由地區繼續居住四個月以上,且曾設籍多少年以上之選選人,年滿四十歲,得申請登記為總統、副總統候選人?(A)十五年(B)二十年(C)二十五年(D)三十年

[75] (D) 下列那一項條件無關總統候選人之登記?(A)年滿四十歲(B)在中華民國自由地區繼續居住四個月以上(C)在中華民國自由地區設籍十五年以上(D)具豐富政治經驗

[76] (D) 總統、副總統候選人,有無學歷條件限制?(A)須高中以上學校畢業(B)須專科以上學校畢業(C)須具備博士學位(D)無特別規定

[77] (B) 依據我總統副總統選舉罷免法之規定,何種人員不得申請登記為總統、副總統候選人:(1)並無任何限制(2)現役軍人(3)辦理選舉事務人員(4)公務人員。(A)(1) (B)(2)(3) (C)(2)(4) (D)(4)

[78] (D) 依總統、副總統選舉罷免法之規定,下列何者不得登記為總統、副總統候選人?(A)具有外國籍者(B)因歸化取得中華民國國籍者(C)現役軍人(D)以上皆是

[79] (B) 下列何者得申請登記為總統、副總統候選人?(A)具有外國國籍者(B)現為學校肄業學生(C)辦理選舉事務人員(D)現役軍人

種以上候選人登記者，他種公職候選人之登記無效[80]。

(二) 參選

總統選舉之候選人是由政黨推薦或公民連署推薦產生的[81]。

1. 政黨推薦

前一次總統、副總統或立法委員選舉得票率超過 5%以上[82]之政黨得推薦一組候選人。兩個政黨可共同推薦一組總統、副總統候選人[83]。

2. 公民連署

連署人數應達最近一次立法委員選舉人數 1.5%以上[84]。總統副總統選舉罷免法第 23 條第 1 項規定：「依連署方式申請登記為總統、副總統候選人者，應於選舉公告發布後五日內，向中央選舉委員會申請為被連署人，申領連署人名冊格式，並繳交連署保證金新臺幣一百萬元[85]。」第 23 條

---

[80] (B) 總統、副總統選舉與他種公職人員選舉同時辦理時，一人同時為二種以上候選人登記者，應如何辦理？(A)總統、副總統選舉之登記無效(B)他種公職候選人之登記無效(C)兩種候選人登記皆有效，選舉後再擇一就任之(D)兩種候選人登記皆無效

[81] (D) 總統選舉之候選人是怎樣產生的？規定是：(A)由政黨推薦或自行參選(B)由公民連署推薦或自行參選(C)由國民大會代表連署推薦(D)由政黨推薦或公民連署推薦

[82] (A) 有資格推薦總統、副總統候選人之政黨，其於最近一次省（市）以上選舉所票數之和，應達該次選舉有效票總和之比例為何？(A)百分之五以上(B)百分一點五以上(C)百分之十五以上(D)千分之五以上

[83] (B) 依我國現行法制及實際運作經驗，二個以上政黨可否共同推薦一組總統、副總統候選人？(A)原則不可以，例外可以(B)可以(C)不可以(D)原則可以，例外不可以

[84] (D) 依「總統副總統選舉罷免法」相關規定，選務機關受理總統、副總統候選人的申請登記，採由政黨推薦或連署人連署方式。依連署人連署方式登記者，連署人數必須達到最近一次中央民代選舉選舉人總數之多少百分比以上？(A)百分之五(B)百分之三(C)百分之二點五(D)百分之一點五

[85] (B) 以連署方式申請登記為正副總統候選人，須繳交多少新臺幣作為保證金？(A)五十萬元(B)一百萬元(C)一百五十萬元(D)二百萬元

第 4 項規定：「連署人數，於第二項規定期間內，已達最近一次立法委員選舉選舉人總數百分之一點五者，中央選舉委員會應定期為完成連署之公告，發給被連署人完成連署證明書，並發還保證金。連署人數不足規定人數二分之一者，保證金不予發還[86]。」

3. 釋字第 468 號（87/10/22）

總統副總統選舉罷免法第 23 條第 2 項及第 4 項規定，總統、副總統候選人須於法定期間內尋求最近一次中央民意代表選舉選舉人總數 1.5% 以上之連署，旨在採行連署制度，以表達被連署人有相當程度之政治支持，藉與政黨推薦候選人之要件相平衡，並防止人民任意參與總統、副總統之候選，耗費社會資源，在合理範圍內所為適當之規範，尚難認為對總統、副總統之被選舉權為不必要之限制，與憲法規定之平等權亦無違背[87][88]。又為保證連署人數確有同條第 4 項所定人數二分之一以上，由被連署人依同條第 1 項提供保證金新台幣 100 萬元，並未逾越立法裁量之範圍，與憲法第 23 條規定尚無違背。

(三) 選舉方式

總統副總統選舉所依據之法律，為總統副總統選舉罷免法[89]，其選務

---

[86] (B) 依據連署方式申請登記為總統、副總統候選人者，若其連署人數不足規定人數之二分之一者，其保證金如何處理？(A)只發還原保證金之二分之一(B)不予發還(C)全數發還(D)視簽署人數多寡依比例發還

[87] (A) 依連署方式申請登記為正副總統候選人者，依法應繳交保證金新台幣 100 萬元，而與依政黨推薦方式登記者有所不同，依司法院大法官會議解釋，此一規定：(A)與平等原則無違(B)違背平等原則(C)違背比例原則(D)違背正當法律程序

[88] (D) 依司法院大法官釋字第 468 號解釋，大法官對於總統、副總統選舉罷免法中，有關非政黨推薦候選人連署登記制度規定，認為並未違反以下那兩種基本權利之保障？(A)人民投票權、言論自由(B)選舉權、表現自由(C)平等權、結社自由(D)被選舉權、平等權

[89] (A) 總統副總統選舉依據之法律為：(A)總統副總統選舉罷免法(B)公職人員選舉罷免法(C)選舉罷免法(D)總統副總統直選辦法

機關是中央選舉委員會[90]，委員會委員係由行政院院長提請總統派充之[91]。

1. 由公民直選產生

原本總統選舉乃是透過國民大會間接選舉，但自第三次修憲後，改為人民直選。總統副總統由中華民國自由地區全體人民[92]直接選舉之，自中華民國 85 年第九任[93]總統、副總統選舉實施（憲法增修條文第 2 條第 1 項）。

2. 聯名選舉與當選門檻

總統、副總統候選人應聯名登記[94]，在選票上同列一組圈選，以得票最多[95]之一組當選（憲法增修條文第 2 條第 1 項）。意即總統選舉採取「相對多數制」[96]，而非採用「絕對多數制」。候選人僅有一組時，其得票數須達選舉人總數百分之二十以上[97]，始為當選。

---

[90] (C) 總統、副總統選舉，其選務機關是：(A)內政部(B)總統、副總統選舉監督委員會(C)中央選舉委員會(D)行政院研考會

[91] (C) 中央選舉委員會委員如何選任？(A)行政院院長任命(B)總統逕行任命(C)行政院院長提請總統派充之(D)司法院院長任命

[92] (B) 現行我國總統的選舉方式為：(A)委任直選(B)公民直選(C)由國民大會間接選舉(D)由立法院間接選舉

[93] (C) 中華民國之總統、副總統首次由全體人民直接選舉之，係屬第幾任總統、副總統：(A)第七任(B)第八任(C)第九任(D)第六任

[94] (D) 依憲法本文及增修條文規定，關於我國總統選舉制度，下列敘述何者正確？(A)候選人須年滿 35 歲(B)祇有「政黨推薦」之候選人，不接受由「選民連署」而參選者(C)現役軍人亦可參選(D)須與副總統候選人聯名登記

[95] (A) 依憲法增修條文規定之總統、副總統產生之程序，下列何者為正確？(A)採得票最多一組為當選(B)採多次選舉，取得絕對多數之一組為當選(C)採總統、副總統分別登記制，並以得票數最多之人為當選(D)採兩次選舉制，第一次選出得票最前之前二組，舉行第二次選舉，得票最多之一組為當選

[96] (C) 我國總統選舉採取何種多數決方式？(A)三分之二特別多數(B)四分之三特別多數(C)相對多數(D)絕對多數

[97] (A) 總統副總統候選人僅為一組時，其得票數須達到何等標準始為當選？(A)須達選舉人總數的百分之二十以上(B)須達選舉人總數的百分之三十以上(C)須達選舉人總數的百分之四十以上(D)須達選舉人總數的百分之五十以上

3. 競選限制

總統、副總統選舉，候選人競選活動期間為二十八日[98]。

政黨及候選人不得接受下列競選經費之捐贈：(1)外國團體、法人、個人或主要成員為外國人之團體、法人。(2)大陸地區人民、法人、團體或其他機構，或主要成員為大陸地區人民之法人、團體或其他機構。(3)香港、澳門居民、法人、團體或其他機構，或主要成員為香港、澳門居民之法人、團體或其他機構。(4)其他政黨或同一種選舉其他組候選人。但共同推薦候選人政黨，對於其所推薦同一組候選人之捐贈，不在此限。(5)公營事業或接受政府捐助之財團法人[99]。

同一組候選人應合併設競選經費收支帳簿，並由候選人指定會計師[100]負責記帳保管，以備查考。

(四) 選舉人資格

中華民國自由地區人民，年滿二十歲[101]，除受監護宣告尚未撤銷者外，有選舉權。

前條有選舉權人具下列條件之一者，為選舉人：1.現在中華民國自由地區繼續居住六個月以上者。2.曾在中華民國自由地區繼續居住六個月以上[102]，現在國外，持有效中華民國護照，並在規定期間內向其最後遷出

---

[98] (B) 總統、副總統選舉，候選人競選活動期間為：(A)一個月(B)二十八日(C)二個月(D)三個月

[99] (B) 總統、副總統選舉之候選人得接受下列何者之經費捐助？(A)外國法人(B)國內私法人(C)大陸地區人民(D)接受政府捐助之財團法人

[100] (B) 總統、副總統選舉同一組候選人應合併設競選經費收支帳簿，並由候選人指定何種專門職業人員負責記帳保管，以備查考？(A)律師(B)會計師(C)會計員(D)精算師

[101] (B) 下列對總統副總統選舉罷免法之論述何者有誤？(A)選舉人須在中華民國自由地區繼續居住六個月以上(B)選舉人須滿十八歲(C)原則上應在戶籍所在地投票(D)原則上應憑本人國民身分證領取選舉票

[102] (B) 依目前有關規定，華僑如回國選舉總統，至少必須（曾）在我國自由地區繼續居住多久才可獲得投票權？(A)一年以上(B)六個月以上(C)五個月以上(D)四個月以上

國外時之原戶籍地戶政機關辦理選舉人登記者。前項第 2 款在國外之中華民國自由地區人民申請返國行使選舉權登記查核辦法，由中央選舉委員會會同外交部、僑務委員會另定之。

選舉人，除另有規定外，應於戶籍地[103]投票所投票。返國行使選舉權之選舉人，應於最後遷出國外時之原戶籍地投票所投票[104]。

(五) 選後競選費用補貼與發還保證金

總統副總統選罷法第 41 條第 1 項規定：「各組候選人選舉得票數達當選票數三分之一以上[105]者，應補貼其競選費用，每票補貼新臺幣三十元[106]。但其最高額，不得超過候選人競選經費最高金額。」

又總統副總統選罷法第 31 條規定：「登記為總統、副總統候選人時，各組應繳納保證金新臺幣一千五百萬元。前項保證金，應於公告當選人名單後十日內發還。但得票數不足選舉人總數百分之五[107]者，不予發還。」

(六) 選舉、罷免訴訟之管轄

選舉、罷免訴訟，專屬中央政府所在地之高等法院管轄[108]。選舉、

---

[103] (D)依據總統副總統選舉罷免法第 13 條之規定，除另有規定外，選舉人應於何地投票？(A)住所地(B)居所地(C)身分證核發地(D)戶籍地

[104] (C)僑居國外之中華民國自由地區人民，如何行使選舉權，選舉總統？(A)在駐外使領館投票(B)通信投票(C)返國投票(D)委託投票

[105] (C)依總統副總統選舉罷免法之規定，各組總統、副總統候選人在怎樣的條件下，方能獲得政府對競選費用之補貼？(A)在競選活動期間無任何不法之行為(B)得票達當選票數二分之一以上者(C)得票達當選票數三分之一以上者(D)得票達當選票數四分之一以上者

[106] (B)總統、副總統各組候選人得票數達當選票數三分之一以上者，每票可獲得多少新臺幣補貼金額？(A)二十元(B)三十元(C)四十元(D)五十元

[107] (B)登記為總統、副總統候選人時各組所繳納之保證金，若選舉結果得票數不足選舉人總數之百分之幾者，不予發還？(A)百分之三(B)百分之五(C)百分之七(D)百分之十

[108] (D)有關總統、副總統選舉罷免之訴訟，應向那一級法院提出？(A)憲法法庭(B)最

罷免訴訟，設選舉法庭，採合議制審理，並應先於其他訴訟審判之，以二審終結，並不得提起再審之訴。各審受理之法院應於六個月內審結[109]。另外，觸犯妨害總統選舉之罪，各審受理法院應於六個月內[110]審結。

四、總統之任期與去職

(一) 任期

總統副總統於第九任之前任期為六年，但自中華民國 85 年第九任總統、副總統選舉，改由中華民國自由地區全體人民直接選舉[111]之後，總統副總統之任期即改為四年[112]，連選得連任一次[113]，不適用憲法第 47 條之規定（憲法增修條文第 2 條第 6 項）。總統副總統連選得連任一次之規定，在憲法本文及增修條文均有規定[114]，雖然任期年限之規定有所不同，總統於任期屆滿之日即生解職之效果[115]。

高法院(C)行政法院(D)中央政府所在地之高等法院

[109] (C) 總統副總統之選舉罷免訴訟程序，應以幾個審級在幾個月內審結？(A)三審；六個月(B)三審；八個月(C)二審；六個月(D)二審；八個月

[110] (B) 觸犯妨害總統選舉之罪，受理法院應予審結之期限為：(A)三個月內(B)六個月內(C)九個月內(D)一年內

[111] (C) 我國何時開始由全體人民直選總統？(A)民國 37 年第一任總統選舉(B)民國 79 年第八任總統選舉(C)民國 85 年第九任總統選舉(D)民國 89 年第十任總統選舉

[112] (C) 我國總統、副總統之任期自第幾任起改為四年？(A)第七任(B)第八任(C)第九任(D)第十任

[113] (C) 自第九任開始，有關總統任期及連任之規定為何？(A)任期六年，連選得連任一次(B)任期六年，不得連任(C)任期四年，連選得連任一次(D)任期四年，連選得連任之

[114] (D) 下列何項敘述正確？(A)憲法本文規定總統之任期為四年(B)憲法增修條文規定總統之任期為六年(C)動員戡亂時期臨時條款規定總統之任期為五年(D)憲法本文及增修條文均規定總統連選得連任一次

[115] (B) 依憲法之規定，任期屆滿之總統於何時解職？(A)次任總統宣誓就職之時(B)任期屆滿之日(C)次任總統選出之時(D)次任總統接掌國璽之時

(二) 去職

1. 彈劾案

　　立法院[116]提出總統、副總統彈劾案，聲請司法院[117]大法官審理，經憲法法庭[118]判決成立時，被彈劾人應即解職[119]（憲法增修條文第 2 條第 10 項）。立法院提出彈劾，須經全體立法委員二分之一以上之提議[120]，全體立法委員三分之二以上之決議（憲法增修條文第 4 條第 7 項）。司法院大法官，除依憲法第 78 條之規定外，並組成憲法法庭審理總統、副總統之彈劾及政黨違憲之解散事項[121]（憲法增修條文第 5 條第 4 項）。

2. 罷免案

　　總統、副總統罷免案係由立法院[122]提出，經立法委員總額四分之一提議，三分之二之同意後提出，並且須經公民複決[123]，經中華民國自由

---

[116] (B)依憲法增修條文規定，對總統、副總統之彈劾案，應由何者提出？(A)行政院(B)立法院(C)司法院(D)監察院

[117] (D)總統之彈劾案由何者審理？(A)行政院(B)立法院(C)監察院(D)司法院

[118] (C)立法院提出總統、副總統彈劾案後，應經何者審理？(A)監察院(B)大法官會議(C)憲法法庭(D)行政法院

[119] (B)依憲法增修條文規定，下列何項提案之決定，毋須經由公民投票或複決之程序？(A)總統、副總統之罷免案(B)總統、副總統之彈劾案(C)領土變更案(D)憲法修正案

[120] (B)要彈劾總統應有立法院多少委員之提議？(A)全體立法委員三分之一以上(B)全體立法委員二分之一以上(B)出席立法委員三分之一以上(B)出席立法委員二分之一以上

[121] (C)現行憲法增修條文所規定的立法院職權，比原憲法規定的還多，但不包括：(A)聽取總統國情報告(B)提出領土變更案(C)議決總統、副總統之彈劾案(D)提出總統、副總統之罷免案

[122] (A)總統罷免案由下列何者提出？(A)立法院(B)監察院(C)國民大會(D)人民連署

[123] (B)下列何種情況須公民複決？(A)總統、副總統之彈劾案(B)總統、副總統之罷免案(C)總統、副總統之彈劾案及罷免案(D)副總統之補選案

地區選舉人[124]總額過半數之投票，有效票過半數[125]同意罷免時，即為通過（憲法增修條文第 2 條第 9 項）。依總統副總統選舉罷免法之規定，罷免案通過者，被罷免人應自公告之日起，解除職務[126][127]。惟關於總統、副總統之罷免事由，並無明文規定之[128]。

五、總統之繼任、補選與代行

(一) 總統之缺位（辭職、死亡等無法回復之情況）

總統缺位時，由副總統繼任[129]，至總統任期屆滿[130][131]為止。我國第

---

[124] (A)立法院提出之總統罷免案，須經下列何者投票同意？(A)中華民國自由地區選舉人(B)國民大會(C)監察院(D)憲法法庭

[125] (A)總統、副總統之罷免案，經立法院提出後，經中華民國自由地區選舉人總額過半數之投票，有效票多少之同意罷免時，即為通過？(A)過半數(B)三分之二(C)四分之三(D)五分之四

[126] (C)依總統副總統選舉罷免法之規定，有關總統、副總統罷免之敘述，何者正確？(A)罷免案之提議，須經立法委員二分之一之提議(B)就職未滿 1 年 2 個月者不得罷免(C)罷免案通過者，被罷免人應自公告之日起，解除職務(D)罷免案否決者，在該罷免人之任期內，仍得對其再為罷免之提議

[127] (A)下列何種情形，尚非行政院院長代行總統職權之時機？(A)總統、副總統之罷免案經立法院提議時(B)總統、副總統選出後均未就職時(C)總統、副總統皆因故不能視事時(D)總統、副總統均缺位時

[128] (A)關於總統、副總統之罷免事由，下列敘述何者正確？(A)並無明文規定罷免事由(B)除犯內亂、外患罪外，總統、副總統不得罷免(C)除犯內亂、外患或收受賄賂罪外，總統、副總統不得罷免(D)除犯內亂、外患、收受賄賂或通姦罪外，總統、副總統不得罷免

[129] (B)依憲法規定，如遇總統缺位時，應如何處理？(A)由國民大會補選(B)由副總統繼任(C)由人民直接重新投票選舉(D)由行政院院長代行職權

[130] (B)總統缺位時，由副總統繼位，其任期到何時為止？(A)任期應重新開始，即擔任四年(B)任期至原總統賸餘任期屆滿時為止(C)副總統暫代，三個月內重新改選(D)副總統暫代，一年內必須重新改選

[131] (C)按憲法第 49 條及憲法增修條文第 2 條規定，假設總統於任滿一年之日缺位，則由副總統繼任，其任期為：(A)五年(B)四年(C)三年(D)二年

一任至第八任總統在位期間，因總統缺位而由副總統繼任，至總統任期屆滿為止的情況，共出現二次[132]，分別是蔣中正總統逝世而由副總統蔣經國繼任；蔣經國總統逝世而由副總統李登輝繼任。

(二) 副總統之缺位

關於副總統缺位時如何處理，憲法本文並無規定[133]。憲法第二次增修條文規定：副總統缺位時，總統[134]應於三個月[135]內提名候選人，由立法院補選[136]，繼任至原任期屆滿為止[137]。

---

[132] (B)我國第一任至第八任總統在位期間，因總統缺位而由副總統繼任，至總統任期屆滿為止的情況，共出現幾次？(A)一次(B)兩次(C)三次(D)未曾有過

[133] (D)依憲法本文之規定，副總統出缺時，如何補選？(A)由行政院院長出任，不必補選(B)由總統召集國民大會開臨時會，補選副總統(C)由總統提名，經立法院同意後任命之(D)憲法本文並未規定

[134] (C)依據憲法增修條文規定，副總統缺位時，參與補選之候選人如何產生？(A)政黨推薦(B)公民連署(C)總統提名(D)行政院院長自動為唯一之候選人

[135] (B)副總統缺位時，總統必須於幾個月內提名候選人？如何補選？(A)一個月內提名候選人；舉辦普選補選副總統(B)三個月內提名候選人，經立法院同意任命之(C)三個月內提名候選人，召集國民大會補選(D)三個月內提名候選人，由普選補選副總統

[136] (D)依憲法增修條文及相關法律之規定，下列關於選舉總統、副總統之敘述，何者正確？(A)任何一個依法備案之政黨，均有權向中央選舉委員會推薦總統、副總統候選人(B)總統、副總統的任期為六年，連選得連任一次(C)總統、副總統的選舉方式是採分別登記、分開投票，以得票最多者當選的制度(D)副總統缺位時，應由總統於三個月內提名候選人，由立法院補選之

[137] (D)依現行憲法增修條文規定，副總統缺位時應如何處理？(A)總統應於 1 個月內提名候選人，由立法院補選，繼任至原任期屆滿(B)總統應於 3 個月內提名候選人，由立法院補選，繼任者任期重新起算(C)總統應於 3 個月內提名候選人，由國民大會臨時會補選，繼任至原任期屆滿(D)總統應於 3 個月內提名候選人，由立法院補選，繼任至原任期屆滿

(三) 總統、副總統均缺位時

總統、副總統均缺位時,由行政院院長[138]代行其職權,並由人民補選總統、副總統[139],繼任至原任期屆滿為止,不適用憲法第 49 條之有關規定。

(四) 總統因故不能視事（因病或其他暫時之原因）

總統因故不能視事時,由副總統代行其職權[140]（憲法第 49 條）。

(五) 總統副總統均不能視事

總統、副總統均不能視事時,由行政院院長[141]代行其職權[142]（憲法第 49 條）。總統於任滿之日解職,如屆期時次任總統尚未選出,或選出後總統、副總統均尚未就職時,由行政院院長代行總統職權[143]（憲法第 50

---

[138] (B)依我國憲法增修條文之規定,總統、副總統均缺位時,由何人代行其職權？(A)立法院院長(B)行政院院長(C)考試院院長(D)監察院院長

[139] (C)總統、副總統均缺位,而剩餘任期為 8 個月時,應如何解決？(A)由行政院院長代行其職權至任期屆滿為止(B)由行政院院長代行總統職權,並由國民大會補選副總統(C)由行政院院長代行其職權,並由人民補選兩者(D)由行政院院長代行總統職權,行政院副院長代行副總統職權,直到任期屆滿

[140] (B)依我國現行憲法之規定,總統因重病不能視事時:(A)由副總統繼位(B)由副總統代行其職權(C)由人民補選(D)由行政院院長代行其職權

[141] (D)總統、副總統相繼出國訪問,二人未回國前由誰代行總統職權？(A)首席大法官(B)立法院院長(C)國民大會議長(D)行政院院長

[142] (A)依我國憲法,下列有關「行政院院長代行總統職權」規定之敘述,何者正確？(A)總統與副總統均不能視事時,由行政院院長代行總統職權(B)總統不能視事,在副總統代行總統職權前,由行政院院長代行總統職權(C)總統與副總統均缺位時,由行政院院長繼任總統,無代行總統職權問題(D)總統缺位時,在副總統繼任總統職位前,由行政院院長代行總統職權

[143] (C)總統於任滿之日解職,如屆期時次任總統尚未選出,或選出後總統、副總統均尚未就職時:(A)由原任總統繼續行使職權(B)由副總統暫時代理(C)由行政院院長代行總統職權(D)由國大議長代行總統職權

條）。行政院院長代行總統職權時，其期限不得逾三個月[144]（憲法第 51 條）。

六、就職宣示

總統應於就職時[145]宣誓。總統、副總統就職宣誓時，由司法院院長監誓[146]。

憲法第 48 條[147]：「余謹以至誠，向全國人民[148]宣誓，余必遵守憲法[149]，盡忠職務，增進人民福利，保衛國家，無負國民付託。如違誓言，願受國家嚴厲之制裁。謹誓。」

七、保障與特權

憲法規定，總統[150]擁有刑事豁免權（憲法第 52 條）。

(一) 時間限制

1. 總統解職前，不受刑事訴追。所以，若現職總統競選連任時，於法定

---

[144] (A)總統、副總統均缺位時，由行政院院長代行總統職權，其期間多久？(A)不逾三個月(B)不逾四個月(C)半年(D)一年

[145] (A)依憲法第 48 條規定，總統於何時宣誓：(A)就職時(B)當選時(C)罷免時(D)解職時

[146] (C)總統、副總統就職宣誓時，由何人監誓？(A)國民大會議長(B)立法院院長(C)司法院院長(D)最高法院院長

[147] (C)總統就職時之宣誓詞，明載於：(A)總統、副總統選舉罷免法(B)公職人員選舉罷免法(C)憲法(D)總統府組織法

[148] (D)以下何項敘述不在總統就職宣誓誓詞內容之內？(A)余必遵守憲法(B)如違誓言，願受國家嚴厲之制裁(C)余謹以至誠，向全國人民宣誓(D)余謹以至誠，向天地宣誓

[149] (C)總統就職時宣誓，誓詞中特別表明，必遵守何者？(A)競選諾言(B)法律(C)憲法(D)誠信

[150] (A)下列公職中，依憲法規定擁有不受刑事追認之特權者為：(A)總統(B)立法院院長(C)國民大會代表(D)司法院院長

競選活動期間，因總統身分未變，仍適用上述憲法第 52 條之規定[151]
（釋字第 388 號）。

2. 解職後，仍須面臨刑事訴追。

(二) 罪名限制

總統除犯內亂或外患罪外[152]，非經罷免或解職，不受刑事上之訴
究[153]，憲法第 52 條定有明文。但是總統在位期間民事上之私權爭訟仍不
受豁免[154]。

(三) 釋字第 627 號（96/6/15）

1. 總統之刑事豁免權

憲法第 52 條規定，總統除犯內亂或外患罪外，非經罷免或解職，不
受刑事上之訴究。此係憲法基於總統為國家元首，對內肩負統率全國陸海
空軍等重要職責，對外代表中華民國之特殊身分所為之尊崇與保障，業經
本院釋字第 388 號解釋在案。

依本院釋字第 388 號解釋意旨，總統不受刑事上之訴究，乃在使總
統涉犯內亂或外患罪以外之罪者，暫時不能為刑事上訴究，並非完全不適
用刑法或相關法律之刑罰規定，故為一種暫時性之程序障礙，而非總統就

---

[151] (B)依據我國憲法第 52 條之規定，總統有刑事豁免權。當現職總統競選連任時，
於法定競選活動期間，上述規定應如何適用？(A)因其候選人之身分，無刑事
豁免權適用(B)總統身分未變，仍適用憲法第 52 條(C)無刑事豁免權，但僅得
依總統、副總統選舉罷免法中有關刑罰之規定予以訴究(D)無刑事豁免權，但
僅得適用刑法有關刑罰之規定予以訴究

[152] (B)總統除犯何罪外，非經罷免或解職，不受刑事上之訴究？(A)公共危險罪(B)內
亂或外患罪(C)貪污罪(D)偽造文書罪

[153] (C)總統除犯內亂或外患罪外，非經罷免或解職，不受何種法律事件之訴究？(A)
行政上(B)民事上(C)刑事上(D)尚無規定

[154] (D)依據憲法第 52 條總統「除犯內亂或外患罪外，非經罷免或解職，不受刑事上
之訴究」，此一規定意味著：(A)總統可免於如交通罰鍰之行政罰(B)總統於卸
任後仍不得受刑事追訴(C)現職總統競選連任時，即無此特權(D)總統僅有刑事
豁免權，並不包括民事責任之免責

其犯罪行為享有實體之免責權。是憲法第 52 條規定「不受刑事上之訴究」，係指刑事偵查及審判機關，於總統任職期間，就總統涉犯內亂或外患罪以外之罪者，暫時不得以總統為犯罪嫌疑人或被告而進行偵查、起訴與審判程序而言。但對總統身分之尊崇與職權之行使無直接關涉之措施，或對犯罪現場之即時勘察，不在此限。

總統之刑事豁免權，不及於因他人刑事案件而對總統所為之證據調查與證據保全。惟如因而發現總統有犯罪嫌疑者，雖不得開始以總統為犯罪嫌疑人或被告之偵查程序，但得依本解釋意旨，為必要之證據保全，即基於憲法第 52 條對總統特殊身分尊崇及對其行使職權保障之意旨，上開因不屬於總統刑事豁免權範圍所得進行之措施及保全證據之處分，均不得限制總統之人身自由，例如拘提或對其身體之搜索、勘驗與鑑定等，亦不得妨礙總統職權之正常行使。其有搜索與總統有關之特定處所以逮捕特定人、扣押特定物件或電磁紀錄之必要者，立法機關應就搜索處所之限制、總統得拒絕搜索或扣押之事由，及特別之司法審查與聲明不服等程序，增訂適用於總統之特別規定。於該法律公布施行前，除經總統同意者外，無論上開特定處所、物件或電磁紀錄是否涉及國家機密，均應由該管檢察官聲請高等法院或其分院以資深庭長為審判長之法官五人組成特別合議庭審查相關搜索、扣押之適當性與必要性，非經該特別合議庭裁定准許，不得為之，但搜索之處所應避免總統執行職務及居住之處所。其抗告程序，適用刑事訴訟法相關規定。

總統之刑事豁免權，亦不及於總統於他人刑事案件為證人之義務。惟以他人為被告之刑事程序，刑事偵查或審判機關以總統為證人時，應準用民事訴訟法第 304 條：「元首為證人者，應就其所在詢問之」之規定，以示對總統之尊崇。

總統不受刑事訴究之特權或豁免權，乃針對總統之職位而設，故僅擔任總統一職者，享有此一特權；擔任總統職位之個人，原則上不得拋棄此一特權。

2. 總統之國家機密特權

總統依憲法及憲法增修條文所賦予之行政權範圍內，就有關國家安全、國防及外交之資訊，認為其公開可能影響國家安全與國家利益而應屬

國家機密者，有決定不予公開之權力，此為總統之國家機密特權。其他國家機關行使職權如涉及此類資訊，應予以適當之尊重。

　　總統依其國家機密特權，就國家機密事項於刑事訴訟程序應享有拒絕證言權，並於拒絕證言權範圍內，有拒絕提交相關證物之權。立法機關應就其得拒絕證言、拒絕提交相關證物之要件及相關程序，增訂適用於總統之特別規定。於該法律公布施行前，就涉及總統國家機密特權範圍內國家機密事項之訊問、陳述，或該等證物之提出、交付，是否妨害國家之利益，由總統釋明之。其未能合理釋明者，該管檢察官或受訴法院應審酌具體個案情形，依刑事訴訟法第 134 條第 2 項、第 179 條第 2 項及第 183 條第 2 項規定為處分或裁定。總統對檢察官或受訴法院駁回其上開拒絕證言或拒絕提交相關證物之處分或裁定如有不服，得依本解釋意旨聲明異議或抗告，並由前述高等法院或其分院以資深庭長為審判長之法官五人組成之特別合議庭審理之。特別合議庭裁定前，原處分或裁定應停止執行。其餘異議或抗告程序，適用刑事訴訟法相關規定。總統如以書面合理釋明，相關證言之陳述或證物之提交，有妨害國家利益之虞者，檢察官及法院應予以尊重。總統陳述相關證言或提交相關證物是否有妨害國家利益之虞，應僅由承辦檢察官或審判庭法官依保密程序為之。總統所陳述相關證言或提交相關證物，縱經保密程序進行，惟檢察官或法院若以之作為終結偵查之處分或裁判之基礎，仍有造成國家安全危險之合理顧慮者，應認為有妨害國家利益之虞。

　　法院審理個案，涉及總統已提出之資訊者，是否應適用國家機密保護法及「法院辦理涉及國家機密案件保密作業辦法」相關規定進行其審理程序，應視總統是否已依國家機密保護法第 2 條、第 4 條、第 11 條及第 12 條規定核定相關資訊之機密等級及保密期限而定；如尚未依法核定為國家機密者，無從適用上開規定之相關程序審理。惟訴訟程序進行中，總統如將系爭資訊依法改核定為國家機密，或另行提出其他已核定之國家機密者，法院即應改依上開規定之相關程序續行其審理程序。其已進行之程序，並不因而違反國家機密保護法及「法院辦理涉及國家機密案件保密作業辦法」相關之程序規定。至於審理總統核定之國家機密資訊作為證言或證物，是否妨害國家之利益，應依前述原則辦理。又檢察官之偵查程序，亦應本此意旨為之。

八、隸屬總統府之單位

　　根據總統府組織法（85.1.24 修正公布），為總統因行使憲法上之職權，可設置相關幕僚機關。其包括：

(一) 資政：均為無給職，最多不得超過三十人[155]。

(二) 國策顧問：均為無給職，最多不得超過九十人。以上聘期不得逾總統任期[156]，為國家大計得向總統提供意見，並備諮詢。
　　需注意者，「國政顧問」則非總統聘任之總統府人員[157]；蓋國政顧問團，係 2000 年中華民國總統選舉投票（3 月 18 日）前的 3 月 10 日，由一群台灣學界、企業界人士自發性組成的助選團體，支持當時的民主進步黨總統候選人陳水扁。時任中央研究院院長李遠哲擔任首席顧問。

(三) 戰略顧問：十五人，上將，由總統任命之，對於戰略及有關國防事項，得向總統提供意見，並備諮詢。總統府軍職人員置侍衛長一人。

(四) 秘書長：置秘書長一人，特任，綜理總統府一切事務；副秘書長二人，其中一人特任，另一人職務比照簡任第十四職等。

(五) 國史館[158]、中央研究院[159]、國父陵園管理委員會等皆隸屬總統府。惟須注意者，故宮博物院係隸屬行政院[160]而非總統府。

(六) 國家安全會議。

---

[155] (D)總統府資政最多有若干人？(A)十五人(B)二十人(C)二十五人(D)三十人

[156] (B)總統府置國策顧問，其聘期最長為幾年？(A)3 年(B)4 年(C)6 年(D)無限制

[157] (D)下列何者非總統聘任之總統府人員？(A)國策顧問(B)戰略顧問(C)資政(D)國政顧問

[158] (B)國史館直屬於何機關？(A)教育部(B)總統府(C)中央研究院(D)文建會

[159] (A)下列何者隸屬總統府？(1)中央研究院(2)國史館(3)國家科學發展委員會(4)中央銀行。(A)(1)(2) (B)(1)(4) (C)(2)(3)(4) (D)(1)(2)(3)(4)

[160] (D)下列何者不隸屬於總統府？(A)中央研究院(B)國史館(C)國父陵園管理委員會(D)故宮博物院

作者小叮嚀

　　本章除了了解憲法及增修條文規定外，因總統職權與行政院、立法院相關，故必須參考相關條文。另外，關於總統選舉方式，則也必須熟讀總統、副總統選舉罷免法之規定。

第十七章　行　政

 **本章學習重點**

> 1. 行政院和立法院的互動
> 2. 獨立行政機關
> 3. 行政院的人事產生與辭職
> 4. 行政院的職權

一、行政院的地位與性質

　　憲法本文乃採「修正式內閣制」，故行政院具「內閣」色彩，要向立法院負責[1]，擔負政治責任[2]。但在第四次修憲後，憲法增修條文改為「雙首長制」。

二、行政院組織

(一) 整體組織

1. 憲法規定

　　行政院設院長、副院長各一人，各部會首長若干人，及不管部會之政務委員若干人（憲法第 54 條）。

　　行政院之組織，以法律[3]定之（憲法第 61 條）。

---

[1] (B) 行政院對那一機關負責？(A)總統(B)立法院(C)國民大會(D)監察院

[2] (A) 行政院向立法院負責，其所負之責任為：(A)政治責任(B)行政責任(C)法律責任(D)倫理責任

[3] (A) 依據我國憲法規定，行政院之組織應如何訂定？(A)法律定之(B)行政規則定之(C)命令訂定(D)憲法增修條文定之

國家機關之職權、設立程序及總員額，得以法律為準則性[4]之規定（憲法增修條文第 3 條第 3 項）。其規範意旨係在貫徹組織之行政保留原則[5]。各機關之組織、編制及員額，應依前項法律，基於政策或業務需要決定之（憲法增修條文第 3 條第 4 項）。

2. 部、會、特設機構、獨立機關

依行政院組織法規定，行政院目前設有十四個部，八個委員會及相關特設機構。

(1) 十四個部：內政部、外交部、國防部[6]、財政部、教育部、法務部[7]、經濟及能源部、交通及建設部、勞動部、農業部、衛生福利部、環境資源部、文化部、科技部。

(2) 八個委員會：國家發展委員會、大陸委員會[8]、金融監督管理委員會、海洋委員會、僑務委員會、國軍退除役官兵輔導委員會、原住民族委員會、客家委員會。

(3) 不管部會之政務委員共設 7～9 人[9]。

(4) 特設機構：中央銀行、故宮博物院[10]、人事行政總處[11]、主計總處[12]。

---

[4] (D) 依憲法增修條文之規定，國家機關之職權、設立程序及總員額：(A)得以行政命令為準則性之規定(B)得以法律為細節性之規定(C)得以行政命令為細節性之規定(D)得以法律為準則性之規定

[5] (C) 國家機關之職權、設立程序及總員額，得以法律為準則性之規定，其規範意旨係在貫徹組織之何種原則？(A)憲法保留(B)法律保留(C)行政保留(D)政治保留

[6] (B) 國防部隸屬於？(A)總統府(B)行政院(C)國家安全會議(D)立法院

[7] (A) 法務部隸屬於那一院？(A)行政院(B)司法院(C)監察院(D)總統府

[8] (C) 大陸委員會隸屬於那一個機關？(A)國家安全會議(B)總統府(C)行政院(D)外交部

[9] (C) 行政院置不管部會之政務委員若干人？(A)三至五人(B)五至七人(C)七至九人(D)九至十一人

[10] (A) 下列機關何者隸屬於行政院？(A)故宮博物院(B)中央研究院(C)國史館(D)國家安全會議

[11] (C) 「人事行政總處」隸屬於何機關？(A)總統府(B)考試院(C)行政院(D)監察院

[12] (C) 主計總處設於何機關之下？(A)監察院(B)總統府(C)行政院(D)立法院

(5) 獨立機關：中央選舉委員會[13]、公平交易委員會[14]、國家通訊傳播委員會。

　　附帶一提，行政法院並不隸屬於行政院，而係隸屬於司法院[15]；中央研究院隸屬於總統府，亦非隸屬於行政院。

(二) 行政院院長

1. 產生方式

　　行政院院長由總統任命[16]之，無須經立法院同意[17]（憲法增修條文第3條第1項）。

2. 辭職或出缺

　　行政院院長辭職或出缺時，在總統未任命行政院院長前，由行政院副院長暫行代理。憲法第 55 條之規定，停止適用（憲法增修條文第 3 條第 1 項）。

3. 任期

　　憲法無明文規定行政院院長何時辭職[18]。原則上依憲法慣例及解釋，行政院院長於每屆立法委員上任前（釋字第 387 號），或每屆總統就職時，依慣例提出辭呈（釋字第 419 號）。

---

[13] (C) 中央選舉委員會隸屬於：(A)內政部(B)總統府(C)行政院(D)國民大會

[14] (A) 公平交易委員會隸屬於何機關？(A)行政院(B)經濟部(C)司法院(D)監察院

[15] (B) 下列何一機關不隸屬於行政院？(A)人事行政局(B)行政法院(C)中央銀行(D)主計處

[16] (A) 行政院院長依現行憲法增修條文第 3 條第 1 項之規定，如何產生：(A)直接由總統任命之(B)由總統提名，經立法院同意任命之(C)由總統提名，經國民大會同意任命之(D)由人民直接選舉產生

[17] (A) 依現行憲法增修條文規定，下列有關行政院長的敘述，何者正確？(A)其任命不須立法院之同意，而係總統之政治裁量(B)行政院院長之任期為 4 年(C)憲法明定得由副總統來兼任(D)覆議案若經全體立法委員三分之二決議維持原案，行政院院長應即接受

[18] (D) 關於行政院院長之任期，憲法上係為如何之規定：(A)四年(B)六年(C)與總統同進退(D)未為規定

釋字第 387 號（84/10/13）

……行政院對立法院負責，憲法第 57 條亦規定甚詳。行政院院長既須經立法院同意而任命之，且對立法院負政治責任，基於民意政治與責任政治之原理，立法委員任期屆滿改選後第一次集會前，行政院院長自應向總統提出辭職[19]。行政院副院長、各部會首長及不管部會之政務委員係由行政院院長提請總統任命，且係出席行政院會議成員，參與行政決策，亦應隨同行政院院長一併提出辭職[20]。

4. 依信任制度辭職

如果立法院提出不信任案通過後，行政院院長應於十日內提出辭呈之規定。「……如經全體立法委員二分之一以上贊成，行政院院長應於十日內提出辭職[21]，並得同時呈請總統解散立法院[22]；不信任案如未獲通過，一年內[23]不得對同一行政院院長再提不信任案。[24]」（憲法增修條文第

---

[19] (D) 下列行政院院長辭職的情形，何者為其憲法上之義務性辭職？(A)覆議時，立法委員維持原決議，行政院院長即應辭職(B)行政院院長因政治理念與總統不合而提出辭職(C)行政院院長因身體健康因素而提出辭職(D)行政院院長因立法委員改選而辭職

[20] (D) 行政院副院長是否有一定之任期？(A)有固定任期，為三年(B)有固定任期，為四年(C)有固定任期，行政院院長不得隨時予以更換(D)行政院院長得隨時更換之

[21] (C) 依憲法增修條文第 3 條之規定，下列有關立法院通過對行政院長所提之不信任案之敘述，何者正確？(A)行政院院長即日解職(B)行政院院長是否須提出辭職，由總統決定(C)行政院院長應於十日內提出辭職(D)行政院院長職權由立法院院長暫代，最多十日

[22] (D) 依中華民國憲法增修條文之規定，立法院通過對行政院長不信任案後，行政院院長應如何應對？(A)應於十五日內提出辭職(B)應於適當時機提出辭職(C)解散立法院(D)應於十日內提出辭職，並得同時呈請總統解散立法院

[23] (B) 依現行憲法增修條文第 3 條第 2 項第 3 款之規定，立法院對行政院院長提出之不信任案如未獲通過，多久內不得對同一行政院院長再提不信任案：(A)六個月(B)一年(C)一年六個月(D)兩年

[24] (D) 依據憲法增修條文規定，立法院得對行政院院長提出不信任案，下列敘述何者正確？(A)不信任案提出四十八小時後，立法院應於二十四小時內以記名投票

3 條第 2 項第 3 款）。

5. 職權

(1) 代行總統職權

(2) 副署總統公布之法律或命令權

總統依法公布法律，發布命令，須經行政院院長之副署[25]，或行政院院長及有關部會首長之副署[26]（憲法第 37 條）。

(3) 任命權

行政院副院長[27] [28]、各部會首長及不管部會之政務委員[29]，由行政院院長提請總統任命之[30]（憲法第 56 條）。據此，各部會首長同時也是政務

表決之(B)如經全體立法委員三分之二以上贊成，行政院院長應於十日內提出辭職(C)不信任案經立法院通過，行政院院長應於十五日內提出辭職，並得同時呈請總統解散立法院(D)不信任案如未獲通過，一年內不得對同一行政院院長再提不信任案

[25] (D) 依憲法規定，下列敘述何者正確？(A)法律皆須經司法院大法官審查後方可公布(B)司法院大法官係由司法院院長提請總統任命(C)行政院院長由立法院多數黨提請總統任命(D)所有法律在公布前，皆須經行政院院長副署

[26] (A) 我國總統公布「教育人員任用條例」修正條文時，應得下列何者之副署？(1)行政院院長(2)教育部長(3)立法院院長(4)考試院院長。(A)(1)(2) (B)(1)(4) (C)(1)(2)(4) (D)(1)(3)(4)

[27] (C) 依據憲法第 54 條之規定，行政院副院長為幾人？(A)2 人(B)憲法就此無規定，委由行政院組織法決定(C)1 人(D)憲法就此無規定，委由總統決定

[28] (C) 行政院副院長如何產生？(A)總統直接任命之(B)行政院院長直接任命之(C)行政院院長提請總統任命之(D)總統提名經國民大會同意任命之

[29] (D) 五院中，院長之任命與其他重要成員分開，分別在憲法不同條文規定的是：(A)監察院(B)考試院(C)立法院(D)行政院

[30] (C) 行政院副院長、各部會首長及不管部會政務委員，依憲法第 56 條之規定，係如何產生：(A)由行政院院長直接任命(B)由行政院院長提名，經立法院同意任命之(C)由行政院院長提請總統任命之(D)由行政院院長提名，經國民大會同意任命之

委員，但行政院院長及副院長本身並無政務委員之身分[31]。另外，省主席、省政府委員、省諮議會諮議員都是由行政院院長提請總統任命。

(4) 呈請總統解散立法院

(三) 行政院會議

　　行政院設行政院會議，由行政院院長、副院長、各部會首長及不管部會之政務委員組織[32]之，以院長為主席[33]（憲法第 58 條第 1 項）。行政院秘書長[34]、國家安全會議秘書長[35]、銓敘部部長[36]並不是行政院會議成員。惟總統雖為國家元首，但不得出席行政院院會[37]。學者一般認為，行政院是首長制機關[38]。

　　行政院院長、各部會首長，須將應行提出於立法院之法律案、預算案、戒嚴案、大赦案[39]、宣戰案、媾和案、條約案及其他重要事項，或涉及各部會共同關係之事項，提出於行政院會議議決之[40]（憲法第 58 條第 2

---

[31] (A) 行政院院長及副院長本身有無政務委員之身分？(A)均無(B)均有(C)行政院院長有，副院長無(D)行政院院長無，副院長有

[32] (C) 下列何者非行政院會議的法定成員？(A)行政院副院長(B)國防部部長(C)高雄市市長(D)政務委員

[33] (C) 我國行政院會議之主席係由何人擔任？(A)總統(B)副總統(C)行政院院長(D)行政院秘書長

[34] (B) 依憲法第 58 條之規定，下列何者非屬行政院會議之成員？(A)行政院副院長(B)行政院秘書長(C)各部會首長(D)不管部會政務委員

[35] (B) 下列何人不是行政院會議的成員？(A)國防部部長(B)國家安全會議秘書長(C)法務部部長(D)蒙藏委員會委員長

[36] (B) 下列何者非行政院會議之組織成員？(A)交通部部長(B)銓敘部部長(C)政務委員(D)行政院副院長

[37] (A) 總統為國家元首，是否可出席行政院院會？(A)不得出席(B)可自由出席(C)經行政院同意後可出席(D)得經立法院同意後出席之

[38] (A) 行政院會議在性質上為：(A)首長制(B)合議制(C)委員制(D)以上皆非

[39] (B) 行政院向立法院提出之大赦案，應否先經行政院會議議決？(A)不需要(B)需要(C)看情形而定(D)憲法未規定

[40] (A) 行政院有關法律案、預算案、戒嚴案、條約案向立法院提出前，應先提經什麼

項）。惟並不包括糾舉案在內[41]。

(四) 獨立委員會

1. 獨立委員會

一般也有說是獨立行政機關。其是在行政權下，設立一個獨立的行政機關，特色在於其成員不用受到行政院院長和總統的控制，可以免於行政權的干涉。

2. 選任方式與任期保障

通常為了確保獨立委員會的獨立性，在制度設計上都會設計任期保障，例如公平交易委員會的任期保障則是四年。透過任期保障，行政院院長無法任意免除委員的職務。

3. 釋字第 613 號（95/7/21）

行政院為國家最高行政機關，憲法第 53 條定有明文，基於行政一體，須為包括國家通訊傳播委員會（以下簡稱通傳會）在內之所有行政院所屬機關之整體施政表現負責，並因通傳會施政之良窳，與通傳會委員之人選有密切關係，因而應擁有對通傳會委員之人事決定權。基於權力分立原則，行使立法權之立法院對行政院有關通傳會委員之人事決定權固非不能施以一定限制，以為制衡，惟制衡仍有其界限，除不能牴觸憲法明白規定外，亦不能將人事決定權予以實質剝奪或逕行取而代之。國家通訊傳播委員會組織法（以下簡稱通傳會組織法）第 4 條第 2 項通傳會委員「由各政黨（團）接受各界舉薦，並依其在立法院所占席次比例共推薦十五名、行政院院長推薦三名，交由提名審查委員會（以下簡稱審查會）審查。各政黨（團）應於本法施行日起十五日內完成推薦」之規定、同條第 3 項「審查會應於本法施行日起十日內，由各政黨（團）依其在立法院所占席次比例推薦十一名學者、專家組成。審查會應於接受推薦名單後，二十日內完成審查，本項審查應以聽證會程序公開為之，並以記名投票表決。審

會議通過？(A)行政院會議(B)國家安全會議(C)立法院法制、預算及外交委員會(D)國民大會

[41] (C) 下列何者非行政院會議議決之事項？(A)戒嚴案(B)大赦案(C)糾舉案(D)宣戰案

查會先以審查會委員總額五分之三以上為可否之同意，如同意者未達十三名時，其缺額隨即以審查會委員總額二分之一以上為可否之同意」及同條第 4 項「前二項之推薦，各政黨（團）未於期限內完成者，視為放棄」關於委員選任程序部分之規定，及同條第 6 項「委員任滿三個月前，應依第二項、第三項程序提名新任委員；委員出缺過半時，其缺額依第二項、第三項程序辦理，繼任委員任期至原任期屆滿為止」關於委員任滿提名及出缺提名之規定，實質上幾近完全剝奪行政院之人事決定權，逾越立法機關對行政院人事決定權制衡之界限，違反責任政治暨權力分立原則。又上開規定等將剝奪自行政院之人事決定權，實質上移轉由立法院各政黨（團）與由各政黨（團）依其在立法院所占席次比例推薦組成之審查會共同行使，影響人民對通傳會應超越政治之公正性信賴，違背通傳會設計為獨立機關之建制目的，與憲法所保障通訊傳播自由之意旨亦有不符。是上開規定應自本解釋公布之日起，至遲於中華民國 97 年 12 月 31 日失其效力。失去效力之前，通傳會所作成之行為，並不因前開規定經本院宣告違憲而影響其適法性，人員與業務之移撥，亦不受影響。

三、行政院之職權

(一) 行政權

　　行政院為國家最高行政機關[42]（憲法第 53 條）。行政秩序罰之決定、訴願之決定、法規命令之發布等皆屬行政權之範疇，但行政訴訟之審判則否，係屬司法權之範圍[43]。

---

[42] (C) 依憲法本文規定，下列何機關為國家最高行政機關？(A)總統(B)國民大會(C)行政院(D)國家安全局

[43] (D) 下列何者不屬行政權？(A)行政秩序罰之決定(B)訴願之決定(C)法規命令之發布(D)行政訴訟之審判

(二) 移請覆議權

　　行政院對於立法院決議之法律案、預算案[44]、條約案[45]，如認為有窒礙難行時，得經總統之核可[46]，於該決議案送達行政院十日內[47]，移請立法院覆議[48]。立法院對於行政院移請覆議案，應於送達十五日內[49]作成決議。如為休會期間，立法院應於七日內自行集會，並於開議十五日內作成決議。覆議案逾期未議決者，原決議失效[50]。覆議時，如經全體立法委員

---

[44] (D) 下列有關我國預算制度的敘述，何者正確？(A)預算的提案權由行政院與司法院共享(B)立法院審議預算時，得為增加支出之提議(C)行政院應在會計年度開始四個月前，提出預算案於立法院(D)行政院得對立法院決議的預算案提出覆議

[45] (D) 依憲法增修條文，行政院對於有關立法院決議之那些案，如認為窒礙難行，得經總統之核可，移請立法院覆議？(1)預算案(2)大赦案(3)法律案(4)條約案。(A)(1)(2)(3) (B)(1)(2)(3)(4) (C)(1)(3) (D)(1)(3)(4)

[46] (C) 以下關於總統和行政院之關係，何者為正確？(1)行政院院長人選由總統提名送立法院同意任命(2)總統得兼任行政院院長(3)行政院各部會首長，由總統提名送立法院同意(4)行政院對立法院之覆議案，須經總統核可。(A)(1)(2) (B)(1)(3) (C)(4) (D)(2)(3)

[47] (D) 行政院對於立法院決議之法律案，如認為有窒礙難行時，得經總統核可，移請立法院覆議。行政院提出覆議有無任何時間限制？(A)隨時均可提出覆議，無任何時間限制(B)總統核可後三日內提出(C)總統將法律案送達行政院表示意見十日內(D)該法律案送達行政院十日內

[48] (B) 行政院對於立法院之法律案、預算案、條約案，如認為有窒礙難行時，得循何種途徑解決？(A)函請司法院大法官解釋(B)經總統核可，移請立法院覆議(C)由總統動用「院際爭議調解權」(D)送請國民大會複決

[49] (C) 依中華民國憲法增修條文之規定，立法院對行政院移請覆議案，應於送達多少日內作成決議？(A)七日(B)十日(C)十五日(D)二十日

[50] (A) 依中華民國憲法增修條文之規定，立法院對行政院移請覆議案，逾期未決議者原決議之效力如何？(A)原決議失效(B)原決議自動生效(C)由總統予以廢棄(D)聲請大法官解釋

二分之一以上決議維持原案[51]，行政院院長應即接受該決議[52]（憲法增修條文第3條第2項第2款）。重點在於，其刪除憲法本文第57條覆議失敗須辭職的規定。據上可知，與覆議程序有關者，有總統、行政院及立法院，而與國民大會無關[53]。

(三) 向立法院提案權

1. 各種議案

行政院院長、各部會首長，須將應行提出於立法院之法律案、預算案、戒嚴案、大赦案、宣戰案、媾和案、條約案及其他重要事項，或涉及各部會共同關係之事項，提出於行政院會議議決之（憲法第 58 條第 2 項）。

2. 預算案

(1) 預算案之提出：中央政府總預算，包括立法院本身之預算，僅能由行政院向立法院提出總預算[54]，其他各院無權提出預算案，僅能向行政院提出概算，由行政院統一編列為「中央政府總預算案」，再向立法院提出。

(2) 司法預算特別保障：司法院所提出之年度司法概算，行政院不得刪減，但得加註意見，編入中央政府總預算案，送立法院審議（憲法增修條文第5條第6項）。

---

[51] (A) 依中華民國憲法增修條文之規定，立法院對行政院移請覆議案，須經全體立法委員幾分之幾以上決議維持原案，行政院院長應即接受該決議？(A)二分之一(B)三分之二(C)四分之三(D)五分之三

[52] (A) 依憲法增修條文，立法院對於行政院移請覆議案，於覆議時，維持原案之條件以及行政院院長之作為應如何？(A)如經全體立委二分之一以上決議維持原案，行政院院長應即接受該決議(B)如經全體立委二分之一以上決議維持原案，行政院院長應即辭職(C)如經全體立委三分之二以上決議維持原案，行政院院長應即辭職(D)如經出席立委三分之二以上決議維持原案，行政院院長應即接受該決議

[53] (A) 下列何者與覆議程序無關？(A)國民大會(B)總統(C)行政院(D)立法院

[54] (B) 我國中央政府總預算案是由何機關提出？(A)總統府(B)行政院(C)司法院(D)考試院

(3) 預算案之限制：行政院於會計年度開始三個月前[55]，應將下年度預
　　算案提出於立法院（憲法第 59 條）。
(4) 不執行預算：釋字第 520 號（90/1/5）

　　預算案經立法院通過及公布手續為法定預算，其形式上與法律相
當，因其內容、規範對象及審議方式與一般法律案不同，本院釋字第 391
號解釋曾引學術名詞稱之為措施性法律[56]。主管機關依職權停止法定預算
中部分支出項目之執行，是否當然構成違憲或違法，應分別情況而定。諸
如維持法定機關正常運作及其執行法定職務之經費，倘停止執行致影響機
關存續者，即非法之所許；若非屬國家重要政策之變更且符合預算法所定
要件，主管機關依其合義務之裁量，自得裁減經費或變動執行。至於因施
政方針或重要政策變更涉及法定預算之停止執行時，則應本行政院對立法
院負責之憲法意旨暨尊重立法院對國家重要事項之參與決策權[57]，依照憲
法增修條文第 3 條及立法院職權行使法第 17 條規定，由行政院院長或有
關部會首長適時向立法院提出報告並備質詢。本件經行政院會議決議停止
執行之法定預算項目，基於其對儲備能源、環境生態、產業關聯之影響，
並考量歷次決策過程以及一旦停止執行善後處理之複雜性，自屬國家重要
政策之變更，仍須儘速補行上開程序。其由行政院提議為上述報告者，立
法院有聽取之義務[58]。行政院提出前述報告後，其政策變更若獲得多數立
法委員之支持，先前停止相關預算之執行，即可貫徹實施。倘立法院作成

[55] (C) 依憲法之規定，行政院於會計年度開始前幾個月內，應將下年度預算案提出於
　　立法院？(A)一個月(B)二個月(C)三個月(D)六個月
[56] (A) 預算案經立法院通過及公布後，即為法定預算，司法院大法官釋字曾引學術名
　　詞如何稱之？(A)措施性法律(B)一般處分(C)法規命令(D)行政計畫
[57] (B) 司法院大法官釋字第 520 號解釋認為：法定預算中部分支出項目之停止執行，
　　若涉及國家重要政策變更，行政院應尊重：(A)總統之決策主導權(B)立法院之
　　決策參與權(C)司法院之違憲審查權(D)監察院之決算審核權
[58] (A) 行政院因施政方針或重要政策變更涉及法定預算之停止執行時，下列何者為正
　　確程序？(A)行政院院長或有關部會首長向立法院提出報告並備質詢，立法院
　　則有聽取之義務(B)立法院邀請有關部會首長到委員會備詢，有關部會首長有
　　前往備詢之義務(C)行政院院長經總統核可後，向立法院提起覆議(D)行政院院
　　長逕行宣布即可

反對或其他決議，則應視決議之內容，由各有關機關依本解釋意旨，協商解決方案或根據憲法現有機制選擇適當途徑解決僵局，併此指明。

(四) 向立法院提出施政方針及施政報告，並受質詢

行政院有向立法院[59]提出施政方針及施政報告之責[60]。立法委員在開會時，有向行政院院長及行政院各部會首長[61]質詢之權[62] [63]（憲法第 57 條第 1 款）。立法院質詢行政院及各部會首長是民主原則的表現[64]。

立法院開會時，關係院院長及各部會首長得列席陳述意見（憲法第 71 條）。

(五) 向監察院提出決算

行政院應於會計年度結束後四個月內[65]提出決算於監察院[66] [67]（憲法

---

[59] (B) 根據憲法規定，行政院對何者有提出施政方針及施政報告之責？(A)總統(B)立法院(C)國民大會(D)司法院

[60] (A) 行政院應如何對立法院負責？(A)行政院有向立法院提出施政方針及施政報告之責(B)立法委員在開會時，有向行政院院長提出施政方針及施政報告之責(C)行政院有向立法院質詢之權(D)行政院有否決立法院決議之權

[61] (C) 下列何者需接受立法委員在開會時之質詢？(A)總統(B)考試院院長(C)行政院院長及行政院所屬各部會首長(D)台灣省省長

[62] (C) 依現行憲法增修條文第 3 條第 2 項第 1 款之規定，下列何者非屬行政院應向立法院負責之情事：(A)提出施政報告(B)接受質詢(C)提出決算(D)提出施政方針

[63] (C) 立法委員可否就目前尚無專門法律規範的領域，如複製人，要求行政院相關部會報告？(A)不可，行政權應嚴守依法行政原則，在無法源依據下，不應提供任何相關資訊(B)不可，立法權既然怠惰立法在先，當然不能要求行政權報告(C)可以，基於行政院向立法院負責之憲法規定，無論如何，立法委員有質詢之權，行政院有答覆之義務(D)可以，行政院有權決定是否接受質詢並提出報告

[64] (C) 立法院質詢行政院院長及各部會首長，為下列何者之體現？(A)法律優位原則(B)機關忠誠原則(C)民主原則(D)國會自律原則

[65] (C) 行政院的決算案，應於會計年度結束後多久內提出？(A)二個月(B)三個月(C)四個月(D)六個月

[66] (D) 行政院應向下列何機關提出決算案？(A)立法院(B)主計局(C)國民大會(D)監察院

[67] (D) 依憲法第 60 條關於行政院提出決算的規定，下列敘述那兩項正確？(1)須於會

第 60 條）。行政院提出決算案後三個月內，監察院審計長提出決算審核報告於立法院[68][69]。

作者小叮嚀

　　本章需注意行政院與立法院的互動，尤其是增修條文第 3 條第 2 項之規定。且必須熟記各種期間規定。另外，獨立行政機關、行政院執行預算等問題，皆有相關大法官解釋，故也需深入了解。

　　計年度結束後三個月內(2)須於會計年度結束後四個月內(3)提出決算於立法院
　　(4)提出決算於監察院。(A)(1)(3) (B)(1)(4) (C)(2)(3) (D)(2)(4)

[68] (B) 憲法關於決算制度的設計為何？(A)由行政院提出決算於立法院(B)由行政院提出決算於監察院，監察院審計長提出決算審核報告於立法院(C)由執行法定預算之各院分別向監察院提出決算，並由監察委員向立法院提出審核報告(D)由行政院提出決算於司法院，司法院提出決算審核報告於立法院

[69] (A) 行政院提出決算案後三個月內，由誰依法完成其審核，並提出審核報告於立法院？(A)審計長(B)財政部長(C)監察院院長(D)經建會主任委員

第十八章　立　法

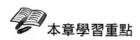 **本章學習重點**

1. 立委減半、單一選區兩票制
2. 立法院組織
3. 立法程序
4. 預算程序
5. 修憲、領土變更程序
6. 立法院質詢、調查權

一、立法院的性質及演變

　　立法院為國家最高立法機關，由人民選舉之立法委員組織之，代表人民行使立法權[1]（憲法第 62 條）。立法院之組織，以法律定之[2]（憲法第 76 條）。立法院掌控立法權，也就是一般的「國會」，擁有一般國家國會的主要職權[3]。

　　一般國家的國會有一院制、兩院制之分。大法官曾作出釋字第 76 號解釋，認為國民大會、立法院、監察院都算是國會。但後來由於監察院改由總統提名、立法院同意，已經不再是間接民選（監察院已轉型為「準司法機關」），故不能再算是國會。原本國民大會在歷次修憲中，國民大會慢

---

[1]　(D) 以下有關立法院之說明，何者為正確？(A)為國家最高立法機關，代表選區人民行使立法權(B)每年三次會期，自行集會(C)設院長一人，副院長兩人(D)為國家最高立法機關，代表人民行使立法權

[2]　(C) 立法院組織應以何方式定之？(A)立法院議事規則(B)總統發布命令(C)法律(D)行政院發布命令

[3]　(C) 下列何者擁有一般國家國會的主要職權？(A)國民大會(B)行政院(C)立法院(D)監察院

慢增加自己的權力，想往擁有實質權力的第二個國會轉型，但第五次修憲被宣告違憲後，第六次修憲改為任務型國大，第七次修憲澈底廢除。故我國現在中央五院中只剩立法院一個民意機關[4]，為一院制國會的型態[5]。

二、立法委員

(一) 公民直選

我國立法委員由公民直選[6]。立法委員候選人須年滿二十三歲，由人民直接選出（公職人員選舉罷免法第 24 條第 1 項）。因為立法委員由公民直選，所以立法院係中央政府機關最具民主正當性者[7]，屬民意機關。

(二) 人數

原本立委人數在第四次修憲時，因應「廢省」，為了讓省議會議員不至於失業，故擴張立法委員人數到二百二十五人。但第七次修憲時，立委人數減半，變成一百十三人。立法院立法委員自第七屆[8]起一百十三人[9]，依下列規定選出之，不受憲法第 64 條及第 65 條之限制：

1. 自由地區直轄市、縣市七十三人[10]。每縣市至少一人。

---

[4] (B) 在現行憲法體制下，下列何者是屬於民意機關？(A)行政院(B)立法院(C)監察院(D)考試院

[5] (A) 我國中央立法機關，其組織型態為：(A)一院制(B)兩院制(C)三院制(D)以上皆非

[6] (C) 依現行憲法，下列何種人員無須總統之任命？(A)監察委員(B)考試委員(C)立法委員(D)大法官

[7] (C) 在中央政府機關最具民主正當性者為：(A)行政院(B)司法院(C)立法院(D)考試院

[8] (B) 立法委員自第幾屆起改為 113 人？(A)第五屆(B)第七屆(C)第九屆(D)第六屆

[9] (D) 依憲法增修條文之規定，立法委員自第七屆起應選出之名額為：(A)二百二十五人(B)二百五十人(C)三百人(D)一百一十三人

[10] (A) 根據憲法增修條文之規定，立法委員之產生在自由地區直轄市、縣市共計幾人？(A)七十三人(B)一六八人(C)六十三人(D)三十四人

2. 自由地區平地原住民及山地原住民各三人[11][12]。
3. 全國不分區及僑居國外國民共三十四人[13]。

　　前項第 1 款依各直轄市、縣市人口比例分配，並按應選名額劃分同額選舉區選出之。第 3 款依政黨名單投票選舉之，由獲得百分之五以上政黨選舉票之政黨依得票比率選出之，各政黨當選名單中，婦女不得低於二分之一[14][15]（憲法增修條文第 4 條第 1 項、第 2 項）。

(三) 選舉方式

　　目前的立委選舉採單一選區與政黨比例代表制混合之兩票制。

1. 單一選區

　　所謂「單一選區」（小選區），乃是說一個選區只選一個人。例如總統就是單一選區，全中華民國就是一個選區，只選出一個總統。縣市長也是採單一選區，每一個縣市只選出一個縣市長。

表 18-1　立委人數與選舉方式

投人一票（選人）	直轄市、縣市 73 人	單一選區
	平地原住民 3 人、山地原住民 3 人	複數選區
投黨一票（選黨）	不分區、僑居國外國民 34 人	政黨比例代表制、婦女不得低於 1/2

---

[11] (B) 依憲法增修條文之規定，立法委員選舉中，自由地區平地原住民及山地原住民各應選出多少人？(A)一人(B)三人(C)四人(D)六人

[12] (B) 依憲法增修條文，立法委員中的原住民名額共有：(A)四人(B)六人(C)八人(D)十人

[13] (A) 立法院立法委員自第七屆起，選出全國不分區及僑居國外國民共幾人？(A)34人(B)35 人(C)42 人(D)43 人

[14] (D) 關於第七屆立法委員之選舉，下列敘述何者正確？(A)總額為二百二十五人(B)自由地區每縣市至少二人(C)自由地區平地及山地原住民各四人(D)各政黨當選名單中，婦女不得低於二分之一

[15] (C) 在憲法增修條文中，下列何者在立法委員的選舉中，有當選名額保障的規定？(A)農人(B)勞工(C)婦女(D)商人

「一、自由地區直轄市、縣市七十三人。每縣市至少一人。……前項第一款依各直轄市、縣市人口比例分配，並按應選名額劃分同額選舉區選出之。」（憲法增修條文第 4 條）依照增修條文之規定，我國立法委員之選舉，是採取小選舉區直接選舉[16]。

2. 兩票制

「三、全國不分區及僑居國外國民[17]共三十四人[18]。……第三款依政黨名單投票選舉之，由獲得百分之五以上政黨選舉票之政黨依得票比率選出之，各政黨當選名單中，婦女不得低於二分之一。」（憲法增修條文第4條）。

所謂兩票制，就是分為兩票，一票投人（區域立委和原住民），一票投黨（不分區立委）。我國除了「區域立委」外，還有「不分區立委」。不分區立委的選出，乃是以「政黨比例代表制」選出。亦即各政黨在選舉時會提出一份名單，依選舉結果各政黨[19]的得票比例[20]，來分配各政黨在不分區的席次。需注意的是，依政黨比例方式產生之僑居國外立法委員，若在任期中喪失該政黨黨員資格時，將應喪失民意代表資格[21]。

---

[16] (D) 我國立法委員之選舉，是採取以下何種方式？(A)大選舉區間接選舉(B)大選舉區直接選舉(C)小選舉區間接選舉(D)小選舉區直接選舉

[17] (C) 立法委員中應採政黨比例方式選出者係指：(A)婦女保障名額(B)山地原住民(C)僑居國外國民(D)平地原住民

[18] (B) 依憲法增修條文規定，立法委員係以政黨比例代表制選出者，計有：(A)四十九名(B)三十四名(D)四十一名(D)六十八名

[19] (A) 比例代表制主要是以何者為分配之基礎？(A)政黨(B)政府(C)個人(D)法人

[20] (C) 依憲法增修條文第4條之規定，由政黨依政黨選舉票得票比率選出立法委員之方法，在學說上稱之為：(A)普通代表制(B)平等代表制(C)比例代表制(D)全國代表制

[21] (A) 依政黨比例方式產生之僑居國外立法委員，若在任期中喪失該政黨黨員資格時，將如何處理？(A)應喪失民意代表資格(B)不因此喪失民意代表資格(C)可由該政黨自由斟酌決定之(D)可由人民予以罷免

(三) 任期

　　立法院立法委員自第七屆起，任期四年[22]，連選得連任，於每屆任滿前三個月內[23]選出之，不受憲法第 64 條及第 65 條之限制（憲法增修條文第 4 條第 1 項）。

　　五院中，司法院大法官任期為八年，監察委員任期為六年，考試委員任期為六年，當中立法委員任期四年最短[24]。

　　但須注意，當立法院通過不信任案，而行政院提請總統解散立法院後，應於六十日內[25]舉行立法委員選舉，並於選舉結果確認後十日內自行集會，其任期重新起算（憲法增修條文第 2 條第 5 項），故任期上仍有可能變動。

(四) 兼職之禁止

　　立法委員不得兼任官吏[26]（憲法第 75 條）。由於內閣制之內閣成員都必須具有國會議員資格，行政首長得以兼任國會議員，而內閣首相就是總理。所以該條規定係我國憲法不同於內閣制之重要特徵之一[27]。而黨務人員[28]、私人公司董事長[29]則不在不得兼任官吏之範圍內。

---

[22] (B) 第七屆起，立法委員之任期為：(A)三年(B)四年(C)五年(D)六年

[23] (B) 立法委員的選舉應於每屆任滿前多少時間內完成之？(A)一個月(B)三個月(C)四個月(D)六個月

[24] (D) 下列人員中，任期最短者為：(A)大法官(B)監察委員(C)考試委員(D)立法委員

[25] (C) 依憲法增修條文規定，立法院解散後，至遲應於多少日內舉行立法委員選舉？(A)30 日(B)45 日(C)60 日(D)90 日

[26] (A) 行政院各部會首長可否兼任立法委員？(A)不可(B)可(C)較次要的部會首長可兼任(D)憲法未規定

[27] (D) 下列何者是我國憲法不同於內閣制之重要特徵？(A)行政院院長必須接受立法委員質詢(B)行政院院長得呈請總統解散立法院(C)副署制(D)立法委員不得兼任官吏

[28] (D) 下列何者非屬立法委員不得兼任官吏之範圍：(A)監察委員(B)公營事業的董、監事(C)民選首長(D)黨務人員

[29] (C) 立法委員可以兼任以下何種職務？(A)合作金庫總經理(B)省銀行之監察人(C)私人公司董事長(D)國民大會代表

1. 釋字第 1 號（38/1/6）

立法委員依憲法第 75 條之規定不得兼任官吏，如願就任官吏即應辭去立法委員。其未經辭職而就任官吏者，亦顯有不繼續任立法委員之意思，應於其就任官吏之時視為辭職[30][31]。

2. 釋字第 24 號（42/9/3）

公營事業機關之董事、監察人及總經理與有受俸給之文武職公務員，……應屬公職及官吏之範圍，監察委員、立法委員均不得兼任。

3. 釋字第 25 號（42/9/3）

省銀行之董事及監察人，均為公營事業機關之服務人員，監察委員、立法委員均不得兼任。

4. 釋字第 30 號（43/1/15）

須視其職務之性質與立法委員職務是否相容，同法第 27 條規定國民大會複決立法院所提之憲法修正案，並制定辦法行使創制複決兩權，若立法委員得兼國民大會代表是以一人而兼具提案與複決兩種性質不相容之職務，且立法委員既行使立法權復可參與中央法律之創制與複決亦顯與憲法第 25 條及第 62 條規定之精神不符。

(五) 身分保障

1. 言論免責權

立法委員在院內[32]所為之言論及表決，對外不負責任（憲法第 73 條）。委員會會議、院內黨團協商、公聽會之發言等均屬應予保障之事

---

[30] (C) 程先生原先擔任外交部次長，經執政黨提名為全國不分區立法委員，試問他在未先辭職而就任立法委員時，其次長身分應如何處置？(A)留職停薪(B)得兼任兩職(C)在他就任立法委員時，其原職位視同辭職(D)於立法委員任期屆滿時，當然復職

[31] (B) 立法委員就任內政部部長，其立法委員資格仍否存在？(A)得兼任(B)視為辭職(C)留任至改選時(D)視為不分區立法委員

[32] (B) 立法委員之何種言論，對外不負責任？(A)任期內所為之言論(B)在院內所為之言論(C)在會期中所為之言論(D)在政見發表會中所為之合法言論

項，但是記者會[33]、立法委員選區服務處[34]、競選連任時之公辦政見發表會[35]之發言則不受言論免責權之保障。依釋字第 435 號解釋，民意代表的言論免責權係採相對保障主義原則[36]。

(1)　**釋字第 435 號**（86/8/1）

為確保立法委員行使職權無所瞻顧，此項言論免責權之保障範圍，應作最大程度之界定，舉凡在院會或委員會之發言、質詢、提案、表決以及與此直接相關之附隨行為，如院內黨團協商、公聽會之發言[37]等均屬應予保障之事項[38]。越此範圍與行使職權無關之行為[39]，諸如蓄意之肢體動

---

[33] (D) 立法委員在下列何項場所之發言，不受言論免責權之保障？(A)委員會會議(B)公聽會(C)黨團協商會議(D)記者會

[34] (D) 立法委員於下列何處之發言不受言論免責權之保障？(A)立法院院會(B)立法院公聽會(C)立法院院內黨團協商(D)立法委員選區服務處

[35] (D) 立法委員於下列何種場合之發言，非言論免責權之保障範圍？(A)院會或委員會(B)院內公聽會(C)院內黨團協商(D)競選連任時之公辦政見發表會

[36] (A) 依大法官釋字第 435 號解釋，民意代表的言論免責權應採何項原則？(A)相對保障主義(B)絕對保障主義(C)會議時採絕對保障主義，非會議時，採相對保障主義(D)對會外不負責任主義

[37] (C) 下列關於立法委員言論免責權之敘述，何者正確？(A)只及於言論之發表，不包括舉手表決(B)對於院內黨團協商之發言，不受保護(C)對於院內召開公聽會之發言，受到保護(D)競選活動期間於政見發表會會場上之言論，受到保護

[38] (A) 憲法第 73 條規定：「立法委員在院內所為之言論及表決，對院外不負責任。」下列關於立法委員言論免責權之敘述，何者符合憲法意旨？(A)言論免責權之保障範圍，應作最大程度之界定，舉凡立法委員在院會或委員會之發言、質詢、提案、表決以及與此直接相關之附隨行為均應保障(B)民意代表素質甚低，對於言論免責權之「保護傘」之解釋，自應從嚴，因此限於院會內之言論及表決始不負責任(C)言論免責權所免責的範圍，及於民事責任、刑事責任、行政責任以及政治責任(D)言論免責權之保障，係以「言論」與「行為」作為區分，所以用言語辱罵他人，亦屬於言論免責的範圍

[39] (B) 依大法官會議解釋，立法委員之何種言論不能免責？(A)無關會議事項之合法言論(B)無關會議事項之違法言論(C)有關會議事項之合法言論(D)有關會議事項之違法言論

作[40]等，顯然不符意見表達之適當情節致侵害他人法益者，自不在憲法上開條文保障之列。

(2) 釋字第 401 號（85/4/26）

憲法第 32 條及第 73 條規定國民大會代表及立法委員言論及表決之免責權，係指國民大會代表在會議時所為之言論及表決，立法委員在立法院內所為之言論及表決，不受刑事訴追，亦不負民事賠償責任[41]，除因違反其內部所訂自律之規則而受懲戒外，並不負行政責任之意。又罷免權乃人民參政權之一種，憲法第 133 條規定被選舉人得由原選舉區依法罷免之。則國民大會代表及立法委員因行使職權所為言論及表決，自應對其原選舉區之選舉人[42]負政治上責任[43]。從而國民大會代表及立法委員經國內選舉區選出者，其原選舉區選舉人得以國民大會代表及立法委員所為言論及表決不當為理由，依法罷免之，不受憲法第 32 條及第 73 條規定之限制。

2. 不逮捕特權

立法委員除現行犯外，在會期中[44]，非經立法院許可，不得逮捕或拘

---

[40] (C) 司法院大法官釋字第 435 號針對憲法第 73 條有關立法委員在院內所為之言論與表決作出解釋，下列何者並非此解釋所認為應保障之事項？(A)院內黨團協商(B)公聽會之發言(C)蓄意的肢體動作(D)院會之提案與質詢

[41] (D) 依司法院大法官之解釋，立法委員行使職權之言論免責權範圍為何？(A)僅須負刑事責任，可免除民事及所有行政責任(B)仍須負行政責任與刑事責任，但可免除民事責任(C)須負民事責任，但不負刑事及行政責任(D)不負民事責任，也不負刑事責任

[42] (C) 依大法官會議解釋，立法委員行使職權所為言論及表決須對誰負政治責任？(A)司法權(B)立法院(C)原選舉區之選舉人(D)選舉總統之選舉人

[43] (D) 依司法院大法官解釋，立法委員的言論免責權不免除以下那種責任？(A)刑事責任(B)民事責任(C)行政責任(D)政治責任

[44] (A) 依中華民國憲法增修條文之規定，立法委員除現行犯外，在何種情況下，非經立法院許可，不得逮捕或拘禁？(A)在會期中(B)在任期中(C)在立法院院內(D)在競選期間

禁[45]。憲法第 74 條之規定,停止適用(憲法增修條文第 4 條第 8 項)。反面解釋:「在會期中」不得逮捕拘禁,則在非會期中即可逮捕拘禁。因此,憲法增修條文明顯地將不逮捕特權的範圍縮小,使立委在非會期中,無法受不逮捕特權保障。此外,不逮捕特權係指在會期中非經立法院許可,不得逮捕或拘禁,而非謂其享有不受起訴之權利[46]。

(六) 罷免

得由原選舉區選舉人向選委會提出罷免案,但就職未滿一年者不得罷免。全國不分區、僑居國外國民之當選人不適用罷免規定(公職人員選舉罷免法第 75 條)。

三、立法院組織與會議

(一) 立法院院長

1. 產生方式:立法院設院長、副院長各一人,由立法委員互選[47]之(憲法第 66 條)。所以,據上述立法委員雖然規定不得兼任官吏,但是可以兼任立法院院長[48]。
2. 職務:
   (1) 參加總統召集之院際調解。總統對於院與院間之爭執,除本憲法有規定者外,得召集有關各院院長會商解決之(憲法第 44 條)。
   (2) 立法院院會主席(立法院組織法第 4 條第 1 項)。

---

[45] (C) 依憲法增修條文規定,立法委員之人身自由之保障程度為何?(A)除現行犯外,不得逮捕或拘禁(B)除現行犯外,非經立法院許可,不得逮捕或拘禁(C)除現行犯外,在會期中,非經立法院許可,不得逮捕或拘禁(D)除現行犯外,在會期中,不得逮捕或拘禁

[46] (A) 下列有關立法委員之敘述,何者不正確?(A)不受起訴權(B)連選得連任(C)不分區立委採政黨比例代表制產生(D)不分區立委非得由選民罷免

[47] (A) 我國五院院長,何者係由委員互選產生?(A)立法院院長(B)司法院院長(C)考試院院長(D)監察院院長

[48] (C) 立法委員可以兼任下列何項職務?(A)內政部次長(B)國民大會代表(C)立法院院長(D)縣長

(3) 綜理立法院院務。惟對立法委員之逮捕許可與否並不是立法院院長之職權[49]。

(二) 立法院院會

1. 院會

(1) 立法院會議：所有立法委員皆共同參加、討論議案之集會。須完成法定程序者，應經立法院會議之議決。

　　A. 每星期二、五開會。

　　B. 立法院會議之主席：院長[50]。

　　C. 立法院會議須有立法委員總額三分之一[51]出席，始得開會，採合議制[52]。

　　D. 立法院會議決議案之法定人數：除憲法別有規定外，以出席委員過半數之同意行之，可否同數時，取決於主席。

2. 會期

(1) 立法院會期，每年兩次[53]，自行集會[54]。第一會期，自 2 月至 5 月底。第二會期，自 9 月至 12 月底[55]。所以，常會的會期每年共計八個月[56]。

---

[49] (C) 下列何者不是立法院院長之職權？(A)維持立法院秩序(B)綜理院務(C)許可對立法委員之逮捕(D)處理議事程序

[50] (B) 下列有關立法院會議之敘述，何者正確？(A)不得開秘密會議(B)院會以院長為主席(C)須立法委員全體出席，始得開會(D)每年舉行兩次

[51] (B) 立法院會議，須有立法委員總額幾分之幾出席，始得開會？(A)二分之一(B)三分之一(C)四分之一(D)五分之一

[52] (C) 立法院院會採：(A)首長制(B)獨任制(C)合議制(D)混合制

[53] (B) 立法院每年有幾個會期？(A)一個(B)二個(C)三個(D)不一定

[54] (A) 立法院如何集會？(A)自行集會(B)立法院院長召集之(C)總統召集之(D)五分之一立法委員連署

[55] (B) 依我國憲法本文規定，立法院應於每年何時自行集會？(A)2 月至 5 月底，8 月至 11 月底(B)2 月至 5 月底，9 月至 12 月底(C)3 月至 6 月底，8 月至 11 月底(D)3 月至 6 月底，9 月至 12 月底

[56] (C) 依憲法的規定，立法院常會的會期每年共計：(A)四個月(B)六個月(C)八個月

(2) 必要時得延長之（憲法第 68 條）。

(3) 開會額數：立法院開會時須有立法委員總額三分之一出席始能正式成會。

3. 臨時會

立法院遇有下列情事之一時，得開臨時會[57]：(1)總統之咨請[58]。(2)立法委員四分之一以上之請求（憲法第 69 條）。

(三) 委員會

立法院得設各種委員會。各種委員會得邀請政府人員及社會上有關係人員到會備詢[59]（憲法第 67 條）。

1. 常設委員會

立法院各委員會會議：各委員會審議立法院會議交付審查之議案及人民請願書，其審議結果需以書面提報院會討論。

2. 非常設委員會

(1) 全院各委員會聯席會議：專門審查預算[60]。

(2) 全院委員會：專審查同意、覆議案[61]、緊急命令追認案、彈劾正副

(D)十個月

[57] (C) 立法院遇以下那兩件情事之一，得開臨時會？(1)總統之咨請(2)行政院院長之咨請(3)立法委員四分之一以上之請求(4)國民大會之咨請。(A)(1)(4) (B)(2)(3) (C)(1)(3) (D)(3)(4)

[58] (C) 立法院，除立法委員四分之一以上請求得開臨時會外，在下列何種情況下亦得開臨時會？(A)立法院院長召集(B)行政院院長請求(C)總統咨請(D)國大議長請求

[59] (B) 依憲法規定，立法院何種集會可邀請社會有關人員到會備詢？(A)院會(B)委員會(C)公聽會(D)記者會

[60] (C) 立法院對於預算案之審查應開何種會議？(A)院會(B)全院委員會(C)全院各委員會聯席會議(D)預算委員

[61] (B) 立法院設有專門審查同意及覆議權而設的委員會是：(A)院會(B)全院委員會(C)特種委員會(D)委員會聯席會議

總統案、不信任案。全院委員會之主席係由院長任之[62]。

3. 特種委員會

特種委員會包含程序、修憲及紀律委員會，並無預算委員會，審查預算之工作係由全院各委員會聯席會議擔任之[63]。

(1) 程序委員會：編列議事日程[64]。

(2) 修憲委員會：依憲法第 174 條規定而設。

(3) 紀律委員會：對立法委員違反自律事項之審議。

(4) 經費稽核委員會。

(四) 黨團

立法委員於選舉當選後得組成黨團，未能依規定組成黨團之政黨或無黨籍之委員，得加入其他黨團[65]（立法院組織法第 33 條）。

(五) 表決

1. 普通決議：適用於一般提案與審查程序，應有三分之一立委出席，經出席立委二分之一以上贊成即通過。而立法院會議的決議，除憲法別有規定外，以相對多數之多數決方式行之[66]。

2. 特別決議（見表 18-2）。

---

[62] (D) 有關立法院全院委員會的敘述，下列何者正確？(A)全院委員會係由全體委員所組成，就憲法所賦予立法院之職權，得就實體事項為決議(B)全院委員會之主席由立法委員互選之(C)全院委員會即立法院組織法第 4 條所稱之「立法院會議」(D)全院委員會之主席係由院長任之

[63] (D) 立法院除各種委員會及全院委員會外，尚設置特種委員會。以下那一項不是立法院的特種委員會？(A)程序(B)修憲(C)紀律(D)預算

[64] (C) 負責立法院議事日程之編列者為：(A)司法委員會(B)法制委員會(C)程序委員會(D)秘書處

[65] (D) 立法院黨團組織之規定，下列何項正確？(A)每一黨團至少應有十人(B)有黨籍之立法委員，得決定是否加入黨團(C)無黨籍之立法委員，不得參加黨團(D)未能組成黨團之政黨，得加入其他黨團

[66] (B) 立法院會議的決議，除憲法別有規定外，以何種多數決方式行之？(A)絕對多數(B)相對多數(C)三分之二特別多數(D)四分之三特別多數

表 18-2　立法院的特別決議事項

項目		提案	議決
國家層次	修憲	立委 1/4 提議，3/4 出席，出席委員 3/4 決議通過	公民複決，有效同意票過選舉人總額之 1/2
	領土變更	立委 1/4 提議，3/4 出席，出席委員 3/4 決議通過	公民複決，有效同意票過選舉人總額之 1/2
元首層次	彈劾案	全體立法委員 1/2 連署，2/3 通過	司法院大法官審理
	罷免案	全體立法委員 1/4 連署，2/3 通過	自由地區選舉人總額 1/2 之投票，有效票 1/2 以上同意
行政層次	覆議案	行政院院會決議經總統核可	全體立法委員 1/2 以上通過
	不信任案	全體立法委員 1/3 以上提案	全體立法委員 1/2 以上通過

四、立法院職權

(一) 立法權

　　立法院為國家最高立法機關，由人民選舉之立法委員組織之，代表人民行使立法權（憲法第 62 條）。因為立法院有制定法律之權限，所以國家對個人之刑罰，選擇以何種刑罰處罰個人之反社會性行為，係屬立法機關之權限之一[67]。

1. 提案

　　(1) 立法委員提出法律案，須有立委十五人以上連署。

　　(2) 另行政院（憲法第 58 條）、考試院（憲法第 87 條[68]）、監察院（釋字第 3 號）、司法院（釋字第 175 號[69] [70]）有向立法院提案

---

[67] (B) 國家對個人之刑罰，屬不得已之強制手段，選擇以何種刑罰處罰個人之反社會性行為，係屬何機關之權限？(A)行政院(B)立法院(C)考試院(D)監察院

[68] (A) 我國憲法條文中明文規定，何機關有法律提案權？(A)考試院(B)監察院(C)司法院(D)五院

[69] (B) 五院中那一院最後獲得法律案提出權？(A)立法院(B)司法院(C)考試院(D)監察院

[70] (B) 司法院與監察院取得法律提案權之依據為何？(A)憲法明定(B)大法官解釋(C)

權[71]，惟總統並無向立法院提法律案之權[72]。

2. 三讀會

制定法律是國會的權限，立法院制定法律的程序，過程中的實質核心部分有提案、審議、表決三部分[73]。審議法案必須經過三讀[74]，所謂「三讀」，就是要由立法院全體立委出席的院會討論三次。除法律案[75]及預算案[76]須經過三讀會程序外，其餘均經二讀會議決之（立法院職權行使法第 7 條）。

3. 議案屆期不連續原則

每屆立法委員任期屆滿時，除預（決）算案及人民請願案外，尚未議決之議案，下屆不予繼續審議（立法院職權行使法第 13 條）。

(二) 議決戒嚴案、條約案、預算案、重大事項

立法院議決法律案[77]、預算案、戒嚴案、大赦案、宣戰案、媾和案、

司法院組織法(D)憲政習慣

[71] (A) 下列何者得就職權事項，向立法院提出法律案？(A)司法院、考試院、監察院(B)總統就國家安全、兩岸事務(C)副總統就人權委員會事項(D)內政部就其主管事項

[72] (C) 下列何機關無向立法院提法律案之權？(A)考試院(B)行政院(C)總統(D)司法院

[73] (A) 制定法律是國會的權限，國會制定法律過程中的實質核心部分有三，就是：(A)提案、審議、表決(B)審議、表決、公布(C)表決、副署、公布(D)提案、表決、副署

[74] (C) 立法院審議法案須經幾讀會始能生效？(A)一讀會(B)二讀會(C)三讀會(D)四讀會

[75] (C) 「公民投票法修正草案」之提出，應經由何種議事程序始能成為法律？(A)基於議事自律原則，立法院可以就個案自行決定各種讀會與議決人數(B)該修正草案得以無記名方式表決通過(C)仍應經三讀程序，以多數決方式通過(D)為求議事效率，議決程序可透過黨團協議為之，無庸經由院會全體議決之程序

[76] (B) 下列何者與法律相同，均須經立法院三讀通過？(A)法規命令(B)預算(C)行政規則(D)職權命令

[77] (A) 「地方制度法」為下列何種機關所制定通過？(A)立法院(B)行政院(C)國民大會(D)省諮議會

條約案及其他重要事項[78]（憲法第 63 條）。

1. **預算案**

    (1) 行政院於會計年度開始前三個月前，應將下年度預算案提出於立法院[79]（憲法第 59 條）。

    (2) 立法院對於行政院所提預算案，不得為增加支出之提議[80][81]（憲法第 70 條）。

    (3) 立委之報酬或待遇，應以法律[82]定之。除年度通案調整[83]者外，單獨增加報酬或待遇之規定，應自次屆[84]起實施[85]（憲法增修條文第 8 條）。

    (4) 審計長應於行政院提出決算後三個月內，依法完成審核，並提出

---

[78] (C) 依據憲法第 63 條規定，下列何者不屬於立法院議決事項？(A)法律案(B)戒嚴案(C)公務員懲戒案(D)宣戰案

[79] (B) 有權提出預算案者為：(A)總統(B)行政院(C)立法院(D)五院

[80] (B) 立法院對行政院所提預算案，可否為增加支出之提議？(A)可(B)不可(C)未規定(D)可斟酌

[81] (B) 關於預算，下列敘述何者錯誤？(A)司法院所提之年度司法概算，行政院不得予以刪除(B)立法院對行政院所提預算案，得為增加支出之提議(C)行政院於會計年度開始三個月前，應將下年度預算案提出於立法院(D)預算案應經行政院會議議決

[82] (C) 立法委員之報酬或待遇，應以何種方式定之？(A)命令(B)憲法(C)法律(D)立委不得增加報酬或待遇

[83] (B) 依憲法增修條文規定，關於立法委員的報酬或待遇，下列敘述何者正確？(A)由國民大會決定(B)可由年度通案調整(C)單獨增加報酬或待遇之規定，可由本屆實施(D)由全體國民議決之

[84] (B) 立法委員之報酬或待遇，若為單獨增加之調整應自何時起實施？(A)當屆(B)次屆(C)隨時(D)即時

[85] (B) 立法委員之報酬或待遇，應以法律定之，並於何時起開始實施？(A)一律自次屆起實施(B)除年度通案調整者外，單獨增加報酬或待遇之規定，應自次屆起實施(C)除年度通案調整者外，單獨增加報酬或待遇之規定，應自本屆起實施(D)除單獨增加報酬或待遇者外，年度通案調整之規定，應自次屆起實施

審核報告於立法院[86]（憲法第 105 條）。可知審計權之行使非為立法院之權限[87]，而係監察院之職權[88]。

(5) 釋字第 391 號（84/12/8）：立法院依憲法第 63 條之規定有審議預算案之權，立法委員於審議中央政府總預算案時，應受憲法第 70 條「立法院對於行政院所提預算案，不得為增加支出之提議」之限制及本院相關解釋之拘束，雖得為合理之刪減[89]，惟基於預算案與法律案性質不同，尚不得比照審議法律案之方式逐條逐句增刪修改，而對各機關所編列預算之數額，在款項目節間移動增減並追加或削減原預算之項目[90]。蓋就被移動增加或追加原預算之項目言，要難謂非上開憲法所指增加支出提議之一種，復涉及施政計畫內容之變動與調整，易導致政策成敗無所歸屬，責任政治難以建立，有違行政權與立法權分立，各本所司之制衡原理，應為憲法所不許。

2. 條約案：釋字第 329 號（82/12/24）

憲法所稱條約係指中華民國與其他國家或國際組織所締結之國際書面協定，包括用條約或公約之名稱，或用協定等名稱，而其內容直接涉及國家重要事項或人民之權利義務且具有法律上之效力者而言[91]。其中名稱為條約或公約或用協定等名稱而附有批准條約者，當然應送立法院審議，其餘國際書面協定，除經法律授權或事先經立法院同意簽訂或其內國內法

---

[86] (B) 審計長完成決算的審核後，應向何者提出審核報告？(A)總統(B)立法院(C)行政院(D)監察院

[87] (B) 下列何者非立法院之權限？(A)議決預算案(B)審計權(C)議決法律案(D)質詢權

[88] (B) 下列何者非為立法院之權限？(A)預算審查權(B)審計權之行使(C)議決法律案(D)提憲法修正案之權

[89] (B) 依憲法規定及大法官解釋，立法院對於行政院所提預算案，得為何種提議？(A)增加支出(B)刪減支出(C)在款項目節間移動增減(D)新增款項目節

[90] (B) 下列有關憲法對於預算案的規定，何者正確？(A)立法院可提預算案(B)立法院對於行政院所提之預算案，不得為增加支出之提議，亦不得於總額不變下，在各科目間酌予移動增減(C)立法院對於行政院提出之預算案，得為增加或刪減支出之提議(D)立法院對預算執行，有決算權

[91] (A) 憲法所稱條約，不包括下列何者？(A)公報(B)條約(C)公約(D)協定

律相同者外，亦應送立法院審議。

3. 戒嚴與緊急命令

　　總統依法宣布戒嚴，但須經立法院之通過或追認。立法院認為必要時，得決議移請總統解嚴（憲法第 39 條）。但是，依憲法增修條文之規定，立法院對戒嚴案並沒有提案之權利[92]。

(三) 聽取國情報告、施政報告

　　立法院於每年集會時，得聽取總統國情報告[93] [94]（憲法增修條文第 4 條第 3 項）。

　　立法院職權行使法第 15 條之 2：「立法院得經全體立法委員四分之一以上提議，院會決議後，由程序委員會排定議程，就國家安全大政方針，聽取總統國情報告。總統就其職權相關之國家大政方針，得咨請立法院同意後，至立法院進行國情報告。」第 15 條之 3：「總統應於立法院聽取國情報告日前三日，將書面報告印送全體委員。」第 15 條之 4：「立法委員於總統國情報告完畢後，得就報告不明瞭處，提出問題；其發言時間、人數、順序、政黨比例等事項，由黨團協商決定。就前項委員發言，經總統同意時，得綜合再做補充報告。」第 15 條之 5：「立法委員對國情報告所提問題之發言紀錄，於彙整後送請總統參考。」據上可知，立法院集會[95] [96]時，得聽取總統之國情報告，並檢討國是、提供建言。

　　行政院有向立法院提出施政方針及施政報告之責（憲法增修條文第 3

---

[92] (C) 依憲法增修條文之規定，立法院對下列何事項沒有提案權？(A)領土變更案(B)總統彈劾案(C)戒嚴案(D)憲法修正案

[93] (A) 依憲法增修條文規定，總統向何機關提出國情報告？(A)立法院(B)國民大會(C)行政院(D)國家安全會議

[94] (A) 下列何者不由行政院向立法院提出？(A)國情報告(B)施政報告(C)施政方針(D)司法院概算

[95] (D) 下列何機關集會時，得聽取總統之國情報告，並檢討國是、提供建言？(A)國策顧問會議(B)國家安全會議(C)國民大會(D)立法院

[96] (C) 得聽取總統國情報告，並檢討國是，提供建言的機關是：(A)國民大會及立法院聯席會議(B)國民大會(C)立法院(D)國家安全會議

條第 2 項第 1 款前段）。

(四) 質詢和備詢

1. 質詢

立法委員在開會時，有向行政院長[97]及行政院各部會首長[98][99]質詢之權（憲法增修條文第 3 條第 2 項第 1 款後段）。此外，立法院開會時，關係院院長及各部會首長得列席陳述意見[100][101]。

2. 備詢

備詢則不一樣，憲法第 67 條第 2 項規定：「各種委員會得邀請政府人員及社會上有關係人員到會備詢。[102]」

表 18-3　質詢和備詢的差別

	行使單位	對象	依據
質詢	院會	行政院長和各部會首長	憲法增修§3II
備詢	委員會	政府人員及社會上有關係人員	憲法§67

---

[97] (A) 依據憲法及增修條文規定，下列人員何者應至立法院接受質詢？(A)行政院院長(B)總統府秘書長(C)考試院院長(D)參謀總長

[98] (C) 下列何者為立法委員質詢之對象？(A)考選部部長(B)審計長(C)行政院大陸委員會主任委員(D)中央研究院院長

[99] (D) 下列何者並無於立法院院會中備詢之義務？(A)行政院院長(B)法務部部長(C)國防部部長(D)總統府秘書長

[100] (B)立法院開會時，關係院之院長：(A)不得列席陳述意見(B)得列席陳述意見(C)應列席陳述意見(D)得出席陳述意見

[101] (C) 司法院院長可否出席或列席立法院院會？(A)為提升法律品質，司法院院長應親自或派員出席指導立法(B)為避免司法權干預立法權，司法院院長不得出現在立法院院會(C)司法院院長得以關係院院長名義，列席陳述意見(D)司法院院長僅得列席立法院院會旁聽，但不得發言

[102] (D)立法院之委員會議得邀請政府人員及社會上有關係人員到會：(A)接受質疑(B)接受批評(C)接受指責(D)備詢

3. 釋字第 461 號（87/7/24）

中華民國 86 年 7 月 21 日公布施行之憲法增修條文第 3 條第 2 項第 1 款規定行政院有向立法院提出施政方針及施政報告之責，立法委員在開會時，有向行政院院長及行政院各部會首長質詢之權，此為憲法基於民意政治及責任政治之原理所為制度性之設計。國防部主管全國國防事務，立法委員就行政院提出施政方針及施政報告關於國防事務方面，自得向行政院長及國防部部長質詢之。至參謀總長在行政系統為國防部部長之幕僚長，直接對國防部部長負責，自非憲法規定之部會首長，無上開條文之適用。

立法院為國家最高立法機關，有議決法律、預算等議案及國家重要事項之權。立法院為行使憲法所賦予上開職權，得依憲法第 67 條規定，設各種委員會，邀請政府人員及社會上有關係人員到會備詢。鑑諸行政院應依憲法規定對立法院負責，故凡行政院各部會首長及其所屬公務員，除依法獨立行使職權，不受外部干涉之人員外，於立法院各種委員會依憲法第 67 條第 2 項規定邀請到會備詢時，有應邀說明之義務。參謀總長[103]為國防部部長之幕僚長，負責國防之重要事項，包括預算之擬編及執行，與立法院之權限密切相關，自屬憲法第 67 條第 2 項所指政府人員，除非因執行關係國家安全之軍事業務而有正當理由外，不得拒絕應邀到會備詢，惟詢問內容涉及重要國防機密事項者，免予答覆[104]。至司法、考試[105]、監察三院院長，本於五院間相互尊重之立場，並依循憲政慣例，得不受邀請備詢。三院所屬非獨立行使職權而負行政職務之人員[106]，於其提出之

---

[103] (A)依現行規定，下列人員何者應至立法院備詢？(1)行政院院長(2)教育部部長(3)參謀總長(4)考試院院長。(A)(1)(2)(3) (B)(1)(2)(4) (C)(1)(3)(4) (D)(1)(2)(3)(4)

[104] (C)依司法院大法官釋字第 461 號解釋，下列敘述何者錯誤？(A)除獨立行使職權之人員外，行政院各部首長及其所屬公務員，有應邀到會備詢之義務(B)參謀總長有應邀備詢之義務(C)參謀總長就涉及國防機密之事項仍須予以答覆(D)法官係獨立行使職務之公務員，得拒絕到會備詢

[105] (C)依憲法第 67 條第 2 項規定，下列何者並非負有受邀到立法院各種委員會備詢說明之義務？(A)參謀總長(B)總統府秘書長(C)考試院院長(D)國防部部長

[106] (D)立法院委員會得邀請政府人員到會備詢，下列何者有到會備詢之義務？(A)法官(B)檢察官(C)考試院考試委員(D)內政部政務次長

法律案及有關預算案涉及之事項[107]，亦有上開憲法規定之適用。

4. 釋字第 498 號（88/12/31）

　　立法院所設各種委員會，依憲法第 67 條第 2 項規定，雖得邀請地方自治團體行政機關有關人員到會備詢，但基於地方自治團體具有自主、獨立之地位，以及中央與地方各設有立法機關之層級體制，地方自治團體行政機關公務員，除法律明定應到會備詢者外，得衡酌到會說明之必要性，決定是否到會[108]。於此情形，地方自治團體行政機關之公務員未到會備詢時，立法院不得因此據以為刪減或擱置中央機關對地方自治團體補助款預算之理由，以確保地方自治之有效運作，及符合憲法所定中央與地方權限劃分之均權原則。

(五) 調查權

　　立法院經過釋字第 325 號和釋字第 585 號，承認立法院有調查權。

表 18-4　立法院調查權

	大法官解釋	內容
文件調閱權	釋字第 325 號解釋	文件調閱權
聽政權	釋字第 585 號解釋	要求人民或官員陳述意見或表示意見，並輔以罰鍰作為強制手段

---

[107] (B)立法院委員會於審議預算時，司法院秘書長就相關預算是否有到委員會備詢之義務？(A)無備詢義務(B)有備詢義務(C)經司法院院長核可後始有備詢義務(D)經立法院院長核可後始有備詢義務

[108] (A)下列關於立法院各種委員會邀請地方自治團體行政機關有關人員到會備詢時之敘述，何者是正確的？(A)除法律明定應到會備詢者外，地方自治團體行政機關公務員並無義務到會備詢(B)不論法律是否有規定，地方自治團體行政機關公務員拒不到會備詢時，立法院得刪減中央機關對地方自治團體補助款預算(C)不論法律是否有規定，地方自治團體行政機關公務員拒不到會備詢時，立法院得擱置中央機關對地方自治團體補助款預算(D)除法律明定應到會備詢者外，地方自治團體行政機關公務員一律不得到會說明及備詢

1. 釋字第 325 號（82/7/23）

「立法院為行使憲法所賦予之職權，除依憲法第 57 條第 1 款及第 67 條第 2 項辦理外，得經院會或委員會之決議[109]，要求有關機關就議案涉及事項，提供參考資料，必要時並得經院會決議調閱文件原本[110]，受要求之機關非依法律規定或其他正當理由不得拒絕。」調閱權之限制：「國家機關獨立行使職權受憲法之保障者，如司法機關審理案件所表示之法律見解、考試機關對於應考人成績之評定、監察委員為糾彈或糾正與否之判斷，以及訴訟案件在裁判確定前就偵查、審判所為之處置及其卷證，監察院對之行使調查權，本受有限制，基於同一理由，立法院之調閱文件，亦同受限制。」

2. 釋字第 585 號（93/12/15）

立法院為有效行使憲法所賦予之立法職權，本其固有之權能自得享有一定之調查權，主動獲取行使職權所需之相關資訊，俾能充分思辯，審慎決定，以善盡民意機關之職責，發揮權力分立與制衡之機能。立法院調查權乃立法院行使其憲法職權所必要之輔助性權力，基於權力分立與制衡原則，立法院調查權所得調查之對象或事項，並非毫無限制。除所欲調查之事項必須與其行使憲法所賦予之職權有重大關聯者外，凡國家機關獨立行使職權受憲法之保障者，即非立法院所得調查之事物範圍。又如行政首長依其行政權固有之權能，對於可能影響或干預行政部門有效運作之資訊，均有決定不予公開之權力，乃屬行政權本質所具有之行政特權。立法院行使調查權如涉及此類事項，即應予以適當之尊重。如於具體案件，就所調查事項是否屬於國家機關獨立行使職權或行政特權之範疇，或就屬於行政特權之資訊應否接受調查或公開而有爭執時，立法院與其他國家機關宜循合理之途徑協商解決，或以法律明定相關要件與程序，由司法機關審理解決之。

立法院調查權行使之方式，並不以要求有關機關就立法院行使職權

---

[109] (B)以下何者非立法院文件調閱權行使之要件？(A)經院會同意(B)由行政院長呈請總統許可之(C)經委員會同意(D)可要求有關機關就議案涉及事項提供參考資料

[110] (B)民意機關基於執行監督政府之職權，得要求政府機關提供相關文件或資料供其審閱，此項權力稱為：(A)質詢權(B)調閱權(C)監督權(D)查察權

所涉及事項提供參考資料或向有關機關調閱文件原本之文件調閱權為限，必要時並得經院會決議，要求與調查事項相關之人民或政府人員，陳述證言或表示意見，並得對違反協助調查義務者，於科處罰鍰之範圍內，施以合理之強制手段，本院釋字第325號解釋應予補充。惟其程序，如調查權之發動及行使調查權之組織、個案調查事項之範圍、各項調查方法所應遵守之程序與司法救濟程序等，應以法律為適當之規範。於特殊例外情形，就特定事項之調查有委任非立法委員之人士協助調查之必要時，則須制定特別法，就委任之目的、委任調查之範圍、受委任人之資格、選任、任期等人事組織事項、特別調查權限、方法與程序等妥為詳細之規定，並藉以為監督之基礎。各該法律規定之組織及議事程序，必須符合民主原則。其個案調查事項之範圍，不能違反權力分立與制衡原則，亦不得侵害其他憲法機關之權力核心範圍，或對其他憲法機關權力之行使造成實質妨礙。如就各項調查方法所規定之程序，有涉及限制人民權利者，必須符合憲法上比例原則、法律明確性原則及正當法律程序之要求。

(六) 人事同意權

　　五院裡面，除了立法院是人民直選之外，另外司法院、考試院、監察院等，都是由總統提名、立法院同意任命。此外，行政院院長係由總統直接任命，不包括在立法院之人事同意權之內[111]（憲法增修條文第 3 條第 1 項）。立法院對國安局長[112]、行政院主計長也無同意權[113]。

1. 審計長：監察院設審計長，由總統提名，經立法院同意任命之[114]（憲法第 104 條）。

---

[111] (A)立法院之人事同意權，不包括下列何者？(A)行政院院長(B)考試院院長(C)司法院院長(D)監察院院長

[112] (C)立法院對以下何種職務無同意權？(A)監察院審計長(B)監察委員(C)國安局長(D)司法院大法官

[113] (D)下列何者之任命，不須立法院同意？(A)司法院院長、副院長(B)司法院大法官(C)監察院院長、副院長、監察委員(D)行政院主計長

[114] (C)下列何人須經立法院同意後始得任命？(A)行政院院長(B)內政部長(C)審計長(D)中央銀行總裁

2. 司法院院長[115]、副院長、大法官：司法院設大法官十五人，並以其中一人為院長、一人為副院長，由總統提名，經立法院同意後任命之（憲法增修條文第 5 條第 1 項）。

3. 考試院院長、副院長、考試委員：考試院設院長、副院長各一人，考試委員若干人，由總統提名，經立法委員同意後任命之（憲法增修條文第 6 條第 2 項）。

4. 監察院院長、副院長、監察委員：監察院設監察委員二十九人，並以其中一人為院長、一人為副院長，由總統提名，經立法院同意任命之（憲法增修條文第 7 條第 2 項）。

(七) 對行政院長提出不信任案

　　所謂之「不信任案」，乃立法院對行政院院長提出之倒閣議案[116]。立法院得經全體立法委員三分之一以上[117]連署，對行政院院長[118]提出不信任案。不信任案提出七十二小時後，應於四十八小時內以記名[119]投票表決之。如經全體立法委員二分之一以上贊成，行政院院長應於十日內提出

---

[115] (C) 依憲法增修條文之規定，下列何者之任命須經立法院同意？(A)行政院院長(B)主計長(C)司法院院長(D)公平交易委員會主任委員

[116] (D) 憲法增修條文第 3 條所稱之「不信任案」為何？(A)乃人民不信任立法委員時，所提之公民投票案(B)乃行政院院長欲撤換部會首長時，提出於行政院會議的議案(C)乃行政各部會首長不滿行政院院長的領導，所提出的倒閣議案(D)乃立法院對行政院院長提出之倒閣議案

[117] (B) 立法院得經全體立法委員多少人以上連署，對行政院長提出不信任案？(A)四分之一(B)三分之一(C)二分之一(D)無限制

[118] (D) 立法院得經全體委員三分之一以上連署，對何人提出不信任案？(A)總統(B)司法院長(C)監察院長(D)行政院院長

[119] (B) 立法委員依憲法增修條文之規定而連署提出之不信任案，應何時、如何表決？(A)不信任案提出 72 小時後，於 48 小時內以無記名投票表決之(B)不信任案提出 72 小時後，於 48 小時內以記名投票表決之(C)不信任案提出 48 小時後，於 72 小時內以無記名投票表決之(D)不信任案提出 48 小時後，於 72 小時內以記名投票表決之

辭職,並得同時呈請總統[120]解散立法院;不信任案如未獲通過,一年內不得對同一行政院院長再提不信任案(憲法增修條文第 3 條第 2 項第 3 款)。

(八) 對總統、副總統彈劾提案、罷免

1. 立法院對於總統、副總統之彈劾案[121],須經全體立法委員二分之一以上之提議,全體立法委員三分之二以上之決議,聲請司法院大法官審理[122],不適用憲法第 90 條、第 100 條及增修條文第 7 條第 1 項有關規定[123](憲法增修條文第 4 條第 7 項)。
2. 司法院大法官,除依憲法第 78 條之規定外,並組成憲法法庭審理總統、副總統之彈劾及政黨違憲之解散事項(憲法增修條文第 5 條第 4 項)[124]。
3. 立法院提出總統、副總統彈劾案,聲請司法院大法官審理,經憲法法庭判決成立時,被彈劾人應即解職(憲法增修條文第 2 條第 10 項)。
4. 對總統、副總統之罷免案,須經全體立法委員四分之一提議,全體立法委員三分之二之同意後提出[125],並經中華民國自由地區選舉

---

[120] (C) 依憲法增修條文之規定,立法院得由何人解散之?(A)立法院院長(B)行政院院長(C)總統(D)司法院大法官會議

[121] (B) 依據憲法增修條文之規定,總統、副總統之彈劾案須經由何機關提出?(A)國民大會(B)立法院(C)司法院大法官(D)監察院

[122] (C) 依憲法增修條文之規定,下列何者並非立法院之職權?(A)行政院院長不信任案之議決權(B)大法官之同意權(C)總統彈劾案之同意權(D)考試院院長之同意權

[123] (B) 關於總統、副總統之彈劾案,下列程序何者錯誤?(A)須經全體立法委員三分之二以上之決議(B)須經我國自由地區選舉人投票複決(C)須經全體立法委員二分之一以上之提議(D)須聲請司法院大法官審理

[124] (A) 依憲法增修條文之規定,總統、副總統之彈劾案最後須由何機關審理?(A)憲法法庭(B)考試院(C)立法院(D)監察院

[125] (B) 對總統、副總統罷免案之提出,其成立條件為何?(A)全體立法委員二分之一以上之提議,以及三分之二以上之決議(B)全體立法委員四分之一以上之提議,以及三分之二以上之決議(C)國民大會代表總額四分之一以上之提議,以及三分之二之同意(D)國民大會代表總額二分之一以上之提議,以及三分之二

人[126]總額過半數之投票，有效票過半數同意罷免時，即為通過（憲法增修條文第 2 條第 9 項）。依上述憲法增修條文之規定，有關罷免與彈劾總統之程序，兩者均須由立法委員提議[127]。

(九) 補選副總統

副總統缺位時，總統應於三個月內提名候選人，由立法院[128]補選，繼任至原任期屆滿為止（憲法增修條文第 2 條第 7 項）。

(十) 提出憲法修正案之權

憲法之修改，須經立法院[129]立法委員四分之一之提議[130]，四分之三之出席，及出席委員四分之三之決議[131]，提出憲法修正案，並於公告半年後[132]，經中華民國自由地區選舉人投票複決[133]，有效同意票過選舉人

之同意

[126] (D)依憲法增修條文規定，總統罷免案的最終決定權歸屬下列何者？(A)國民大會(B)立法院(C)監察院(D)人民

[127] (A)依憲法增修條文之規定，有關罷免與彈劾總統之程序，下列何者正確？(A)兩者均由立法委員提議(B)均須經司法院大法官審理(C)最後均須人民複決通過(D)罷免總統與彈劾總統之程序完全相同

[128] (B)依我國憲法增修條文之規定，副總統缺位時，由何機關補選產生？(A)國民大會(B)立法院(C)大法官會議(D)人民直接補選

[129] (A)依據憲法增修條文的規定，下列何者為修改憲法的提出機關？(A)立法院(B)國民大會(C)監察院(D)行政院

[130] (C)立法院提議修改憲法時，應有立法委員多少之提議，始得擬定憲法修正案，提請公民複決？(A)二分之一(B)三分之一(C)四分之一(D)五分之一

[131] (C)我國憲法的修改，由立法院立法委員四分之一之提議，四分之三之出席，及出席委員多少之決議，擬定憲法修正案，提請公民複決？(A)二分之一(B)三分之二(C)四分之三(D)五分之四

[132] (A)依據憲法增修條文之規定，有關修憲之敘述，下列何者正確？(A)憲法修正案應先公告半年(B)憲法修正案應先公告三個月(C)憲法修正案應先公告一年(D)憲法修正案無須先公告

[133] (D)中華民國憲法的修改案，必需經過下列那一個機關的複決，能完成修憲的程序？(A)行政院(B)立法院(C)國民大會(D)人民

總額之半數，即通過之，不適用憲法第 174 條之規定（憲法增修條文第
12 條）。修憲已經不再依據憲法第 174 條，而係依據憲法增修條文第 12
條之規定[134]。

(十一) 領土變更之提案權

中華民國領土，依其固有疆域，非經全體立法委員四分之一之提
議，全體立法委員四分之三之出席，及出席委員四分之三之決議[135]，提
出領土變更案[136]，並於公告半年後，經中華民國自由地區選舉人投票複
決[137]，有效同意票過選舉人總額之半數，不得變更之（憲法增修條文第 4
條第 5 項）。

(十二) 解決中央與地方權限爭議之權

除第 107 條、第 108 條、第 109 條及第 110 條列舉事項外，如有未列
舉事項發生時，其事務有全國一致之性質者屬於中央，有全省一致之性質

---

[134] (D) 關於修憲之程序，下列敘述何者不正確？(A)須立法院之提案(B)憲法修正案須
公告半年(C)須公民投票複決(D)修憲依據為憲法第 174 條

[135] (B) 關於立法院提出之我國領土變更案，下列程序何者不正確？(A)經全體立法委
員四分之一之提議(B)經全體立法委員二分之一之附議(C)全體立法委員四分之
三之出席(D)出席委員四分之三之決議

[136] (B) 依憲法增修條文規定，下列有關「提出領土變更案」的敘述，何者正確？(A)
須經全體立法委員四分之一的提議，全體立法委員三分之二的出席，出席委員
四分之三的決議後方可提出(B)須經全體立法委員四分之一的提議，全體立法
委員四分之三的出席，出席委員四分之三的決議後方可提出(C)須經全體立法
委員五分之一的提議，全體立法委員三分之二的出席，出席委員四分之三的決
議後方可提出(D)須經全體立法委員五分之一的提議，全體立法委員四分之三
的出席，出席委員四分之三的決議後方可提出

[137] (C) 依據憲法增修條文之規定，變更領土之程序為何？(A)經司法院大法官組成之
憲法法庭議決(B)經立法院之決議(C)由立法院提案，經公民投票複決(D)由行
政院提案，經公民投票複決

者屬於省，有一縣之性質者屬於縣，有爭議時，由立法院解決之（憲法第111條）。

作者小叮嚀

　　立法院是五院之間權力制衡互動關係的核心，所以閱讀立法院這章，算是整理所有政府組織章的重點。第七次修憲的重點，就是立法委員的選舉方式，務必深入了解。國民大會廢除後，大部分職權也移轉給立法院，對立法院的職權也必須一一細讀。

第十九章　司　法

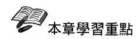
本章學習重點

1. 大法官的產生與任期
2. 大法官的職權
3. 解釋憲法與統一解釋法令的不同
4. 法院組織與審判
5. 公務員懲戒

一、司法院之性質與地位

所謂實質意義之司法，係指國家基於法律對爭訟之具體事實所為宣示以及輔助裁判權之作用，例如：訴訟上之和解、刑事訴訟之管轄錯誤裁判、少年事件處理法中之少年保護事件等，但是公證則不屬實質意義之司法[1]。

(一) 最高司法機關

司法院為國家最高司法機關[2]，掌理民事、刑事、行政訴訟之審判，及公務員之懲戒[3]（憲法第 77 條）。釋字第 530 號解釋認為，司法院應該

---

[1] (A) 司法院大法官釋字第 392 號解釋中謂實質意義之司法，乃指國家基於法律對爭訟之具體事實所為宣示以及輔助裁判權之作用，據此，下列何者非屬此處所謂實質意義之司法？(A)公證(B)訴訟上之和解(C)刑事訴訟之管轄錯誤裁判(D)少年事件處理法中之少年保護事件

[2] (B) 依憲法第 77 條之規定，我國最高司法機關為：(A)最高法院(B)司法院(C)司法院大法官會議(D)法務部

[3] (D) 司法院為國家最高司法機關，下列何者非屬於其所掌理的事項？(A)民事、刑事訴訟之審判(B)行政訴訟之審判(C)公務人員之懲戒(D)減刑與復權程序

直接掌管審判工作，成為最高司法審判機關[4]，可是目前司法院大多只是掌管行政工作，而不負責審判工作[5]，真正的審判工作是交給最高法院或最高行政法院等來負責。

釋字第 530 號解釋（90/10/5）

　　憲法第 77 條規定：「司法院為最高司法機關，掌理民事、刑事、行政訴訟之審判及公務員之懲戒。」惟依現行司法院組織法規定，司法院設置大法官十七人，審理解釋憲法及統一解釋法令案件，並組成憲法法庭，審理政黨違憲之解散事項；於司法院之下，設各級法院、行政法院[6]及公務員懲戒委員會（現：懲戒法院）。是司法院除審理上開事項之大法官外，其本身僅具最高司法行政機關之地位，致使最高司法審判機關與最高司法行政機關分離。為期符合司法院為最高審判機關之制憲本旨，司法院組織法、法院組織法、行政法院組織法及公務員懲戒委員會組織法（現：懲戒法院組織法），應自本解釋公布之日起二年內檢討修正，以副憲政體制。

　　按照釋字第 530 號解釋，若能修改相關法律，司法院會變成真正的審判機關，慢慢朝向「司法院一元化」邁進，將最高法院和最高行政法院廢除，都放到司法院裡面來，所有最終審的審判工作，都交給大法官來掌管。但實際上，立法院卻不願意修法。故目前司法院仍然只為司法行政機關。

(二) 違憲審查

　　二次大戰以前，全世界只有美國[7]採取「司法違憲審查」制度，由司

---

[4] (B) 司法院大法官釋字第 530 號解釋，我國之司法院依憲法第 77 條規定，為：(A)最高司法行政機關(B)最高司法審判機關(C)最高法規制定機關(D)最高檢察機關

[5] (D) 下列何者實際上未擔任審判工作？(A)懲戒法院(B)最高法院(C)行政法院(D)司法院

[6] (B) 行政法院隸屬何機關？(A)行政院(B)司法院(C)最高法院(D)法務部

[7] (A) 下列何國最早確立司法審查制度？(A)美國(B)英國(C)德國(D)中華民國

法院大法官掌控宣告法律、命令違憲的權力。我國在制憲時即引進違憲審查制度。

(三) 違憲審查的功能

1. 解決憲法爭議。
2. 保障人權。

二、司法院組織

表 19-1　司法院組織與執掌

司法院組織	執掌	備註
院長、副院長	綜理院務及所屬機關	其他詳見二之(一)說明
大法官	解釋憲法、統一解釋法律及命令、審理政黨違憲解散、審理總統副總統彈劾案[8]	
普通法院	掌理全國民刑訴訟審判或非訟事件等業務	包含：地方法院、高等法院、最高法院
行政法院	掌理全國行政訴訟[9]	
懲戒法院	掌理全國公務員懲戒	

(一) 院長、副院長、大法官

1. 產生

　　司法院設大法官十五人[10]，並以其中一人為院長、一人為副院長[11]，

---

[8] (D) 下列何者不是我國司法院大法官的權限？(A)宣告政黨違憲與解散政黨(B)抽象法規審查權(C)解釋憲法(D)行政處分有無違背法律

[9] (A) 受理人民提出行政訴訟的機關為：(A)行政法院(B)立法院(C)行政院(D)監察院

[10] (C) 依憲法增修條文之規定，司法院設大法官多少人？(A)9 人(B)11 人(C)15 人(D)未明文規定，由立法院決議定之

[11] (C) 依憲法增修條文規定（自民國 92 年起實施），司法院院長及副院長應否具大法官身分？(A)僅有院長需具大法官身分(B)僅有副院長需具大法官身分(C)院長、副院長皆需具大法官身分(D)院長、副院長皆無需具大法官身分

由總統提名，經立法院[12]同意任命之[13]，無須行政院院長之副署[14]，自中華民國 92 年起實施，不適用憲法第 79 條之規定（憲法增修條文第 5 條第 1 項）。

2. 任期

司法院大法官任期八年[15] [16]，不分屆次，個別計算[17]，並不得連任[18]。但並為院長、副院長之大法官，不受任期之保障[19]（憲法增修條文第 5 條第 2 項）。

為避免一任總統掌控提名所有大法官的權力，故大法官採交錯任期制[20]。民國 92 年總統提名之大法官，其中八位大法官，含正、副院長，任期四年，其餘大法官任期為八年，不適用前項之規定（憲法增修條文第 5 條第 3 項）。司法院大法官除法官轉任者外，不適用憲法第 81 條有關法官終身職待遇之規定（憲法增修條文第 5 條第 1 項）。

---

[12] (B) 依憲法增修條文規定，司法院大法官由總統提名，經何者同意任命之？(A)國民大會(B)立法院(C)考試院(D)監察院

[13] (B) 司法院院長係由總統提名，經那一機關同意後任命？(A)國民大會(B)立法院(C)監察院(D)行政院

[14] (D) 依我國憲法增修條文第 5 條之規定，下列有關司法院院長之敘述，何者正確？(A)院長同時亦為最高法院院長(B)須由法官轉任(C)任期八年(D)院長之任免令，無須行政院院長之副署

[15] (C) 依憲法增修條文之規定，大法官任期幾年？(A)三年(B)六年(C)八年(D)終身職

[16] (D) 下列何者任期最長？(A)總統(B)國民大會代表(C)立法委員(D)司法院大法官

[17] (A) 依憲法增修條文之規定，大法官出缺時，其繼任人之任期如何規定？(A)任期八年個別計算(B)任期九年(C)至原任期屆滿為止(D)無規定

[18] (C) 憲法增修條文規定，大法官可否連任？(A)得連任(B)得連任一次(C)不得連任(D)未明文規定

[19] (D) 關於司法院大法官任期的規定，下列何者正確？(A)大法官為終身職，沒有任期限制(B)大法官的任期與提名者的任期相同(C)由法官轉任之大法官沒有任期限制(D)兼任院長、副院長之大法官，不受任期之保障

[20] (A) 下列何種人員之任期，於修憲後改採交錯任期制？(A)司法院大法官(B)監察委員(C)考試委員(D)立法委員

3. 資格

大法官應具有下列資格之一：(1)曾任實任法官十五年以上而成績卓著者。(2)曾任實任檢察官十五年以上而成績卓著者。(3)曾實際執行律師業務二十五年以上而聲譽卓著者。(4)曾任教育部審定合格之大學或獨立學院專任教授十二年以上，講授法官法第 5 條第 4 項所定主要法律科目八年以上，有專門著作者。(5)曾任國際法庭法官或在學術機關從事公法學或比較法學之研究而有權威著作者。(6)研究法學，富有政治經驗，聲譽卓著者。具有前項任何一款資格之大法官，其人數不得超過總名額三分之一。

4. 職權

大法官之職權為解釋憲法、統一解釋法律及命令、審理政黨違憲解散[21]、審理總統副總統彈劾案[22] [23]。但不包括直接審理具體民刑事案件[24]，以及犯罪的起訴或不起訴[25]。

(三) 司法院隸屬機關

司法院組織法第 6 條：「司法院設各級法院、行政法院及懲戒法院[26]；其組織均另以法律定之。」
1. 各級法院：指地方法院、高等法院、最高法院三級。軍事法院[27]並不

---

[21] (A) 依憲法增修條文規定，政黨如果違憲得為如何之處分？(A)解散(B)罰鍰(C)警告(D)限期改善

[22] (C) 司法院大法官的職權不包括下列何者？(A)解釋憲法(B)統一解釋法令(C)立法委員選舉無效之訴(D)審理政黨違憲之解散事項

[23] (C) 以下何者非屬大法官職權？(A)審理政黨違憲解散案件(B)統一解釋法律命令(C)修改法律(D)解釋憲法

[24] (D) 下列事項何者不屬於司法院大法官之權限？(A)解釋憲法(B)統一解釋法律(C)統一解釋命令(D)審理民刑事案件

[25] (B) 下列何者不屬於司法院之職權？(A)行政訴訟之審判(B)對犯罪作不起訴處分(C)公務員之懲戒(D)統一解釋法律及命令

[26] (B) 下列何者非屬司法院之機關？(A)行政法院(B)司法官訓練所(C)最高法院(D)懲戒法院

[27] (D) 下列機關中，何者不隸屬於司法院？(A)行政法院(B)最高法院(C)懲戒法院(D)

隸屬於司法院，各級檢察署則隸屬於行政院法務部[28][29]。

2. 行政法院：設高等行政法院與最高行政法院，以及地方法院之行政訴訟庭，採三級二審，掌理公法事件之訴訟[30]。

3. 懲戒法院：設法官九至十五人。採行一級二審制[31]。

(四) 司法行政權

1. 釋字第 530 號（90/10/5）

憲法第 80 條規定法官須超出黨派以外，依據法律獨立審判，不受任何干涉，明文揭示法官從事審判僅受法律之拘束，不受其他任何形式之干涉；法官之身分或職位不因審判之結果而受影響；法官唯本良知，依據法律獨立行使審判職權。審判獨立乃自由民主憲政秩序權力分立與制衡之重要原則，為實現審判獨立，司法機關應有其自主性；本於司法自主性，最高司法機關就審理事項並有發布規則之權[32]；又基於保障人民有依法定程序提起訴訟，受充分而有效公平審判之權利，以維護人民之司法受益權，最高司法機關自有司法行政監督之權限。司法自主性與司法行政監督權之行使，均應以維護審判獨立為目標[33]，因是最高司法機關於達成上述司法行政監督之目的範圍內，雖得發布命令，但不得違反首揭審判獨立之原則。最高司法機關依司法自主性發布之上開規則，得就審理程序有關之細

軍事法院

[28] (D) 高等法院與高檢署隸屬何機關？(A)高檢署隸屬高等法院(B)均屬最高法院(C)均屬法務部(D)前者屬司法院、後者屬法務部

[29] (A) 檢察官隸屬那個機關？(A)行政院(B)司法院(C)監察院(D)普通法院

[30] (C) 行政法院在組織上隸屬於下列何機關？(A)行政院(B)監察院(C)司法院(D)最高法院

[31] (D) 依據我國現行制度，下列何者採行一級一審制？(A)刑事訴訟(B)行政訴訟(C)民事訴訟(D)公務員之懲戒

[32] (A) 司法院大法官曾對下列何者作出解釋？(A)本於司法自主性，司法院就審理事項有發布規則之權(B)法官不得參加任何政黨(C)法官不得拒絕適用違憲的行政命令(D)大法官為終身職

[33] (A) 下列何者為司法行政監督之界限？(A)審判獨立(B)司法經費之使用(C)法官之素行(D)法官之問案態度

節性、技術性事項為規定；本於司法行政監督權而發布之命令，除司法行政事務外，提供相關法令、有權解釋之資料或司法實務上之見解，作為所屬司法機關人員執行職務之依據，亦屬法之所許。惟各該命令之內容不得牴觸法律，非有法律具體明確之授權亦不得對人民自由權利增加法律所無之限制；若有涉及審判上之法律見解者，法官於審判案件時，並不受其拘束，業經本院釋字第 216 號解釋在案。司法院本於司法行政監督權之行使所發布之各注意事項及實施要點等，亦不得有違審判獨立之原則。

檢察官偵查刑事案件之檢察事務，依檢察一體之原則，檢察總長及檢察長有法院組織法第 63 條及第 64 條所定檢察事務指令權，是檢察官依刑事訴訟法執行職務，係受檢察總長或其所屬檢察長之指揮監督，與法官之審判獨立尚屬有間。關於各級檢察署之行政監督，依法院組織法第 111 條第 1 款規定：「法務部部長監督各級法院及分院檢察署。」從而法務部部長就檢察行政監督發布命令，以貫徹刑事政策及迅速有效執行檢察事務，亦非法所不許。

(五) 法律案提出權：釋字第 175 號（71/5/25）

司法院為國家最高司法機關，基於五權分治彼此相維之憲政體制，就所掌有關司法機關之組織及司法權行使之事項，得向立法院提出法律案[34]。

(六) 提出司法預算

司法院所提出之年度司法概算，行政院不得刪減[35]，但得加註意見，

---

[34] (A) 下列何者為司法院之職權？(A)法律提案權(B)議決法律案(C)司法預算審查權(D)舉行司法人員考試

[35] (D) 下列關於司法獨立之敘述何者正確？(A)司法院大法官常須涉及重大憲政之解釋，非司法獨立要求之對象(B)法官須超出黨派以外，指不得參與政黨活動，但可擔任政黨的法律顧問(C)獨立審判所依據的法律，包括行政機關就法令所為行政解釋或政策性之指示(D)司法院所提出之年度司法概算，行政院不得刪減，屬司法獨立之範疇

編入中央政府總預算，送立法院審議[36]（憲法增修條文第 5 條第 6 項）。

三、大法官解釋（2021 年以前）

(一) 解釋憲法

司法院解釋憲法，並有統一解釋法律及命令之權（憲法第 78 條）。

1. **抽象集中制**
   (1) 抽象審查：一種抽象的解釋方法，亦即其只針對「法律是否牴觸憲法？」或「命令是否牴觸法律或憲法？」純粹就法律條文進行解釋，而不涉及個案。
   (2) 集中審查：大陸法系國家通常採取「集中解釋」，只有「大法官」能夠解釋憲法，像我國。一般法官若相信法律真的違憲，也可以停止審判聲請大法官解釋[37]，但不能自己直接宣告法律違憲。
   (3) 集中審查之例外：我國對於命令是否違憲或違法，各級法官可以自行審查，不過其法律效果為「拒絕適用」。釋字第 216 號（76/6/19）：「法官依據法律獨立審判，憲法第 80 條載有明文。各機關依其職掌就有關法規為釋示之行政命令，法官於審判案件時，固可予以引用，但仍得依據法律，表示適當之不同見解，並不受其拘束[38]，本院釋字第 137 號解釋即係本此意旨；司法行政機關所發司法行政上之命令，如涉及審判上之法律見解，僅供法官參考，法官於審判案件時，亦不受其拘束[39]。惟如經法官於裁判上

---

[36] (C) 依憲法增修條文之規定，司法院所提出之年度司法概算，行政院若有意見，得為如何處理？(A)退回司法院，要求重編(B)不得表示任何意見，只能原封不動送立法院審議(C)得於加註意見後，送立法院審議(D)直接加以增刪後，送立法院審議

[37] (B) 裁判上遇有適用法律是否違憲疑義時，法官裁定停止訴訟並聲請司法院大法官會議解釋，學理上稱為：(A)分散審查(B)集中審查(C)憲法訴願(D)機關爭議

[38] (D) 依我國現制，法官於裁判時，不受下列何者之拘束？(A)法律(B)憲法(C)司法院大法官解釋(D)行政命令

[39] (D) 下列何者在審判中並不拘束法官？(A)法律(B)憲法(C)我國簽署之國際條約(D)

引用者，當事人即得依司法院大法官會議法第 4 條第 1 項第 2 款之規定聲請解釋。」

2. 解釋對象

司法院大法官解釋憲法之事項[40]如下：

(1) 關於適用憲法發生疑義之事項。

(2) 關於法律或命令，有無牴觸憲法之事項[41]。

(3) 關於省自治法、縣自治法、省法規及縣規章有無牴觸憲法之事項[42]。

前項解釋之事項，以憲法條文有規定者為限（大法官審理案件法第 4 條）。

另外，大法官在釋字第 499 號，認為修憲也可以為憲法解釋的對象，而宣告第五次修憲條文違憲。

3. 聲請解釋管道（司法院大法官審理案件法第 5 條）[43]

(1) 人民聲請：一般人民在用盡司法救濟程序（三級三審）後仍然敗訴，且敗訴是因為適用某個法律或命令的結果，此時就可以針對這個法律或命令，聲請大法官解釋，主張這個法律或命令違反憲法無效，且須提出其憲法上所保障之權利受侵害。

(2) 機關聲請：除了人民之外，政府機關也可以聲請大法官解釋，包

行政釋示

[40] (A) 下列何者非屬於司法院大法官解釋憲法事項之範圍？(A)地方機關就其職權上適用法律所持見解，與中央機關適用同一法律時所已表示之見解有異者(B)適用憲法發生疑義之事項(C)法律或命令有無牴觸憲法之事項(D)縣規章有無牴觸憲法之事項

[41] (D) 法律與憲法有無牴觸發生疑義時，應由何者解釋？(A)國民大會(B)總統(C)立法院(D)司法院

[42] (C) 省法規與國家法律有無牴觸發生疑義時，應由何機關解釋之？(A)行政院(B)立法院(C)司法院(D)考試院

[43] (A) 依司法院大法官審理案件法之規定，有權聲請解釋憲法者有：(1)中央或地方機關(2)人民、法人或政黨(3)立法委員(4)監察委員(5)省、縣、市議員。(A)(1)(2)(3) (B)(2)(3)(4) (C)(3)(4)(5) (D)(2)(3)(5)

括一般的行政機關因為行使職權時，適用法律發生憲法上的疑
義，或者是與其他機關就職權上產生爭執，就可以聲請大法官解
釋[44]。

(3) 立委聲請：為了保護少數立法委員不被多數決壓抑，規定總額三
分之一[45]的立法委員[46]連署，可以針對其行使職權上的法律問題，
聲請大法官解釋。

(4) 法院聲請：各級法院法官在審理案件時，如對於該案適用的法
律，本於確信認為有牴觸憲法，也可以裁定停止訴訟程序[47]，聲請
大法官解釋，並非逕行拒絕適用該違憲之法律[48]。

---

[44] (C) 假設中央所制定的法律侵犯到憲法所保障的地方自治權限時，地方應如何尋求
救濟？(A)訴願(B)行政訴訟(C)聲請司法院大法官解釋(D)憲法法庭審理

[45] (B) 立法委員行使職權，適用憲法發生疑義，或適用法律發生有牴觸憲法之疑義
者，得經立法委員現有總額若干人以上聲請釋憲？(A)二分之一(B)三分之一(C)
四分之一(D)五分之一

[46] (D) 得聲請司法院大法官解釋憲法之情況，不包括下列何者？(A)中央或地方機
關，於其行使職權，適用憲法發生疑義者(B)依立法委員現有總額三分之一以
上之聲請，就其行使職權，適用憲法發生疑義者(C)人民、法人或政黨於其憲
法上所保障之權利，遭受不法侵害，經依法定程序提起訴訟，對於確定終局裁
判所適用之法律或命令發生有牴觸憲法之疑義者(D)依市議員現有總額三分之
一以上之聲請，就其行使職權，適用憲法發生疑義者

[47] (D) 法官審理案件時，對於應適用的法律，依合理的確信，認為有牴觸憲法的疑義
者：(A)得認定法律為違憲而逕行拒絕適用(B)應不予理會，仍依該法律審理(C)
應一方面繼續審理，一方面聲請司法院大法官解釋(D)得裁定停止訴訟程序，
聲請司法院大法官解釋

[48] (C) 下列何項敘述非司法院大法官解釋之意旨？(A)憲法為國家最高規範(B)憲法之
效力既高於法律，法官有優先遵守之義務(C)法官於審判時，確信應適用之法
律牴觸憲法，得依其確信，逕行拒絕適用該違憲之法律(D)司法院之命令，若
有涉及審判上之法律見解者，法官於審判案件時，並不受其拘束

表 19-2　聲請釋憲之要件[49]

憲法解釋聲請人	憲法解釋聲請標的	備註
中央、地方機關	1.適用憲法發生疑義 2.法律或命令有牴觸憲法疑義	
人民、法人、政黨	確定終局裁判適用法律發生牴觸憲法疑義	經依法提起訴訟，經終局判決
立法委員總額三分之一以上	1.適用憲法發生疑義 2.適用法律有牴觸憲法疑義者	就其行使職權時
各級法院	適用法律或命令有牴觸憲法之疑義者	於審理案件時，先裁定停止訴訟程序

4. 暫時處分

　　大法官在作成解釋前可以為暫時處分，凍結某個法律的執行。釋字第 599 號（94/6/10）：「司法院大法官依據憲法獨立行使憲法解釋及憲法審判權，為確保其解釋或裁判結果實效性之保全制度，乃司法權核心機能之一[50]，不因憲法解釋、審判或民事、刑事、行政訴訟之審判而異。如因系爭憲法疑義或爭議狀態之持續、爭議法令之適用或原因案件裁判之執行，可能對人民基本權利、憲法基本原則或其他重大公益造成不可回復或難以回復之重大損害，而對損害之防止事實上具急迫必要性，且別無其他手段可資防免時，即得權衡作成暫時處分之利益與不作成暫時處分之不利

---

[49] (D) 得聲請司法院大法官解釋憲法之情況，不包括下列何者？(A)中央或地方機關，於其行使職權，適用憲法發生疑義者(B)依立法委員現有總額三分之一以上之聲請，就其行使職權，適用憲法發生疑義者(C)人民、法人或政黨於其憲法上所保障之權利，遭受不法侵害，經依法定程序提起訴訟，對於確定終局裁判所適用之法律或命令發生有牴觸憲法之疑義者(D)依市議員現有總額三分之一以上之聲請，就其行使職權，適用憲法發生疑義者

[50] (D) 下列有關暫時處分權之敘述，何者正確？(A)法律明文規定大法官擁有暫時處分權(B)司法院大法官解釋憲法之權限並不包含暫時處分權(C)司法機關暫時處分權之擁有以法律有明文規定者為限(D)保全制度包含暫時處分權，且是司法權核心機能之一

益，並於利益顯然大於不利益時，依聲請人之聲請，於本案解釋前作成暫時處分以定暫時狀態。」

(二) 法令統一解釋

　　根據大法官審理案件法，有兩種情況可以聲請統一解釋法令：
1. 中央或地方機關適用法律或命令之見解有異時。
2. 人民、法人或政黨權利遭受侵害，經確定終局裁判而見解與其他審判機關見解有異者。

(三) 審查程序

　　司法院大法官，以會議方式，合議審理司法院解釋憲法與統一解釋法律及命令之案件。大法官會議以司法院院長為主席[51]。

　　關於解釋案件之可決人數，解釋憲法案件，應有大法官現有總額三分之二之出席，及出席人三分之二之同意[52]，方得通過。但宣告命令牴觸憲法時，以出席人過半數之同意行之[53]。統一解釋法律及命令案件，應有大法官現有總額過半數之出席，及出席人過半數之同意（司法院大法官審理案件法第 14 條）。

(四) 解釋效力

1. 憲法解釋效力

　　(1) 釋字第 177 號（71/11/5）：「本院依人民聲請所為之解釋，對聲請人據以聲請之案件，亦有效力。」也就是說，對於一般情形而

---

[51] (C) 大法官會議，由何人擔任主席？(A)資深大法官(B)由大法官互選(C)司法院院長(D)最高法院院長

[52] (A) 司法院大法官解釋憲法之可決人數，為現有總額：(A)三分之二出席，出席人數三分之二同意(B)四分之三出席，出席人數四分之三同意(C)四分之三出席，出席人數三分之二同意(D)三分之二出席，出席人數四分之三同意

[53] (B) 司法院大法官宣告命令牴觸憲法之可決人數，為現有總額？(A)三分之二出席，出席人三分之二同意(B)三分之二出席，出席人二分之一同意(C)四分之三出席，出席人四分之三同意(D)四分之三出席，出席人三分之二同意

表 19-3　大法官會議之表決

審查案件		大法官出席人數	大法官表決人數
解釋憲法	法律牴觸憲法	總額 2/3	出席 2/3
	命令牴觸憲法	總額 2/3	出席 1/2 以上
統一解釋法律及命令		總額 1/2 以上	出席 1/2 以上

言，司法院大法官之解釋只對據以聲請的案件具有溯及之效力[54]。

(2) 釋字第 185 號（73/1/27）：司法院解釋憲法，並有統一解釋法律及命令之權，為憲法第 78 條所明定，其所為之解釋，自有拘束全國各機關及人民之效力，各機關處理有關事項，應依解釋意旨為之，違背解釋之判例，當然失其效力。確定終局裁判所適用之法律或命令，或其適用法律、命令所表示之見解，經本院依人民聲請解釋認為與憲法意旨不符，其受不利確定終局裁判者，得以該解釋為再審[55]或非常上訴之理由，已非法律見解歧異問題。行政法院 62 年判字第 610 號判例，與此不合部分應不予援用。

(3) 其他也提出聲請解釋之聲請人：釋字第 686 號（100/3/25）：本院就人民聲請解釋之案件作成解釋公布前，原聲請人以外之人以同一法令牴觸憲法疑義聲請解釋，雖未合併辦理，但其聲請經本院大法官決議認定符合法定要件者，其據以聲請之案件，亦可適用本院釋字第 177 號解釋所稱「本院依人民聲請所為之解釋，對聲請人據以聲請之案件，亦有效力」。本院釋字第 193 號解釋應予

---

[54] (C) 有關司法院大法官所作解釋之效力，下列敘述何者正確？(A)司法院大法官之解釋具有溯及之效力(B)司法院大法官之解釋只拘束據以聲請的案件(C)司法院大法官之解釋只對據以聲請的案件具有溯及之效力(D)當據以聲請案件的裁判與司法院大法官的解釋不符時，聲請人並無法在解釋作出後對之提起再審或非常上訴

[55] (A) 司法院大法官針對人民聲請解釋憲法所為之法律違憲宣告解釋，其效力如何？(A)聲請人得據以聲請再審(B)司法的本質即在於「具體個案」的爭議解決，對於相類似之其他個案無法提供救濟(C)司法院大法官所為之解釋，有拘束各機關及人民之效力，因此法院應該自動撤銷原確定判決，無待人民之聲請再審(D)司法院大法官宣告法律違憲，原判決即失其效力

補充。

(4)宣告法令於一定期限後才失效之原因案件救濟：

A. 釋字第 725 號（103/10/24）：本院就人民聲請解釋憲法，宣告確定終局裁判所適用之法令於一定期限後失效者，聲請人就聲請釋憲之原因案件即得據以請求再審或其他救濟，檢察總長亦得據以提起非常上訴；法院不得以該法令於該期限內仍屬有效為理由駁回。如本院解釋諭知原因案件具體之救濟方法者，依其諭知；如未諭知，則俟新法令公布、發布生效後依新法令裁判[56]。

B. 釋字第 741 號（105/11/11）：凡本院曾就人民聲請解釋憲法，宣告聲請人據以聲請之確定終局裁判所適用之法令，於一定期限後失效者，各該解釋之聲請人均得就其原因案件據以請求再審或其他救濟，檢察總長亦得據以提起非常上訴，以保障釋憲聲請人之權益。本院釋字第 725 號解釋前所為定期失效解釋之原因案件亦有其適用。本院釋字第 725 號解釋應予補充[57]。

2. 統一解釋效力：釋字第 188 號（73/8/3）

中央或地方機關就其職權上適用同一法律或命令發生見解歧異，本院依其聲請所為之統一解釋，除解釋文內另有明定者外，應自公布當日起發生效力。各機關處理引起歧見之案件及其同類案件，適用是項法令時，

---

[56] (D) 關於宣告法令違憲之司法院大法官解釋效力，下列敘述何者錯誤？(A)宣告法令立即失效之解釋，其原因案件聲請人得據以請求救濟(B)宣告法令立即失效之解釋，同一聲請人已聲請但未併案審理之案件，亦得請求救濟(C)宣告法令立即失效之解釋，對同一法令已聲請之其他聲請人，亦得請求救濟(D)宣告定期失效之原因案件，聲請人於修法期限內不得據以請求救濟

[57] (D) 依司法院大法官解釋，關於大法官解釋對於原因案件之救濟效力，下列何者錯誤？(A)確定終局裁判所適用之法規與憲法意旨不符者，聲請人得以該解釋為理由請求聲請案件再審(B)確定終局裁判所適用之法規與憲法意旨不符，但定期失效者，於修法前，聲請人仍得以該解釋為理由請求聲請案件再審(C)違憲法令定期失效的宣告，並不影響法令違憲的本質認定，故所有在系爭解釋作成時尚未逾越再審期間的確定案件，皆得以該解釋為由提起再審(D)法規經大法官宣告違憲者，其他聲請主張同一法規違憲，經大法官決議受理但未被系爭解釋併案審理者，該其他聲請人亦得提起再審

亦有其適用。惟引起歧見之該案件，如經確定終局裁判，而其適用法令所表示之見解，經本院解釋為違背法令之本旨時，是項解釋自得據為再審或非常上訴之理由。

四、憲法法庭與憲法判決（2022 年以後）

新通過的「憲法訴訟法」，將取代過去的大法官審理案件法，以後改以「憲法法庭」，作成「憲法判決」的方式，取代過去的「大法官解釋」。

憲法增修條文第 5 條第 4 項，本規定大法官組成憲法法庭[58]審理總統、副總統之彈劾及政黨違憲之解散事項[59]。但憲法訴訟法更進一步，將過去所有大法官解釋，都改成由憲法法庭以憲法判決方式為之。

(一) 審理案件類型

憲法訴訟法第 1 條第 1 項規定：「司法院大法官組成憲法法庭，依本法之規定審理下列案件：一、法規範憲法審查及裁判憲法審查案件。二、機關爭議案件。三、總統、副總統彈劾案件。四、政黨違憲解散案件。五、地方自治保障案件。六、統一解釋法律及命令案件。」

1. 法規範憲法審查

就是過去的法律、命令，是否違憲的審查。可以提出聲請者，包括國家最高機關、四分之一以上立委連署、法院審理案件時停止審判聲請、人民用盡審級救濟等。

2. 裁判憲法審查

現在連法院的判決本身（法官採取的見解），也可以進行憲法審查。人民就其依法定程序用盡審級救濟之案件，對於受不利確定終局裁判所適用之法規範或該裁判，認有牴觸憲法者，得聲請憲法法庭為宣告違憲之判決。

---

[58] (C) 司法院憲法法庭之職權在於審理：(A)總統有無違憲事項(B)一切憲法訴訟(C)政黨違憲之解散事項(D)中央與地方之權限爭議事項

[59] (D) 政黨違憲解散事項的審理機關為：(A)司法院(B)行政法院(C)最高法院(D)憲法法庭

3. 機關爭議案件

　　國家最高機關，因行使職權，與其他國家最高機關發生憲法上權限之爭議，經爭議之機關協商未果者，得聲請憲法法庭為機關爭議之判決。

4. 總統、副總統彈劾案

　　立法院提出總統、副總統彈劾案[60]，聲請司法院大法官審理，經憲法法庭判決成立時，被彈劾人應即解職（憲法增修條文第 2 條第 10 項）。

5. 審理政黨違憲之解散

　　「政黨之目的或其行為，危害中華民國之存在或自由民主之憲政秩序者[61]為違憲[62]。」（憲法增修條文第 5 條第 5 項）所謂政黨違憲所指的「危害中華民國之存在或自由民主之憲政秩序者」，必須是構成具體而急迫之危險方屬之[63]。此一制度係取法於德國[64]。

6. 地方自治保障案件

　　地方自治團體之立法或行政機關，因行使職權，認所應適用之中央法規範牴觸憲法，對其受憲法所保障之地方自治權有造成損害之虞者，得聲請憲法法庭為宣告違憲之判決。

7. 統一解釋法律及命令案件

　　人民就其依法定程序用盡審級救濟之案件，對於受不利確定終局裁

---

[60] (B) 以下何者非屬行政院得向立法院提出之事項？(A)法律案(B)彈劾案(C)媾和案(D)戒嚴案

[61] (D) 政黨之目的或其行為，有下列那一種情事者，構成違憲？(A)不擁護中華民國之國旗、國號者(B)不擁護中華民國，並鼓吹共產主義者(C)從事暴力活動，危害中華民國之生存與發展者(D)危害中華民國之存在或自由民主之憲政秩序者

[62] (B) 政黨之目的或其行為，危害中華民國之存在或自由民主之憲政秩序者，是為：(A)憲法(B)違憲(C)叛亂(D)革命

[63] (A) 政黨應與一般人民團體一樣享有集會、結社、言論等自由，故所謂政黨違憲所指的「危害中華民國之存在或自由民主之憲政秩序者」：(A)須構成具體而急迫之危險方屬之(B)單純意願、言論表達即屬之(C)有意圖即為危害(D)依懲治叛亂條例處理之

[64] (A) 憲法規定由司法院大法官審理有關政黨違憲之解散事項，此一制度係取範於：(A)德國(B)美國(C)法國(D)英國

判適用法規範所表示之見解，認與不同審判權之終審法院確定終局裁判適用同一法規範已表示之見解有異，得聲請憲法法庭為統一見解之判決。

(二) 憲法法庭之組成與程序

憲法法庭由全體大法官組成[65]，由院長擔任審判長[66]。憲法法庭行言詞辯論，須有大法官現有總額三分之二以上出席，始得為之。未參與辯論之大法官不得參與評議判決。經言詞辯論之判決，應於言詞辯論終結後三個月內指定期日宣示之。

過去大法官解釋必須要有大法官三分之二出席、三分之二同意，才能宣告法律違憲。現在憲法法庭的判決，應經大法官現有總額三分之二以上（十人）參與評議，大法官現有總額過半數（八人）同意，門檻降低。

五、審判

(一) 審判權

1. 訴訟類型

法院負責審判，包括民事、刑事、行政訴訟之審判，以及選舉訴訟。而懲戒法院，負責公務員之懲戒。若是對犯罪作起訴或不起訴處分則屬檢察官（法務部）之職權。

我國的司法制度屬司法多元化，法院大致上分為兩個系統，一個是普通法院系統，另一則是行政法院系統。而在普通法院系統下，又有民事庭、刑事庭的區分。行政法院主要掌管行政訴訟，凡行政案件都可以到行政法院進行訴訟。行政法院過去第一審為高等行政法院，第二審為最高行政法院，現在新增地方法院行政訴訟庭，採三級二審制。此外，在最終審部分，除了最高法院和最高行政法院外，在司法院下還有懲戒法院和大法

---

[65] (B) 憲法法庭由下列何者組成？(A)國民大會代表(B)大法官(C)最高法院庭長(D)監察委員

[66] (D) 憲法法庭之審判長由誰擔任？(A)大法官互選之(B)資深大法官(C)司法院副院長(D)司法院院長

官。大陸法系的國家通常都是採多元系統[67]，而英美法系的國家則通常採一元系統。

　　哪一類的案件，該到哪一個法院，根據大法官解釋，乃由立法機關依職權衡酌訴訟案件之性質及既有訴訟制度之功能等而為設計。

　　釋字第 418 號（85/12/20）

　　憲法第 16 條保障人民有訴訟之權，旨在確保人民有依法定程序提起訴訟及受公平審判之權利[68]。至於訴訟救濟，究應循普通訴訟程序抑依行政訴訟程序為之，則由立法機關依職權衡酌訴訟案件之性質及既有訴訟制度之功能等而為設計。……

2. 三級三審

　　目前民事訴訟、刑事訴訟審級原則上採行三級三審制[69]。重大民事案件之終審機關是最高法院[70]，但並非所有案件都一定能三級三審，根據大法官解釋，審級制度也須視案件性質之不同，由立法院設計。例如選舉訴訟只有二級二審，公務員懲戒審判只有一級二審。

六、審判獨立與終身保障

　　法官須超出黨派以外，依據法律獨立審判，不受任何干涉[71]（憲法第

---

[67] (B) 我國行政法院制度是師法何種法系而來？(A)英美法系(B)大陸法系(C)中華法系(D)普通法系

[68] (D) 依據司法院大法官釋字第 418 號解釋，憲法本文第 16 條保障人民有訴訟之權，旨在確保下列何事？(A)確保有三級三審程序(B)確保有言詞辯論程序(C)確保有對質詰問權利(D)確保有受公平審判權利

[69] (B) 依據我國現行制度，下列何者原則上採行三級三審制？(A)行政訴訟(B)刑事訴訟(C)公務員之懲戒(D)訴願

[70] (C) 重大民事案件之終審機關是那個機關？(A)司法院(B)憲法法庭(C)最高法院(D)高等法院

[71] (B) 所謂司法獨立，下列敘述何者正確？(A)法官須超出黨派以外，依據其個人經驗獨立審判，不受任何干涉(B)法官須超出黨派以外，依據法律獨立審判，不受任何干涉(C)法官得基於其所屬黨派立場，依據法律獨立審判，不受任何干涉(D)法官須超出黨派以外，依據其個人良知獨立審判，不受任何干涉

80 條）。保障法官為終身職，非受刑事或懲戒處分或禁治產之宣告[72][73]，不得免職[74]，非依法律不得停職、轉任或減俸[75]（憲法第 81 條）。釋字第 601 號也認為大法官也受憲法第 81 條保障。司法事務官則非法官。

(一) 釋字第 13 號（42/1/31）

憲法第 81 條所稱之法官，係指同法第 80 條之法官而言，不包括檢察官在內[76]，但實任檢察官之保障，依同法第 82 條及法院組織法第 40 條第 2 項之規定，除轉調外，與實任推事同。

(二) 釋字第 539 號（91/2/8）

……司法院以中華民國 84 年 5 月 5 日（84）院台人一字第 08787 號函訂定發布之「高等法院以下各級法院及其分院法官兼庭長職期調任實施要點」（89 年 7 月 28 日（89）院台人二字第 183319 號函修正為「高等法院以下各級法院及其分院、高等行政法院法官兼庭長職期調任實施要點」），其中第 2 點或第 3 點規定於庭長之任期屆滿後，令免兼庭長之人事行政行為，僅免除庭長之行政兼職，於其擔任法官職司審判之本職無損[77]，對其既有之官等、職等、俸給亦無不利之影響，故性質上僅屬機關

---

[72] (D) 依憲法第 81 條之規定，法官為終身職，即使發生下列何種情形，仍不得予以免職：(A)受刑事判決(B)受禁治產宣告(C)受懲戒處分(D)受民事損害賠償之判決

[73] (B) 依憲法規定，下列何者為法官免職的原因？(A)法官受破產宣告(B)法官受禁治產宣告(C)法官所為判決被上級法院撤銷(D)法官受民事強制執行

[74] (B) 法官為終身職，非有下列何種情形，不得免職？(1)受懲戒處分(2)轉調(3)受禁治產宣告(4)受刑事處分。(A)(1)(2)(3) (B)(1)(3)(4) (C)(2)(3)(4) (D)(1)(2)(4)

[75] (A) 依憲法第 81 條規定，對法官那些事項予以保障？(A)停職、轉任、減俸(B)任職、停職、獎懲(C)停職、轉任、獎懲(D)任職、轉任、獎懲

[76] (D) 下列何種人員非憲法第 81 條規定之法官？(A)行政院之評事(B)懲戒法院(C)普通法院之法官(D)最高法院檢察署之檢察總長

[77] (B) 依司法院大法官解釋，免除法官兼任庭長之措施是否違憲？(A)免兼庭長之措施違背審判獨立之要求，故屬違憲(B)免兼庭長與法官之職司審判本職無損，故屬合憲(C)行政職係屬職務保障範圍，免兼庭長措施侵害其服公職權利，故

行政業務之調整。司法行政機關就此本其組織法上之職權為必要裁量並發布命令，與憲法第 81 條法官身分保障之意旨尚無牴觸[78]。

七、公務員懲戒

(一) 懲戒法院之組成

懲戒法院設院長一人，法官九至十五人。

(二) 職務

懲戒法院掌理：1.全國公務人員懲戒事項[79][80]。2.法官法第 47 條第 1 項第 2 款至第 4 款之事項（二、法官不服撤銷任用資格、免職、停止職務、解職、轉任法官以外職務或調動之事項。三、職務監督影響法官審判獨立之事項。四、其他依法律應由職務法庭管轄之事項）。

(三) 懲戒審理程序：釋字第 396 號（85/2/2）

憲法第 16 條規定人民有訴訟之權，惟保障訴訟權之審級制度，得由立法機關視各種訴訟案件之性質定之。公務員因公法上職務關係而有違法失職之行為，應受懲戒處分者，憲法明定為司法權之範圍；公務員懲戒委員會對懲戒案件之議決，公務員懲戒法雖規定為終局之決定，然尚不得因其未設通常上訴救濟制度，即謂與憲法第 16 條有所違背[81]。懲戒處分影

屬違憲(D)憲法無明文規定，無法判斷其是否合憲

[78] (C) 司法行政機關發布命令，免除法官之庭長兼職，依司法院大法官釋字第 539 號解釋意旨，係屬於下列何者？(A)違反審判獨立原則(B)侵犯法官身分保障(C)未侵犯法官身分保障(D)妨害司法權獨立原則

[79] (C) 有關公務員之懲戒，係屬於那一機關之職權？(A)總統(B)行政院(C)司法院(D)監察院

[80] (C) 依憲法規定，下列何者不屬於監察院之職權？(A)對行政機關之糾正(B)對公務人員違法、失職之糾舉、彈劾(C)對公務人員為懲戒(D)對行政院所提決算進行審核

[81] (C) 依據司法院大法官釋字第 396 號對公務懲戒機關及其程序之解釋，下列敘述何者為非？(A)懲戒機關應採法院之體制(B)懲戒案件之審議應本正當法律程序(C)

響憲法上人民服公職之權利，懲戒機關之成員既屬憲法上之法官，依憲法第 82 條及本院釋字第 162 號解釋意旨，則其機關應採法院之體制，且懲戒案件之審議，亦應本正當法律程序之原則，對被付懲戒人予以充分之程序保障，例如採取直接審理、言詞辯論、對審及辯護制度，並予以被付懲戒人最後陳述之機會等，以貫徹憲法第 16 條保障人民訴訟權之本旨。有關機關應就公務員懲戒機關之組織、名稱與懲戒程序，併予檢討修正。

　　修正後的公務員懲戒法，將公務員懲戒從過去的一級一審，改為一級二審。

作者小叮嚀

　　司法院這章，最重要的就是大法官的部分，包括大法官的提名、任期、職權。另外，大法官有四項職權，包括解釋憲法、統一解釋法令、彈劾總統、違憲政黨解散。對於解釋憲法的聲請，以及統一解釋法令的聲請，務必釐清，避免混淆。其解釋的效力也需了解。另外，司法院並不負責審判工作，審判工作由各級法院負責，故需了解各級法院組織架構。最後，監察院負責彈劾公務員，但懲戒公務員則由懲戒法院負責。

　　應設上訴救濟制度，否則即與憲法第 16 條訴訟權之保障有違(D)應採取直接審理、言詞辯論、對審及辯護制度

第二十章　考　試

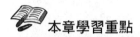 **本章學習重點**

1. 考試院的職權改變
2. 考試院的組織
3. 考試委員的產生
4. 公務員與專門執業技術人員

一、考試院之性質與地位

(一) 最高考試機關

　　考試院為國家最高考試機關[1]，掌理下列事項，不適用憲法第 83 條之規定（憲法第 83 條、憲法增修條文第 6 條第 1 項）：

1. 考試[2]。
2. 公務人員之銓敘、保障、撫卹、退休[3]。
3. 公務人員任免、考績、級俸、陞遷、褒獎之法制事項[4]。

---

[1] (A) 依憲法增修條文之規定，我國最高之考試機關為：(A)考試院(B)考選部(C)行政院人事行政局(D)銓敘部

[2] (A) 依憲法規定，下列何者非屬司法院之職權？(A)律師之考試(B)解釋憲法(C)公務員之懲戒(D)民事、刑事、行政訴訟

[3] (D) 下列何者不是考試院之職權？(A)公務人員之退休(B)公務人員之銓敘(C)公務人員之保障(D)公務人員之撤職

[4] (D) 依憲法增修條文之規定，我國有關公務人員之任免、考績、級俸、陞遷、褒獎之法制事項，係由下列那個機關所執掌？(A)行政院人事行政局(B)司法院(C)立法院(D)考試院

(二) 考試權獨立於行政權

　　我國考試制度之濫觴——舜典:「敷奏以言,明試以功」、「三載考績」,至西漢有鄉舉里選之辦法,魏設九品中正,隋以後確立科舉考試,至清代每省設提督學政,專司科試,考試權方具獨立精神[5]。十九世紀以後,世界各國競採公開考試選拔公務員制度,此等取才辦法係師法中國[6]。

　　英國自 1855 年於本國創文官考試,是西方最早有考試制度的國家。而孫中山五權憲法,即強調考試權與行政權分離為我國特有制度,故我國在行政院之外,還有考試院。除了掌管一般考試、銓敘、任用等工作之外,還掌管「公務人員任免、考績、級俸、陞遷、褒獎之法制事項」。我國五權憲法下之考試院依其性質及職權,在採三權分立制之國家中,應屬於行政權之範圍[7]。

二、組織

　　考試院之組織以法律[8]定之(憲法第 89 條)。考試院現有二部二會,考選銓敘兩部,及公務人員保障暨培訓委員會、公務人員退休撫卹基金監理委員會[9]。

(一) 院長及副院長

1. **產生方式**:考試院設院長、副院長各一人[10],由總統提名,經立法院

---

[5] (D) 我國考試權至那一朝代始具有獨立精神?(A)西漢的鄉舉里選(B)唐朝的生徒、鄉貢(C)明朝之鄉試、會試、殿試三種(D)清代每省設提督學政

[6] (C) 十九世紀以後,世界各國競採公開考試選拔公務員制度,此種取才辦法是師法自何國?(A)英國(B)美國(C)中國(D)德國

[7] (A) 我國五權憲法下之考試院,依其性質及職權,在採三權分立制之國家中,應屬於何種權之範圍?(A)行政權(B)立法權(C)司法權(D)統帥權

[8] (A) 依據憲法規定,考試院之組織,以下列何者定之?(A)法律(B)憲法(C)命令(D)條約

[9] (B) 考試院現有幾個部幾個會?(A)一部一會(B)二部二會(C)三部一會(D)二部三會

[10] (B) 考試院設副院長幾人?(A)二人(B)一人(C)未規定人數(D)由考試院會議決定

同意後任命[11]，不適用憲法第 84 條（經監察院同意）之規定（憲法增修條文第 6 條第 2 項）。

2. **任期**：考試院院長、副院長及考試委員之任期為四年。

(二) 考試委員

1. **產生方式**：考試院設考試委員若干人，由總統提名，經立法院[12]同意任命之[13]，不適用憲法第 84 條之規定（憲法增修條文第 6 條第 2 項）。

2. **任期**：考試委員任期四年[14]。前項人員出缺時，繼任人員之任期至原任期之屆滿之日為止。

3. **名額**：考試院考試委員之名額定為七至九人。惟若依憲法增修條文第 6 條第 2 項之規定，考試委員並無固定名額之規定[15]。

4. **資格**：考試委員應具有下列各款資格之一：(1)曾任大學教授十年以上，聲譽卓著，有專門著作者。(2)高等考試及格二十年以上，曾任簡任職滿十年，成績卓著，而有專門著作者。(3)學識豐富，有特殊著作或發明者。

5. **職權**：考試委員須超出黨派以外，依據法律獨立行使職權（憲法第 88 條）。

---

[11] (C) 現任考試院院長如何產生？(A)由考試委員互選產生(B)由總統逕自任命(C)由總統提名經立法院同意任命(D)由總統提名經監察院同意任命

[12] (B) 下述關於考試委員的說明，何者並不正確？(A)考試委員由總統提名(B)經監察院同意任命之(C)其主要職掌之一是出席考試院會議(D)須超出黨派之外依據法律獨立行使職權

[13] (C) 現任考試委員如何產生？(A)考試院長提請總統任命(B)由總統逕自任命(C)總統提名經立法院同意任命(D)總統提名經國民大會同意任命

[14] (B) 考試委員之任期幾年？(A)三年(B)四年(C)六年(D)九年

[15] (C)依憲法增修條文規定，下列何者無固定名額之規定？(A)大法官(B)監察委員(C)考試委員(D)立法委員

表 20-1　獨立行使職權之人員[16]

項目	獨立行使職權	憲法規定
1.	法官	法院須超出黨派以外，依據法律獨立審判，不受任何干涉（憲法第 80 條）。
2.	考試委員	考試委員須超出黨派以外，依據法律獨立行使職權（憲法第 88 條）。
3.	監察委員	監察委員須超出黨派以外，依據法律獨立行使職權（憲法增修條文第 7 條第 5 項）。
4.	審計長	審計長任期為六年之規定，旨在確保其職位之安定，俾能在一定任期中，超然獨立行使職權，與憲法並無牴觸（釋字第 357 號解釋）。

(三) 考試院會議

　　「考試院設考試院會議，以院長、副院長、考試委員及前條各部會首長組織之[17]，決定憲法所定職掌之政策及其有關重大事項。前項會議以院長為主席[18]。考試院就其掌理或全國性人事行政事項，得召集有關機關會商解決之。」（考試院組織法第 7 條）考試院就組織制度而言，屬混合制[19]。

(四) 考選部

　　置部長一人，掌理全國考選行政事宜。

---

[16] (B) 下列何種人員非屬憲法及其增修條文明定須超出黨派以外，依據法律獨立行使職權者？(A)監察委員(B)立法委員(C)法官(D)考試委員

[17] (C) 考試院會議包括何種人員？(1)院長、副院長(2)考試委員(3)考選、銓敘兩部部長(4)公務人保障暨培訓委員會主任委員(5)考選、銓敘兩部政務次長。(A)(1)(2)(B)(1)(2)(3)　(C)(1)(2)(3)(4)　(D)(1)(2)(3)(4)(5)

[18] (D) 考試院會議，由下列何者為主席？(A)考試委員互選產生(B)考試委員中最資深者(C)考試委員中最年長者(D)考試院院長

[19] (D) 考試院屬下列制度中何者？(A)首長制(B)雙首長制(C)合議制(D)混合制

(五) 銓敘部

置部長一人，掌理全國文職公務員之銓敘、退休事項[20]及各機關人事機構之管理事項。對公務員任用資格加以審查，並對其職等加以審定，謂之銓敘[21]。銓敘部隸屬考試院而非行政院所屬機關[22]。

(六) 公務人員保障暨培訓委員會

置主任委員一人，並設保障處、培訓處等次級單位，統籌全國公務人員保障及培訓事宜[23] [24]。

(七) 公務人員退休撫卹基金監理委員會

(八) 其他

1. 訴願審議委員會。
2. 秘書處。

三、考試院之職權

考試院為國家最高考試機關，掌理下列事項，不適用憲法第 83 條之規定（憲法增修條文第 6 條第 1 項）：

(一) 考試。

(二) 公務人員之銓敘、保障、撫卹、退休。

---

[20] (D) 公務人員之退休事項由何機關掌理？(A)行政院(B)人事行政局(C)考選部(D)銓敘部

[21] (A) 對公務員任用資格加以審查，並對其職等加以審定，是為何種事權？(A)銓敘(B)保障(C)褒獎(D)考績

[22] (D) 下列那個機關並非行政院所屬機關？(A)內政部(B)人事行政局(C)退除役官兵輔導委員會(D)銓敘部

[23] (A) 公務人員保障暨培訓委員會屬於下列何機關？(A)考試院(B)司法院(C)監察院(D)行政院

[24] (C) 下列何者隸屬於考試院？(A)人事行政局(B)公務員懲戒委員會(C)公務人員保障暨培訓委員會(D)公務人力發展中心

(三) 公務人員任免、考績、級俸[25]、陞遷[26]、褒獎[27]之法制事項。

　　公務人員的懲戒並非考試院職掌，而係司法院之職掌[28]。考試院除掌理公務人員之銓敘、保障、撫卹、退休之外；憲法增修條文第 6 條刪除憲法第 83 條公務員「養老」事項，將公務員之養老併入一般人民福利部分，統由社會福利部門規劃，不另行由考試院負責[29]。經憲法增修條文修正後，將公務人員有關之人事行政業務分割為二，法制[30]及政策事項由考試院負責主導，而實際執行層面則由行政院人事行政總處負責[31] [32]，所以行政院人事行政總處的業務與考試院關係最密切[33]。憲法增修條文第 6 條第 1 項所謂「法制事項」，亦即這部分的法律和命令方面，法律草案乃由考試院提出，而行政命令修改也是由考試院執掌。

---

[25] (B) 下列何種權限，屬考試院掌理法制事項之事宜：(A)銓敘(B)級俸(C)保障(D)撫卹

[26] (B) 公務人員陞遷之法制事項由何機關掌理？(A)立法院(B)考試院(C)人事行政局(D)行政院

[27] (B) 下列何者屬於考試院之職權？(A)大專院校聯合入學考試(B)公務人員褒獎之法制事項(C)專門職業之執業資格之剝奪(D)公務員懲戒案件之審議

[28] (D) 下列何者非屬考試院的職掌？(A)公務人員的退休(B)公務人員的撫卹(C)公務人員的任免法制事項(D)公務人員的懲戒

[29] (D) 依憲法增修條文的規定，下列何者不再屬於考試院的職權範圍？(A)考績之法制事項(B)級俸之法制事項(C)退休(D)養老

[30] (C) 公務人員任免之法制事項由何機關掌理？(A)行政院(B)人事行政局(C)考試院(D)立法院

[31] (D) 下列那個組織不隸屬於考試院？(A)公務人員保障暨培訓委員會(B)考選部(C)銓敘部(D)人事行政總處

[32] (C) 有關公務人員之任免、考績、陞遷等事項，係由下列何機關掌理？(A)行政院人事行政總處(B)考試院(C)法制事項部分歸考試院，其餘部分則歸行政院人事行政總處(D)行政院與考試院共同享有

[33] (C) 下列何者的業務與考試院關係最密切？(A)法務部(B)國家安全局(C)行政院人事行政總處(D)總統府

(一) 考試權

考試院最重要的職權就是舉辦考試。應經考試院依法考選詮定之資格有：公務員任用資格、專門職業及技術人員執業資格[34]（憲法第 86 條）。公費留學考試則屬於教育部主辦[35]；公職人員候選資格也不需要經考試院考試[36]。

1. 公務人員

憲法第 85 條：「公務人員之選拔，應實行公開競爭[37]之考試制度，並應按省區分別規定名額，分區舉行考試。非經考試及格者，不得任用。」由上可知，憲法上揭櫫的考試原則為公開競爭原則。

憲法增修條文第 6 條第 3 項：「憲法第八十五條有關按省區分別規定名額，分區舉行考試之規定，停止適用[38] [39]。」

2. 專門職業技術人員

所謂專門職業技術人員，並不是公務員，而只是一般民間行業中，掌有較高技術者。根據憲法第 86 條規定，這類專門職業及技術人員也必

---

[34] (B) 依憲法第 86 條規定，下列何種資格，應經考試院依法考選詮定之？(1)公職候選人資格(2)公務人員任用資格(3)專門職業及技術人員執業資格(4)公私立金融機構人員任用資格。(A)(1)(2) (B)(2)(3) (C)(1)(3) (D)(3)(4)

[35] (C) 下列何種考試不屬考試院之職權範圍？(A)公務人員任用考試(B)基層公務人員特種考試(C)公費留學考試(D)專門職業及技術人員執業資格考試

[36] (B) 依憲法第 86 條之規定，下列何種資格不須經考試院依法考選詮定之？(A)公務人員任用資格(B)公職人員候選資格(C)專門職業執業資格(D)技術人員執業資格

[37] (C) 公務人員之選拔，應行何種制度？(A)秘密甄選(B)公開甄選(C)公開競爭考試(D)限制競爭考試

[38] (B) 有關「考試」的敘述，下列何者錯誤？(A)考試權為實質的行政權(B)當前辦理公務人員考試，應按省區分別規定名額(C)考試委員由總統提名，經立法院同意任命之(D)考選部隸屬考試院

[39] (C) 憲法第 85 條有關公務人員之考選規定中，何者已經被憲法增修條文第 6 條第 3 項所停止適用？(A)應實行考試制度(B)應實行公開競爭之考試制度(C)應按省區分別規定名額，分區舉行考試(D)非經考試及格者，不得任用

須經過國家考選銓定,才能在民間執業[40],包括律師、醫師、建築師、會計師等。

(1) 釋字第 222 號 (77/2/12)

財政部證券管理委員會於中華民國 72 年 7 月 7 日發布之「會計師辦理公開發行公司財務報告查核簽證核准準則」,係證券交易法第 37 條第 1 項授權訂定之命令,其第 2 條規定:公開發行公司之財務報告,應由聯合會計師事務所之開業會計師二人以上共同查核簽證;第 4 條則對聯合會計師事務所組成之條件有所規定,旨在使會計師辦理公開發行公司財務報告查核簽證之制度,臻於健全,符合上開法律授權訂定之目的,為保護投資大眾、增進公共利益所必要,與憲法尚無牴觸。惟該準則制定已歷數年,社會環境及證券交易情形,均在不斷演變,會計師檢覈辦法亦經修正,前開準則關於檢覈免試取得會計師資格者,組成聯合會計師事務所之條件,與其他會計師不同之規定,其合理性與必要性是否繼續存在,宜由主管機關檢討修正,或逕以法律定之,以昭慎重,併予指明。

(2) 釋字第 352 號 (83/6/17)

土地登記涉及人民財產權益,其以代理當事人申辦土地登記為職業者,須具備相關之專業知識與經驗,始能勝任,是故土地登記專業代理人係屬專門職業。憲法第 86 條第 2 款規定,專門職業人員之執業資格,應依法考選銓定之。中華民國 78 年 12 月 19 日修正公布之土地法第 37 條之 1 第 2 項規定:「土地登記專業代理人,應經土地登記專業代理人考試或檢覈及格。但在本法修正施行前,已從事土地登記專業代理業務,並曾領有政府發給土地代書人登記合格證明或代理他人申辦土地登記案件專業人員登記卡者,得繼續執業,未領有土地代書人登記合格證明或登記卡者,得繼續執業五年」,旨在建立健全之土地登記專業代理人制度,符合上開憲法規定之意旨。且該法對修正施行前,已從事土地登記專業代理業務,並依照當時法規取得合格證明或登記卡者,准予繼續執業。至於實際上已

---

[40] (A) 依憲法第 86 條之規定,下列何種資格應經考試院依法考選銓定之?(A)專門職業及技術人員執業資格(B)公營事業人員資格(C)教師資格(D)派用及聘用人員資格

從事土地登記代理業務，而未取得合格證明或登記卡者，本無合法權利可言。而上開法條既定有五年之相當期間，便其在此期間內，自行決定是否參加考試或檢覈，或改業，已充分兼顧其利益，並無法律效力溯及既往之問題。綜上所述，前開土地法之規定，與憲法並無牴觸。

(3) 釋字第 453 號（87/5/10）

商業會計事務，依商業會計法第 2 條第 2 項規定，謂依據一般公認會計原則從事商業會計事務之處理及據以編制財務報表，其性質涉及公共利益與人民財產權益，是以辦理商業會計事務為職業者，須具備一定之會計專業知識與經驗，始能勝任。同法第 5 條第 4 項規定：「商業會計事務，得委由會計師或經中央主管機關認可之商業會計記帳人辦理之；其認可及管理辦法，由中央主管機關定之」，所稱「商業會計記帳人」既在辦理商業會計事務，係屬專門職業之一種，依憲法第 86 條第 2 款之規定，其執業資格自應依法考選銓定之。商業會計法第 5 條第 4 項規定，委由中央主管機關認可商業會計記帳人之資格部分，有違上開憲法之規定，應不予適用。

(4) 釋字第 682 號（99/11/19）

中華民國 90 年 7 月 23 日修正發布之專門職業及技術人員考試法施行細則第 15 條第 2 項規定：「前項總成績滿六十分及格……者，若其應試科目有一科成績為零分、專業科目平均不滿五十分、特定科目未達規定最低分數者，均不予及格。」（97 年 5 月 14 日修正發布之現行施行細則第 10 條第 2 項規定亦同）、專門職業及技術人員考試總成績計算規則第 3 條第 1 項規定：「……採總成績滿六十分及格……者，其應試科目有一科成績為零分，或專業科目平均成績不滿五十分，或特定科目未達規定最低分數者，均不予及格；……」及 90 年 7 月 25 日修正發布之專門職業及技術人員特種考試中醫師考試規則第 9 條第 3 項規定：「本考試應試科目有一科成績為零分或專業科目平均成績未滿五十分或專業科目中醫內科學成績未滿五十五分或其餘專業科目有一科成績未滿四十五分者，均不予及格。」尚未牴觸憲法第 23 條法律保留原則、比例原則及第 7 條平等權之保障，與憲法第 15 條保障人民工作權及第 18 條保障人民應考試權之意旨無違。

(5) 釋字第 750 號（106/7/7）

行政院衛生署（改制後為衛生福利部）中華民國 98 年 9 月 16 日修正發布之醫師法施行細則第 1 條之 1，及考試院 98 年 10 月 14 日修正發布之專門職業及技術人員高等考試醫師牙醫師考試分試考試規則「附表一：專門職業及技術人員高等考試醫師牙醫師考試分試考試應考資格表」牙醫師類科第 1 款，關於國外牙醫學畢業生參加牙醫師考試之應考資格部分之規定，尚未牴觸憲法第 23 條法律保留原則、比例原則，與憲法第 15 條工作權及第 18 條應考試權之保障意旨無違，亦不違反憲法第 7 條平等權之保障[41]。

(二) 銓敘、保障、撫卹、退休

所謂銓敘，係對於公務人員被任用前之官等、職等之基本身分事項加以銓定。

所謂保障，依公務人員保障法第 2 條規定，係指公務人員身分、官職等級、俸給、工作條件、管理措施等有關權益保障之問題。

所謂撫卹，依公務人員退休資遣撫卹法規定，對於經銓敘部審訂資格登記有案者，凡因公死亡，病故或意外死亡者，應給與其遺族之撫卹。撫卹金請求權，不得扣押、讓與或供擔保。

所謂退休，凡為國家服公務之人員，因一定服務年資，不願或不得繼續擔任公務人員，而退休者，國家應給予退休金。

(三) 向立法院提出法律案之權

考試院掌有「公務人員任免、考績、級俸、陞遷、褒獎之法制事項」，其可向立法院提案，或是制定相關行政命令，但執行方面則交給行政院去執行[42]。

---

[41] (D) 依司法院大法官解釋意旨，國外牙醫學畢業生須於主管機關認可之醫療機構完成一定之臨床實作訓練，並持有該醫療機構開立之實習期滿成績及格證明後，始得再應牙醫師考試分試第二試之規定，與下列何項基本權利無涉？(A)平等權(B)工作權(C)應考試權(D)一般行為自由

[42] (C) 下列何項不是考試院之職權？(A)執行公務人員之考試(B)執行公務人員之保障

考試院關於所掌事項，得向立法院[43]提出法律案[44]（憲法第 87 條，另監察院及司法院提案權依據釋字第 3 號、第 175 號解釋）。

作者小叮嚀

　　本章需特別注意考試院組織的調整，尤其憲法本文的考試院職權，和修憲後的考試院職權。另外，行政院下面成立人事行政總處，不屬考試院，而考試院本身的組織，包括銓敘部、考選部、公務人員保障暨培訓委員會、公務人員退休撫卹基金監理委員會等，此等關於考試院的組織，也應釐清。

　　(C)執行公務人員之考績(D)執行公務人員之銓敘

[43] (B) 依憲法第 87 條之規定，考試院關於所掌事項得向下列那個機關提出法律案？(A)行政院(B)立法院(C)司法院(D)國民大會

[44] (B) 考試院關於所掌理事項得向立法院提出何種案？(A)預算案(B)法律案(C)覆議案(D)報告案

第二十一章　監　察

本章學習重點

1. 監察院的定位調整
2. 監察院的職權
3. 彈劾、糾舉、糾正的差異
4. 彈劾的對象與程序

一、監察院之性質與地位

(一) 國家最高監察機關

監察院為國家最高監察機關，行使同意、彈劾、糾舉及審計權[1]（憲法第 90 條）。監察院依本憲法行使同意權時，由出席委員過半數之議決行之（憲法第 94 條）。但依憲法增修條文第 7 條之規定，已將原憲法第 90 條、第 94 條中規定原屬監察院之同意權刪除[2]。而彈劾總統、副總統之權也改由立法院提議，由憲法法庭來審理[3][4]（憲法增修條文第 4 條第 7 項、第 5 條第 4 項）。

(二) 準司法機關

孫中山的五權憲法，為防止國會專制及澄清吏治，主張將監察從立

---

[1]　(C) 下列何者不是監察院之職權？(A)彈劾權(B)糾舉權(C)罷免權(D)調查權

[2]　(C) 依憲法增修條文第 7 條規定，將原憲法第 90 條、第 94 條中規定原屬監察院之何項職權刪除？(A)彈劾權(B)糾舉權(C)同意權(D)審計權

[3]　(C) 經過多次修憲之後，監察院不再行使下列那些權力？(A)糾舉權與糾正權(B)同意權與調查權(C)同意權與彈劾總統權(D)調查權與彈劾總統權

[4]　(C) 依憲法增修條文規定，下列何者不是監察院彈劾權行使對象？(A)法官(B)參謀總長(C)總統(D)監察院院長

法權中獨立出來而設立監察院⁵，屬治權機關⁶。監察院性質上本與國民大會及立法院共同相當於民主國家之國會（釋字第 76 號）。但經過第二次憲改之後，目前監察委員改由總統提名，立法院同意，性質已不屬於國會（不具民意機關之性質）⁷，學理上稱為「準司法機關」⁸。

(三) 監察院與立法院調查權的衝突：釋字第 325 號（82/7/23）

本院釋字第 76 號解釋認監察院與其他中央民意機構共同相當於民主國家之國會，於憲法增修條文第 15 條規定施行後，監察院已非中央民意機構，其地位及職權亦有所變更，上開解釋自不再適用於監察院。惟憲法之五院體制並未改變，原屬於監察院職權中之彈劾、糾舉、糾正權及為行使此等職權，依憲法第 95 條、第 96 條具有之調查權，憲法增修條文亦未修改，此項調查權仍應專由監察院行使。立法院為行使憲法所賦予之職權，除依憲法第 57 條第 1 款及第 67 條第 2 項辦理外，得經院會或委員會之決議，要求有關機關就議案涉及事項提供參考資料，必要時並得經院會決議調閱文件原本，受要求之機關非依法律規定或其他正當理由不得拒絕。但國家機關獨立行使職權受憲法之保障者，如司法機關審理案件所表示之法律見解、考試機關對於應考人成績之評定、監察委員為糾彈或糾正與否之判斷，以及訴訟案件在裁判確定前就偵查、審判所為之處置及其卷證等，監察院對之行使調查權，本受有限制，基於同一理由，立法院之調閱文件，亦同受限制⁹。

5　(B) 孫中山先生為防止國會專制及澄清吏治，主張設立：(A)國民大會(B)監察院(C)立法院(D)考試院

6　(B) 依照五權分立之理論，監察院屬於何性質？(A)政權機關(B)治權機關(C)是政權機關，亦是治權機關(D)非政權機關，亦非治權機關

7　(B) 下列那個機關於修憲後不再具備民意機關之性質？(A)立法院(B)監察院(C)國民大會(D)縣市議會

8　(C) 下列何者為準司法機關？(A)行政法院(B)懲戒法院(C)監察院(D)公務人員保障暨培訓委員會

9　(D) 有關監察院之調查權，下列敘述何者正確？(A)調查權係屬於民主國家的國會職權之一，因此修憲改變監察院之定位後，監察院不再享有調查權(B)監察院之調查權並未因修憲而有所變動，因此調查權可及全體公務人員(C)修憲後監

二、組織

監察院之組織，以法律¹⁰定之（憲法第 106 條）。

(一) 院長及副院長

1. **選任方式**：依照現行憲法增修條文第 7 條第 2 項規定，監察院設監察委員二十九人，並以其中一人為院長¹¹、一人為副院長¹²。任期六年¹³，由總統提名、立法院同意任命之¹⁴，而已不具民意代表身分¹⁵。
2. **職權**：依監察院組織法規定，院長綜理院務，並監督所屬機關。副院長於院長因事故不能視事時，代理其職務（監察院組織法第 6 條第 1 項）。但由於監察委員係獨立行使職權，而監察院所屬機關審計部之人員亦屬獨立行使職權，監督僅具有形式意義¹⁶。
3. **擔任監察院會議主席**：監察院會議由院長、副院長及監察委員組織之，以院長為主席（監察院組織法第 7 條）。

察院已不再享有調查權，但是可享有「文件調閱權」(D)監察院仍掌有調查權，但國家機關獨立行使職權受憲法保障者，調查權之行使受有限制

¹⁰ (B) 監察院組織應如何定之？(A)命令(B)法律(C)行政院定之(D)總統定之
¹¹ (A) 監察院院長是否具有監察委員之身分？(A)是(B)否(C)不一定(D)憲法無明定
¹² (D) 監察院院長、副院長如何產生？(A)監察委員互選之(B)監察委員選舉報請總統任命之(C)由總統就監察委員中任命之(D)由總統就已提名之監察委員中指定一人為院長，一人為副院長，經立法院同意任命之
¹³ (D) 下列職位中，憲法及增修條文定有任期者為：(A)行政院院長(B)司法院院長(C)考試院院長(D)監察院院長
¹⁴ (B) 以下何種公職人員之產生，不適用公職人員選舉罷免法？(A)縣長(B)監察委員(C)國民大會代表(D)立法委員
¹⁵ (C) 下列何者不具有民意代表的身分？(A)國民大會代表(B)立法委員(C)監察委員(D)縣議員
¹⁶ (D) 下列有關監察院院長之敘述，何者錯誤？(A)參與總統之召集會商，以解決院與院爭議(B)綜理院務，並監督所屬機關(C)監察院院長出缺時，由副院長代理(D)監督各監察委員之職權行使

(二) 監察委員

1. **產生方式**：監察院設監察委員二十九人[17]，並以其中一人為院長、一人為副院長，任期六年[18]，由總統提名，經立法院同意任命之[19][20]（憲法增修條文第 7 條第 2 項）。

2. **產生資格**：監察院監察委員，須年滿三十五歲[21]，並具有下列資格之一（監察院組織法第 3 條之 1）：

   (1) 曾任立法委員一任以上或直轄市議員二任以上，聲譽卓著者。

   (2) 任本俸十二級以上之法官、檢察官十年以上，並曾任高等法院、高等行政法院以上法官或高等檢察署以上檢察官，成績優異者。

   (3) 曾任簡任職公務員十年以上，成績優異者。

   (4) 曾任大學教授十年以上，聲譽卓著者[22]。

   (5) 國內專門職業及技術人員高等考試及格，執行業務十五年以上，聲譽卓著者。

   (6) 清廉正直，富有政治經驗或主持新聞文化事業，聲譽卓著者[23]。

   (7) 對人權議題及保護有專門研究或貢獻，聲譽卓著者；或具與促進及保障人權有關之公民團體實務經驗，著有聲望者。

---

[17] (C) 依憲法增修條文規定，監察院設監察委員幾人？(A)九人(B)十九人(C)二十九人(D)若干人

[18] (B) 監察院監察委員任期幾年？(A)九年(B)六年(C)四年(D)三年

[19] (C) 監察委員如何產生？(A)普選產生(B)由總統提名，經省、市議會同意任命之(C)由總統提名，經立法院同意任命之(D)由各政黨協商產生

[20] (D) 依憲法增修條文規定，監察委員及司法院大法官，有何相同之處？(A)人數相同(B)均由行政院院長提請總統任命之(C)任期相同(D)均由總統提名，經立法院同意任命之

[21] (C) 監察院監察委員須年滿：(A)二十五歲(B)三十歲(C)三十五歲(D)四十歲

[22] (B) 依考試院組織法之規定，考試委員應具何資格？(A)曾任典試委員，聲譽卓著者(B)曾任大學教授十年以上，並有專著者(C)曾任立法委員九年以上(D)高等考試及格二十年以上者

[23] (D) 下列何種人有資格擔任監察委員？(A)曾任薦任職公務員十年以上，成績優異者(B)曾任省（市）議員一任以上，聲譽卓著者(C)曾任司法官九年以上，成績優異者(D)主持新聞文化事業，聲譽卓著者

　　具前述第 7 款資格之委員，應為七人，不得從缺，並應具多元性，由不同族群、專業領域等代表出任，且任一性別比例不得低於三分之一，提名前並應公開徵求公民團體推薦人選。

　　又前述所稱之服務或執業年限，均計算至次屆監察委員就職前一日止。

3. **超出黨派**：監察委員須超出黨派以外，依據法律獨立行使職權[24]（憲法增修條文第 7 條第 5 項）。五院院長中，監察院院長必須超出黨派以外，依據法律獨立行使職權；因為監察院院長是當然的監察委員[25]。

4. **調查官、調查專員、調查員**：1998 年 1 月 7 日由總統公布修正監察院組織法，特於監察院監察調查處置調查官、調查專員及調查員，在秘

表 21-1　須超出黨派之人員[26] [27]

超出黨派	憲法內容	憲法規定
法官	法官須超出黨派以外	憲法第 80 條
考試委員	考試委員須超出黨派以外	憲法第 88 條
監察委員[28]	監察委員須超出黨派以外	憲法增修條文第 7 條
全國陸海空軍	全國陸海空軍須超出個人、地域及黨派以外	憲法第 138 條

---

[24] (B) 下列何者正確？(A)監察委員除現行犯外，非經監察院許可，不得逮捕或拘禁(B)監察委員須超出黨派以外，依據法律獨立行使職權(C)監察院為國家最高監察機關，可行使同意權(D)監察委員在院內所為之言論及表決，對院外不負責任

[25] (D) 目前五院院長中，何人必須超出黨派以外，依據法律獨立行使職權？(A)立法院院長(B)司法院院長(C)考試院院長(D)監察院院長

[26] (A) 以下何者憲法本文及增修條文並未要求超出黨派以外獨立行使職權？(A)總統(B)監察委員(C)考試委員(D)法官

[27] (C) 憲法明定行使職權時，須超出黨派以外者，計有：(1)總統(2)行政院院長(3)立法委員(4)法官(5)考試委員(6)監察委員。(A)(1)(3)(4)(6) (B)(1)(2)(4)(6) (C)(4)(5)(6)(D)(2)(3)(6)

[28] (A) 下列何者，憲法本文雖未規定，但增修條文已明文規定行使職權須超出黨派之外？(A)監察委員(B)考試委員(C)法官(D)軍人

書長指揮監督下，協助監察委員行使監察權，並依其學識、經驗、能力及專長，予以分類編組，分為內政及少數民族、司法獄政警政消防及財產申報（依法須申報財產之公職人員，應向監察院申報財產[29]）、財政及經濟、交通及採購、外交僑政國防情報教育及文化等五組，依其專長及本職工作，核派協助監察委員調查案件。

5. **兼職之禁止**：監察委員不得兼任其他公職或執行業務[30]（憲法第 103條）。

(1) **監察委員不得兼任其他公職**

    A. 監察委員不得兼任國民大會代表[31]（釋字第 15 號）。

    B. 監察委員不得兼任各級民意代表、中央與地方機關之公務員及其他依法令從事公務者（釋字第 42 號）。

    C. 監察委員不得兼任國立編譯管編纂（釋字第 17 號）。

    D. 監察委員不得兼任公立醫院院長及醫生（釋字第 20 號）。

    E. 監察委員不得兼任公營事業機關之董事、監察人及總經理與受有俸給之文武職公務員（釋字第 24 號）。

    F. 監察委員不得兼任省銀行之董事及監察人（釋字第 25 號）。

(2) **監察委員不得執行業務**

    A. 民營公司之董事、監察人及經理人所執行之業務（釋字第 75號）。

    B. 新聞紙雜誌發行人執行之業務（釋字第 120 號）。

---

[29] (A) 依法須申報財產之公職人員，應向何機關申報財產？(A)監察院(B)考試院(C)司法院(D)法務部

[30] (A) 憲法明文規定，下列何者不得兼任其他公職或執行業務？(A)監察委員(B)立法委員(C)考試委員(D)國大代表

[31] (C) 下列敘述何者錯誤？(A)監察委員不得兼任公職(B)監察委員不得執行業務(C)監察委員得為國大代表(D)監察委員不得為公司董事

6. **相關特權之停止適用**：言論免責權[32][33]及不逮捕特權[34]停止適用（憲法增修條文第 7 條第 6 項）。

(三) 監察院會議

監察院會議由院長、副院長及監察委員組織之，按月由院長召集開會，如院長認為必要或有全體委員四分之一以上之提議，得召集臨時會議，由院長為主席。院長因事故不能出席時，由副院長為主席；如副院長亦因事故不能出席時，則由出席委員互推一人為主席。院會須有全體委員二分之一以上之出席，提案須以書面行之，臨時動議並應有二人以上之附議，均經出席委員過半數之決議行之。年度工作檢討會議於每年度結束後兩個月內舉行，檢討一年來工作及政府行政設施。由此可知，我國監察院的組織體制係採合議制[35]。

(四) 委員會

監察院得按行政院及各部會之工作，分設若干委員會，調查一切設施，注意其是否違法或失職（憲法第 96 條）。

(五) 監察委員行署

監察院視事實之需要，得將全國分區設監察院監察委員行署，其組織另以法律定之（監察院組織法第 8 條）。

---

[32] (C) 依憲法增修條文規定，下列何者在院內所為之言論及表決對外仍應負責？(A)立法委員(B)國大代表(C)監察委員(D)省市議會議員

[33] (A) 依憲法增修條文規定，下列何種人員已無言論免責權？(A)監察委員(B)國民大會代表(C)立法委員(D)省（市）議會議員

[34] (B) 下列何者非監察委員之憲法保障特權與其特殊限制？(A)須超出黨派行使職權(B)不受逮捕特權(C)不得兼任其他公職(D)依法獨立行使職權

[35] (B) 我國監察院的組織體制係採：(A)首長制(B)合議制(C)獨任制(D)混合制

(六) 審計部

1. **提名與任命**：監察院設審計長[36]，由總統提名，經立法院同意[37] [38] [39] 任命之（憲法第 104 條）。審計長為審計部首長[40] [41]。
2. **任期**：審計長任期六年（審計部組織法第 3 條）。為確保其能獨立行使職權，所以審計長受任期保障[42]。附帶一提，憲法或法律並未規定行政院主計長需要超出黨派以外，依據法律獨立行使職權[43]。

釋字第 357 號（83/7/8）

依中華民國憲法第 104 條設置於監察院之審計長，其職務之性質與應隨執政黨更迭或政策變更而進退之政務官不同[44] [45]。審計部組織法第 3 條關於審計長任期為六年之規定，旨在確保其職位之安定，俾能在一定任期中，超然獨立行使職權[46]，與憲法並無牴觸。

---

[36] (D) 審計部隸屬下列何者？(A)總統府(B)行政院(C)立法院(D)監察院

[37] (B) 審計長之同意權，由何機關行使？(A)國民大會(B)立法院(C)考試院(D)監察院

[38] (A) 下列何種人員須經立法院同意後，始得任命？(A)審計長(B)財政部長(C)主計長(D)中央銀行總裁

[39] (A) 下列關於人事同意權的敘述，現行制度下何者正確？(A)立法院對於審計長有同意權(B)監察院對於司法院大法官有同意權(C)立法院對於行政院院長有同意權(D)考試院對於監察委員有同意權

[40] (C) 審計部首長之法定名稱是：(A)審計部長(B)審計首長(C)審計長(D)首席審計

[41] (B) 下列那一部會之首長不以「部長」稱呼之？(A)國防部(B)審計部(C)考選部(D)銓敘部

[42] (A) 下列何種公務員受任期保障？(A)審計長(B)政務委員(C)行政院副院長(D)各部會政務次長

[43] (B) 下列何種人員，憲法或法律並未規定應超出黨派以外，且須依據法律獨立行使職權？(A)審計長(B)主計長(C)考試委員(D)法官

[44] (A) 不屬於應隨政黨之更迭或政策變更而進退之人員，是指何者？(A)監察院審計長(B)行政院主計長(C)外交部部長(D)行政院政務委員

[45] (A) 下列何者不屬於應隨政黨之更迭或政策變更而進退之政務官？(A)監察院審計長(B)行政院副院長(C)外交部部長(D)行政院政務委員

[46] (C) 下列關於審計長之敘述，何者正確？(A)由總統提名，經監察院同意後任命之(B)其職務性質為司法官(C)應超然獨立行使職權(D)隸屬於行政院

三、監察院之職權

監察院之職權大抵有彈劾權、糾舉權、糾正權、調查權、審計權、提案權、巡迴糾察權及監試權等[47] [48]，如下說明：

(一) 彈劾權（對人權）

監察院對於中央及地方公務人員，認為有違法失職情事，得提出彈劾案[49]（或糾舉案；糾舉案之提出也是針對公務人員違法失職行為）[50]，依憲法增修條文及監察法規定，彈劾案應經監察委員二人以上提議，並須經提案委員以外之監察委員九人以上之審查及決定成立後[51]（憲法增修條文第 7 條第 3 項），應移送懲戒法院[52]負責懲戒（憲法第 77 條）。彈劾案件之審查委員，由全體監察委員按序輪流擔任，每案通知十三人參加，其與該案有關係者應行迴避。審查結果如不成立，而提案委員有異議時，得提請再審查，另付其他監察委員九人以上再審查，為最後之決定。提出彈劾案時，如認為被彈劾人員違法失職之行為情節重大，有急速救濟之必要者，得通知該主管長官為急速救濟之處理；其違失行為涉及刑事或軍法者，並應逕送各該管司法或軍法機關依法處理。

---

[47] (D) 以下何者屬監察院的現有職權？(1)同意權(2)彈劾權(3)審計權(4)糾正權。
　　(A)(1)(2) (B)(2)(4) (C)(1)(2)(4) (D)(2)(3)(4)

[48] (C) 依憲法增修條文，以下何者不是監察院之職權？(A)彈劾(B)糾舉(C)懲戒(D)審計

[49] (C) 監察委員若有失職或違法之情事，應由誰進行彈劾？(A)司法院所屬各級法院
　　(B)司法院大法官(C)監察院監察委員(D)考試院考試委員

[50] (A) 比較監察院之彈劾權與糾舉權，下列何者為是？(A)均是針對公務人員的失職
　　或違法行為提出(B)前者對人，後者對事(C)均須經二人以上之提議，九人以上
　　之審查及決定(D)均須經一人以上之提議，九人以上之審查及決定

[51] (C) 依憲法增修條文之規定，監察院對於司法院人員之彈劾案，應經何程序方能提
　　出？(A)監察委員 1 人之提議，4 人以上之審查及決定(B)監察委員 1 人之提
　　議，9 人以上之審查及決定(C)監察委員 2 人以上之提議，9 人以上之審查及決
　　定(D)監察委員 2 人以上之提議，13 人以上之審查及決定

[52] (D) 監察院對公務人員之彈劾案應移送那個機關處理？(A)被彈劾人之主管長官(B)
　　被彈劾人之上級長官(C)行政法院(D)懲戒法院

　　監察院人員對於彈劾案在未經審查決定確定前，不得對外宣洩。監察院於彈劾案審查決定確定後，應公布之。其涉及國防、外交或其他法律規定應秘密之案件，應隱去其應秘密之資訊。

　　彈劾對象包括一般公務人員、監察院人員及軍人[53]，但是並不包括總統、副總統[54]，以及各級民意代表[55]，如下說明：

1. **一般公務人員**：憲法增修條文第 7 條第 3 項：「監察院對於中央、地方公務人員及司法院[56]、考試院人員之彈劾案[57]，須經監察委員二人以上提議，九人以上之審查及決定，始得提出，不受憲法第九十八條之限制。」

2. **監察院人員**：憲法增修條文第 7 條第 4 項：「監察院對於監察人員失職或違法之彈劾[58]，適用憲法第九十五條、第九十七條第二項及前項之規定。」

3. **軍人**：釋字第 262 號（79/7/6）：監察院對軍人提出彈劾案時，亦應移送至公務員懲戒委員會（現：懲戒法院）審議[59]，至軍人之過犯，除上述彈劾案外，則仍依陸海空軍懲罰法行之。

---

[53] (A) 下列何者不屬於監察院行使彈劾權的對象？(A)立法委員(B)直轄市市長(C)行政院院長(D)法官

[54] (A) 依憲法規定，公務員受彈劾後，均應送由司法院公務員懲戒委員會審理，但不及於下列何者？(A)總統、副總統(B)行政院院長(C)法官(D)監察委員

[55] (A) 下列何者非監察院彈劾權範圍所及？(A)立法委員(B)行政院院長(C)法官(D)監察委員

[56] (C) 下列何者不屬於最高司法機關本於司法自主性而有之權限？(A)就審理事項有發布規則之權(B)司法行政監督之權(C)彈劾不適任法官之權(D)提供相關法令、有權解釋之資料或司法實務上之見解

[57] (D) 考試院人員失職或違法之彈劾，應由下列何機關為之？(A)立法院(B)行政院(C)司法院(D)監察院

[58] (C) 憲法增修條文之規定，監察院人員若有失職或違法之情事，應由誰進行彈劾？(A)司法院(B)立法院(C)監察院(D)考試院

[59] (D) 監察院對軍人提出彈劾案時應移送何機關審議？(A)軍法局(B)最高法院(C)行政法院(D)懲戒法院

表 21-2　憲法所規定之彈劾

彈劾對象	彈劾程序	懲戒機關	懲戒程序
總統、副總統	立法院 1/2 提議，2/3 決議	憲法法庭	憲法法庭
中央地方公務員	監察委員二人以上提議，九人以上審查及決議（憲法增修條文第 7 條第 3 項）	懲戒法院	依照法庭審判程序（釋字第 396 號）

(二) 糾舉權（對人權）

　　監察委員對於有違法或失職行為的公務人員，認為應該先停職或是作其他急速處分的，可以提案「糾舉」[60][61]，在經過其他監察委員三人以上[62]的審查及決定後，則由監察院送交各該主管機關長官[63]或他的上級長官處[64]，而且違法行為如果涉及到刑事或軍法責任時，同時送請管轄的司法或軍法機關，依法辦理。

---

[60] (B) 當監察委員對於公務人員認為有違法或失職之行為，應先予以停職或其他急速處分時，得行使：(A)彈劾權(B)糾舉權(C)糾正權(D)審計權

[61] (B) 依現行憲法規定（含增修條文在內），下列那種權限歸監察院行使？(A)預算案議決權(B)糾舉權(C)憲法解釋權(D)同意權

[62] (A) 糾舉案的提出，應經過多少位監察委員之審查及決定？(A)三人以上(B)五人以上(C)七人以上(D)九人以上

[63] (A) 監察院之糾舉案，應以書面送交何者？(A)被糾舉人之主管長官(B)公務員懲戒委員會(C)行政法院(D)考試院銓敘部

[64] (A) 糾舉案應向何人或何機關提出？(A)被糾舉人之主管長官或其上級長官(B)公務員懲戒委員會(C)法務部(D)法院

(三) 糾正權（對事權[65]）

　　監察院對於調查行政院[66]及其所屬各機關[67]之工作[68]與設施後，經各有關委員會之審查及決議[69]，得由監察院提出糾正案，促其注意改善[70]（監察法第 24 條）。行政院或有關部會接到糾正案後[71]，應即為適當之改善與處置，並應以書面答覆監察院，如逾兩個月仍未將改善與處置之事實答覆監察院時，監察院得質問之（監察法第 25 條）。

表 21-3　監察院的彈劾、糾舉與糾正

	彈劾	糾舉	糾正
行使原因	公務人員有違法或失職行為	公務人員有違法或失職行為，有先行停職或有其他急速處分之必要時	行政院及行政院所屬各機關的工作及設施有違法或失職情事
行使對象	中央或地方公務人員	中央及地方公務人員	行政院及行政院所屬各機關

---

[65] (B) 下列各種職權，何者非以人為對象？(A)糾舉權(B)糾正權(C)彈劾權(D)同意權

[66] (D) 下列何者並非監察院糾正權行使之範圍？(A)國防部(B)環保署(C)行政院(D)考選部

[67] (A) 監察院得按何機關之工作，分設若干委員會，調查一切設施，注意其是否違法或失職？(A)行政院及其各部會(B)司法院及其各廳處(C)考試院及其各部會(D)總統府及其各局

[68] (A) 監察院對行政院及其有關部會未及時處理颱風善後，有失當之處，得依法行使下列何項職權：(A)糾正權(B)糾舉權(C)彈劾權(D)懲戒權

[69] (A) 監察院提出糾正案之程序為何？(A)由各該委員會之審查及決議(B)監察委員九人以上之審查及決議(C)由監察院院長交付審查及指定(D)監察委員三人以上之審查及決議

[70] (A) 監察院於調查行政院及其所屬各機關之工作或設施後，經各該委員會之審查及決議，移送行政院及其有關部會，促其注意改善。此為監察院的何種職權？(A)糾正權(B)糾舉權(C)彈劾權(D)巡察權

[71] (A) 監察院糾正案通過後，移送何機關處理？(A)行政院及其相關部會(B)懲戒法院(C)立法院(D)人事行政局

表 21-3　監察院的彈劾、糾舉與糾正（續）

	彈劾	糾舉	糾正
審查及決定	對中央或地方公務人員的彈劾案，要經監察委員二人以上的提議，九人以上的審查及決定	須經監察委員一人以上的提議及三人以上的審查及決定	須經監察院有關委員會的審查及決定
移送機關	向懲戒法院提出	向公務員的主管長官或上級長官提出	向行政院或有關部會提出
目的	懲戒或刑事處分	依照公務員懲戒法規規定處理，並可先行停職或為其他急速處分	督促行政機關注意改善[72]
刑事部分	公務人員違法行為涉及刑事或軍法者，應同時送司法或軍法機關處理	公務人員違法行為涉及刑事或軍法者，應同時送司法或軍法機關處理	無

(四) 調查權

　　依照憲法第 95 條：「監察院為行使監察權，得向行政院及其各部會調閱其所發布之命令及各種有關之文件。[73]」憲法第 96 條：「監察院得按行政院及其各部會之工作，分設若干委員會，調查一切設施，注意其是否違法或失職。」這兩者就是監察院調查權的依據[74]。

　　監察院行使調查權的方式有院派委員調查、委員登記自動調查、委託有關機關調查、巡迴監察等。

---

[72] (D) 依憲法本文規定，監察委員提出糾正案之目的為何？(A)懲戒失職公務員(B)追究首長政治責任(C)促請司法機關偵辦(D)促請行政部門改善工作或措施

[73] (A) 監察院為行使監察權，得向行政院及其各部會調閱其所發布之命令及各種有關文件，此種權限稱為：(A)調查權(B)糾正權(C)彈劾權(D)糾舉權

[74] (B) 下列何機關有調查權？(A)立法院(B)監察院(C)考試院(D)國民大會

(五) 審計權

對於政府及其所屬機關財政收支予以稽核之權[75]。

審計長應於行政院提出決算後三個月內[76]，依法完成其審核，並提出審核報告於立法院（憲法第 105 條）。

(六) 提案權

監察院就其所掌事項，得向立法院提出法律案（釋字第 3 號）。

(七) 巡迴監察權

監察委員得分區巡迴監察（監察法第 3 條）。

(八) 監試權

監察院還掌有監督國家考試的權力。

作者小叮嚀

　　本章需特別注意監察院從過去的民意機關，改為準司法機關，而連帶的影響監察委員的特權。另外，監察委員職權的行使，尤其彈劾、糾舉、糾正等，必須澈底釐清三者之不同。彈劾的對象包括中央及地方公務員，但不含總統及各級民意代表。

---

[75] (A) 稽查政府及其所屬機關財務收支情形，此係屬監察院的下述何種職權？(A)審計權(B)預算權(C)糾舉權(D)糾正權

[76] (B) 行政院提出決算後，審計長應在幾個月內，提出審核報告於立法院？(A)二個月內(B)三個月內(C)四個月內(D)六個月內

第二十二章　地方自治

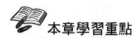 **本章學習重點**

> 1. 地方自治的概念
> 2. 均權制
> 3. 精省
> 4. 地方行政權、立法權、人事權、財政權
> 5. 地方制度法重要內容

一、地方自治的定位

(一) 中央地方權限劃分

1. 垂直分權

一般講權力分立，有分為水平分權及垂直分權。水平分權乃指中央政府之間的分權，而垂直分權則指中央與地方間的分權[1]。地方自治有「垂直的權力分立」之稱[2]。

2. 我國採均權制

(1) 中央集權制：將國家權力集中於中央政府，決策及執行由中央政府負責。可避免地方割據，利於政策推行。

(2) 地方分權制：國家事權分散在地方政府，中央只有少數的國家象

---

[1] (C)「權力分立」有所謂水平式與垂直式區分，垂直式分權係指：(A)行政、立法與司法之分權(B)國家政府與政黨之分權(C)中央與地方之分權(D)黨、政、軍之分權

[2] (A) 下列有關地方自治之敘述，何者為正確？(A)具有垂直分權之功能(B)憲法相關規定已經完全凍結(C)與住民自治之理念無關(D)立法院邀請地方自治團體行政機關有關人員到會備詢時，無論法律是否明文規定，後者有到會備詢義務

徵權力，地方政府具有政務的決定權，使政策能因地制宜，配合
地方發展。聯邦制國家對於中央與地方權限的劃分多採之[3]。

(3) 均權制：依照事務性質[4]來決定權力的歸屬，有全國一致性的劃歸
中央政府，需因地制宜的劃歸地方政府。矯正中央集權與地方分
權的缺點。

我國憲法關於中央與地方權限的劃分制度源於　國父孫中山先生的
均權理論[5]，而採用均權制[6]。將事權屬於中央者，列舉劃歸成中央專屬
權；將事權屬於地方者，則列舉劃歸成地方專屬權（憲法第 107 條、第
108 條）。未列舉的事權，有全國一致性的，即屬於中央[7]；有全省一致性
的，即屬於省，有一縣性質的，屬於縣。若遇有爭議時，由立法院解決之
（憲法第 111 條）。

(二) 地方政府的組織

中央政府乃採五權政府，但地方政府僅為兩權政府，只有行政機關
和立法機關，亦即五權之中，地方自治只包含行政與立法權[8]，而司法
權、考試權、監察權仍屬於中央[9]。地方首長由人民直選，組成地方政

---

[3] (C) 聯邦制國家對於中央與地方權限的劃分多採行：(A)均權制度(B)中央集權(C)
地方分權制(D)以上三者之混合制度

[4] (B) 均權制度對於中央與地方權限劃分的標準為何？(A)以決策與執行作為劃分標
準(B)以事務性質作為劃分標準(C)以地域作為劃分標準(D)以聯省自治為標準

[5] (C) 我國憲法中有關中央與地方權限之劃分，係源於國父孫中山先生的何種理論？
(A)權能區分理論(B)五權分立理論(C)均權理論(D)均富理論

[6] (D) 我國憲法關於中央與地方權限的劃分，採用下列何種制度？(A)中央集權制(B)
地方分權制(C)邦聯制(D)均權制

[7] (B) 憲法中規定，憲法未列舉之事項發生時，其事務有全國一致之性質者屬於(A)
省(B)中央(C)縣(D)直轄市

[8] (B) 地方自治之權限，包括：(A)行政、立法、司法三權(B)行政、立法二權(C)行
政、司法二權(D)立法、司法二權

[9] (C) 依我國憲法之規定，以下那些權力在實務上是中央政府所獨享者？(1)行政權
(2)立法權(3)司法權(4)考試權(5)監察權。(A)(3)(4)　(B)(4)(5)　(C)(3)(4)(5)
(D)(1)(2)(3)(4)(5)

府；地方議會也由人民直選。我國在中央政府部分採取「五權憲法」加「雙首長制」，但在地方部分則應該類似「總統制」，因為人民直選地方首長，由首長組織政府。且覆議門檻為三分之二[10]，與一般總統制覆議門檻相同。但不同點在於，總統制行政權不必至立法院備詢，除非接受調查，但我國的地方政府官員也必須至議會接受質詢。

(三) 地方自治層級

依憲法本文規定我國政府組織分為中央、省、縣三級[11]，另規定直轄市之保障以法律定之，並不包含鄉（鎮、市）在內[12]。

早在 1993 年以前，台灣省各縣市實施地方自治，其法源主要依據係台灣省各縣市實施地方自治綱要[13]。後來制定省縣自治法，依據省縣自治法進行唯一的一次省長選舉[14]之後，在 1997 年第四次修憲之後，停止第二屆省長及第十一屆省議員選舉[15]，立法院並於同年 10 月通過的「台灣省政府功能業務與組織調整暫行條例」終將「省」定位成「行政院之派出機關」，非地方自治團體。後來，立法院為因應「省去自治化」之後的地方制度，將省縣自治法、直轄市自治法在 1999 年 1 月由立法院[16]制定通

---

[10] (C) 縣政府向縣議會提出覆議案時，在何情況下縣政府即應接受？(A)議員總額二分之一維持原議決案時(B)出席議員二分之一維持原議決案時(C)出席議員三分之二維持原議決案時(D)議員總額三分之二維持原議決案時

[11] (A) 依憲法本文規定我國政府組織（體制）分為幾級？(A)中央、省、縣三級(B)中央、省、縣、鄉鎮四級(C)中央、縣二級(D)中央、省二級

[12] (D) 下列何者非憲法所保障之地方制度層級？(A)省(B)直轄市(C)縣（市）(D)鄉（鎮、市）

[13] (D) 民國 82 年以前，台灣省各縣市實施地方自治，其法源主要依據為何？(A)省縣自治通則(B)憲法第十、十一章(C)省縣自治法(D)台灣省各縣市實施地方自治綱要

[14] (B) 我國最近唯一的一次省長選舉，係根據種法律所舉辦：(A)地方制度法(B)省縣自治法(C)省法規(D)台灣省各縣市實施地方自治綱要

[15] (D) 台灣省議會議員之選舉，從第幾屆議員任期屆滿之日起停止辦理？(A)第七屆(B)第八屆(C)第九屆(D)第十屆

[16] (D) 地方制度法為何機關所制定通過？(A)省議會(B)省民代表大會(C)國民大會(D)

過合併為「地方制度法」，是目前台灣各縣市、直轄市實施地方自治之有
關法律依據[17]。至此，憲法地方制度自治政府的層級，凍結了「省自治」
的部分，其餘「直轄市」、「縣」、「鄉（鎮、市）」三級政府仍維持不變。

二、權限分配

(一) 中央專屬權

　　由中央立法並執行之事項[18] [19]（憲法第 107 條，共計十三項）：
1. 外交。
2. 國防與國防軍事[20]。
3. 國籍法及刑事、民事、商事之法律[21]。
4. 司法制度[22] [23]。
5. 航空、國道、國有鐵路、航政、郵政及電政[24] [25]。

　　立法院
[17] (D) 目前實施地方自治之有關法律依據為何？(A)省縣自治通則(B)省自治法及縣自治法(C)省縣自治法及直轄市自治法(D)地方制度法
[18] (B) 在下列各事項中，何者係屬由中央立法執行之事項？(1)國籍法(2)度量衡(3)省銀行(4)省警政之實施(5)郵政。(A)(1)(2)(3) (B)(1)(2)(5) (C)(1)(2)(4) (D)(1)(3)(5)
[19] (A) 憲法第 107 條規定由中央立法並執行之事項，不包括下列何者？(A)教育制度(B)司法制度(C)外交(D)幣制
[20] (A) 「國防與國防軍事」在中央與地方權限分野中屬於何者？(A)由中央立法執行(B)由中央立法並執行或交由省縣執行(C)由省立法並執行或交由縣執行(D)由縣立法並執行
[21] (A) 海商法屬何者立法及執行事項？(A)中央立法並執行事項(B)中央立法並執行或交省縣執行事項(C)省立法並執行事項(D)由立法院議決
[22] (B) 下列事項何者係由中央立法並執行之？(A)教育制度(B)司法制度(C)警察制度(D)銀行及交易所制度
[23] (B) 以下何者非為縣自治事項：(A)縣教育文化(B)縣司法(C)縣稅(D)縣警衛之實施事項
[24] (A) 下列事項何者專屬中央立法並執行？(A)航空與電政(B)土地法(C)教育制度(D)警察制度
[25] (A) 依我國憲法規定，對於郵政及電政係：(A)由中央立法並執行之(B)由中央立法

6. 中央財政與國稅。

7. 國稅與省稅、縣稅之劃分[26][27]。

8. 國營經濟事業[28]。

9. 幣制及國家銀行。

10. 度量衡[29]。

11. 國際貿易政策。

12. 涉外之財政經濟事項。

13. 其他依本憲法所定關於中央之事項。

　　其中國稅、直轄市稅及縣（市）稅之分配原則，主要係依財政收支劃分法[30]規定辦理之。

(二) 中央享有立法及執行權而地方享有受託執行權

　　由中央立法並執行之，或交由省縣執行之事項[31]（憲法第 108 條，共計二十項）：

1. 省縣自治通則。

　　並執行之，或交由省縣執行之(C)由省立法並執行之，或交由縣執行之(D)由縣立法並執行之

[26] (A) 國稅與省稅、縣稅之劃分係：(A)由中央立法並執行(B)中央立法，交由省執行(C)中央立法，交由省、縣執行(D)分由中央、省、縣立法並執行

[27] (C) 何者專屬於中央立法並執行的事項？(A)行政區劃(B)教育制度(C)國稅與省稅縣稅之劃分(D)全國戶口調查及統計

[28] (B) 由中央立法並直接由中央執行者為下列何事業？(A)公用事業(B)國營經濟事業(C)合作事業(D)大眾傳播事業

[29] (C) 依據憲法之規定，下列何者係由中央立法並執行，但不得交由省、縣執行之？(A)教育制度(B)土地法(C)度量衡(D)警察制度

[30] (C) 國稅、直轄市稅及縣（市）稅之分配原則，主要應依下列何項法律規定辦理？(A)地方稅法通則(B)稅捐稽徵法(C)財政收支劃分法(D)規費法

[31] (D) 下列事項何者係屬於由中央立法並執行，或交由省縣執行之事項？(1)國營經濟事業(2)省縣自治通則(3)度量衡(4)行政區劃。(A)(1)(2)　(B)(2)(3)　(C)(3)(4)　(D)(2)(4)

2. 行政區劃[32]。
3. 森林、工礦與商業。
4. 教育制度[33]。
5. 銀行及交易所制度[34]。
6. 航業及海洋漁業[35]。
7. 公用事業。
8. 合作事業。
9. 二省以上之水陸交通運輸。
10. 二省以上之水利、河道及農牧事業。
11. 中央及地方官吏之銓敘、任用、糾察及保障[36]。
12. 土地法。
13. 勞動法及其他社會立法。
14. 公用徵收[37]。
15. 全國戶口調查及統計。
16. 移民及墾殖[38]。

---

[32] (B) 「行政區劃」在中央及地方權限分野中屬於何者？(A)中央立法並執行之(B)中央立法並執行或交由省縣執行(C)省立法並執行或交由縣執行(D)縣立法並執行

[33] (B) 依據我國現行憲法第 108 條規定，「教育制度」之權限應如何劃分？(A)由中央立法並執行之(B)由中央立法並執行之或交由省縣執行之(C)由省立法並執行之或交由縣執行之(D)由縣立法並執行之

[34] (B) 依憲法規定，下列何種事項係由中央立法並執行之，或交由省縣執行？(A)司法制度(B)銀行及交易所制度(C)國稅與省稅、縣稅之劃分(D)國籍法及刑事、民事、商事之法律

[35] (B) 航業及海洋漁業在中央與地方權限劃分中歸屬何者？(A)中央立法並執行事項(B)中央立法並執行或交省縣執行事項(C)省立法並執行事項(D)由立法院議決

[36] (B) 依憲法規定，中央及地方官吏之銓敘、任用、糾察及保障係：(A)由中央立法並執行之(B)由中央立法並執行之，或交由省縣執行之(C)由省立法並執行之，或交由縣執行之(D)由縣立法並執行之

[37] (D) 依據憲法規定，下列何者不是縣之專屬權？(A)縣財產之經營及處分(B)縣公營事業(C)縣農林、水利、漁牧及工程(D)公用徵收

[38] (B) 「移民及墾殖」是屬於何級政府之事權？(A)由中央立法並執行之(B)中央立法

17. 警察制度[39]。
18. 公共衛生。
19. 振濟、撫卹及失業救濟。
20. 有關文化之古籍、古物及古蹟之保存[40]。

(三) 省專屬權（廢除）

(四) 縣專屬權

　　由縣立法並執行之（憲法第 110 條，共計十一項）：

1. 縣教育、衛生、實業及交通。
2. 縣財產經營及處分。
3. 縣公營事業。
4. 縣合作事業。
5. 縣農林、水利、漁牧及工程。
6. 縣財政及縣稅。
7. 縣債。
8. 縣銀行。
9. 縣警衛之實施。
10. 縣慈善及公益事項。
11. 其他依國家法律及省自治法賦予之事項。
　　此外，縣立法並執行之事項當中，有涉及二縣以上者，除法律別有規定外，得由有關各縣共同辦理之[41]。

　　並執行或交由省縣執行之(C)由省立法並執行之(D)由縣立法並執行之

[39] (B) 下列何者非屬中央之專屬權？(A)度量衡(B)警察制度(C)司法制度(D)商事法

[40] (B) 有關文化之古籍、古物及古蹟之保存係：(A)由中央立法並執行之(B)由中央立法並執行之，或交由省縣執行之(C)由省立法並執行之(D)由省立法並執行之，或交由縣執行之

[41] (D) 縣立法並執行之事項，有涉及二縣以上者，除法律別有規定外，得由：(A)省政府辦理(B)行政院辦理(C)其中一縣單獨辦理(D)有關各縣共同辦理

(五) 均權原則

除第 107 條、第 108 條、第 109 條及第 110 條例舉事項外，如有「未列舉」事項發生時，剩餘權的劃分原則，則以其事務有全國一致之性質者屬中央[42]，有全省一致性質者屬省[43]，有全縣一致性質者屬於縣。遇有爭議時，由立法院[44]解決之（憲法第 111 條）。

三、各級自治團體

省縣地方制度，所包含之事項，以法律定之（憲法增修條文第 9 條）。省縣地方制度將直接以立法院通過之「地方制度法」定之，不須再經過憲法本文的「省縣自治通則」、「省民代表大會」、「省自治法」、「縣民代表大會」、「縣自治法」之程序限制（憲法第 108 條第 1 項第 1 款、第 112 條、第 113 條、第 122 條）。而地方制度法所指的地方自治團體，指依本法實施地方自治，具公法人地位之團體[45]，包含直轄市、縣（市）、鄉（鎮市）等。省政府為行政院派出機關，省為非地方自治團體[46]。

(一) 省

1. 地位

省原本為最高級之地方自治團體。但在第四次修憲決定廢省後，省只為中央之派出機關[47]。

---

[42] (A) 我國憲法乃列舉中央與地方雙方管轄的事項，如有未列舉事項發生時，其事務有全國一致之性質者屬於：(A)中央(B)地方(C)由行政院解決(D)由立法院解決

[43] (C) 我國憲法所列舉中央與地方事權外，剩餘權的劃分原則為何？(A)未列舉事項歸中央(B)未列舉事項歸省(C)事務有全國一致之性質者屬於中央，有省一致之性質者屬於省(D)未列舉事項歸省與縣

[44] (D) 中央與地方權限遇有爭議時，依憲法規定，由何機關解決之？(A)總統府(B)國民大會(C)司法院(D)立法院

[45] (D) 下列何者屬於地方自治團體性質之公法人？(A)區(B)農田水利會(C)村(D)縣

[46] (D) 依地方制度法規定，下列何者非屬具公法人地位之地方自治團體？(A)高雄市(B)桃園縣(C)豐原市(D)福建省

[47] (A) 根據地方制度法規定，省的地位為何？(A)中央派出機關(B)法人(C)民間團體

釋字第 467 號（87/10/22）

中華民國 86 年 7 月 21 日公布之憲法增修條文第 9 條施行後，省為地方制度層級之地位仍未喪失，惟不再有憲法規定之自治事項，亦不具備自主組織權，自非地方自治團體性質之公法人[48]。符合上開憲法增修條文意旨制定之各項法律，若未劃歸國家或縣市等地方自治團體之事項，而屬省之權限且得為權利義務之主體者，於此限度內，省自得具有公法人資格。

2. 組織

根據憲法增修條文規定，省設省政府，置委員九人[49]，其中一人為主席，均由行政院院長提請總統任命[50]（憲法增修條文第 9 條第 1 項第 1 款）。精省之後，省之行政長官為省主席[51]。省設省諮議會[52] [53]，置省諮議

(D)公營事業

[48] (D) 司法院大法官釋字第 467 號解釋認為省之地位為何？(A)係地方自治團體，亦為公法人(B)係地方自治團體，但非公法人(C)既非地方自治團體，亦非公法人(D)雖非地方自治團體性質之公法人，但法律得賦予地方自治團體以外之公法人地位

[49] (B) 依憲法增修條文規定，省設省政府，置委員幾人？(A)若干人(B)九人(C)十九人(D)二十九人

[50] (B) 依憲法增修條文規定，省設省政府置委員九人，其中一人為主席，其產生之程序由：(A)內政部部長提請行政院院長任命之(B)行政院院長提請總統任命(C)行政院院長直接任命之(D)總統直接任命之

[51] (B) 精省之後，省之行政長官為何？(A)省長(B)省主席(C)省府委員會委員長(D)省府委員會主任

[52] (C) 精省之後，取消省議會，改置何種機關？(A)省諮議局(B)省資政局(C)省諮議會(D)省府委員會

[53] (B) 下列有關地方自治之敘述，何者錯誤？(A)省設省政府(B)省設省議會(C)省政府受行政院指揮監督，監督縣自治事項(D)省政府之預算，由行政院納入中央政府預算

會議員若干人，由行政院長提請總統任命之[54][55][56]（憲法增修條文第 9 條第 1 項第 2 款）。省諮議會並無立法權[57]。省政府組織規程及省諮議會組織規程均由行政院定之[58]。台灣省[59]政府之功能、業務與組織之調整，得以法律為特別之規定[60]（憲法增修條文第 9 條第 2 項）。省政府之職權包含了監督縣（市）自治事項、執行省政府行政事務、執行行政院交辦事項等[61]，惟並不含執行省之自治事項（憲法增修條文第 9 條第 1 項）。

3. 監督縣自治

憲法增修條文第 9 條第 1 項第 7 款規定：「省承行政院[62]之命，監督縣自治事項。」地方制度法第 8 條：「省政府受行政院指揮監督[63]，辦理

---

[54] (C) 中華民國憲法增修條文對省議會之組織如何規定？(A)省設省議會，為省之立法機關，省議員由省民選舉之(B)省設省參議會，置參議員若干人，由行政院院長任命之(C)省設省諮議會，置省諮議會議員若干人，由行政院院長提請總統任命(D)省設省諮議會，置省諮議會議員若干人，由縣(市)議會選舉產生之

[55] (D) 下列何者非由人民直接選舉產生？(A)總統、副總統(B)縣議員(C)立法委員(D)省諮議會議員

[56] (D) 依憲法增修條文規定及司法院大法官解釋，關於「省」之設計，下列何者錯誤？(A)省已喪失地方自治團體地位(B)省承行政院之命，監督縣自治事項(C)省設省主席及省政府委員(D)省仍然保留省議會，由省民直接選出省議員

[57] (B) 省諮議會有無立法權？(A)有(B)無(C)未規定(D)由省諮議會自行決定

[58] (D) 省政府組織規程及省諮議會組織規程由何機關定之？(A)省諮議會(B)立法院(C)內政部(D)行政院

[59] (B) 依據現行憲法增修條文之規定，下列那一省的省政府之功能、業務與組織之調整，得以法律為特別之規定？(A)福建省(B)台灣省(C)全國各省(D)現行憲法增修條文並無此一事項之規定

[60] (A) 依憲法增修條文之規定，台灣省政府之功能業務與組織之調整，得以下列何項規範為特別之規定？(A)法律(B)法規命令(C)職權命令(D)行政規則

[61] (C) 依憲法增修條文及地方制度法之規定，下述何者非屬省政府之職權？(A)監督縣（市）自治事項(B)執行省政府行政事務(C)執行省自治事項(D)執行行政院交辦事項

[62] (B) 依憲法增修條文有關地方制度之規定，省應承下列何機關之命，監督縣自治事項？(A)總統府(B)行政院(C)立法院(D)省諮議會

[63] (C) 省自治之監督機關為何？(A)總統(B)國民大會(C)行政院(D)監察院

下列事項：一、監督縣（市）自治事項。二、執行省政府行政事務。三、其他法令授權或行政院交辦事項。」

(二) 直轄市

「直轄市」與「縣」為現在主要的地方政府。

1. 原憲法之規定

憲法將直轄市的地位放到和省一樣，故直轄市的條文乃置於省的條文之中。憲法第 118 條：「直轄市之自治，以法律定之。」附帶一提，憲法關於蒙古之地方自治，規定以法律[64]定之（憲法第 119 條）；惟西藏之自治制度，僅言應予以保障[65]（憲法第 120 條），而未明定應如何為之，此點須加注意。

2. 直轄市相關規定

(1) 直轄市設置標準

A.人口聚集達一百二十五萬以上[66]。原本直轄市只有台北市、高雄市，2009 年增加新北市、台中市、台南市，2014 年增加桃園市，共有六個直轄市。B.在政治、經濟、文化及都會區域發展上有特殊需要者。

(2) 直轄市之層級

A.直轄市為地方自治團體，故為法人。B.市以下設區，區以內編組為里，里以內編組為鄰。

(3) 市長

市長及市議員任期均為四年，市長連選得連任一次[67]，適用公務員服

---

[64] (B) 蒙古各盟旗的地方自治應：(A)由蒙藏委員會定之(B)以法律定之(C)準用省縣自治通則(D)準用縣之規定

[65] (D) 憲法規定西藏自治制度如何保障？(A)以法律定之(B)根據省縣自治通則之規定(C)準用蒙古各盟旗之規定(D)僅曰應予以保障

[66] (C) 依地方制度法之規定，設為直轄者，須人口達多少人以上：(B)一百萬人(B)一百五十萬人(C)一百二十五萬人(D)二百萬人

[67] (A) 依地方制度法之規定，直轄市市長連選連任有何限制？(A)連選得連任一次(B)連選得連任二次(C)連選得連任三次(D)無連任次數限制

務法[68]。設副市長二人[69]，一人為政務官，比照簡任十四職等事務官[70]。直轄市政府置秘書長一人，由市長依公務人員任用法任免；其所屬一級機關首長除主計、人事、警察及政風首長[71]，依專屬人事管理法律任免外，其餘職務均比照簡任第十三職等，由市長任免之。

(4) 自治監督

直轄市之自治監督機關為行政院[72]；直轄市與縣之間發生事權爭議，由行政院召集有關機關協商之[73]。

(5) 區

設區公所，區長一人由市長依法任用[74]，為市之分支機關，非自治單位，無民意機關，非由人民直接選舉產生[75]，不具法人之地位[76]。

(6) 市議會

直轄市人口扣除原住民人口在二百萬人以下者，不得超過五十五

---

[68] (D) 直轄市長適用下列何種法律？(A)公務人員退休法(B)公務人員保障法(C)公務人員陞遷法(D)公務員服務法

[69] (B) 依據地方制度法規定，直轄市政府得置副市長幾人？(A)1 人(B)2 人(C)3 人(D)不得置副市長

[70] (C) 依地方制度法之規定，臺北市政府置副市長二人，其中一人列政務官，其如何序敘薪？(A)職務列特任(B)職務列簡任第十四職等(C)職務列比照簡任第十四職等(D)職務列特派

[71] (A) 依地方制度法第 55 條之規定，依專屬人事管理法律任免之一級機關首長，不包括下列何者？(A)財政局長(B)主計首長(C)警察局長(D)政風首長

[72] (D) 直轄市自治之監督機關為：(A)監察院(B)立法院(C)考試院(D)行政院

[73] (D) 直轄市與縣之間發生事權爭議，地方制度法規定如何解決？(A)由司法院大法官會議解釋(B)由省長協調解決(C)由兩造當事人自行商議解決(D)由行政院召集有關機關協商

[74] (B) 根據地方制度法規定，直轄市區公所置區長一人，區長如何產生？(A)人民選舉產生(B)由市長依法任用(C)由中央政府指派(D)由省政府指派

[75] (C) 下列何者非依公職人員選舉罷免法規定選舉產生？(A)村、里長(B)縣長(C)直轄市的區長(D)立法委員

[76] (D) 根據地方制度法規定，下列何項組織不具法人之地位？(A)省轄市(B)縣(C)鄉、鎮(D)區

人；超過二百萬人者，不得超過六十二人。議決市法規；市議員連選連任無連任次數之限制[77]；市議員辭職、去職或死亡，其缺額達總名額十分之三或同一選區缺額達二分之一以上時，應舉行補選[78]，但其所遺任期不足二年，且缺額未達總名額二分之一時，則不再補選[79]。

(7)　市民權利

明定直轄市民之權利，諸如：對於地方公共設施有使用權、對於地方自治事項有依法行使創制及複決權、對於地方政府資訊有依法請求公開之權、對於地方教育、文化、社會福利事項有依法享受之權等[80]。

(三) 縣 (市)

1.　地位

縣是國父所主張之地方自治單位[81]，也為憲法地方自治最基層的單位[82]。「縣民關於縣自治事項，依法律行使創制、複決之權，對於縣長及其他縣自治人員，依法律行使選舉、罷免之權。」（憲法第 123 條）地方制度法第 2 條第 1 款：「地方自治團體：指依本法實施地方自治，具公法

---

[77] (D) 地方制度法第 33 條有關市議員任期之規定，下列何者正確？(A)任期 3 年(B)不得連任(C)連選得連任一次(D)連選得連任

[78] (C) 依地方制度法之規定，直轄市市議員辭職，去職或死亡，其缺額達總名額幾分之幾時，應舉行補選？(A)十分之一(B)五分之一(C)十分之三(D)五分之二

[79] (C) 有關地方制度法第 81 條地方議員補選之規定，下列敘述何者錯誤？(A)缺額達總名額十分之三以上時，應補選(B)同一選區缺額達二分之一以上時，應補選(C)但其所遺任期不足二年，且缺額未達總名額十分之三時，不再補選(D)但其所遺任期不足二年，且缺額未達總名額二分之一時，不再補選

[80] (D) 依地方制度法規定，下列何者屬於直轄市民、縣（市）民、鄉（鎮、市）民之權利？(1)對於地方公共設施有使用權(2)對於地方自治事項有依法行使創制、複決權(3)對於地方政府資訊有依法請求公開之權(4)對於地方教育、文化、社會福利事項，有依法享受之權。(A)(1)(2)(3)　(B)(1)(3)(4)　(C)(1)(2)(4)　(D)(1)(2)(3)(4)

[81] (B) 國父所主張之地方自治單位為：(A)省(B)縣(C)鄉鎮(D)鄰里

[82] (C) 依據憲法本文規定，最基層之地方自治團體為：(A)省(B)直轄市(C)縣(D)鄉

人地位之團體」，故縣為公法人[83]。省轄市準用縣之規定[84]（憲法第 128
條），人口聚居達五十萬人以上[85] [86]未滿一百二十五萬人，且在政治、經
濟及文化上地位重要之地區，得設市。

2. 縣（市）議會

縣議會為縣之立法機關[87]，行使縣之立法權，縣議員由縣民選舉之
（憲法第 124 條、憲法增修條文第 9 條第 1 項第 3 款）。憲法增修條文就
縣議會權限之規定和憲法本文之規定相同[88]，例如議決議員提案事項、議
決縣預算、議決縣自治條例（因為縣議會行使縣之立法權）等[89]。直轄市
議會、縣（市）議會置議長、副議長各一人，鄉（鎮、市）民代表會置主
席、副主席各一人，由直轄市議員、縣（市）議員、鄉（鎮、市）民代表
以無記名投票分別互選或罷免之。但就職未滿一年者，不得罷免[90]。直轄
市議會、縣（市）議會、鄉（鎮、市）民代表會開會時，直轄市議員、
縣（市）議員、鄉（鎮、市）民代表對於有關會議事項所為之言論及表
決，對外不負責任。但就無關會議事項所為顯然違法之言論，不在

---

[83] (A) 縣在地方制度法之法律地位為：(A)公法人(B)營利社團法人(C)公益社團法人
(D)非法人團體

[84] (B) 憲法第 128 條規定:「市準用縣之規定」，係指下列何者之自治？(A)直轄市(B)
省轄市(C)特別市(D)縣轄市

[85] (C) 依地方制度法之規定，設立省轄市的最低人口數為何？(A)十五萬人(B)三十萬
人(C)五十萬人(D)六十萬人

[86] (C) 下列有關地方自治之敘述，何者正確？(A)省為公法人(B)直轄市須人口達一百
五十萬人以上(C)市須人口達五十萬人以上(D)縣轄市須人口達二十萬人以上

[87] (A) 依憲法增修條文，縣之立法權，由何機關行之？(A)縣議會(B)縣長創制(C)縣
政府法規委員會(D)縣政府法制室

[88] (A) 憲法增修條文就縣議會權限之規定是否和憲法本文相同？(A)完全相同(B)完全
不同(C)部分修正(D)部分未修正

[89] (B) 下列何者不屬於縣議會之職權？(A)議決議員提案事項(B)接受人民訴願(C)議
決縣預算(D)議決縣自治條例

[90] (B) 地方立法機關議長（副議長）或主席（副主席）就職後多少期間內，不得罷免
之？(A)半年(B)一年(C)二年(D)無限制規定

此限[91]。

3. 縣（市）政府

縣（市）政府為縣之行政機關，置縣（市）長一人。縣（市）長均由縣（市）民依法選舉之，任期四年，連選得連任一次[92]。副縣（市）長及職務比照簡任第十二職等之主管或首長[93]，於縣（市）長卸任、辭職、去職或死亡時，隨同離職。

4. 職權

縣執行中央與省委辦事項（憲法第 108 條、第 109 條）。處理縣自治事項，制定縣單行規章（憲法第 110 條第 1 項）。

(四) 鄉（鎮、市）

鄉（鎮、市）並非憲法所保障的自治團體，而是地方制度法設計的自治團體。人口聚居達十萬人以上未滿五十萬人，且工商發達、自治財源充裕、交通便利及公共設施完全之地區，得設縣轄市[94]。

鄉（鎮、市）民代表由鄉（鎮、市）民依法選舉之[95]，任期四年，連選得連任。直轄市議員、直轄市長、縣（市）議員、縣（市）長、鄉（鎮、市）民代表、鄉（鎮、市）長及村（里）長任期屆滿或出缺應改選

---

[91] (A) 依地方制度法之規定，就下列何事項，縣議員享有言論免責權？(A)在開會時對有關會議事項所為言論(B)在議會內所為之言論(C)在開會時就無關會議事項所為顯然違法之言論 (D)與行使職權無關之行為，如蓄意之肢體動作

[92] (A) 依地方制度法規定，縣長任期為何？(A)任期四年，連選得連任一次(B)任期四年，無連任次數限制(C)任期三年，連選得連任一次(D)任期三年，無連任次數限制

[93] (C) 下列何者並非縣長卸任時應隨同離職之人員？(A)副縣長(B)機要人員(C)主任秘書(D)以機要人員方式進用之一級單位主管

[94] (C) 人口聚居地區，工商業發達，自治財源充裕，交通便利及公共設施完備，得設「縣轄市」，但人口須達多少人？(A)五萬人以上(B)十萬人以上(C)十五萬人以上(D)二十萬人以上

[95] (A) 依據地方制度法規定，臺灣省鄉鎮（市）民代表是如何產生的？(A)由該轄區選民直接選舉(B)由鄉鎮（市）長指派(C)由縣（市）長指派(D)由縣（市）議會選舉

或補選時，如因特殊事故，得延期辦理改選或補選。鄉（鎮、市）民代表、鄉（鎮、市）長、村（里）長依第 1 項延期辦理改選或補選，由各該直轄市政府、縣（市）政府核准後辦理[96]。

人口在三十萬人以上[97]之縣轄市，得置副市長一人，襄助市長處理市政，以機要人員方式進用，或以簡任第十職等任用，以機要人員方式進用之副市長，於市長卸任、辭職、去職或死亡時，隨同離職。

(五) 村（里）

村（里）置村（里）長一人，受鄉（鎮、市、區）長之指揮監督，辦理村（里）公務及交辦事項。由村（里）民依法選舉之[98]，任期四年[99]，連選得連任。

四、地方職權與監督

地方自治團體，一般擁有地方立法權、地方行政權。而釋字第 550 號又提及其擁有地方自主財政權[100]。

(一) 地方立法權

1. 自治法規

地方制度法將地方立法稱為「自治法規」，直轄市、縣（市）、鄉

---

[96] (A) 依地方制度法第 83 條規定，鄉（鎮、市）民代表任期屆滿應改選時，如因特殊事故須延期辦理，應經下列何程序為之？(A)由各該縣（市）政府核准後辦理(B)由內政部核准後辦理(C)由行政院核准後辦理(D)由市議會議決

[97] (B) 依地方制度法第 57 條規定，縣轄市人口在多少以上者得置副市長？(A)二十萬(B)三十萬(C)四十萬(D)五十萬

[98] (C) 依地方制度法之規定，直轄市之里置里長 1 人，里長之產生方式，下列敘述何者正確？(A)由里民大會選舉產生(B)由市長依法任用(C)由里民依法選舉產生(D)由區長依法任用

[99] (B) 依據地方制度法第 59 條第 1 項的規定，村（里）長由村（里）民依法選舉之，其任期為：(A)三年(B)四年(C)五年(D)六年

[100] (D)下列何者非地方自治團體自治權之內容？(A)自主立法權(B)自主行政權(C)自主財政權(D)自主司法權

（鎮、市）[101]得就其自治事項或依法律及上級法規之授權，制定自治法規。由地方議會通過、地方行政機關公布的為「自治條例」[102][103]；由地方行政機關通過的為「自治規則」；地方議會通過針對內部議會運作的則是自律規則[104]。

表 22-1　地方自治法規

自治法規	自治條例	地方議會通過	在直轄市稱直轄市法規；在縣（市）稱縣（市）規章[105]；在鄉（鎮、市）稱鄉（鎮、市）規約
	自治規則	地方行政機關通過	分別冠以各該地方自治團體之名稱，並得依其性質，定名為規程、規則、細則、辦法、綱要、標準或準則
委辦規則	地方行政機關通過	準用自治規則之規定[106]	

---

[101] (D)依地方制度法第 25 條之規定，下列何者不得制定自治法規？(A)直轄市(B)縣（市）(C)鄉（鎮、市）(D)村（里）

[102] (D)自治法規經地方立法機關通過，並由各該行政機關公布者，稱：(A)自治辦法(B)自治綱要(C)自治規則(D)自治條例

[103] (A)地方自治團體制定之自治條例，其立法程序如何？(A)須經各該立法機關議決(B)均須經監督機關核定後方可發布(C)均可由地方自治團體發布後再報監督機關備查(D)須視地方自治團體之種類決定是否須經核定程序

[104] (A)下列何者非地方自治團體所制定之自治法規名稱？(A)法規命令(B)自治條例(C)自治規則(D)自律規則

[105] (B)自治條例應分別冠以各該地方自治團體之名稱，在縣（市）稱縣（市）：(A)法規(B)規章(C)規約(D)章程

[106] (A)委辦規則之名稱，依地方制度法規定，準用下列何者之規定？(A)自治規則(B)行政規則(C)法律(D)自治條例

2. 自治法規可有罰則

「直轄市法規、縣（市）規章[107]就違反地方自治事項之行政業務者，得規定處以罰鍰或其他種類之行政罰。但法律另有規定者，不在此限。其為罰鍰之處罰，逾期不繳納者，得依相關法律移送強制執行。前項罰鍰之處罰，最高以新臺幣十萬元為限[108]；並得規定連續處罰[109]之。其他行政罰之種類限於勒令停工、停止營業、吊扣執照或其他一定期限內限制或禁止為一定行為之不利處分[110]。」（地方制度法第 26 條第 2 項、第 3 項）行政罰之種類眾多，諸如罰鍰、沒入、拘留、停止營業等，而拘留則必須由法院來科處[111]。

3. 立法後報請備查

自治條例經各該地方立法機關議決後，如規定有罰則時，應分別報經行政院、中央各該主管機關核定後發布[112]；其餘除法律或縣規章另有規定外，直轄市法規發布後，應報中央各該主管機關轉行政院備查（備查，係指下級政府或機關間就其得全權處理之業務，依法完成法定效力

---

[107] (B) 依地方制度法之規定，下列關於地方立法之陳述，何者錯誤？(A)自治條例在直轄市稱直轄市法規，在縣（市）稱縣（市）規章，在鄉（鎮、市）稱鄉（鎮、市）規約(B)直轄市法規、縣（市）規章及鄉（鎮、市）規約得制定罰鍰或其他種類之行政罰(C)自治條例規定有罰則者，應報經上級監督機關核定後發布(D)自治條例與憲法、法律或基於法律授權之法規或上級自治團體自治條例牴觸者，無效

[108] (C) 依地方制度法第 26 條規定，自治條例中有關罰鍰金額，最高以新台幣多少元為限？(A)三萬元(B)五萬元(C)十萬元(D)三十萬元

[109] (B) 地方自治團體制定之自治法規，關於行政罰之規定，下列敘述何者錯誤？(A)罰鍰最高以新台幣十萬元為限(B)不得規定連續處罰(C)得勒令停工(D)得停止營業

[110] (A) 地方自治團體制定之自治法規，關於行政罰之種類，不包括下列何者？(A)沒入處分(B)勒令停工(C)停止營業(D)吊扣執照

[111] (C) 下列行政罰何者須由法院科處？(A)罰鍰(B)沒入(C)拘留(D)停止營業

[112] (A) 直轄市制定之自治條例，其中包含行政罰之規定者，立法程序如何？(A)應分別報經行政院、中央各該主管機關核定後發布(B)報行政院核定後發布(C)報中央該主管機關轉行政院備查(D)報行政院備查

後，陳報上級政府或主管機關知悉[113]）；縣（市）規章發布後，應報中央各該主管機關備查；鄉（鎮、市）規約發布後，應報縣政府備查。

4. 地方自治法規之位階

省法規與國家法律牴觸者無效（憲法第 116 條）。縣單行規章與國家法律或省法規牴觸者無效（憲法第 125 條）。

地方制度法第 30 條：「自治條例與憲法、法律或基於法律授權之法規或上級自治團體自治條例牴觸者，無效[114]。自治規則與憲法、法律、基於法律授權之法規、上級自治團體自治條例或該自治團體自治條例牴觸者，無效。委辦規則與憲法、法律、中央法令牴觸者，無效[115]。第一項及第二項發生牴觸無效者，分別由行政院[116]、中央各該主管機關、縣政府予以函告。第三項發生牴觸無效者，由委辦機關予以函告無效。自治法規與憲法、法律、基於法律授權之法規、上級自治團體自治條例或該自治團體自治條例有無牴觸發生疑義時，得聲請司法院[117] [118]解釋之。」

5. 事前審查

省法規與國家法律有無牴觸發生疑義時，由司法院[119]解釋之（憲法

---

[113] (C)下級政府或機關間就其得全權處理之業務，依法完成法定效力後，陳報上級政府或主管機關知悉，是何種概念？(A)委辦(B)核定(C)備查(D)陳情

[114] (B)依地方制度法第 30 條之規定，自治條例與下列何者相牴觸時，並非無效？(A)上級自治團體之自治條例(B)上級行政機關之行政規則(C)基於法律授權之法規(D)法律

[115] (A)委辦規則與下列何者牴觸者無效？(A)中央法令(B)自治條例(C)自治規則(D)自律規則

[116] (B)某直轄市制定之自治條例，若有牴觸中央法律時，依地方制度法規定，應由下列何者予以函告無效？(A)總統(B)行政院(C)中央各該主管機關(D)立法院

[117] (B)自治法規與國家法律有無牴觸發生疑義時，由：(A)立法院解決之(B)司法院解釋之(C)行政院裁判之(D)省議會調整之

[118] (B)某縣訂定之自治規則，經中央主管機關以牴觸憲法為由，予以函告無效，該縣擬聲請司法院解釋，下列何種關於程序上之敘述是錯誤的？(A)應由該縣縣政府聲請司法院解釋(B)聲請解釋函應由上級政府層轉(C)應向司法院聲請解釋憲法或統一解釋法令(D)應依司法院大法官審理案件法之規定提出聲請解釋

[119] (D)省法規與中央法規牴觸者無效，有無牴觸發生疑義時，由下列那一機關解釋

第 117 條）。省自治法、縣自治法，實施前先由司法院審查。此種「事前審查制」是我國司法違憲審查的唯一例外，其餘皆採取「事後審查制」。

(二) 地方行政權

1. 自治事項與委辦事項

一般學說上認為縣專屬事項為「自治事項」，而中央立法地方執行事項為「委辦事項」。上級政府對地方政府的自治事項，只能為「合法性監督」[120]；而對委辦事項，除了「合法性監督」外，還可為「適當性監督」[121]。

(1) 釋字第 498 號（88/12/31）

地方自治為憲法所保障之制度。基於住民自治之理念與垂直分權之功能，地方自治團體設有地方行政機關及立法機關，其首長與民意代表均由自治區域內之人民依法選舉產生，分別綜理地方自治團體之地方事務，或行使地方立法機關之職權，地方行政機關與地方立法機關間依法並有權責制衡[122]之關係。中央政府或其他上級政府對地方自治團體辦理自治事項、委辦事項，依法僅得按事項之性質，為適法或適當與否之監督。地方自治團體在憲法及法律保障之範圍內，享有自主與獨立之地位，國家機關自應予以尊重。立法院所設各種委員會，依憲法第 67 條第 2 項規定，雖得邀請地方自治團體行政機關有關人員到會備詢，但基於地方自治團體具有自主、獨立之地位，以及中央與地方各設有立法機關之層級體制，地方

之？(A)省政府(B)行政院(C)立法院(D)司法院

[120] (A)關於國家對地方自治之監督，下列敘述何者正確？(A)國家對於地方自治事項之監督是為了維護地方自治團體相關行為之合法性(B)地方自治是受憲法所保障，國家對於地方自治不能監督(C)地方自治團體辦理自治事項時，國家可以為合目的性之監督(D)地方自治團體辦理委辦事項時，國家僅能為合法性之監督

[121] (C)中央對地方自治團體之監督，如涉及委辦事項時，其監督為：(A)僅限於適法性監督(B)僅限於合目的性監督(C)除適法性監督外，並及於合目的性監督(D)中央就此根本不得進行監督

[122] (C)依司法院大法官釋字第 498 號之見解，地方行政機關與地方立法機關間依法有何種關係存在？(A)相互對立(B)互相獨立(C)權責制衡(D)上下隸屬

自治團體行政機關公務員，除法律明定應到會備詢者外，得衡酌到會說明之必要性，決定是否到會[123]。於此情形，地方自治團體行政機關之公務員未到會備詢時，立法院不得因此據以為刪減或擱置中央機關對地方自治團體補助款預算之理由，以確保地方自治之有效運作[124]，及符合憲法所定中央與地方權限劃分之均權原則。

(2) 釋字第 553 號（91/12/20）

地方制度法第 83 條第 1 項規定：「直轄市議員、直轄市長、縣（市）議員、縣（市）長、鄉（鎮、市）民代表、鄉（鎮、市）長及村（里）長任期屆滿或出缺應改選或補選時，如因特殊事故，得延期辦理改選或補選。」其中所謂特殊事故，在概念上無從以固定之事故項目加以涵蓋，而係泛指不能預見之非尋常事故，致不克按法定日期改選或補選，或如期辦理有事實足認將造成不正確之結果或發生立即嚴重之後果或將產生與實現地方自治之合理及必要之行政目的不符等情形者而言。又特殊事故不以影響及於全國或某一縣市全部轄區為限，即僅於特定選區存在之特殊事故如符合比例原則之考量時，亦屬之。上開法條使用不確定法律概念，即係賦予該管行政機關相當程度之判斷餘地，蓋地方自治團體處理其自治事項與承中央主管機關之命辦理委辦事項不同，前者中央之監督僅能就適法性為之，其情形與行政訴訟中之法院行使審查權相似（參照訴願法第 79 條第 3 項）；後者除適法性之外，亦得就行政作業之合目的性等實施全面監督。本件既屬地方自治事項又涉及不確定法律概念，上級監督機關為適法性監督之際，固應尊重該地方自治團體所為合法性之判斷，但如其判斷有恣意濫用及其他違法情事，上級監督機關尚非不得依法撤銷或變更。

---

[123] (A)對於地方自治團體所屬之公務員，是否有到立法院備詢之義務，司法院大法官解釋認為：(A)若無法律明文規定，得衡酌到會說明之必要性，決定是否到會 (B)該公務員到立法院備詢，應先經行政院院長同意(C)該公務員到立法院備詢，應先經地方議會同意(D)該公務員不得到立法院備詢，以符垂直分權之理

[124] (A)依司法院大法官釋字第 498 號解釋之見解，地方自治團體行政機關之公務員未到立法院所設各種委員會備詢時，立法院不得刪減或擱置中央對地方補助款，係基於何種理由？(A)確保地方自治(B)地方權限優先性(C)法位階理論(D)中央權限優先性

2. 上級糾正

地方制度法第 75 條:「省政府辦理第八條事項違背憲法、法律、中央法令或逾越權限者,由中央各該主管機關報行政院予以撤銷、變更、廢止或停止其執行。

直轄市政府辦理自治事項違背憲法、法律或基於法律授權之法規者,由中央各該主管機關報行政院予以撤銷、變更、廢止或停止其執行[125]。

直轄市政府辦理委辦事項違背憲法、法律、中央法令或逾越權限者,由中央各該主管機關報行政院[126]予以撤銷、變更、廢止或停止其執行。

縣(市)政府辦理自治事項違背憲法、法律或基於法律授權之法規者,由中央各該主管機關報行政院予以撤銷、變更、廢止或停止其執行。

縣(市)政府辦理委辦事項違背憲法、法律、中央法令或逾越權限者,由委辦機關[127]予以撤銷、變更、廢止或停止其執行。

鄉(鎮、市)公所辦理自治事項違背憲法、法律、中央法規或縣規章者,由縣政府予以撤銷、變更、廢止或停止其執行。

鄉(鎮、市)公所辦理委辦事項違背憲法、法律、中央法令、縣規章、縣自治規則或逾越權限者,由委辦機關予以撤銷、變更、廢止或停止其執行。

第二項、第四項及第六項之自治事項有無違背憲法、法律、中央法規、縣規章發生疑義時,得聲請司法院解釋之;在司法院解釋前,不得[128]予以撤銷、變更、廢止或停止其執行。」

---

[125] (A)直轄市政府辦理自治事項違背憲法、法律或基於法律授權之法規者,由何機關予以撤銷、變更、廢止或停止其執行?(A)中央各主管機關報行政院(B)中央各主管機關(C)中央各主管機關報總統府(D)立法院

[126] (D)直轄市政府辦理委辦事項違背憲法、法律、中央法令或逾越權限者,由何機關予以撤銷、變更、廢止或停止其執行?(A)委辦機關(B)中央各該主管機關(C)總統府(D)中央各該主管機關報行政院

[127] (C)縣(市)政府辦理委辦事項違背憲法、法律、中央法令或逾越權限者,由何機關予以撤銷、變更、廢止或停止其執行?(A)中央各該主管機關(B)中央各該主管機關報行政院(C)委辦機關(D)行政院

[128] (D)直轄市政府辦理自治事項,發生違反法律或憲法疑義時,得聲請司法院解釋,

3. 上級代行處理

直轄市、縣（市）、鄉（鎮、市）依法應作為而不作為，致嚴重危害公益或妨礙地方政務正常運作，其適於代行處理者，得分別由行政院、中央各該主管機關、縣政府命其於一定期限內為之；逾期仍不作為者，得代行處理。但情況急迫時，得逕予代行處理[129]。代行處理所支出之費用，應由被代行處理之機關負擔，各該地方機關如拒絕支付該項費用，上級政府得自以後年度之補助款中扣減抵充之[130]。直轄市、縣（市）、鄉（鎮、市）對於代行處理之處分，如認為有違法時，依行政救濟程序辦理之[131]。

4. 地方首長停職或解職和補選

直轄市長、縣（市）長、鄉（鎮、市）長、村（里）長，有下列情事之一者，分別由行政院、內政部、縣政府、鄉（鎮、市、區）公所停止其職務，不適用公務員懲戒法第 3 條之規定：(1)涉嫌犯內亂、外患、貪污治罪條例或組織犯罪防制條例之罪，經第一審判處有期徒刑以上之刑者。但涉嫌貪污治罪條例上之圖利罪者，須經第二審判處有期徒刑以上

司法院作出解釋前：(A)行政院得變更直轄市政府自治事項，但不得撤銷(B)行政院得命停止執行(C)行政院得變更直轄市政府自治事項，但不得停止執行(D)行政院不得予以撤銷、變更、廢止或停止其執行

[129] (D)直轄市依法應作為而不作為，致嚴重危害公益者，由行政院命其於一定期限內為之，逾期仍不作為，如何處理？(A)由直轄市自行負責(B)由立法院議決之(C)由司法院協調之(D)行政院得代行處理

[130] (A)依地方制度法第 76 條之規定，被代行處理機關拒絕支付代行處理費用時，則應如何解決？(A)中央政府得自以後年度之補助款中扣減抵充之(B)中央政府自行吸收費用(C)中央政府拒絕發給補助款(D)中央政府得自以後年度統籌分配款中扣減抵充之

[131] (B)地方自治團體認為上級監督機關所為代行處理之處分，如認為有違法時，應依何種程序辦理？(A)由內政部會同中央各該主管機關解決(B)行政救濟程序(C)由立法院調解(D)聲請司法院解釋

之刑者[132]。……(3)依刑事訴訟程序被羈押或通緝者[133]。

　　直轄市長、縣（市）長、鄉（鎮、市）長、村（里）長，因罹患重病，致不能執行職務繼續一年以上，或因故不執行職務連續達六個月以上者[134]，應依第 79 條第 1 項規定程序解除其職務。

　　直轄市長、縣（市）長、鄉（鎮、市）長及村（里）長辭職、去職或死亡者，應自事實發生之日起三個月內完成補選[135]。但所遺任期不足二年者，不再補選[136]，由代理人代理至該屆任期屆滿為止。該法所指去職，指依公務員懲戒法規定受撤職之懲戒處分、依公職人員選舉罷免法規定被罷免或依本法規定被解除職權或職務者[137]。

(三) 地方財政權

1. 釋字第 550 號（91/10/4）

　　……國家推行全民健康保險之義務，係兼指中央與地方[138]而言。……

---

[132] (C)依據地方制度法第 78 條規定，下列有關地方首長停職之敘述，何者錯誤？(A)涉嫌犯內亂、外患罪經第一審判處有期徒刑以上之刑者，得予以停職(B)涉嫌犯組織犯罪防制條例之罪經第一審判處有期徒刑以上之刑者，得予以停職(C)涉嫌犯圖利罪經第一審判處有期徒刑以上之刑者，得予以停職(D)依刑事訴訟程序被羈押或通緝者，得予以停職

[133] (B)根據地方制度法規定，市長如被通緝，其職務應如何處理？(A)由行政院停止其職務(B)由內政部停止其職務(C)由縣市議會停止其職務(D)由人民罷免之

[134] (B)依地方制度法第 80 條規定，縣（市）長因故不執行職務連續達多久以上者，應解除其職務？(A)三個月(B)六個月(C)一年(D)兩年

[135] (C)直轄市長辭職，其所遺任期為二年六個月，應如何處理？(A)由行政院派員代理至該屆任期屆滿為止(B)由副市長代理至該屆任期屆滿為止(C)由行政院派員代理，並自事實發生之日起三個月內完成補選(D)由副市長代理，並自事實發生之日起三個月內完成補選

[136] (D)地方制度法規定，縣長因故去職而所遺任期在多久以上者，應舉行補選？(A)6個月(B)1 年(C)1 年 6 個月(D)2 年

[137] (A)依地方制度法所定「去職」一詞，不包括下列何種情況？(A)停職(B)罷免(C)解除職務(D)撤職

[138] (A)依據釋字第 550 號解釋，國家推行全民健康保險之義務，係指：(A)中央與地方(B)中央(C)地方(D)無法確定

有關執行全民健康保險制度之行政經費，固應由中央負擔，本案爭執之同法第 27 條責由地方自治團體補助之保險費，非指實施全民健康保險法之執行費用，而係指保險對象獲取保障之對價，除由雇主負擔及中央補助部分保險費外，……地方自治團體受憲法制度保障，其施政所需之經費負擔乃涉及財政自主權之事項，固有法律保留原則之適用，但於不侵害其自主權核心領域之限度內，基於國家整體施政之需要，對地方負有協力義務之全民健康保險事項，中央依據法律使地方分擔保險費之補助，尚非憲法所不許。……至全民健康保險法該條所定之補助各類被保險人保險費之比例屬於立法裁量事項，除顯有不當者外，不生牴觸憲法之問題。法律之實施須由地方負擔經費者，如本案所涉全民健康保險法第 27 條第 1 款第 1 目、第 2 目及第 2 款、第 3 款、第 5 款關於保險費補助比例之規定，於制定過程中應予地方政府充分之參與。

2. 地方預算

地方制度法第 41 條（總預算案之審議）：「直轄市、縣（市）、鄉（鎮、市）總預算案之審議，應注重歲出規模、預算餘絀、計畫績效、優先順序，其中歲入以擬變更或擬設定之收入為主，審議時應就來源別分別決定之；歲出以擬變更或擬設定之支出為主，審議時應就機關別、政事別及基金別分別決定之。

法定預算附加條件或期限者，從其所定[139]。但該條件或期限為法律、自治法規所不許者，不在此限。

直轄市議會、縣（市）議會、鄉（鎮、市）民代表會就預算案所為之附帶決議，應由直轄市政府、縣（市）政府、鄉（鎮、市）公所參照法令辦理。」

3. 地方財政

直轄市、縣（市）、鄉（鎮、市）之收入及支出，應依本法及財政收

---

[139] (C)依地方制度法之規定，關於地方自治團體預算之審議，下列何者錯誤？(A)地方立法機關應於會計年度開始一個月前審議完成(B)地方立法機關就預算案所為之附帶決議，應由地方行政機關參照法令辦理(C)法定預算不得附加條件或期限(D)地方行政機關對於地方立法機關議決之預算案認為窒礙難行者，得提出覆議

支劃分法[140]規定辦理。地方稅之範圍及課徵，依地方稅法通則之規定[141]。

　　地方政府規費之範圍及課徵原則，依規費法之規定；其未經法律規定者，須經各該立法機關之決議徵收之。

 **作者小叮嚀**

> 　　地方自治這章，考試會大量考地方制度法的條文，所以務必熟讀地方制度法重要條文。第四次修憲後，省已經被凍結，關於凍省後相關規定必須了解。另外，地方自治法為了縣市合併升格，最近曾經修正，關於直轄市議會議員人數等，做過修正，也必須注意。最後，各級地方自治團體必須分清楚，包括其自治法規的種類與名稱，以及上級對下級自治團體監督的方式等類型。

---

[140] (B)地方自治團體應分配之國稅及地方稅，應依下列何者規定辦理？(A)憲法(B)財政收支劃分法(C)地方稅法通則(D)稅捐稽徵法

[141] (B)地方稅之課徵及範圍，依何種法律之規定？(A)地方制度法(B)地方稅法通則(C)稅捐稽徵法(D)財政收支劃分法

第二十三章　基本國策

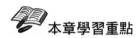

本章學習重點

> 1. 基本國策的定位（大多為社會權）
> 2. 基本國策各個條文規定
> 3. 增修條文基本國策規定

一、基本國策的定位

(一) 民族主義與民生主義的落實

　　基本國策主要乃是落實孫中山的民族主義與民生主義。民族主義涉及國內族群問題（第六節），以及國防外交問題（第一節、第二節）。而民生主義則涉及國民經濟（第三節）、社會安全（第四節）和教育文化（第五節）等相關規定。惟婚姻家庭在憲法本文的基本國策章中，並未特設專節規定[1]。

(二) 基本國策性質

　　傳統認為基本國策可能會有下述性質：

1. **方針條款**：該憲法條文僅具有宣示意義，作用只是指出國家機關日後發展與努力的方向。
2. **憲法委託**：該憲法條文必須透過立法院的立法行為方能加以實現，而立法院有義務透過立法實現該項憲法內容。
3. **制度性保障**：憲法條文規定的事項，立法者必須形成一套具體的法律制度，並且不得以其他法律侵犯該項制度，否則司法機關即可宣告其

---

[1] (C) 憲法本文的基本國策章中，對於下列何者未特設專節規定？(A)社會安全(B)教育文化(C)婚姻家庭(D)邊疆地區

為違憲。

4. **公法權利**：該項憲法條文保障之權利，只要國家機關積極加以侵犯或消極不作為，人民即可請求國家給予救濟。

(三) 基本國策多為社會權

人權學者開始提倡第二代人權、第三代人權，也忽略了我國民生主義、民族主義中對社會福利和弱勢者的保障，我們基本國策的規定係受了德國威瑪憲法[2]的影響，該內容其實早就有第二代人權，就是社會權的規定。

二、國防

(一) 國防之目的

中華民國之國防，以保衛國家安全，維護世界和平[3]為目的（憲法第137 條第 1 項）。

(二) 國防組織法治化

國防之組織以法律定之（憲法第 137 條第 2 項）。

(三) 軍隊國家化

全國陸海空軍，須超出個人、地域及黨派關係以外[4]，效忠國家[5]，愛護人民（憲法第 138 條）。此條規定揭示了我國軍隊必須要國家化[6]。任何

---

[2] (B) 我國憲法第十三章基本國策的規定是受了那一部憲法的影響？(A)法國第五共和憲法(B)德國威瑪憲法(C)美國憲法(D)日本憲法

[3] (A) 中華民國國防之目的，除保衛國家安全之外，還有：(A)維護世界和平(B)促進國家統一(C)實現民主政治(D)促進民族融合

[4] (C) 全國陸海空軍無須超越下列何種關係以外？ (A)個人關係(B)地域關係(C)信仰關係(D)黨派關係

[5] (A) 下列何者為全國陸海空軍應效忠之對象？(A)國家(B)主義(C)領袖(D)黨派

[6] (D) 憲法第 138 條規定：「全國陸海空軍，須超出個人、地域及黨派關係以外，效忠國家，愛護人民。」此條規定揭示我國軍隊必須：(A)世界化(B)黨派化(C)

黨派及個人，不得以武裝力量[7]為政爭工具（憲法第 139 條）。

(四) 文武分治

現役軍人，不得[8]兼任文官[9]（憲法第 140 條）。

釋字第 250 號（79/1/5）

憲法第 140 條規定：「現役軍人，不得兼任文官」，係指正在服役之現役軍人不得同時兼任文官職務，以防止軍人干政[10]，而維民主憲政之正常運作。現役軍人因故停役者，轉服預備役，列入後備管理，為後備軍人，如具有文官法定資格之現役軍人，因文職機關之需要，在未屆退役年齡前辦理外職停役，轉任與其專長相當之文官，既與現役軍人兼任文官之情形有別，尚難謂與憲法牴觸[11]。惟軍人於如何必要情形下始得外職停役轉任文官，及其回役之程序，均涉及文武官員之人事制度，現行措施宜予通盤檢討，由法律直接規定，併此指明。

(五) 退伍軍人之保障

國家應尊重軍人對社會之貢獻，並對其退役後之就學、就業、就

社會化(D)國家化

[7] (D) 任何黨派及個人，不得以下列何者為政爭之工具？(A)黨派(B)選舉(C)政策(D)武裝力量

[8] (B) 現役軍人可否兼任文官？(A)可以(B)不可以(C)性質接近者才可以(D)國家任務需要

[9] (B) 下列何者不符合憲法有關「國防」基本國策之規定？(A)軍隊應超出黨派關係以外(B)現役軍人得兼任文官(C)任何個人不得以武裝力量為政爭的工具(D)國防的目的之一在於維護世界和平

[10] (C) 憲法第 140 條規定：「現役軍人，不得兼任文官」。其目的主要係為：(A)維護軍隊國家化原則(B)保障文官之職業權利(C)防止軍人干政(D)基於專業考量

[11] (B) 憲法第 140 條規定，現役軍人不得兼任文官。下列有關本條之敘述，何者錯誤？(A)正在服役之現役軍人不得同時兼任文官職務(B)未屆退役年齡前辦理外職停役而轉任文官，即與憲法牴觸(C)後備軍人，已無現役軍人身分，即可任文官(D)本法規定係為防止軍人干政

醫、就養[12]予以保障[13]（憲法增修條文第 10 條第 9 項）。

三、外交

　　中華民國之外交，應本獨立自主[14]之精神，平等互惠[15]之原則，敦睦邦交，尊重聯合國憲章。保護僑民權益，促進國際合作，提倡國際正義，確保世界和平[16]（憲法第 141 條）。

四、國民經濟

(一) 基本原則

　　國民經濟以民生主義[17] [18]為基本原則，實施平均地權，節制資本，以謀國計民生之均足[19]（憲法第 142 條）。

(二) 平均地權

1. 土地公有原則

　　中華民國領土內之土地屬於國民全體[20]。人民依法取得之土地所有

---

[12] (C) 依憲法增修條文規定，國家應對下列何者之就養予以保障？(A)工人(B)農人(C)軍人(D)商人

[13] (C) 依憲法增修條文第 10 條第 9 項，何者非屬保障退役軍人之特別待遇？(A)就學保障(B)就醫保障(C)參政名額保障(D)就業保障

[14] (C) 中華民國外交之精神是：(A)自由互惠(B)互相尊重(C)獨立自主(D)合作互助

[15] (A) 依我國憲法第 141 條之規定，我國外交之原則為：(A)平等互惠(B)和平共存(C)濟弱扶傾(D)不干涉主義

[16] (D) 下列那一項不屬於我國外交之目的？(A)保障僑民權益(B)促進國際合作(C)確保世界和平(D)實現大同世界

[17] (D) 我國國民經濟之基本原則是：(A)自由經濟(B)新資本主義(C)社會平等(D)民生主義

[18] (A) 憲法有關國民經濟之規定，下列何者錯誤？(A)應以自由主義為基本原則(B)應實施平均地權(C)應節制私人資本(D)應謀國計民生之均足

[19] (A) 國民經濟目標，為謀國計民生之：(A)均足(B)均富(C)均衡(D)均富與均衡

[20] (A) 中華民國領土內之土地屬於何人所有？(A)國民全體(B)行政領導人(C)省

權，應受法律之保障與限制[21]。私有土地應照價納稅，政府並得照價收買[22]（憲法第 143 條第 1 項）。

2. 礦物及天然力屬國家所有

附著於土地之礦及經濟上可供公眾利用之天然力，屬於國家[23]所有，不因人民取得土地所有權而受影響[24]（憲法第 143 條第 2 項）。

3. 漲價歸公

土地價值非因施以勞力資本而增加[25]者，應由國家徵收土地增值稅[26]，歸人民共享之（憲法第 143 條第 3 項）。

4. 耕者有其田

國家對於土地之分配與整理，應以扶植自耕農及自行使用土地人[27]為原則，並規定其適當經營之面積（憲法第 143 條第 4 項）。

（市）長(D)個人

[21] (B) 我國憲法基本國策規定，人民依法取得之土地所有權應受法律之：(A)扶助與管理(B)保障與限制(C)監督與規劃(D)支配與干涉

[22] (C) 依憲法第 143 條第 1 項之規定，私有土地應照價納稅，政府並得：(A)照價徵用(B)強制徵收(C)照價收買(D)予以利用

[23] (B) 附著於土地之礦及經濟上可供公眾利用之天然力，屬何者所有？(A)中央政府(B)國家(C)私人(D)地方政府

[24] (B) 在私人土地上發現石油礦時，其所有權屬：(A)原地主(B)國家(C)原地主與國家共有(D)原地主與鄰居共有

[25] (B) 下列何者不是憲法本文及憲法增修條文所採行之土地政策內涵？(A)中華民國領土內之土地屬於國民全體(B)土地價值因施以勞力資本而增加者，應由國家徵收土地增值稅(C)土地之分配與整理，應以扶植自耕農及自行使用土地人為原則(D)私有土地應照價納稅，政府並得照價收買

[26] (B) 依憲法第 143 條第 3 項之規定，土地價值非因施以勞力資本而增加者，應由國家徵收：(A)地價稅(B)土地增值稅(C)所得稅(D)契稅

[27] (D) 依據我國憲法規定，國家對於土地之分配與整理，應以扶植何者為原則？(A)大型財團(B)自耕農與佃農(C)自耕農與地主兼顧(D)自耕農與自行使用土地者

(三) 節制資本

公用事業及其他有獨占性之企業，以公營[28]為原則。其經法律[29]許可者，得由國民經營之（憲法第 144 條）。惟國家並非致力於發展公營事業[30]。

國家對於私人財富及私營事業，認為有妨害國計民生之平衡發展者[31]，應以法律限制之[32]。合作事業[33]應受國家之獎勵與扶助。國民生產事業及對外貿易，應受國家之獎勵、指導及保護[34]（憲法第 145 條）。

(四) 其他相關政策

1. 促進農業工業化：國家應運用科學技術，以興修水利，增進地力，改善農業環境，規劃土地利用，開發農業資源，促成農業之工業化[35]

---

[28] (A) 依憲法第 144 條之規定，公用事業及其他獨占性之企業，以何種經營方式為原則？(A)公營(B)民營(C)黨營(D)公私合營

[29] (C) 公用事業或有獨占性之事業，在何種條件之許可下，得由國民經營之？(A)總統(B)行政院(C)法律(D)行政命令

[30] (D) 下列何者非屬於我國憲法所明文規定之國家任務？(A)全民健康保險之推行(B)扶助並保護中小型經濟事業之生存與發展(C)維護發展原住民族語言及文化(D)致力發展公營事業

[31] (A) 國家對於私人財富及私營事業，在何種情形下可以採取干涉措施？(A)有妨害國計民生之平衡發展者(B)為協助向海外發展與佈局時(C)為扶助國際競爭力(D)為輔導其自由發展

[32] (C) 國家對於私人財富及私營事業，憲法規定為：(A)應盡力予以獎勵與扶助(B)應採自由主義之不干涉原則(C)若有妨害國計民生之均衡發展時，應以法律限制之(D)若有妨害國家安全時，應立法管制之

[33] (B) 下列何種事業應受國家之獎勵與扶助？(A)公用事業(B)合作事業(C)國民生產事業(D)中小企業

[34] (D) 下列何項立法規定，符合憲法本文第 145 條第 3 項規定之國民經濟原則？(A)公營事業於 5 年內須全數移轉民營(B)鼓勵金融機構合併成立金融控股公司(C)停止徵收土地增值稅(D)獎勵指導對外貿易事業

[35] (A) 下列何種現代化工作，憲法明定須予以促進？(A)農業之工業化(B)國防之現代化(C)工業之現代化(D)科技之現代化

（憲法第 146 條）。

2. **謀求全國經濟平衡發展**：中央為謀省與省間之經濟平衡發展，對於貧瘠之省，應酌予補助。省[36]為謀縣與縣間之經濟平衡發展，對於貧瘠之縣，應酌予補助（憲法第 147 條）。上級政府給予下級政府補助之目的，係為了平衡同級政府間之經濟發展[37]。

3. **貨暢其流**：中華民國領域內，一切貨物應許自由流通[38]（憲法第 148 條）。為達此目的，國內之貨物交易，不得課徵關稅[39]。

4. **健全金融機構**：金融機構，應依法受國家之管理（憲法第 149 條）。

5. **僑民經濟事業**：國家對於僑居國外之國民，應扶助並保護[40]其經濟[41]事業之發展[42]（憲法第 151 條）。

6. **獎勵投資、促進產業升級**：國家應獎勵科學技術發展及投資，促進產業升級，推動農漁業現代化，重視水[43]資源之開發利用，加強國際經濟合作（憲法增修條文第 10 條第 1 項）。

---

[36] (B) 為謀縣與縣間經濟平衡發展，對貧瘠之縣應酌予補助者為何？(A)財力較優之縣(B)省(C)國庫(D)平衡基金

[37] (B) 依憲法第 147 條規定，上級政府給予下級政府補助之目的為何？(A)平衡各級政府間之經濟發展(B)平衡同級政府間之經濟發展(C)平衡全國經濟發(D)平衡城鄉經濟發展

[38] (B) 憲法規定在我國境內，一切貨物應允許如何？(A)因地制宜(B)自由流通(C)互通有無(D)盈虛互濟

[39] (C) 基於中華民國領域內，一切貨物應許自由流通，故對國內之貨物交易，不得為何種課徵？(A)規費(B)受益費(C)關稅(D)營業稅

[40] (C) 國家對僑居國外之國民的經濟事業，應採何種政策？(A)不干涉主義(B)從輕課稅原則(C)扶助並保護(D)鼓勵返國投資

[41] (C) 依憲法第 151 條之規定，國家對於僑居國外之國民，應扶助並保護其何種事業之發展？(A)政治(B)文化(C)經濟(D)革命

[42] (B) 依憲法之規定，國家對於僑居國外之國民，應：(A)普設金融機構，以扶助其經濟事業之發展(B)扶助並保護其經濟事業之發展(C)獎勵科學之發明與創造(D)廣設獎學金名額，以扶助學行具優無力升學之學生

[43] (B) 下列何種資源之開發利用，國家應予重視，而為憲法增修條文所明定？(A)核能(B)水(C)礦產(D)電

7. **經濟及科學技術之發展**：應與環境及生態保護[44]兼籌並顧[45]（憲法增修條文第 10 條第 2 項）。

8. **中小企業之保障**：國家對於人民興辦之中小型經濟事業[46]，應扶助並保護其生存與發展（憲法增修條文第 10 條[47]第 3 項）。

9. **公營金融機構企業化管理**：國家對於公營金融[48]機構之管理，應本企業化[49]經營之原則；其管理、人事、預算、決算及審計，得以法律[50]為特別之規定（憲法增修條文第 10 條第 4 項）。

五、社會安全

　　基本國策之「社會安全」部分，在憲法增修條文第 10 條之中存在相關規定，例如：推行全民健保，促進醫療發展、維護婦女權利，促進兩性平等、維護殘障權利，扶助其自立發展，建立勞工訓練、就業安全、就業

---

[44] (B) 憲法增修條文規定，經濟及科學技術之發展，應與何者兼籌並顧？(A)國計及民生(B)環境及生態保護(C)環保及保育(D)國民身心之保護

[45] (B) 下列何者對憲法增修條文第 10 條有關基本國策論述錯誤？(A)國家應獎勵科學技術發展(B)環境與生態保護應優先於經濟與科學技術發展(C)國家應施行全民健科保險(D)國家應維護婦女人格尊嚴

[46] (A) 下列對憲法增修條文第 10 條的論述，何者不正確？(A)國家應扶持大型經濟事業(B)國家應獎勵科學技術發展(C)環境與生態保護與經濟發展應兼籌並顧(D)國家應推行全民健康保險

[47] (B) 國家對中小型經濟事業應予保護，其最高法源為何？(A)憲法第 145 條(B)憲法增修條文第 10 條(C)營利事業管理法(D)獎勵投資條例

[48] (B) 憲法增修條文明定何種機構之管理，應本企業化經營之原則？(A)郵政(B)公營金融(C)運輸(D)電力

[49] (A) 國家對於公營金融機構之管理，應本何種經營原則？(A)企業化(B)民營化(C)民主化(D)國際化

[50] (B) 依憲法增修條文規定，國家對於公營金融機構之管理得以何種規範為特別之規定？(A)憲法(B)法律(C)法規命令(D)行政規則

服務制度⁵¹等，惟保障老人權利實施老人年金⁵²、政治犯⁵³權利方面，並未羅列其中。

(一) 保障工作權

人民具有工作能力者[54]，國家應予以適當之工作機會[55]（憲法第 152 條）。

(二) 保護勞動者

國家為改良勞工及農民之生活，增進其生產技能，應制定保護勞工及農民之法律[56]，實施保護勞工及農民之政策。婦女兒童[57]從事勞動者，應按其年齡及身體狀態[58]，予以特別之保護[59]（憲法第 153 條）。本條規

---

[51] (B) 政府建立勞工訓練、就業安全、就業服務等制度，其係落實基本國策中那一部分？(A)基本人權(B)社會安全(C)教育文化(D)國民經濟

[52] (C) 有關基本國策之「社會安全」部分，下列何者，在憲法增修條文未作規定？(A)推行全民健保，促進醫療發展(B)維護婦女權利，促進兩性平等(C)保障老人權利，實施老人年金制(D)維護殘障權利，扶助其自立發展

[53] (D) 下列何者不是憲法基本國策所保護之對象？(A)婦女、身心障礙者(B)教育、科學、藝術工作者(C)無力生活者(D)政治犯

[54] (D) 依憲法第 152 條規定，對於何人國家應予以適當之工作機會？(A)具有工作意願之人民(B)失業者(C)家庭負擔較重之人民(D)具有工作能力之人民

[55] (C) 以下對我國憲法基本國策規定何者論述錯誤？(A)全國公私立教育文化機關依法律受國家之監督(B)國家應獎勵科學之發明與創造(C)人民具有工作能力者，國家應給予適當之工作(D)各級政府應廣設獎學金名額

[56] (C) 依憲法第153條規定，國家為改良勞工及農民之生活，增進其生產技能，應：(A)提高勞工及農民之社會地位(B)改善社會生活環境(C)制定保護勞工及農民之法律(D)增加生產工具

[57] (A) 依我國憲法本文之規定，下列何者從事勞動，應按其年齡及身體狀態，予以特別之保護？(A)婦女與兒童(B)老人與兒童(C)婦女與老人(D)農民與老人

[58] (A) 依憲法第153條第2項之規定，婦女兒童從事勞動者，應按下列何者，予以特別保護？(A)年齡及身體狀態(B)教育程度(C)經濟能力(D)工作性質

[59] (B) 對童工每日之工時加以限制，並禁止童工夜間工作，此等法律規定之憲法依據為：(A)國家為改良勞工及農民之生活，應制定保護勞工及農民之法律(B)婦女

定，為改良勞工及農民之生活，增進其生產技能，國家應制定保護勞工及農民之法律，此乃明示保護農民、勞工之生存經濟受益權[60]。

(三) 勞資協調

勞資雙方應本協調合作[61]原則，發展生產事業。勞資糾紛之調解與仲裁，以法律定之（憲法第 154 條）。

(四) 社會保險與救濟

國家為謀社會福利，應實施社會保險[62]制度[63]。人民之老弱殘廢，無力生活，及受非常災害者，國家應予以適當之扶助與救濟[64] [65]（憲法第 155 條）。

釋字第 609 號（95/1/27）

勞工保險係國家為實現憲法第 153 條第 1 項保護勞工及第 155 條、憲法增修條文第 10 條第 8 項實施社會保險制度之基本國策而建立之社會

兒童從事勞動者，應按其年齡及身體狀態，予以特別之保護(C)國家為謀社會福利，應實施社會保險制度(D)人民具有工作能力者，國家應予以適當之工作機會

[60] (B) 我國憲法規定，為改良勞工及農民之生活，增進其生產技能，國家應制定保護勞工及農民之法律。此乃明示保護農民、勞工之何項經濟受益權？(A)工作權(B)生存權(C)財產權(D)其他經濟受益權

[61] (C) 勞資雙方應本什麼原則，來發展生產事業？(A)衝突理論(B)矛盾對抗(C)協調合作(D)犧牲奉獻

[62] (B) 依憲法規定，國家為謀社會福利，應實施何項制度？(A)所得重分配(B)社會保險(C)國民教育(D)就業輔導

[63] (C) 依憲法第 155 條之規定，國家為謀社會福利，應實施何種制度？(A)產物保險制度(B)人壽保險制度(C)社會保險制度(D)公共安全保險制度

[64] (D) 依憲法第 155 條規定，國家對下列何者，應予適當之扶助與救濟？(A)小學教師(B)陸軍下士(C)鄉公所科員(D)無力生活者

[65] (D) 下列那一個法律，不是憲法本文第 155 條「人民之老弱殘廢，無力生活，及受非常災害者，國家應予以適當之扶助與救濟。」具體化之規定？(A)兒童福利法(B)老人福利法(C)社會救助法(D)耕地三七五減租條例

福利措施，為社會保險之一種，旨在保障勞工生活安定、促進社會安全，是以勞工保險具有明顯之社會政策目的。勞工依法參加勞工保險之權利，應受憲法之保障。依勞工保險條例之規定，勞工分擔之保險費係按投保勞工當月之月投保薪資一定比例計算（勞工保險條例第 13 條、第 14 條參照），與保險事故之危險間並非謹守對價原則，而是以量能負擔原則維持社會互助之功能；勞工保險除自願參加保險者外，更具有強制性，凡符合一定條件之勞工均應全部參加該保險（同條例第 6 條、第 8 條、第 71 條、第 72 條參照），非如商業保險得依個人意願參加。是以各投保單位依勞工保險條例規定為其所屬勞工辦理投保時，勞工保險局對其危險之高低無須為評估之核保手續，更不能因危險過高而拒絕其投保，各投保單位所屬之勞工對於是否加入勞工保險亦無選擇之權，此類勞工應依法一律強制加入勞工保險，繳納保險費，分擔自己與其他加保勞工所生保險事故之危險，此均與商業保險有間。又勞工保險因具社會保險之性質，對於何種保險事故始應為保險給付，立法機關自得衡酌勞工保險政策之目的、社會安全制度之妥適建立、勞工權益之保護、社會整體資源之分配及國家財政之負擔能力等因素，本於前述意旨形成一定之必要照顧範圍。勞工依法參加勞工保險所生之公法上權利，亦應受憲法之保障。關於保險效力之開始、停止、終止、保險事故之種類及保險給付之履行等，攸關勞工或其受益人因保險關係所生之權利義務事項，或對其權利之限制，應以法律或法律明確授權之命令予以規範，且其立法之目的與手段，亦須符合憲法第 23 條之規定，始為憲法所許[66]。

(五) 婦女兒童福利

國家為奠定民族生存發展之基礎，應保護母性[67]，並實施婦女、兒童

---

[66] (A) 憲法規定國家應實施社會保險制度，依司法院大法官解釋意旨，下列關於社會保險制度之敘述，何者錯誤？(A)社會保險之效力、保險事故種類及給付等，不得授權行政機關以命令規定(B)社會保險之實踐方式，立法者有一定之形成自由(C)勞工依法參加社會保險及因此所生之公法上權利，應受憲法之保障(D)社會保險立法有關保險給付之規定，須符合平等原則

[67] (A) 憲法第 156 條規定，國家為奠定民族生存發展之基礎，應：(A)保護母性(B)保

福利政策[68]（憲法第 156 條）。

(六) 增進民族健康

國家為增進民族健康，應普遍推行衛生保健事業及公醫[69]制度[70]（憲法第 157 條）。

國家應推行全民健康保險，並促進現代和傳統醫藥[71]之研究發展（憲法增修條文第 10 條[72]第 5 項）。依據司法院大法官釋字第 550 號解釋，國家推行全民健康保險之義務，係兼指中央與地方而言[73]。

釋字第 472 號（88/1/29）

國家為謀社會福利，應實施社會保險制度；國家為增進民族健康，應普遍推行衛生保健事業及公醫制度，憲法第 155 條及第 157 條分別定有明文。又國家應推行全民健康保險，復為憲法增修條文第 10 條第 5 項所明定。中華民國 83 年 8 月 9 日公布、84 年 3 月 1 日施行之全民健康保險法即為實現上開憲法規定而制定。該法第 11 條之 1、第 69 條之 1 及第 87 條有關強制納保、繳納保費，係基於社會互助、危險分攤及公共利益之考

護父性(C)實施優生保健(D)提倡全民運動

[68] (A) 依憲法第 156 條之規定，國家為奠定民族生存發展之基礎，應：(A)保護母性，實施婦女、兒童福利政策(B)訂定婦女保障名額(C)實施學齡兒童受基本教育免納學費政策(D)廣設獎學金

[69] (B) 我國憲法規定，國家為增進民族健康，應普遍推行何種制度？(A)西醫(B)公醫(C)中醫(D)醫藥分業

[70] (D) 依憲法第 157 條規定，國家為增進民族健康，應：(A)推行全民體院運動(B)建立食品檢查制度(C)提倡民族技藝活動(D)普遍推行衛生保健事業及公醫制度

[71] (C) 國家應推行全民健康保險，並促進何種醫藥之研究發展？(A)現代醫藥(B)傳統醫藥(C)現代與傳統醫藥(D)中國與西方醫藥

[72] (A) 推行全民健康保險之法源依據為：(A)憲法增修條文第 10 條(B)憲法前言(C)憲法第二章人民之權利義務(D)憲法第十三章第四節社會安全

[73] (C) 依司法院大法官釋字第 550 號解釋，國家推行全民健康保險之義務，係：(A)專指中央而言(B)專指地方而言(C)兼指中央與地方而言(D)視財政情況不同而異

量，符合憲法推行全民健康保險之意旨[74]；同法第 30 條有關加徵滯納金之規定，則係促使投保單位或被保險人履行其繳納保費義務之必要手段[75]。全民健康保險法上開條文與憲法第 23 條亦無牴觸。惟對於無力繳納保費者，國家應給予適當之救助，不得逕行拒絕給付[76]，以符憲法推行全民健康保險，保障老弱殘廢、無力生活人民之旨趣。

已依法參加公、勞、農保之人員亦須強制其加入全民健康保險，係增進公共利益所必要，難謂有違信賴保護原則。惟有關機關仍應本於全民健康保險法施行時，該法第 85 條限期提出改制方案之考量，依本解釋意旨，並就保險之營運（包括承保機構之多元化）、保險對象之類別、投保金額、保險費率、醫療給付、撙節開支及暫行拒絕保險給付之當否等，適時通盤檢討改進，併此指明。

(七) 社會福利措施

國家應重視社會救助、福利服務、國民就業、社會保險及醫療保健等社會福利工作；對於社會救助[77]和國民就業等救濟性支出應優先編列[78]（憲法增修條文第 10 條第 8 項）。

憲法實施社會福利措施其主要目的在於保障人民的生存權[79]，對於無障礙環境、全民健康保險、原住民保障等社會福利措施均有憲法明文，惟

---

[74] (B) 全民健康保險法強制全民納保與徵收保費之滯納金，是否違憲？(A)違憲(B)未違憲(C)無法確定(D)未作成解釋

[75] (B) 全民健康保險法強制全民納保與徵收保費之滯納金，是否違憲？(A)違憲(B)未違憲(C)無法確定(D)未作成解釋

[76] (A) 關於全民健康保險制度，司法院大法官釋字第 472 號解釋認為：(A)無力繳納保費者，仍應給予健保給付(B)收取保費，不得加徵滯納金(C)強制繳納保費，有牴觸憲法之嫌(D)已參加勞、農保之人，得免參加全民健保

[77] (A) 依憲法增修條文第 10 條第 8 項規定，下列何項支出應優先編列？(A)社會救助(B)社會福利(C)社會保險(D)醫療保健

[78] (D) 依憲法增修條文第 10 條第 8 項規定，國家對於下列何項支出應優先編列？(A)經濟發展(B)國防(C)大眾捷運(D)社會救助和國民就業等救濟性支出

[79] (B) 實施社會福利制度，主要目的在於保障人民的何種權利？(A)財產權(B)生存權(C)工作權(D)人身自由

老人年金之部分並未入憲，而規定於國民年金法[80]之中。憲法增修條文明文要求應優先編列之經費除社會救助、國民就業外，國民教育經費[81]亦在優先編列之規定中。

(八) 保障婦女權益

國家應維護婦女之人格尊嚴，保障婦女之人身安全，消除性別歧視[82]，促進兩性地位之實質平等[83]（憲法增修條文第 10 條第 6 項）。

(九) 輔助身心障礙者

國家對於身心障礙者[84]之保險與就醫、無障礙環境之建構[85]、教育訓練與就業輔導及生活維護與救助，應予保障，並扶助其自立與發展（憲法增修條文第 10 條[86]第 7 項）。

六、教育文化

(一) 教育文化之目的

教育文化，發展國民之民族精神、自治精神、國民道德、健全體

---

[80] (C) 下列何種福利措施並未入憲？(A)無障礙環境(B)全民健康保險(C)老人年金(D)原住民保障

[81] (A) 下列何者不屬憲法增修條文明文要求應優先編列之經費？(A)國家安全經費(B)國民教育經費(C)國民就業經費(D)社會救助經費

[82] (C) 憲法增修條文對於婦女地位特予規定，下列何項並非其規定的內容？(A)保障婦女的人身安全(B)消除性別歧視(C)提供其就業輔導(D)維護婦女之人格尊嚴

[83] (D) 國家應維護婦女之人格尊嚴，保障婦女之人身安全，消除性別歧視，促進兩性地位之：(A)男性優先(B)女性優先(C)形式平等(D)實質平等

[84] (B) 憲法增修條文對何種弱勢者，明文保障其保險、就醫、教育訓練與就業輔導及生活維護與救助？(A)單親家庭母親(B)身心障礙者(C)低收入戶(D)蒙藏同胞

[85] (C) 國家應建立無障礙環境之生活空間，其立法目的為何？(A)貨物之自由暢通(B)交通順暢通達(C)保障身心障礙者(D)提高行政效率

[86] (C) 政府對身心障礙者應提供無障礙之環境，其最高法源是：(A)殘障福利法(B)憲法本文(C)憲法增修條文(D)社會福利法

格、科學及生活智能[87]（憲法第 158 條）。

(二) 教育權

國民受教育之機會，一律平等[88]（憲法第 159 條）。

六歲至十二歲[89]之學齡兒童，一律受基本教育[90]，免納學費。其貧苦者，由政府供給書籍[91]（憲法第 160 條第 1 項）。

已逾學齡未受基本教育[92]之國民，一律受補習教育[93]，免納學費，其書籍亦由政府供給（憲法第 160 條第 2 項）。

各級政府應廣設獎學金名額，以扶助學行俱優無力升學之學生（憲法第 161 條）。

---

[87] (C) 下列何者未列為教育之宗旨？(A)民族精神(B)自治精神(C)法治精神(D)科學及生活智能

[88] (C) 就憲法有關教育的規定，下列敘述何者正確？(A)人民有請求國家提供任何教育之權利(B)7 歲至 14 歲之國民，一律受基本教育(C)國民受教育的機會受平等之保障(D)國民有決定是否受國民教育的自由

[89] (B) 憲法規定，一律受基本教育之學齡兒童為：(A)六歲至十歲(B)六歲至十二歲(C)六歲至十五歲(D)六歲至十八歲

[90] (C) 下列何種教育憲法有明文規定「免納學費」？(A)職業教育(B)殘障特殊教育(C)基本教育(D)軍事教育

[91] (D) 下列何者在憲法中並無明文規定？(A)國家應尊重軍人對社會之貢獻(B)中華民國之外交，應尊重聯合國憲章(C)國家應促成農業之現代化(D)國民教育之書籍，應一律由政府免費供給

[92] (D) 下列何種人應一律受補習教育，免納學費，其書籍由政府供給？(A)原住民(B)邊疆少數民族(C)六歲至十二歲之兒童(D)已逾學齡未受基本教育之國民

[93] (C) 已逾學齡未受基本教育之國民，一律受：(A)啟蒙教育(B)技藝教育(C)補習教育(D)推廣教育

(三) 國家之監督

全國公私立之教育文化機關，依法律[94]受國家之監督[95]（憲法第 162 條）。

(四) 教育均衡發展

國家應注重各地區教育之均衡發展，並推行社會教育[96]，以提高一般國民之文化水準，邊遠及貧瘠地區之教育文化經費，由國庫補助之。其重要之教育文化事業，得由中央辦理或補助之（憲法第 163 條）。

(五) 教科文預算限制之取消

教育、科學、文化之經費，在中央不得少於其預算總額百分之十五，在省不得少於其預算總額百分之二十五，在市、縣不得少於其預算總額百分之三十五，其依法設置之教育文化基金及產業，應予以保障（憲法第 164 條，89 年修憲廢止）。不過該條已遭凍結。

教育、科學、文化之經費，尤其國民教育[97]之經費應優先編列[98]，不受憲法第 164 條之限制（憲法增修條文第 10 條第 10 項）。

---

[94] (D) 全國公私立之教育文化機關，依何種規範受國家之監督？(A)憲法(B)法規命令(C)行政規則(D)法律

[95] (A) 下列何者錯誤？憲法規定：(A)全國公立之教育文化機關，依法律受國家之監督，私立者不在此限(B)國民受教育之機會一律平等(C)各級政府應廣設獎學金名額，以扶助學行俱優無力升學之學生(D)已逾學齡未受基本教育之國民，一律受補習教育，免納學費

[96] (B) 國家應注重各地區教育之均衡發展，並推行何種教育，以提高一般國民之文化水準？(A)法律教育(B)社會教育(C)經濟教育(D)政治教育

[97] (D) 依據憲法增修條文第 10 條第 10 項之規定，政府對於何種教育經費應優先編列？(A)大學教育(B)科學教育(C)原住民文化教育(D)國民教育

[98] (A) 依憲法增修條文第 10 條規定，憲法對教育科學文化經費，尤其是國民教育之經費的保障方式為：(A)憲法宣示應優先編列(B)憲法以各級政府預算之比例保障之(C)憲法以國民生產毛額比例保障(D)憲法無特殊保障

(六) 教育文化工作者保障

　　國家應保障教育、科學、藝術工作者之生活，並依國民經濟之進展，隨時提高其待遇[99]（憲法第 165 條）。

(七) 獎勵措施

　　國家應獎勵[100]科學之發明與創造，並保護有關歷史、文化、藝術之古蹟、古物（憲法第 166 條）。

　　國家對於下列事業或個人，予以獎勵或補助：1.國內私人經營之教育事業成績優良者。2.僑居國外國民之教育事業成績優良者。3.於學術或技術有發明者。4.從事教育久於其職而成績優良者[101]（憲法第 167 條）。

七、弱勢族群

(一) 邊疆民族土地之保障

　　國家對於邊疆地區各民族之土地，應予以合法之保障，並於其地方自治事業，特別予以扶植（憲法第 168 條）。

(二) 邊疆事業之扶持

　　國家對於邊疆地區各民族之教育、文化、交通、水利、衛生及其他經濟、社會事業應積極舉辦，並扶助其發展，對於土地使用，應依其氣候、土壤性質，及人民生活習慣之所宜，予以保障及發展（憲法第 169 條）。

---

[99] (D) 依憲法第 165 條之規定，國家應保障那些工作者之生活，並依國民經濟之進展，隨時提高其待遇？(A)勞工與農民(B)婦女與兒童(C)殘障與老年人(D)教育、科學、藝術工作者

[100] (B) 依憲法第 166 條之規定，科學之發明與創造，國家應：(A)管制(B)獎勵(C)監督(D)輔導

[101] (A)下列何者並非憲法第 167 條所規定，國家應予獎勵或補助之事業或個人？(A)從事技術工作久於其職而成績優良者(B)從事教育久於其職而成績優良者(C)僑居國外國民之教育事業成績優良者(D)於學術或技術有發明者

(三) 自由地區原住民、澎湖、金門、馬祖地區人民之保障

　　國家應依民族意願，保障原住民族之地位及政治參與[102]，並對其教育文化、交通水利、衛生醫療、經濟土地及社會福利事業予以保障扶助並促其發展[103]，其辦法另以法律[104]定之。對於澎湖、金門、馬祖地區人民亦同[105]（憲法增修條文第 10 條第 12 項）。

(四) 肯定多元文化，維護發展原住民族語言及文化

　　國家應肯定多元文化，並積極維護發展原住民族[106]語言及文化[107]（憲法增修條文第 10 條第 11 項）。

(五) 僑居國外國民之政治參與之保障

　　國家對於僑居國外國民之政治參與[108]，應予保障（憲法增修條文第 10 條第 13 項）。

---

[102] (C)依憲法增修條文之規定，國家對於何類人之政治參與應予保障？(1)自由地區原住民(2)金門、馬祖地區人民(3)僑居國外國民(4)婦女(5)殘障者。(A)(2)(4)(5) (B)(1)(3)(5)　(C)(1)(2)(3)(4)　(D)(1)(2)(4)

[103] (C)依憲法增修條文對原住民基本國策之規定，下列陳述何者不正確？(A)維護原住民語言與文化(B)保障原住民之政治參與(C)設立原住民自治區(D)扶助原住民之衛生醫療

[104] (D)憲法增修條文中，關於原住民族之保障規定，下列何者為非？(A)國家應積極維護發展其語言及文化(B)應保障其地位及政治參與(C)促進其交通水利之發展(D)原住民保障限以行政命令為之

[105] (A)對於下列何者，憲法增修條文規定應保障其政治參與？(A)澎湖、金門及馬祖地區人民(B)軍人(C)身心障礙者(D)大陸地區人民

[106] (C)憲法增修條文第 10 條之規定，國家肯定多元文化，並積極維護發展何人之語言及文化？(A)外來民族(B)邊疆民族(C)原住民族(D)少數民族

[107] (D)依憲法增修條文第 10 條第 11 項規定，國家肯定多元文化，並應：(A)保障原住民族地位及政治參與(B)扶助原住民族社會福利事業之發展(C)積極推動族群融合(D)積極維護發展原住民族語言及文化

[108] (B)依憲法增修條文第 10 條規定，國家應保障僑居國外國民之：(A)外交活動(B)政治參與(C)基本生活(D)義務教育

(六) 兩岸關係

　　憲法增修條文第 11 條規定，自由地區與大陸地區間人民權利義務關係及其他事務之處理，得以「法律」[109]為特別之規定[110]。此「法律」係定名為臺灣地區與大陸地區人民關係條例[111]。

釋字第 618 號（95/11/3）

　　89 年 12 月 20 日修正公布之兩岸關係條例第 21 條第 1 項前段規定，大陸地區人民經許可進入臺灣地區者，非在臺灣地區設有戶籍滿十年，不得擔任公務人員部分，乃係基於公務人員經國家任用後，即與國家發生公法上職務關係[112]及忠誠義務，其職務之行使，涉及國家之公權力，不僅應遵守法令，更應積極考量國家整體利益，採取一切有利於國家之行為與決策；並鑑於兩岸目前仍處於分治與對立之狀態，且政治、經濟與社會等體制具有重大之本質差異，為確保臺灣地區安全、民眾福祉暨維護自由民主之憲政秩序，所為之特別規定，其目的洵屬合理正當。基於原設籍大陸地區人民設籍臺灣地區未滿十年者，對自由民主憲政體制認識與其他臺灣地區人民容有差異，故對其擔任公務人員之資格與其他臺灣地區人民予以區別對待，亦屬合理，與憲法第 7 條之平等原則及憲法增修條文第 11 條之意旨尚無違背。又系爭規定限制原設籍大陸地區人民，須在臺灣地區設有戶籍滿十年，作為擔任公務人員之要件，實乃考量原設籍大陸地區人民對自由民主憲政體制認識之差異，及融入臺灣社會需經過適應期間，且為使原設籍大陸地區人民於擔任公務人員時普遍獲得人民對其所行使公權力

---

[109] (B) 依憲法增修條文第 11 條之規定，自由地區與大陸地區間人民權利義務關係及其他事務之處理：(A)得以行政命令定之(B)得以法律為特別之規定(C)由法院決定之(D)由行政院決定之

[110] (A) 依憲法增修條文第 11 條規定，台海兩岸關係應以何種方式來規範？(A)以法律特別規定(B)以行政命令規定(C)憲法明文具體規定(D)由國民大會決議定之

[111] (B) 自由地區與大陸地區間人民權利義務關係及其他事務之處理，得以法律為特別之規定，此「法律」定名為何？(A)兩岸關係條例(B)臺灣地區與大陸地區人民關係條例(C)兩岸互動條例(D)兩岸人民法律關係條例

[112] (C) 司法院大法官對於國家與公務員之間關係的認定，係採下列那一種理論？(A)特別權力關係(B)特別職務關係(C)公法上職務關係(D)公法上權力關係

之信賴，尤需有長時間之培養，系爭規定以十年為期，其手段仍在必要及合理之範圍內，立法者就此所為之斟酌判斷，尚無明顯而重大之瑕疵，難謂違反憲法第 23 條規定之比例原則。

作者小叮嚀

　　首先要了解，基本國策相關規定，雖然一般學者不重視，但考試卻常常考這些條文的細節。而基本國策內容，關於保障工作權、社會安全、健康衛生、弱勢保障等，均屬於社會權性質之規定（受益權）。而對於基本國策條文，每一條都必須讀過一次，憲法增修條文第 10 條也必須每一款都讀過一次。

附　錄

108 年交通事業郵政、公路、港務人員升資考試試題

1. 依憲法增修條文規定，我國憲法非經下列何者之同意，不得修改之？
    (A)國民大會(B)總統(C)司法院(D)全體國民

2. 下列有關婦女地位之敘述，何者並非憲法增修條文之規定？
    (A)應保障婦女之人身安全
    (B)不分區立法委員之政黨當選名單，婦女不得低於二分之一
    (C)應促進兩性地位之實質平等
    (D)各級選舉應規定婦女保障名額

3. 關於性行為自由，依司法院大法官解釋，下列敘述何者錯誤？
    (A)個人是否以及與何人發生性行為之自由，受憲法第 22 條保障
    (B)為維護性行為自由，國家不得對於婚姻外性行為施以刑事制裁
    (C)為維護婚姻與家庭制度，國家得對於婚姻外性行為施以刑事制裁
    (D)我國刑法第 239 條所規定之通姦罪並未違背比例原則

4. 依憲法增修條文規定，監察院人員如有失職或違法之情事，由下列何者機關彈劾？
    (A)監察院(B)司法院(C)考試院(D)立法院

5. 依憲法增修條文規定，下列何項人事案，毋需經立法院同意方能任命？
    (A)行政院院長(B)大法官(C)考試委員(D)監察委員

6. 關於違憲政黨解散與總統、副總統之彈劾，下列敘述何者錯誤？
    (A)關於違憲政黨解散之宣告，應由大法官組成憲法法庭以判決為之
    (B)政黨違憲解散案件之聲請，應由中央主管機關為之
    (C)關於總統、副總統之彈劾，應由監察院提出
    (D)總統、副總統之彈劾，應由大法官組成憲法法庭審理

7. 依司法院大法官解釋意旨，有關大法官解釋之拘束力，下列敘述何者
   正確？
   (A)僅拘束政府機關，不拘束聲請人
   (B)僅拘束聲請人及其相對機關
   (C)依司法院大法官審理案件法之明文規定決定受拘束對象之範圍
   (D)全國各機關均受拘束

8. 依司法院大法官解釋，有關居住遷徙自由之限制，下列何者違憲？
   (A)納稅義務人欠繳稅捐達一定數額者，財政部得通知內政部移民署限
      制其出境
   (B)未區分國民是否於臺灣地區設有住所而有戶籍，一律非經許可不得
      入境，並對未經許可入境者，予以刑罰制裁
   (C)臺灣地區與大陸地區人民關係條例授權訂定限制大陸地區人民進入
      臺灣地區之資格要件、許可程序及停留期限
   (D)後備軍人居住處所遷移，無故不依規定申報者，即處以刑事罰

9. 依司法院大法官解釋，下列何者不屬於憲法第 11 條言論自由之保障範
   圍？
   (A)公開道歉聲明(B)化妝品廣告(C)要求更正個人資料(D)菸品標示

10. 下列何者不得成為憲法上財產權之保障主體？
    (A)國家(B)財團法人(C)原住民部落(D)行政法人

11. 依司法院大法官解釋意旨，有關訴訟權保障，下列敘述何者錯誤？
    (A)法官迴避制度屬於訴訟權保障之核心內容
    (B)如人民須繳納保證金或提供擔保始得提起訴訟，係對於訴訟權之不
       必要限制
    (C)刑事訴訟被告之卷證資訊獲知權，屬訴訟權保障之範圍
    (D)立法者依事件特性制定仲裁等訴訟外紛爭解決機制之規範，不符合
       訴訟權保障之意旨

12. 依司法院大法官解釋，法律不許薪資所得者於該年度之必要費用超過
    法定扣除額時，得以列舉或其他方式減除之規定，違反下列何者？
    (A)租稅法律主義(B)量能課稅原則(C)實質課稅原則(D)比例原則

13. 關於外國人在我國得享有之基本權利，不包括下列何者？
    (A)人身自由(B)選舉權(C)訴訟權(D)宗教自由

14. 關於總統職權，下列敘述何者正確？
    (A)總統任命行政院院長須經立法院同意
    (B)總統對審計長之人事任命，須經行政院院長副署
    (C)總統有逕自發布緊急命令之權
    (D)總統有締結條約之權

15. 依司法院大法官解釋，有關憲法第 80 條，下列敘述何者錯誤？
    (A)法官審判所應遵守的法律，僅指立法院三讀通過的法律
    (B)基於依法審判的要求，凡是依法公布施行的法律，法官都應援引作
        為審判依據，不得逕行拒絕適用
    (C)依法審判的要求，並不排斥法官在審理案件時對法律的合憲性進行
        審查
    (D)若作為審判依據之法律的違憲性將影響裁判結果，法官可具體指陳
        其確信違憲之理由，向司法院大法官聲請解釋

16. 關於行政程序法之敘述，下列何者錯誤？
    (A)為實定法(B)為任意法(C)為普通法(D)兼具實體法與程序法之性質

17. 有關主物與從物之關係，下列何者不屬之？
    (A)房屋與屋側之車庫
    (B)房屋與屋內之地板
    (C)落地燈與燈罩
    (D)CD 錄影機與其遙控器

18. 關於消費訴訟之敘述，下列何者正確？
    (A)消費者保護官，就企業經營者重大違反消費者保護法有關保護消費
        者規定之行為，得為消費者向法院請求損害賠償，免繳裁判費
    (B)消費者保護團體，就企業經營者重大違反消費者保護法有關保護消
        費者規定之行為，得向法院訴請停止或禁止之，免繳裁判費
    (C)消費者保護團體，對於同一原因事件致使眾多消費者受害時，於受

讓 20 人以上消費者損害賠償請求權時，得提起團體訴訟，免繳裁判費

(D)消費者保護官，對於同一原因事件致使眾多消費者受害時，於受讓 20 人以上消費者損害賠償請求權時，得提起團體訴訟，免繳裁判費

19. 鄉（鎮、市）就違反地方自治事項之行政業務者，於其自治條例中訂定罰則時，下列敘述何者正確？
(A)應報請行政院核定後始得發布
(B)應報請中央各該主管機關核定後始得發布
(C)應報請縣（市）政府核定後始得發布
(D)縣（市）政府得將自治條例函告無效

20. 依行政程序法之規定，下列何者可能違反正當法律程序之要求？
(A)對公務員所為之人事行政行為，排除適用行政程序法之程序規定
(B)對有一定利害關係或其執行職務有偏頗之虞之公務員，要求其迴避
(C)賦予當事人與利害關係人有申請閱覽卷宗之權利
(D)作成剝奪或限制人民自由或權利之行政處分前，賦予相對人或利害關係人有陳述意見之機會

21. 關於法律保留原則及授權明確性原則，下列敘述何者錯誤？
(A)對人民自由權利之限制，應以法律或法律明確授權之命令為之
(B)授權條款之明確程度應與所授權訂定之法規命令對人民權利之影響相稱
(C)若法律僅為概括授權時，應就該項法律整體所表現之關聯意義為判斷，而非拘泥於特定法條之文字
(D)依法律概括授權所訂定之命令得設裁罰性規定

22. 當立法院與行政院發生爭執時，下列何者非憲法所規定之解決機制？
(A)副署制度(B)覆議制度(C)釋憲制度(D)總統調處制度

23. 政府所實施之年金制度，係基於憲法下列何項原則之要求？
(A)民主國(B)共和國(C)社會國(D)法治國

解答：

1.～5.　DDBAA　　6.～10.　CDBCA

11.～15. DBBDA　　16.～20.　BBBDA

21.～23. DAC

109 年公務人員特種考試關務人員、身心障礙人員考試試題（三等）

1. 直轄市自治條例中有罰則之規定，除經市議會議決外，尚應踐行何種程序？
   (A)發布後，報中央主管機關備查，始生效力
   (B)發布後即生效力，但應報中央各該主管機關轉行政院備查
   (C)報經行政院核定後發布
   (D)報經法務部核定後發布

2. 依憲法增修條文規定，關於司法院，下列敘述何者錯誤？
   (A)司法院院長由總統提名，經立法院同意任命
   (B)大法官由法官轉任者，適用有關法官終身職待遇之規定
   (C)並為院長之大法官不受任期保障
   (D)司法院所提出之年度司法概算，立法院不得刪減

3. 下列何種憲法原則與違憲審查制度最具關聯性？
   (A)共和國原則
   (B)權力分立原則
   (C)平等原則
   (D)信賴保護原則

4. 依司法院大法官解釋，有關憲法第 8 條之人民身體自由及正當程序，下列敘述何者正確？
   (A)凡涉及人身自由之限制事項，原則上應以法律定之
   (B)傳染病防治法規定該管主管機關必要時，對於曾與傳染病病人接觸或疑似被傳染者，得為必要之強制隔離處置，違背憲法第 8 條保障之正當法律程序
   (C)刑事被告與非刑事被告之人身自由限制，其必須踐行之司法程序或其他正當法律程序，應該相同
   (D)憲法第 8 條所稱非經司法或警察機關依法定程序，不得逮捕、拘禁，此警察機關僅指組織法上之形式「警察」

5. 依憲法增修條文規定，關於監察委員之產生及組成，下列敘述何者錯誤？
   (A)由總統提名，經立法院同意任命之
   (B)監察院院長由監察委員互選產生之
   (C)監察委員任期 6 年
   (D)監察院設監察委員 29 人

6. 有關緊急命令之敘述，下列何者正確？
   (A)緊急命令原則上得授權執行機關為補充規定
   (B)執行機關以命令補充緊急命令，為求時效，得於立法院完成追認程序前發布
   (C)執行機關補充緊急命令之規定，不得牴觸現行法律之規定
   (D)補充規定應隨緊急命令之有效期限屆滿而失其效力

7. 總統發布下列何項命令，無需行政院院長副署？
   (A)任命國家安全會議秘書長
   (B)解散立法院
   (C)公布法律案
   (D)任命最高法院院長

8. 依憲法增修條文及司法院大法官解釋，關於立法院對行政院院長之不信任案，下列敘述何者正確？
   (A)總統不得主動解散立法院
   (B)依據正當法律程序原則，不信任案不得於立法院臨時會中進行表決
   (C)不信任案應以無記名投票表決
   (D)不信任案若經通過，行政院院長率內閣總辭時，得同時宣告解散立法院

9. 依憲法增修條文規定，下列何者之任命，無需立法院同意？
   (A)行政院院長(B)考試院院長(C)監察院院長(D)司法院院長

10. 關於立法院職權行使之方式，不受下列何種原則之拘束？

(A)會期不連續原則(B)議會自律原則(C)多數決原則(D)法律保留原則

11. 依現行規定，下列何者不具有法律案之提案權？
(A)行政院(B)立法委員(C)總統(D)考試院

12. 依司法院大法官解釋，關於憲法第 22 條非明文權利之限制，下列何者合憲？
(A)禁止子女獨立提出否認生父之訴
(B)禁止對配偶提起自訴
(C)禁止已有子女之臺灣地區人民收養其配偶之大陸地區子女
(D)禁止人民以讀音不雅為由更改姓名

13. 依司法院大法官解釋，關於思想與精神自由之敘述，下列何者錯誤？
(A)內在信仰、信念及精神之自由，受絕對保障
(B)國家機關不得以任何理由或任何方式侵犯思想自由
(C)人民內在精神活動及自主決定權，乃個人主體性維護及人格自由完整發展所不可或缺
(D)法律規定人民針對戒嚴時期思想自由遭受侵害之已確定案件，不得向普通法院提起上訴或抗告，已屬違憲

14. 依司法院大法官解釋，關於人格發展自由之敘述，下列何者錯誤？
(A)國家處於非常時期，或出於保障重大法益之理由，得強迫個人表達與其內心信念相悖之見解，並非憲法所不許
(B)生活資源乃個人確保其生存及人格發展所不可或缺，與人格發展自由具有緊密關聯
(C)收養行為創設親子身分關係，對於收養人及被收養人之身心發展與人格之形塑具有重要功能，是人民收養子女之自由，受憲法保障
(D)國家應基於兒童及少年之最佳利益，依家庭對子女保護教養之情況，社會及經濟之進展，採取必要措施

15. 依司法院大法官解釋，關於隱私權保障範圍，下列敘述何者錯誤？
(A)秘密通訊自由乃憲法保障隱私權之具體態樣之一
(B)鑑於資訊科技高度發展，個人私人活動受他人侵擾之可能大為增

加，隱私權的基本權保障需求即隨之提升

(C)隱私權保障範圍及於個人私密資訊，故非私密資訊即不受隱私權保障

(D)資訊隱私權保障資訊主體有決定是否揭露、及在何種範圍內、於何時、以何種方式、向何人揭露之決定權

16. 依司法院大法官解釋意旨，國外牙醫學畢業生須於主管機關認可之醫療機構完成一定之臨床實作訓練，並持有該醫療機構開立之實習期滿成績及格證明後，始得再應牙醫師考試分試第二試之規定，與下列何項基本權利無涉？

(A)平等權(B)工作權(C)應考試權(D)一般行為自由

17. 依司法院大法官解釋，限制人民工作權而適用法律保留原則時，下列敘述何者正確？

(A)無論涉及職業選擇自由或職業行使自由均應以法律予以規定

(B)職業選擇自由須依法律始可限制；對於職業執行方式的限制，可依據法律授權的命令為之

(C)職業選擇自由得依法律授權的命令加以限制；執業行使自由的限制，必須依據法律始得為之

(D)職業選擇自由與職業執行自由均得以法律或依法律授權訂定的命令加以限制

18. 依司法院大法官解釋，關於財產權之保障與限制，下列敘述何者錯誤？

(A)為制度性保障之基本權，國家對於財產權保障範圍有一定形成空間

(B)具有防禦權性質，國家仍得依法律限制人民財產權之行使

(C)負有社會義務，人民之財產權因公益所受之負擔，國家均應予補償

(D)人民財產權因公益所受之特別犧牲，雖未喪失所有權，國家亦應補償

19. 依司法院大法官解釋，下列性別之差別待遇，何者違憲？

(A)基於男女生理上之差異，規定男子應服兵役之差別待遇

(B)基於傳統宗族觀念與私法自治，約定以男系子孫為祭祀公業派下員之差別待遇

(C)基於男女生理差異，針對男女之不同社會生活功能角色予以差別待遇

(D)僅處罰性交易圖利之一方，致受罰者多為女性之差別待遇

20. 依司法院大法官解釋，下列關於憲法第 14 條集會自由的敘述，何者錯誤？

(A)保障人民以集體方式表現的意見表達

(B)只保障和平集會

(C)只保障由召集人事前組織的集會

(D)保障參與者有在毫無恐懼的狀態下行使集會自由的權利

21. 依憲法增修條文和司法院大法官解釋，下列關於政黨憲法地位的敘述，何者正確？

(A)政黨之目的或其行為，危害中華民國之存在或自由民主之憲政秩序者，應由主管機關內政部予以解散

(B)立法委員選舉採行政黨比例代表之席次及政黨門檻等制度，係為強化政黨政治運作，並避免小黨林立，無損於民主共和國與國民主權基本原則

(C)政黨推薦候選人保證金減半的規定，係為追求政黨政治此項正當目的之適當手段

(D)經政黨比例方式選出之全國不分區立委，亦得經由罷免程序去職

22. 依司法院大法官解釋之意旨，有關言論自由之敘述，下列何者錯誤？

(A)電信法規定：「無線電頻率、電功率、發射方式及電臺識別呼號等有關電波監理業務，由交通部統籌管理，非經交通部核准，不得使用或變更。」涉及人民使用通訊傳播網路設施，取得資訊及發表言論自由之限制

(B)民法規定：「不法侵害他人……名譽……情節重大者，被害人雖非財產上之損害，亦得請求賠償相當之金額。其名譽被侵害者，並得請求回復名譽之適當處分。」上開規定後段涉及人民不表意自由之限制

(C)證券交易法規定：「舉辦有關證券投資講習屬證券投資顧問事業之營業範圍，須經主管機關核准取得證券投資顧問事業之資格，方得為之。」上開規定涉及人民有關經濟活動言論之限制

(D)菸害防制法規定：「菸品所含之尼古丁及焦油含量，應以中文標示於菸品容器上。」上開規定僅要求廠商提供客觀事實資訊，與言論自由之限制無涉

23. 依司法院大法官解釋意旨，關於司法院大法官解釋之效力，下列敘述何者正確？
(A)一律自公布當日起發生效力
(B)依人民聲請所為之解釋，對聲請人據以聲請之案件，亦有效力
(C)僅具有拘束全國各機關之效力，不及於全體人民
(D)人民提起再審之訴，不受民事訴訟法 5 年不變期間規定之限制

24. 有關憲法基本國策之規定，下列敘述何者錯誤？
(A)均為國家施政方針，對公權力不發生拘束力
(B)人民原則上不得依據基本國策相關規定，直接訴請國家作為或不作為
(C)部分規定具有委託立法機關立法之性質
(D)得作為司法院大法官解釋之依據

25. 下列何者不得以自己名義獨立聲請釋憲？
(A)檢察官(B)監察院(C)桃園市政府(D)政黨

26. 下列四個自治法規，何者由地方行政機關訂定，並發布或下達？
(A)臺中市污水下水道管理自治條例
(B)臺南市歸仁美學館場地使用管理辦法
(C)花蓮縣政府組織自治條例
(D)臺南市公共設施植栽管理自治條例

27. 當事人一方移轉金錢或其他代替物之所有權於他方，而約定他方以種類、品質、數量相同之物返還之契約，稱為：
(A)使用借貸(B)消費寄託(C)租賃(D)消費借貸

28. 勞工每七日中至少應有一日之休息，勞動基準法稱之為：
(A)休假(B)例假(C)國定假日(D)特別休假

29. 關於法律之類別，下列敘述何者錯誤？
    (A)凡對於一般的人、事、時、地均有適用者，為普通法
    (B)凡須經當事人明示同意適用後，始發生效力者，為任意法
    (C)凡可從人的本性、事物的本質、民族的歷史或立國精神推演其內容者，為自然法
    (D)凡規定實現實體權利義務之程序者，為程序法

30. 就違反地方自治事項之行政義務者，下列何者得規定處以罰鍰？
    (A)縣規章(B)鄉規約(C)自治規則(D)委辦規則

31. 關於法律適用之地的效力，下列敘述何者錯誤？
    (A)國家本於領土主權產生之效力
    (B)法律不得實施於國家領域之外
    (C)駐在外國之我國大使，不受駐在國法律之管轄
    (D)在公海上之我國船艦適用我國法

32. 關於行政機關裁量權之行使，下列敘述何者錯誤？
    (A)不得逾越法定之裁量範圍
    (B)應符合法規授權之目的
    (C)得決定是否行使裁量權
    (D)應受一般法律原則之拘束

33. 依司法院釋字第 717 號解釋意旨，銓敘部 95 年 1 月 17 日增訂發布之公保養老給付金額優惠存款要點，關於限定公務人員退休所得上限，減少原得辦理優惠存款金額之相關規定，下列敘述何者正確？
    (A)上開要點相關規定違反禁止法律溯及既往原則
    (B)生效前退休或在職之公務人員對於原定之優惠存款利息，無值得保護之信賴利益
    (C)上開要點相關規定縱有考量公益，但退休或在職公務人員之信賴利益應受保護，故違憲
    (D)上開要點相關規定尚未逾越必要合理之程度，未違反比例原則

解答：
1.～5.　CDBAB　　6.～10.　DBAAD
11.～15. CBDAC　　16.～20.　DDCDC
21.～25. BDBAA　　26.～30.　BDBBA
31.～33. BCD

109 年公務人員特種考試警察人員、一般警察人員考試試題（三等）

1. 依憲法、增修條文及司法院大法官解釋，憲法有關領土之規定，下列敘述何者錯誤？
   (A)中華民國領土依其固有之疆域
   (B)國家領土範圍之界定，屬於政治問題，不受司法審查
   (C)依憲法增修條文，領土變更案應經公民複決
   (D)依憲法增修條文，行政院或立法院得提出領土變更案

2. 依司法院大法官解釋，關於憲法第 14 條集會自由之保障，下列敘述何者錯誤？
   (A)旨在保障人民以集體行動之方式和平表達意見，與社會各界進行溝通，以形成公意
   (B)國家負有提供適當集會場所之義務，以協助集會或遊行順利舉行
   (C)國家得以發生衝突之虞，事前審查集會之主張內容，而否准其申請
   (D)國家立法規定群眾自發聚集之偶發性集會，應事前申請許可，違憲

3. 依司法院大法官解釋，下列對言論自由之限制，何者違憲？
   (A)藥商刊播廣告時，應事前申請衛生主管機關核准
   (B)化妝品廠商刊播廣告時，應事前申請中央或直轄市衛生主管機關核准
   (C)菸品所含尼古丁及焦油含量，應以中文標示於菸品包裝上
   (D)對於傳布以兒童少年性交易為內容之訊息，科處刑罰

4. 有關少年事件處理法對經常逃學或逃家之虞犯少年，得施以收容處置或感化教育處分之規定，依司法院釋字第 664 號解釋，下列敘述何者錯誤？
   (A)上述規定涉及對少年人格權之限制
   (B)上述規定涉及對少年受教育權之限制
   (C)收容處置或感化教育，亦屬憲法第 8 條所稱之拘禁
   (D)上述規定涉及對少年人身自由之限制

5. 甲為知名歌星，某晚在餐廳用餐遭攝影師乙偷拍，甲以乙侵害其隱私權及肖像權，擬對乙提起訴訟，下列敘述何者錯誤？
   (A)新聞自由非絕對不受限制
   (B)公眾人物仍得主張隱私權之保障
   (C)餐廳雖屬公共空間，在合理隱私期待範圍內仍有隱私權之保障
   (D)以跟追方式進行採訪不受新聞自由之保障

6. 下列何者非屬憲法規定之各種選舉應採行之方法？
   (A)普通(B)平等(C)記名(D)直接

7. 關於憲法所規定之平等，下列敘述何者錯誤？
   (A)各種選舉，不應規定婦女當選名額，以落實兩性政治參與之實質平等
   (B)國家應保障退役軍人之就學、就業、就醫、就養
   (C)國家應扶助原住民族之經濟土地及社會福利事業並促其發展
   (D)國家對於僑居國外國民之政治參與，應予保障

8. 有關行政院對立法院負責之敘述，下列何者錯誤？
   (A)立法委員在開會時，有向行政院院長及行政院各部會首長質詢之權
   (B)立法院對行政院提出之覆議案，如決議維持原案，行政院院長應即接受該決議
   (C)行政院應向立法院提出施政方針及施政報告
   (D)行政院因重要政策變更，得自行裁減或變動法定預算之執行

9. 甲因性騷擾經一審法院判決無罪，二審法院撤銷原審判決改判有罪，若法律規定甲不得上訴於第三審法院，係侵害其何種憲法權利？
   (A)人身自由(B)工作權(C)性自主權(D)訴訟權

10. 依憲法及增修條文之規定，下列何者不屬於總統之職權？
    (A)主動解散立法院
    (B)發布緊急命令
    (C)宣布戒嚴
    (D)任命交通部部長

11. 下列何者之任命，無須經立法院同意？
(A)大法官(B)考試委員(C)司法院院長(D)行政院院長

12. 依司法院大法官解釋意旨，下列何者非屬憲法所定應經考試院依法考選之專門職業及技術人員？
(A)記帳士
(B)中醫師
(C)牙醫師
(D)技術士

13. 依司法院大法官解釋，下列關於隱私權之敘述，何者錯誤？
(A)憲法對隱私權之保障並非絕對
(B)資訊自主控制為隱私權內涵之一
(C)個人在公共場合中不受隱私權保障
(D)秘密通訊自由為憲法保障隱私權之態樣之一

14. 依憲法規定及司法院大法官解釋，下列何者與司法獨立之憲法保障尚無牴觸？
(A)令法官免兼庭長
(B)刪除大法官支領司法人員專業加給之預算
(C)行政院刪減司法院提出之年度司法概算
(D)依法律規定資遣法官

15. 依憲法規定及司法院大法官解釋，下列關於預算案之敘述，何者錯誤？
(A)預算案由各院依其職掌分別提出
(B)預算案因事關年度政府收支，須於一定期間內完成立法審議
(C)預算案實質上為行政行為之一種，有稱之為措施性法律
(D)立法院對行政院所提出之預算案，不得為增加支出之提議，包括不得為項目間的挪移

16. 關於法律與行政命令之敘述，下列何者錯誤？
(A)行政命令在補充法律規範之不足

(B)行政命令牴觸法律者得撤銷

(C)定名為條例、通則者，均屬法律

(D)行政命令原則上需要法律的授權

17. 依據中央法規標準法，有關法規廢止之敘述，下列何者錯誤？

(A)由於相關法規之廢止致使某法規失其依據而無單獨施行之必要者，主管機關得廢止之

(B)主管機關對於未定有施行期限之法規所為之廢止行為，廢止程序完畢當日該法規即立即失效

(C)法規中定有施行期限者，期滿當然廢止並應由主管機關公告之

(D)命令之原發布機關或主管機關已經裁併者，其廢止或延長由承受其業務之機關或其上級機關為之

18. 依性別工作平等法之規定，下列何者雇主得不給予薪資？

(A)產檢假(B)陪產假(C)家庭照顧假(D)哺乳時間

19. 憲法第 21 條：「人民有受國民教育之權利與義務。」國民教育法第 2 條規定：「凡 6 歲至 15 歲之國民，應受國民教育。」此條文係對憲法第 21 條所謂之人民採下列何種解釋方法？

(A)限縮解釋(B)目的解釋(C)歷史解釋(D)反面解釋

20. 司法院大法官認為獨立行政機關之委員，其人選由立法院決定，違憲，係基於下列那一項原則？

(A)共和國(B)國家一體(C)權力分立(D)國民主權

21. 公職人員不得與其服務之機關為交易行為；違反者，處該交易行為金額一倍至三倍之罰鍰。上述處罰規定，依司法院解釋意旨，違反下列何種原則？

(A)一事不二罰原則

(B)信賴保護原則

(C)比例原則

(D)平等原則

解答：
1.～5.　DCBBD　　6.～10.　CADDA
11.～15. DDCAA　　16.～21. BBCACC

國家圖書館出版品預行編目資料

憲法概要 / 陳意著. ─二版. ─臺北市：五南圖
書出版股份有限公司，
2021.05
　面；　公分
ISBN 978-986-522-671-8（平裝）

1.中華民國憲法
581.21　　　　　　　　　　　110005028

1QH2

憲法概要

編 著 者 ─ 陳意（317.3）

發 行 人 ─ 楊榮川

總 經 理 ─ 楊士清

總 編 輯 ─ 楊秀麗

副總編輯 ─ 劉靜芬

責任編輯 ─ 呂伊真

封面設計 ─ 王麗娟

出 版 者 ─ 五南圖書出版股份有限公司

地　　址：106 台北市大安區和平東路二段 339 號 4 樓

電　　話：(02)2705-5066　　傳　　真：(02)2706-610

網　　址：https://www.wunan.com.tw

電子郵件：wunan@wunan.com.tw

劃撥帳號：01068953

法律顧問　林勝安律師事務所　林勝安律師

出版日期　2010 年 7 月初版一刷
　　　　　2021 年 5 月二版一刷

定　　價　新臺幣 450 元

經典永恆・名著常在

五十週年的獻禮——經典名著文庫

五南，五十年了，半個世紀，人生旅程的一大半，走過來了。

思索著，邁向百年的未來歷程，能為知識界、文化學術界作些什麼？

在速食文化的生態下，有什麼值得讓人雋永品味的？

歷代經典・當今名著，經過時間的洗禮，千錘百鍊，流傳至今，光芒耀人；

不僅使我們能領悟前人的智慧，同時也增深加廣我們思考的深度與視野。

我們決心投入巨資，有計畫的系統梳選，成立「經典名著文庫」，

希望收入古今中外思想性的、充滿睿智與獨見的經典、名著。

這是一項理想性的、永續性的巨大出版工程。

不在意讀者的眾寡，只考慮它的學術價值，力求完整展現先哲思想的軌跡；

為知識界開啟一片智慧之窗，營造一座百花綻放的世界文明公園，

任君遨遊、取菁吸蜜、嘉惠學子！

111.3.10
$450 <